Selbstüberprüfung am Ende jedes Kapitels

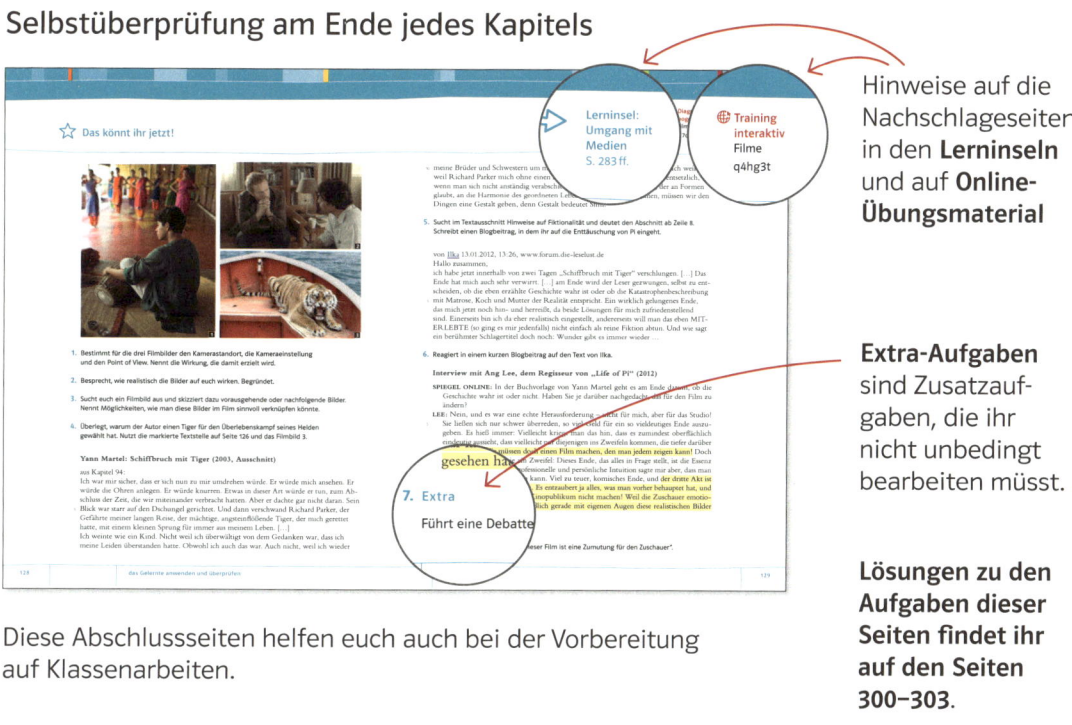

Hinweise auf die Nachschlageseiten in den **Lerninseln** und auf Online-Übungsmaterial

Extra-Aufgaben sind Zusatzaufgaben, die ihr nicht unbedingt bearbeiten müsst.

Lösungen zu den Aufgaben dieser Seiten findet ihr auf den Seiten 300–303.

Diese Abschlussseiten helfen euch auch bei der Vorbereitung auf Klassenarbeiten.

Lerninseln geben den Überblick über ein Thema

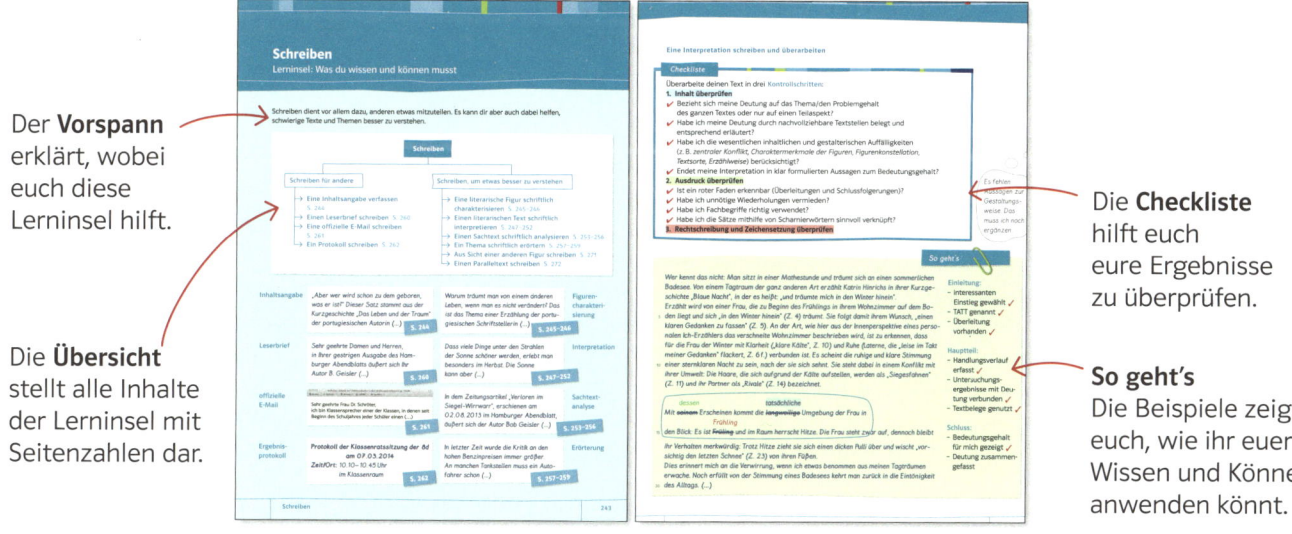

Der **Vorspann** erklärt, wobei euch diese Lerninsel hilft.

Die **Übersicht** stellt alle Inhalte der Lerninsel mit Seitenzahlen dar.

Die **Checkliste** hilft euch eure Ergebnisse zu überprüfen.

So geht's
Die Beispiele zeigen euch, wie ihr euer Wissen und Können anwenden könnt.

Die Lerninseln am Ende des Buches fassen zusammen, was ihr zu den einzelnen Gebieten wissen und können müsst.

deutsch.kompetent 9

Herausgegeben von:
Heike Henniger
Maximilian Nutz

Erarbeitet von:
Dirk Bossen
Maja Bitterer
Martina Blatt
Joachim Dressen
Heike Henniger
Katja Hofmann
Wiebke Hoheisel
Susanne Jugl-Sperhake
Janina Kiehl
Thomas Labusch
Rosemarie Lange
Konrad Notzon
Claus Schlegel
Angelika Schmitt-Kaufhold
Anja Seiffert
Andreas Zdrallek

Unter Beratung von:
Michael Höhme

Ernst Klett Verlag
Stuttgart · Leipzig

Inhalt

DIFFERENZIEREN
■ ■ ■ ■
S. 61

Bewerbung kommt von Werbung
Sich um ein Praktikum bewerben

DIFFERENZIEREN
■ ■ ■ ■
S. 76, 79, 93

„Ich bin der andere"
Zu literarischen Texten schreiben

Lebensfrust und Lebenslust
Dramatische Texte untersuchen und deuten

DIFFERENZIEREN
■ ■ ■ ■
S. 149, 152, 157

Meinungsmache?
Medien untersuchen

DIFFERENZIEREN
■ ■ ■ ■
S. 169, 173, 177, 183

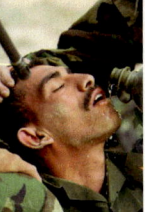

Aushängeschilder
Regeln und Verfahren der Rechtschreibung anwenden

DIFFERENZIEREN
■ ■ ■ ■
S. 224

KOMPETENZBOX

Lerninseln

Palmen an der Nordsee?
Sich und andere informieren

Das könnt ihr schon!

· Funktionen von Sachtexten erkennen
· eine schriftliche Sachtextanalyse verfassen
· ein Referat vorbereiten und durch
  den Einsatz eines Handouts unterstützen

1. Erklärt das Bild mithilfe des Textes.

KSI: Klimaschutzindex: Bewertung der Leistungen einzelner Länder für den Klimaschutz

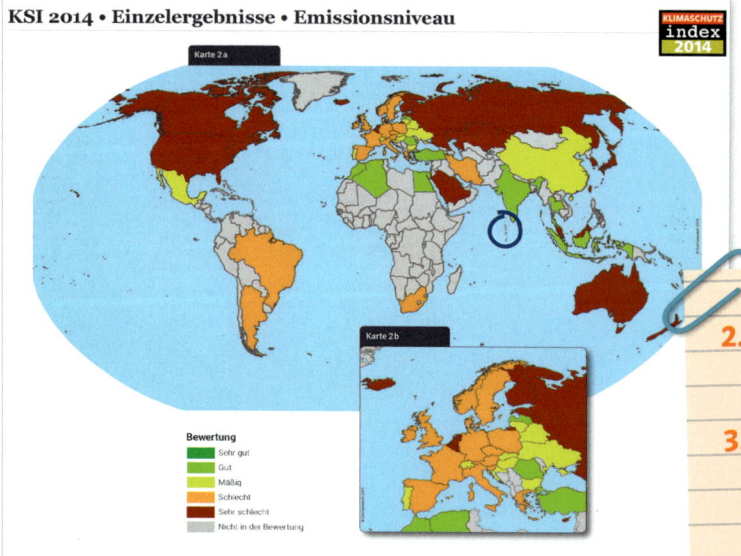

„Meine Kinder sollen nicht im Flüchtlingslager aufwachsen" (2010)

Mohamed Nasheed hat Schlagzeilen gemacht. Vor einigen Monaten tauchte der maledivische Präsident mit seinen Ministern ab, um an der
5 weltweit ersten Kabinettssitzung auf dem Meeresgrund teilzunehmen. In Taucheranzügen unterzeichneten die Regierungsmitglieder einen Aufruf an die internationale Gemeinschaft, den
10 CO_2-Ausstoß weiter zu reduzieren. Denn die im Indischen Ozean beheimateten Malediven sind das am niedrigsten gelegene Land der Welt und wegen des stetig steigenden Meeres-
15 spiegels vom Untergang bedroht. […] Viel Zeit bleibe nicht mehr zum Handeln, warnte Nasheed: „Wir haben noch zehn bis zwölf Jahre, um unser Land zu retten." Beispielsweise durch
20 die künstliche Erweiterung der Malediven oder die Errichtung künstlicher Riffe. Für viele Malediver seien die kleinen Inseln seit ungezählten Generationen die Heimat. Aus diesem
25 Grund werde er alles dafür tun, um sein Land zu retten, sagte Nasheed: „Meine Kinder sollen nicht im Flüchtlingslager aufwachsen."

2. Wertet die Karte aus und benennt die Hauptverursacher des CO_2-Ausstoßes.

3. Erläutert den Zusammenhang zwischen den Aussagen der Karte und der Aktion des Präsidenten der Malediven. Diskutiert den Sinn einer solchen Aktion.

Klimakonferenz: Entwicklungsländer fordern Entschädigung für künftige Katastrophen (2013)

Die Entwicklungsländer scheinen nach 20 Jahren weitgehend ergebnisloser Klimaverhandlungen zu dem Schluss gekommen zu sein, dass Erfolge bei der Senkung der
5 Treibhausgasemissionen für viele Staaten zu spät kommen werden. Mehr verheerende Stürme, steigende Meeresspiegel und Dürren, so das Argument der G77, sind schon jetzt nicht mehr zu verhindern – selbst wenn
10 die Kohlendioxidemissionen rasch sinken sollten, worauf aber derzeit nichts hindeutet.

Die Verhandlungen über „Verluste und Schäden", im UNO-Jargon „Loss and Damage" (L&D), stehen deshalb ganz oben auf
15 der Prioritätenliste der Entwicklungsländer. Sie fordern den Aufbau einer neuen Organisation, die sich nur darum kümmert, bei künftigen klimabedingten Katastrophen Hilfen von den Industriestaaten einzusam-
20 meln. Und das möglichst zusätzlich zu den schon laufenden Programmen wie etwa dem geplanten „Grünen Klimafonds", für die die Industrieländer ab 2014 jährlich viele Milliarden zahlen wollen. Allein Deutschland stellt ab 2020 die Zahlung von rund drei 25 Milliarden Euro pro Jahr in Aussicht. [...]

Zwar geht es bei „Loss and Damage" nicht nur um finanzielle Entschädigungen. Doch der Streit ums Geld überlagert alles andere. Die Industrieländer befürchten, dass 30 sie durch ein solches Abkommen gezwungen sein könnten, im Fall von Naturkatastrophen gigantische Summen zahlen zu müssen. Um welche Größenordnungen es geht, hat ein am Dienstag veröffentlichter 35 Bericht der Weltbank verdeutlicht: In den vergangenen 30 Jahren hätten Wetterkatastrophen zum Tod von 2,5 Millionen Menschen und zu Schäden von insgesamt vier Billionen Dollar geführt. Die wirtschaftli- 40 chen Verluste hätten sich zwischen 1980 und 2012 von 50 auf 200 Milliarden Dollar pro Jahr vervierfacht.

G77:
Dazu gehören 130 Staaten von Mittel- und Südamerika, Afrika, Südostasien, Saudi-Arabien, Indien.

Treibhausgasemissionen:
in die Luft ausgestoßene Gase (vor allem CO_2), die für den Treibhauseffekt (Erwärmung der Erde) verantwortlich gemacht werden

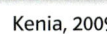

Kenia, 2009

---

4. Untersucht den Text über die Klimakonferenz.
   - Fasst den Inhalt zusammen.
   - Erklärt, was unter „Loss and Damage" zu verstehen ist.
   - Ordnet den Text einer Funktion zu (informierend, appellierend, argumentierend) und begründet.

5. Vergleicht die Forderungen auf der Klimakonferenz von 2013 mit den Forderungen des Präsidenten der Malediven von 2010.

Das lernt ihr jetzt! ☆

· kontinuierliche und diskontinuierliche Sachtexte auswerten
· einen materialgestützten informierenden Text schreiben
· eine schriftliche Sachtextanalyse eines komplexen Textes verfassen

Lerninsel:
Kontinuierliche und diskontinuierliche Texte S. 233 ff.

Land unter
Materialien auswählen, auswerten und präsentieren

Kontinuierliche Sachtexte auswählen und auswerten

1. Beschreibt die Abbildung und erläutert die Folgen des Meeresspiegelanstiegs für eure Region und Norddeutschland.

2. Eure Schule arbeitet an Umweltprojekten des BUND mit und möchte auf ihrer Homepage über die Probleme des Meeresspiegelanstiegs informieren. Dafür wurden die folgenden vier Texte recherchiert.
   – Prüft durch orientierendes Lesen, welche Texte man für dieses Thema nutzen kann.
   – Achtet dabei auf den Themenbezug, den Informationsgehalt und die Verständlichkeit der Texte.

BUND:
Bund für Umwelt und Naturschutz Deutschland

Lerninsel:
Orientierendes Lesen
S. 234

Wenn das Grönlandeis, alle Gletscher und ein Teil des antarktischen Festlandeises ins Meer rutschen würden, dann könnte der Meeresspiegel so ansteigen.

1 **Wegziehen oder Aufschütten? Malediven kämpfen gegen den Untergang (Zeitungsartikel, 2014)**

Flüchtlings-konvention:
Abkommen über die Anerkennung und die Rechte von Flüchtlingen

[…] **Malé (dpa)** – Berge gibt es auf den Malediven nicht. Auch keine Hügel. Nicht einmal Dünen. Die höchste natürliche Erhebung – rechnet man die Palmen nicht mit
5 – liegt auf 2,4 Metern über dem Meeresspiegel. Steigt dieser um einen Meter an, verschwinden 80 Prozent des Inselparadieses im Indischen Meer. „Ich sehe jetzt schon, wie es den Sand hier an den Palmen weg-
10 spült", sagt die Schweizer Urlauberin Doris Friedrich.
   Die Regierung des Landes mit den derzeit noch rund 1200 Koralleninseln sucht händeringend nach Möglichkeiten, den
15 Untergang zu verhindern. Ex-Präsident Mohamed Nasheed hatte einst die Idee, einen Teil der Touristen-Milliarden abzuzweigen, um eine neue Heimat woanders zu kaufen. Indien oder Sri Lanka schwebten
20 ihm vor, vielleicht auch Australien – das sei eh nicht so bewohnt.
   Allerdings: Ein Mann aus dem ebenfalls durch den Klimawandel bedrohten Pazifik-

staat Kiribati wollte im vergangenen Jahr der erste Klimaflüchtling nach den Vorgaben 25 der UN-Flüchtlingskonvention werden. Doch sein Asylantrag in Neuseeland wurde abgelehnt. Auch deswegen verfolgen die Malediven derzeit lieber andere Strategien. Sie vergrößern etwa ihre Inseln, indem sie 30 Sand vom Meeresboden holen und sie damit aufschütten. Fotos aus der Luft zeigen, dass beispielsweise die Fläche der Hauptinsel fast verdoppelt wurde. […] Viele andere künstliche Inseln sollen die Wohnungsnot lösen 35 – denn die gesamte Landesfläche entspricht mit 298 Quadratkilometern nur der Größe der Stadt Leipzig. Das größte und ambitionierteste Projekt ist Hulumalé, eine fast quadratische Insel, die mit einem Reißbrett 40 in Wohn-, Industrie-, Gemeinschafts- und Wissenschaftsviertel eingeteilt wurde.
   Häuserkomplex schießt nun neben Häuserkomplex empor, wo vor wenigen Jahren noch eine türkisblaue Lagune war. Doch es 45 gibt auch schneeweiße Strände und bereits

große Palmen. „Stellenweise sieht Hulu-malé natürlicher aus als Malé", findet der Umweltaktivist Ali Rilwan. Nach etwa fünf Jahren bilde sich in den neu geschaffenen Inseln durch das Regenwasser sogar trink-bares Grundwasser.

Auf Hulumalé sollen nach offiziellen Angaben bis zu 60 000 Menschen wohnen können – das wäre etwa ein Sechstel der der-zeitigen Einwohner. Die Regierung rechnet damit, dass zunehmende Stürme, Starkre-gen und Trockenperioden dazu führen, dass mehr Menschen sich von den kleineren auf die größeren Inseln retten wollen. Nach dem Tsunami 2004 standen manche Inseln unter Wasser – das noch einmal zurückging. Doch Tausende Menschen migrierten nach Malé und in andere Zentren.

Bis Ende des Jahrhunderts, heißt es im ersten Teil des neuen Klimaberichts, wird der Meeresspiegel um 26 bis 82 Zentimeter steigen. Erneut wird der Klimarat Vorschlä-ge machen, wie der Klimawandel gestoppt werden könnte – zu dem die Malediven fast nichts beitragen, von dem sie aber mit am stärksten betroffen sind.

Tsunami (jap.): hohe Wasserwellen, die an flachen Stränden weit ins Küstengebiet vordringen; ausgelöst meist durch Erdbeben im Ozean

migrieren: aus- oder ein-wandern

2 Vorbereitet sein (Ausschnitt aus einem Sachbuch, 2013)

Unsere schwachen Reaktionen angesichts des Treibhauseffekts lassen einen Anstieg der Meeresspiegel unvermeidbar werden. Die physikalischen Eigenschaften der Mee-re – ihre hohe thermische Trägheit – sorgen zudem dafür, dass die Meeresspiegel selbst bei schnellem Handeln noch Jahrzehnte an-steigen würden.

Wenn man die Treibhausgasemissionen nun nicht aktiv verringern kann, muss man sich wenigstens auf die Folgen des Klima-wandels vorbereiten, sich anpassen. Wir müssen vorausschauend agieren. Je früher wir handeln, desto weniger Geld und An-strengung wird es kosten. Generell gibt es angesichts des steigenden Meeresspiegels drei Möglichkeiten: die Position halten, sich anpassen oder den Rückzug antreten. Tatsächlich wird man oft alle drei Lösungs-ansätze zugleich verfolgen müssen, das heißt Deiche und Dämme errichten und erhöhen, Gebäude ins Innere der Küstengebiete ver-legen, Feuchtgebiete sanieren. Aber die An-passung zielt auch darauf, die Auswirkungen des Meeresanstiegs zu mindern, indem man Hochwasserzonen schafft, Absicherungen vorsieht und die Versorgung mit Trinkwas-ser gewährleistet.

Doch all diese Maßnahmen werden nur begrenzten Erfolg haben, wenn der Meeres-spiegel zu stark ansteigt – das heißt, wenn wir nicht in der Lage sind, die Ursachen des Problems anzugreifen, nämlich unsere Treibhausgasemissionen.

thermisch: die Wärme betreffend

3 Ausbau von Häfen (Online-Artikel, zeit.de, 2011)

[Uwe von Bargen] ist Umweltdirektor von bremenports; das städtische Unternehmen ist für Bau und Betrieb der Häfen im kleinsten Bundesland verantwortlich.

500 Millionen Euro hat die jüngste Erwei-terung des Bremerhavener Containertermi-nals gekostet. Auch in 60 Jahren sollte keine Sturmflut den Kai überspülen können. Bei den Berechnungen wurde ein Meeresspie-gelanstieg von 50 Zentimetern fest einge-plant, zusätzlich sorgt eine Kammer unter der Kaikante für die Abpufferung hoher Wellen.

Kai: befestigtes Hafenufer

Klima-Allianz: 2007 in Deutschland gegründetes Bündnis, Mit-glieder u.a. Jugendverbände, Kirchenvertreter

4 Klimaschutz jetzt! (Positionspapier der Klima-Allianz, 2007)

Wir brauchen eine breite gesellschaftliche Bewegung für konsequenten Klimaschutz.

Immer wieder wird Klimapolitik von kurzsichtigen Interessen blockiert. Diese Blockaden wollen wir überwinden. Die Klima-Allianz ruft die Bundesregierung, die Landesregierungen, die Unternehmen, die Gewerkschaften, die Verbände, Städte

Ressourcen:
natürliche Grundlagen, z.B. Ölvorkommen

indigene Völker:
eingeborene Völker

Almosen:
kleine Gabe

Lerninsel:
Exzerpt
S. 238

und Gemeinden und alle Bürgerinnen und Bürger dazu auf, mit dem Klimaschutz ernst zu machen: in der Politik wie auch im persönlichen Einflussbereich.

Die Zeit drängt. Der Klimawandel hat bereits eingesetzt. Eine neue Klima- und Energiepolitik duldet keinen weiteren Aufschub. Die Zeit ist reif für einen gesellschaftlichen Aufbruch. Klimawandel und globale Gerechtigkeit – Herausforderungen für das 21. Jahrhundert. Der Klimawandel trifft Mensch und Natur weltweit in einem Ausmaß, das historisch ohne Beispiel ist. Die Lebensgrundlagen und das Wohlergehen von Millionen Menschen, besonders in den Entwicklungsländern, sind extrem gefährdet. Der Klimawandel ist kein Schicksal; er ist Folge eines Mangels an Verantwortung, eines Mangels an Gerechtigkeit gegenüber den besonders betroffenen Menschen in Entwicklungsländern, den indigenen Völkern, nachfolgenden Generationen und der Schöpfung. Die Bekämpfung des Klima-

wandels ist der zentrale Prüfstein für eine solidarische Weltgesellschaft; eine Weltgesellschaft, die lernen muss, mit den allen Menschen zur Verfügung stehenden Gemeinschaftsgütern verantwortungsbewusst und gerecht umzugehen. Die Industrieländer sind die Hauptverantwortlichen für eine Entwicklung, bei der im Interesse kurzfristiger materieller Gewinne und einer ressourcenintensiven Lebensweise die ökologischen Begrenzungen missachtet wurden. Daher müssen nach dem Verursacherprinzip die für den Klimawandel verantwortlichen Länder, Unternehmen und Konsumenten für die Klimaschäden und die Kosten der Anpassung in den besonders betroffenen Entwicklungsländern aufkommen. Diese haben zudem – ergänzend zu ihren eigenen Anstrengungen – Anspruch auf Unterstützung beim Aufbau einer klimaverträglichen Energieversorgung. Dabei geht es nicht um Almosen, sondern um Gerechtigkeit.

3. Lest die Texte oder Textabschnitte (S. 10 ff.) genauer, die für das Thema „Auswirkungen des Meeresspiegelanstiegs" geeignet sind.
 – Notiert Stichpunkte zu den wesentlichen Informationen der einzelnen Texte.
 – Fasst anschließend alle Informationen in einem Exzerpt zusammen.

4. Bestimmt die Funktion der geeigneten Texte (S. 10 ff.) und erläutert ihre Absicht.
 – Achtet darauf, wo die Texte veröffentlicht worden sind.
 – Begründet eure Zuordnung, indem ihr auf die sprachliche Gestaltung eingeht.
 – Ergänzt euer Exzerpt (Aufgabe 3).

Informationen aus kontinuierlichen Sachtexten präsentieren

1

Malediven

Hauptstadt **Malé**
Landesfläche doppelt so groß wie die ostfriesischen Inseln
höchste Erhebung 2,4 m

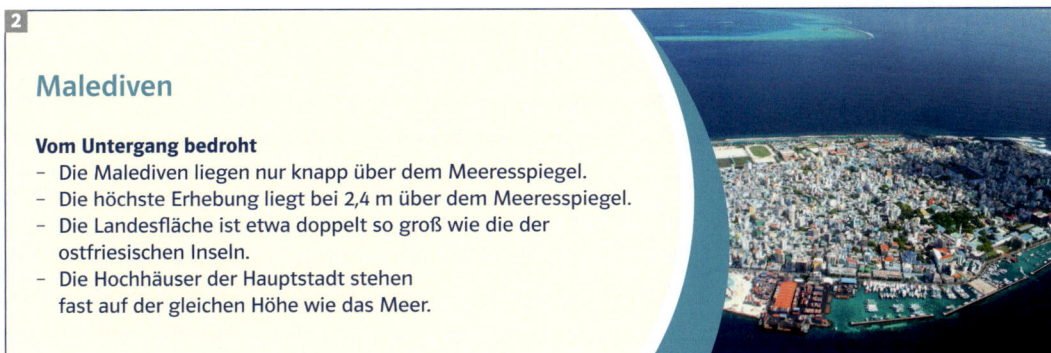

2

Malediven

Vom Untergang bedroht
- Die Malediven liegen nur knapp über dem Meeresspiegel.
- Die höchste Erhebung liegt bei 2,4 m über dem Meeresspiegel.
- Die Landesfläche ist etwa doppelt so groß wie die der ostfriesischen Inseln.
- Die Hochhäuser der Hauptstadt stehen fast auf der gleichen Höhe wie das Meer.

1. Der informierende Text auf der Schulhomepage soll durch Schaubilder unterstützt werden. Vergleicht und beurteilt die beiden Schaubilder (**1**, **2**, S. 12 f.) zum Gliederungspunkt „Auswirkungen des Meeresspiegelanstiegs am Beispiel der Malediven".

⊕ **Vorlage**
Checkliste Präsentationsfolien bewerten
ap84h6

2. Untersucht, aus welchen Texten (S. 8 f., S. 10 ff.) Informationen für das folgende Schaubild **3** entnommen und wie diese verknüpft wurden. Beurteilt die Gestaltung dieses Schaubildes.

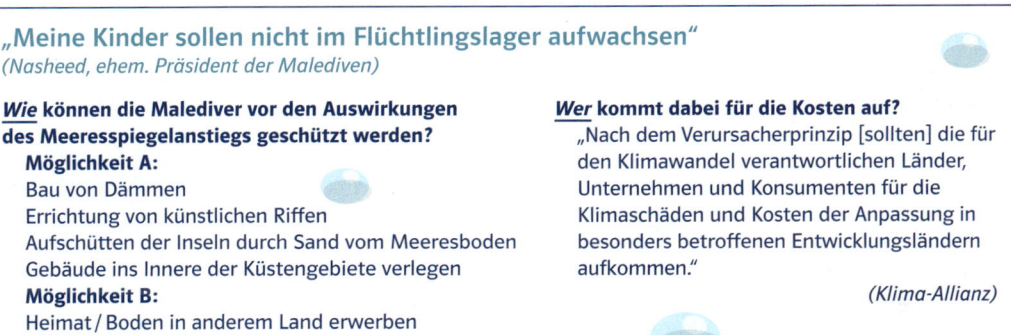

3

„Meine Kinder sollen nicht im Flüchtlingslager aufwachsen"
(Nasheed, ehem. Präsident der Malediven)

Wie können die Malediver vor den Auswirkungen des Meeresspiegelanstiegs geschützt werden?
  Möglichkeit A:
  Bau von Dämmen
  Errichtung von künstlichen Riffen
  Aufschütten der Inseln durch Sand vom Meeresboden
  Gebäude ins Innere der Küstengebiete verlegen
  Möglichkeit B:
  Heimat / Boden in anderem Land erwerben
  evtl. einen Asylantrag stellen?

Wer kommt dabei für die Kosten auf?
„Nach dem Verursacherprinzip [sollten] die für den Klimawandel verantwortlichen Länder, Unternehmen und Konsumenten für die Klimaschäden und Kosten der Anpassung in besonders betroffenen Entwicklungsländern aufkommen."
(Klima-Allianz)

3. Nennt Kriterien für die Gestaltung von Schaubildern in einem informierenden Text. Geht dabei auf folgende Aspekte ein:
   - inhaltliche und formale Gestaltung, zum Beispiel Farbwahl, Schriftgröße, Textmenge, Einsatz und Größe von Bildern, Grafiken, Verknüpfung von Inhalten, …
   - Positionierung und Erläuterung der Schaubilder im Text

4. Bevor der Text auf der Schulhomepage erstellt werden soll, übt ihr das Informieren an einer kleineren Textform – dem Handout.
   Verfasst zum Gliederungspunkt „Maßnahmen zum Schutz von Häfen" einen entsprechenden Abschnitt für ein Handout. Arbeitet in Gruppen.
   - Besprecht, welche gestalterischen Unterschiede zwischen einem Handout und einem Text auf einer Schulhomepage bestehen.
   - Überarbeitet eure Texte in einer Schreibkonferenz, indem ihr sie auf sachliche und sprachliche Richtigkeit überprüft.

Lerninsel: Schreibkonferenz S. 231

Diskontinuierliche Sachtexte auswerten und beurteilen

Für ein Referat zum Thema „Mögliche Ursachen des Meeresspiegelanstiegs" wurden folgende Statistiken recherchiert, deren Eignung für die Verwendung im Referat überprüft werden soll.

**Lerninsel:
Ein Diagramm
auswerten
S. 235**

CO$_2$-Emissionen

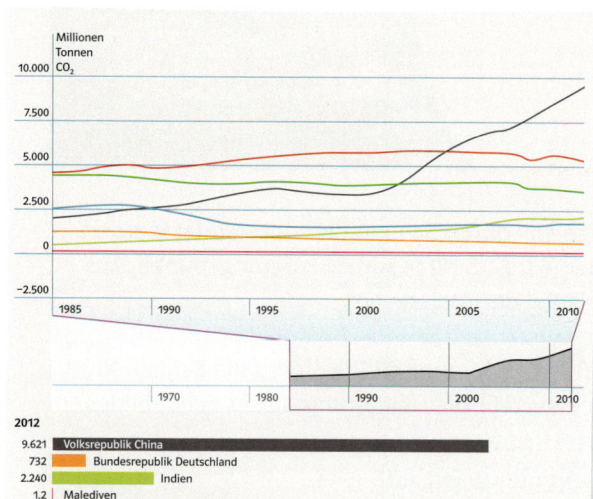

Quelle: Global Carbon Project

1. Wertet das Diagramm aus und notiert Stichpunkte. Geht so vor:
   – Benennt das Thema und die Quelle.
   – Erläutert, welche verschiedenen Ebenen in dem Diagramm enthalten sind. Erklärt den Aufbau der einzelnen Bestandteile.
   – Untersucht einzelne Informationen genauer, zum Beispiel:
     · das CO$_2$-Emissionsvolumen verschiedener Länder im Vergleich
     · die Entwicklung der CO$_2$-Emissionen weltweit
     · die Entwicklung der CO$_2$-Emissionen im Ländervergleich
   – Fasst die wesentlichen Ergebnisse der Auswertung in einem Fazit zusammen.

2. Erläutert die Vorgehensweise bei der Auswertung eines Diagramms.

Klimaschutzindex (KSI) 2014

**Bruttoinlands-
produkt:**
Gesamtwert aller Dienstleistungen und Waren, die innerhalb eines Landes in einem Jahr hergestellt werden

**Primär-
energie-
verbrauch:**
Verbrauch der natürlich vorkommenden Energierohstoffe (z.B. Kohle, Erdöl, Erdgas) und Energieträger (z.B. Wind, Sonne)

Im Klimaschutzindex werden die Klimaschutzleistungen von 58 Ländern bewertet, welche für über 90 Prozent der globalen energiebedingten CO$_2$-Emissionen verantwortlich sind.

Die Kerndaten der zehn größten CO$_2$-Emittenten

Land	Index-Platzierung 2014	Index-Platzierung 2013	Anteil am weltweiten Bruttoinlandsprodukt	Anteil an der Erdbevölkerung	Anteil an den weltweiten CO$_2$-Emissionen*	Anteil am weltweiten Primärenergieverbrauch
Deutschland	19	8	4,02%	1,18%	2,23%	2,38%
Indien	30	24	5,66%	17,84%	5,14%	5,72%
Indonesien	34	36	1,41%	3,48%	2,30%	1,59%
Brasilien	36	34	2,87%	2,83%	4,12%	2,06%
USA	43	43	18,81%	4,48%	15,50%	16,71%
China	46	48	14,63%	19,42%	22,95%	20,91%
Japan	50	44	5,59%	1,84%	3,54%	3,52%
Südkorea	53	50	1,95%	0,72%	1,76%	1,99%
Russland	56	55	2,99%	2,04%	4,90%	5,57%
Kanada	58	58	1,75%	0,50%	1,58%	1,92%
Gesamt			59,69%	54,32%	64,03%	62,37%

* energiebedingt und Emissionen aus Entwaldung

© Germanwatch 2013

Bewertung ■ Sehr gut ■ Gut ■ Mäßig ■ Schlecht ■ Sehr schlecht

Quelle: Germanwatch 2013

3. Wertet den Klimaschutzindex (S. 14) aus und beurteilt die folgenden Notizen. Achtet auf Vollständigkeit, Verständlichkeit und inhaltliche Richtigkeit. Setzt die Notizen fort.

> *Thema, Diagrammart, Aufbau:*
> – *Klimaschutzleistungen von 58 Ländern im Vergleich, hier die 10 größten Emittenten*
>   *(⟶ Begriff klären!)*
> – *Tabelle mit 10 Zeilen und 7 Spalten*
>   *Zeilenebene: Länder in absteigender Platzierung*
>   *Spaltenebene: ... (⟶ Fremdwörter klären!)*
>
> *Wichtige Ergebnisse, Auffälligkeiten:*
> – *Kanada ist auf letztem Platz, weil ...*
> – *Auffälligkeit im Vergleich von China und USA! ...*
> – *Sind Zusammenhänge zwischen Anteil an Weltbevölkerung, Primärenergieverbrauch, Emissionsmenge und Bruttoinlandsprodukt zu beobachten?*
> – *Deutschland im Vergleich zu USA ziemlich gut platziert, aber schlechter geworden*
>
> *Offene Fragen:*
> – *Platzierung Deutschlands in einem Jahr 11 Plätze schlechter ⟶ Warum? ⟶ Recherche!*

4. Vergleicht die Ergebnisse der Auswertung des Diagramms und der Tabelle. Beurteilt abschließend, welche statistische Darstellung sich für das Thema „Mögliche Ursachen des Meeresspiegelanstiegs" eignet.

Lerninsel:
Eine Tabelle
auswerten
S. 235 f.

Diskontinuierliche Texte präsentieren

1. Im Rahmen des informierenden Textes auf der Schulhomepage zum Thema „Ursachen des Meeresspiegelanstiegs" soll der Klimaschutzindex anhand der Tabelle (S. 14) präsentiert werden. Beurteilt die folgende Einleitung für die Erklärung der Tabelle.

> *Die Tabelle „Die Kerndaten der zehn größten CO_2-Emittenten" zeigt, welche von insgesamt 58 Ländern eine gute, welche noch eine schlechte Klimaschutzpolitik betreiben. Deutschland schneidet in dieser Statistik im Vergleich zu anderen Ländern gut ab.*

2. Beurteilt die folgende Zusammenfassung am Schluss der Erklärung und überarbeitet sie. Nutzt den Sprachtipp auf Seite 16.

> *Die Tabelle vermittelt einen guten Überblick über die größten CO_2-Sünder auf der Erde. Hilfreich ist dabei, dass der Anteil an der Erdbevölkerung in Beziehung zum Anteil an den weltweiten Emissionen gesetzt wird. Dadurch fällt eine Unstimmigkeit auf, die durch die Platzierung vermittelt wird. Nicht deutlich wird, wodurch die CO_2-Belastung besonders entsteht.*

15

Sprachtipp

Statistische Darstellungen präsentieren

Einleitung: Die Tabelle zeigt …; Das Balkendiagramm thematisiert …; Die Angaben werden in Prozent dargestellt …; Veröffentlicht wurden die Daten von …
Hauptteil: Auf der x-Achse ist in Prozentzahlen dargestellt …; Die insgesamt fünf Spalten informieren über …; Allgemein zeigt sich folgende Entwicklung …; Besonders hervorzuheben sind folgende Daten …; Da hier deutlich wird, dass …
Schluss: Zusammenfassend gesagt, zeigt die …; Nicht beantwortet wird in der Tabelle die Frage, ob …; Man müsste untersuchen, ob …; Die tabellarische Darstellung informiert den Leser differenziert …; Der Herausgeber des Diagramms beabsichtigt vermutlich …

3. Präsentiert die wichtigsten Ergebnisse der Tabellenauswertung (S. 14) vor der Klasse. Geht so vor:
- – Nehmt eure Ergebnisse aus Aufgabe 3 (S. 15) zu Hilfe.
- – Orientiert euch an dem Sprachtipp und der blauen Box (S. 17).
- – Überlegt, welche Markierungen in der Tabelle zur Veranschaulichung sinnvoll wären.
- – Haltet den Vortrag und gebt einander Rückmeldungen.

4. Der folgende Schülertext ist Teil eines informierenden Textes, der auf einer Schulhomepage erscheinen soll. Beurteilt und überarbeitet ihn mithilfe der blauen Box (S. 17)

> (…)
> *Die in der Atmosphäre enthaltene CO_2-Schicht funktioniert wie ein Treibhaus: Die Sonnenstrahlen, die auf die Erde stoßen, werden reflektiert. Die CO_2-Schicht verhindert, dass diese Strahlen ins All abstrahlen. So heizt sich die Atmosphäre immer weiter auf. Seit Jahren versuchen die Industrienationen ihren CO_2-Ausstoß zu verringern. So ist der Anstieg des Meeresspiegels nicht nur ein Problem der Bewohner der Malediven. Um zu verhindern, dass niedrig gelegene Landstriche überflutet werden, muss der CO_2-Gehalt in der Atmosphäre verringert werden. Die Industrie setzt aber noch auf fossile Brennstoffe, bei deren Verbrennung CO_2 freigesetzt wird. Pflanzen binden über die Photosynthese CO_2. Das massive Abholzen von Wäldern verschlimmert so die Situation.*
> (…)

5. Schreibt für eure Schulhomepage einen informierenden Text über die Probleme des Klimawandels. Nutzt dazu die Materialien (S. 10 ff., S. 14) und die blaue Box (S. 17).

Materialgestütztes Schreiben eines informierenden Textes

1. Aufgabenstellung klären

- Thema erfassen
- Notizen zur Textsorte und zum Adressaten (Leser/innen, Zuhörer/innen) machen

2. Materialien auswählen und auswerten

kontinuierliche Sachtexte	diskontinuierliche Sachtexte
– TATT und Sachtextfunktion klären	– Thema, Quelle, Darstellungsart klären
– geeignete Texte auswählen (z. B. *Verständlichkeit, Informationsgehalt, Veröffentlichungsort beachten*)	– Aufbau analysieren
	– Auffälligkeiten, Zusammenhänge und Entwicklungen herausarbeiten
– geeignete Texte auswerten	– geeignete Darstellungen auswählen

3. Gliederung erstellen

- Einleitung: interessanten Einstieg finden, Thema benennen, Teilthemen auflisten (Gliederungspunkte)
- Hauptteil: Reihenfolge der Teilthemen festlegen
- Schluss: Zusammenfassung mit Bezug zur Einleitung

4. Text verfassen und gestalten

- Anforderungen der Textsorte und Erwartungen des Lesers/der Leserin erfüllen
- Informationen angemessen und übersichtlich darstellen
- Materialien (z. B. Grafiken, Tabellen) gezielt einsetzen
- roten Faden durch gedankliche Zusammenhänge und sprachliche Verknüpfungen einhalten

5. Text überarbeiten

- in drei gesonderten Durchgängen prüfen: sprachliche und sachliche Richtigkeit, Einhaltung des roten Fadens

TATT:
Textsorte, Autor, Titel, Thema

Lerninsel: Diagramm auswerten S. 235
Eine Tabelle auswerten S. 235 f.

Lerninsel: Materialgestütztes Schreiben eines informierenden Textes S. 253

Differenzieren
Diskontinuierliche Texte auswerten
ds4r9q

Quelle: dena, Deutsche Energie-Agentur

6. Zum Differenzieren ■ ■ ■ ■

A Wertet das Diagramm (S. 52) aus, notiert euch Stichpunkte und stellt es der Klasse vor.

B Wertet das Diagramm rechts aus, notiert euch Stichpunkte und stellt es der Klasse vor.

C Erstellt zwei Schaubilder für einen Informationstext zum Thema „Auswirkungen von Dürren". Stellt die Schaubilder der Klasse vor und sprecht dazu.

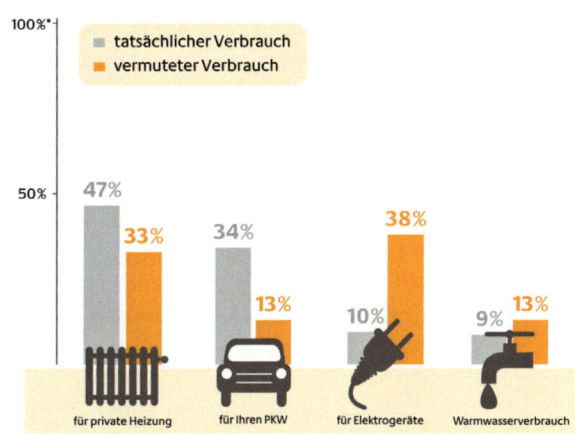

tatsächlicher Verbrauch
vermuteter Verbrauch

47% 33% 34% 13% 10% 38% 9% 13%

für private Heizung | für Ihren PKW | für Elektrogeräte | Warmwasserverbrauch

Kein Grund zur Sorge?

Sachtexte schriftlich analysieren

Eine Sachtextanalyse vorbereiten

🌐
Hörverstehen
Globale
Erwärmung
zk4b49

1. Lest die Überschrift sowie den Vorspann und besprecht, was ihr von dem Text erwartet.

| **Politik** | Wirtschaft | Gesellschaft | Kultur | Wissen | Sport | Reisen |

Globale Erwärmung: Die CO_2-Lüge

(Online-Artikel, bild.de, 2012)

Renommiertes Forscherteam behauptet: Die Klimakatastrophe ist Panikmache der Politik
Von Prof. Werner Weber (TU Dortmund)

Steht die Menschheit vor einer selbstgemachten Klima-Katastrophe? Oder ist die globale Erwärmung nur eine große CO_2-Lüge hysterischer Wissenschaftler? Ein Autorenteam um Hamburgs Ex-Umweltsenator Fritz Vahrenholt gibt Entwarnung!
Die Klima-Katastrophe sei die Erfindung von Politikern und UN-Wetterforschern! In Wahrheit
5 sei die Sonne mindestens genauso verantwortlich für die Temperaturschwankungen der Erde wie CO_2! Exklusiv für BILD haben die Autoren ihre Thesen zusammengefasst.
Klimahorror-Warnungen prasseln auf uns hernieder: Hitzewellen, Wirbelstürme, biblische Fluten sollen den Planeten bald heimsuchen. Endzeitstimmung! Schon in der Schule bekommen Kinder eingetrichtert: Das alles haben wir uns selbst eingebrockt. Ab 2020 sollen wir
10 Industrieländer daher jedes Jahr 100 Mrd. US-Dollar an die Entwicklungsländer zahlen zur Wiedergutmachung angeblicher Klimaschäden.
Fest steht: In den letzten 150 Jahren ist es auf unserem Globus um überschaubare 0,8 °C wärmer geworden. Der allwissende Weltklimarat der Vereinten Nationen erklärt uns, dass die Erwärmung fast vollständig durch das böse CO_2 entstanden sei. Und wenn unsere Abgase
15 schon bisher fast ein Grad Erderwärmung verschuldet hätten, dann würden bis Ende des Jahrhunderts schnell ein paar weitere Grade dazukommen.
Was wäre, wenn sich die UN-Organisation irrt? Können wir diesen Experten wirklich blind vertrauen, sind sie tatsächlich unabhängig?
Wer die Fakten genau prüft, kommt zu einem anderen Ergebnis: Weniger als die Hälfte der
20 bisherigen Erwärmung von 0,8°C geht wohl auf das Konto des Menschen. Mit der anderen Hälfte haben wir rein gar nichts zu tun! Denn der Hauptschuldige an den Klimaschwankungen ist unsere liebe Sonne! Zwar strahlt das Sonnenlicht sehr gleichmäßig. Zu gleichmäßig, um bei uns größere Klimaschwankungen zu erzeugen. Aber die Sonne hat auch Sonnenflecken. Mal ist sie sehr aktiv, hat viele und große Flecken, von denen starke Magnetfelder
25 ausgehen. Mal hat sie wenige und sehr kleine. Dies geschieht in Zyklen von 11 Jahren. Es gibt weitere Zyklen, einige dauern Jahrhunderte, andere dauern Jahrtausende.
Auf der Erde hinterlässt die Sonne Spuren dieser Aktivität. Dadurch, dass die aktive Sonne mit ihren Magnetfeldern die aus dem Weltall einfallende kosmische Strahlung deutlich abschwächt. Diese Spuren kann man durch Analysen von Erdschichten über viele Jahrtausende
30 zurückverfolgen. Und sie haben das Erdklima nachweisbar verändert: Wenn die Sonne nur schwach aktiv war, blieb unser Planet kühl. Und immer wenn die Sonne ihre Aktivität „aufdrehte", erwärmte sich auch die Erde – lange bevor der Mensch den CO_2-Gehalt der Atmosphäre emporschnellen ließ.

Vor 1000 Jahren etwa war die Sonnenaktivität für einige Jahrhunderte deutlich stärker als zu-
35 vor. Während dieser „mittelalterlichen Warmphase" war es so warm, dass die Wikinger Grönland („Grünland") besiedeln, dort Ackerbau betreiben konnten. Aber ein paar Hundert Jahre
später schaltete die Sonne während der „Kleinen Eiszeit" ein paar Gänge runter. Auf der Erde
machte sich eisige Kälte breit. Die Wikinger-Siedlungen in Grönland gingen elend zugrunde.
In Europa gab es massive Ernteausfälle. Hunger und Krankheiten machten sich breit. Die
40 Themse war viele Winter über zugefroren.
Die Frage ist: Wie viel hat die Sonne zur Klimaerwärmung der letzten Jahrhunderte bei-
gesteuert? Nachweisbar ist: Ihre Aktivität hat seit dem Jahr 1700 kräftig zugenommen, erreichte in den zwei Zyklen vor 1995 sogar die höchsten Werte seit 400 Jahren!
Alles nur Zufall, behaupten die Klimaexperten von der UNO. Kurzerhand ignorierten sie die
45 Sonnenaktivität in ihren Klimarechnungen. Und ignorierten damit zum Beispiel die Erkenntnisse des dänischen Physikers und Klimaforschers Prof. Henrik Svensmark. Der fand starke
Hinweise dafür, dass die Wolken auf der Erde im Takt der Sonnenaktivität abnehmen und
quasi einen von der Sonne ferngesteuerten Strahlenschirm bilden. In meinen eigenen Arbeiten, die von Svensmark motiviert waren, fand ich weitere Beweise für die Klimarelevanz der
50 Sonnenaktivität.
Und es kommt noch dicker: Führende Sonnenphysiker haben herausgefunden, dass die Aktivität unseres Muttergestirns seit etwa 15 Jahren rapide abnimmt – und bis mindestens 2030
weiter abnehmen wird. Wir schlittern also in eine jahrzehntelange SonnenFLAUTE hinein.
Und die kommt uns wie gerufen! Denn sie wird die CO_2-Erwärmung eine ganze Weile lang
55 neutralisieren und unserem Globus vermutlich eine Abkühlungsphase bescheren. Erst ab 2040
könnte es wieder wärmer werden. Und bis 2100 steigen dann die Temperaturen womöglich
um ein halbes bis ein Grad an.
Klar ist: Dagegen sollten wir etwas tun. Der Weg weg von Öl/Gas/Kohle hin zu mehr
erneuerbarer Energie ist richtig!
60 Aber die maßlosen Hitzeprognosen des Weltklimarats sind reine Angstmache!

2. Besprecht eure ersten Leseeindrücke.
– Geht dabei auf die Überzeugungskraft und sprachliche Gestaltung des Textes ein.
– Stellt Vermutungen zur Absicht des Autors und zur Zielgruppe an.

3. Formuliert die Kernaussage des Textes. Vergleicht diese mit
euren Erwartungen aus Aufgabe 1 (S. 18).

4. Klärt, wie der Autor seine Argumentation aufbaut.
– Unterteilt den Text in sinnvolle Abschnitte.
– Verdeutlicht mithilfe eines Flussdiagramms die gedankliche Struktur.

5. Untersucht anhand der folgenden Beispiele, wie die Position des Autors gestützt wird.
Ordnet sie den verschiedenen Argumentarten zu. Sucht nach weiteren Beispielen im Text.

> „Führende Sonnenphysiker haben herausgefunden, dass die Aktivität unseres Muttergestirns seit etwa 15 Jahren rapide abnimmt ..."

> „Schon in den 50er Jahren gab es einen sehr heißen Sommer ..."

> „Natürlich muss die Umwelt geschützt werden ..."

> „In einer Studie von 2013 wird nachgewiesen, dass ..."

normatives Argument: Berufung auf allgemeine Werte

Autoritäts- argument: Berufung auf Experten

Tatsachen- argument: Berufung auf Fakten

analoges Argument: Berufung auf ähnliche Sachverhalte

6. Untersucht in den folgenden Beispielen jeweils die Unterschiede in der sprachlichen Gestaltung und deren Wirkung. Erläutert die Funktionen der Formulierungen des Autors.

„Klimaforscher rechnen mit einer Zunahme von starken Wirbelstürmen und großen Fluten auf der gesamten Erde." → „Klimahorror-Warnungen prasseln auf uns hernieder: Hitzewellen, Wirbelstürme, biblische Fluten [...]" (S. 18, Z. 7 f.)
„In der Schule wird Kindern beigebracht ..." → „Schon in der Schule bekommen Kinder eingetrichtert [...]" (S. 18, Z. 8 f.)

7. Analysiert im Text (S. 18 f.) die sprachlichen Mittel und den Satzbau. Erläutert deren Funktion.

8. Beurteilt den Text auf Seite 18 f. Berücksichtigt dabei Argumentationsweise, sprachliche Gestaltung, Absicht und Zielgruppe.

9. Ordnet eure Ergebnisse aus den Aufgaben 2–8 (S. 19 f.) und erstellt einen Schreibplan.

Wissen und Können

Lerninsel:
Eine Sachtext-analyse vorbereiten
S. 247 f.

Lerninsel:
Anapher, Alliteration
S. 276

Personifikation
S. 275

Sprachliche Mittel und deren Funktion in Sachtexten analysieren

Durch den Einsatz von sprachlichen Mitteln kann ein Autor **den Leser beeinflussen**.
Der Autor kann zum Beispiel den Leser für sich einnehmen, ironische Distanz wahren, übertreiben, dramatisieren, veranschaulichen oder gedanklich lenken.
Die Auswahl der sprachlichen Mittel und die Absicht des Autors hängen also eng mitein-ander zusammen. Neben **Anaphern, Alliterationen, Personifikationen, rhetorischen Fragen** oder **Vergleichen** können auch weitere sprachliche Mittel verwendet werden, zum Beispiel:

Abwertungen	Durch negative Wortwahl wird die Gegenposition schlecht dargestellt.	*„Klimahorror-Meldungen prasseln [...] nieder "* (S. 18, Z. 7 f.)
Aufwertungen	Durch positive Wortwahl wird die eigene Position gestützt.	*„führende Sonnenphysiker haben herausgefunden"* (S. 19, Z. 51)
Akkumulation	Reihung von Begriffen zu einem Oberbegriff	*„Wirbelstürme, Meeres-spiegelanstieg, Sturmfluten"*
Ellipse	unvollständiger Satz, Auslassung notwendiger Satzglieder oder Wörter	*„Zu gleichmäßig, um bei uns größere Klimaschwankungen zu erzeugen."* (S. 18, Z. 23 f.)
Euphemismus	beschönigende Umschreibung	*„sommerliche Temperaturen"* statt *„unerträglich heiß"*
Hyperbel	starke Übertreibung	*„sintflutartige Regenfälle"* statt *„starker Regen"*
Leseransprache	Leser wird durch Pronomina direkt oder indirekt mit einbezogen.	*„Wir sind alle betroffen." „Auch du musst handeln."*

Eine Sachtextanalyse schreiben und überarbeiten

1. Verfasst eine Einleitung für die schriftliche Analyse des Sachtextes auf Seite 18 f.

Einleitung
S. 22

2. Untersucht im folgenden Ausschnitt aus der Sachtextanalyse eines Schülers,
  – wie die Analyseergebnisse mit den Aussagen zu Wirkung und Absicht verknüpft werden,
  – wie Tempus und Modus verwendet werden.

> Insbesondere durch eine abwertende Wortwahl distanziert sich der Autor bereits im ersten Abschnitt des Hauptteils (Z. 7–Z. 11) von der Gegenposition. Benutzt wird zum Beispiel die negativ wirkende Wendung „bekommen ... eingetrichtert" (Z. 8 f.) statt des Verbs „lernen",
> wodurch verdeutlicht wird, dass bereits Kinder in der Schule keine Chance haben, sich
> 5 der Aussage zu entziehen, dass der Mensch an der Klimaerwärmung Schuld habe. Auch Erwachsene können sich, so der Autor, dieser Aussage nicht entziehen, was durch die Verwendung des abwertenden Ausdrucks „prasseln hernieder" (Z. 7) hervorgehoben wird. Unterstützt wird die Distanzierung von der Position des menschlich verschuldeten Klima-wandels durch den Einsatz düsterer Metaphern wie „biblische Fluten" (Z. 7 f.) oder „End-
> 10 zeitstimmung" (Z. 8). Diese Metaphern in Verbindung mit den Ellipsen (z. B. „Endzeitstim-mung!" Z. 8) sind so übertrieben, dass die Gegenposition auf den Leser lächerlich wirkt. Die Gegenseite erscheint auch weniger wissenschaftlich, indem der Autor hier erstens keine Forschungsergebnisse nennt und zweitens eher umgangssprachliche Wortwahl verwendet (z. B. „eingebrockt", Z. 9).
> 15 Der Autor stellt sich mit dem Leser durch das Pronomen „uns" auf dieselbe Seite und ver-mittelt so ein Gemeinschaftsgefühl. Durch den Bezug auf die genannten Fakten („100 Mrd. US-Dollar ...", Z. 10) wird der Leser abgeschreckt, hier handelt es sich um viel Geld.

3. Verfasst die Analyse eines weiteren Textabschnitts (S. 18, Z. 12–21). Stellt dabei die Argumentation, die Verwendung der sprachlichen Mittel sowie deren Funktion und Wirkung dar.

Satzver-
knüpfungen
S. 204

**So geht's
interaktiv**
Sachtextanalyse
67u5ck

4. Beurteilt den folgenden Schlussteil. Achtet auf Inhalt und sprachliche Gestaltung. Ergänzt fehlende Aspekte und verfasst einen eigenen Schluss für eine Sachtextanalyse.

> Der Autor will den Leser durch viele Wir-Formen von seiner Meinung überzeugen, dass der Mensch nicht an der Klimaerwärmung schuld ist. Zudem verwendet er auch immer wieder Autoritätsargumente, um zu zeigen, dass seine Position richtig ist. Als sprachliche Mittel helfen ihm dabei auch rhetorische Fragen und Abwertungen.

Beispiellösung
Aufgabe 5
8wh6mg

5. Verfasst auf der Grundlage eures Schreibplans (S. 20, Aufgabe 9) eine vollständige Sachtextanalyse zum Text „Globale Erwärmung: Die CO_2-Lüge" (S. 18 f.). Ihr könnt Teile aus den Aufgaben 1–4 verwenden.

6. Bildet kleine Gruppen und überarbeitet eure Textanalysen.

Vorlage
Checkliste
Sachtextanalyse
überarbeiten
3pg65m

Wissen und Können

Eine Sachtext-
analyse
vorbereiten,
schreiben,
überarbeiten
S. 247 ff.

Sachtexte schriftlich analysieren

Mit einer Sachtextanalyse könnt ihr **wesentliche Aussagen,** die **gedankliche Struktur,** die **Absichten** und die **sprachliche Gestaltung** sowie deren **Funktion** und **Wirkung** erschließen und eure Ergebnisse zusammenhängend schriftlich darstellen.

1. Die Sachtextanalyse vorbereiten

- Den Sachtext untersuchen
  - den **Inhalt verstehen** (Text inhaltlich erschließen,
  - gedankliche Struktur skizzieren, Kernaussage zusammenfassen)
  - **Ziele** und **Absichten** des Sachtextes **entschlüsseln**
  - (Funktion und Absicht des Textes untersuchen, Zielgruppe klären)
  - **sprachliche Gestaltung** und Funktion **untersuchen**
- Den Schreibplan erstellen

2. Die Sachtextanalyse schreiben

Inhalt und Aufbau:
- **Einleitung:** Textsorte, Autor/in, Titel, Thema, Quelle, Funktion und Kernaussage des Textes benennen
- **Hauptteil:**
  - den Inhalt des Sachtextes absatzweise zusammenfassen
  - den thematischen, gedanklichen oder argumentativen Aufbau des Textes darlegen
  - für jeden Absatz darstellen, welche Absicht der Autor/die Autorin verfolgt und wie diese Absicht durch sprachliche Mittel unterstützt wird
- **Schluss:** ein Fazit ziehen, z. B. die vermutete Absicht und Zielgruppe benennen; zusammenfassend formulieren, wie der Autor/die Autorin diese Absicht durch den Inhalt, den Aufbau und die sprachliche Gestaltung umsetzt

sprachliche Gestaltung:
- Tempusform Präsens verwenden
- sachlich schreiben (keine persönliche Wertung)
- für die Wiedergabe der Position des Autors/der Autorin Konjunktiv verwenden
- Zusammenhänge durch geeignete Verben und Satzverknüpfungen verdeutlichen

3. Die Sachtextanalyse überarbeiten

- Arbeitstechniken der Schreibkonferenz, Textlupe nutzen, Checkliste verwenden
- Rechtschreibung und Zeichensetzung mit dem Wörterbuch oder am PC prüfen

TATT:
Textsorte, Autor,
Titel, Thema

⊕
Differenzieren
Sachtext-
analyse
pv9te8

7. Zum Differenzieren ■ ■ ■ ■

A Analysiert schriftlich den Text auf Seite 23. Geht so vor:
- Benennt These und mögliche Absicht des Textes. Legt die Argumentationsstruktur dar.
- Zeigt, wie die Absicht des Autors durch sprachliche Mittel unterstützt wird.

B Schreibt eine Sachtextanalyse zu folgendem Text.

Verursacht der Mensch die Erderwärmung? (Greenpeace, 2014)

Wenn im Laufe der Erdgeschichte das Klima schwankte, dann dauerte dies Jahrtausende. Tiere und Pflanzen hatten Zeit, sich anzupassen. Die letzte Eiszeit begann vor
5 rund 2,5 Millionen Jahren. Elf Prozent der Erde waren mit Eis bedeckt, es war bis zu zwölf Grad kälter als heute. Vor 12.000 Jahren endete dieses Eiszeitalter. Seitdem befinden wir uns in einer Art Zwischeneiszeit
10 (geologisch: Interglazial) mit relativ stabilen klimatischen Bedingungen.

In den letzten hundert Jahren hat die Konzentration von Treibhausgasen in der Erdatmosphäre rapide zugenommen.
15 Gleichzeitig stieg die globale Temperatur. Heute steht das gesamte Klimasystem der Erde auf der Kippe.

Der UN-Klimarat (IPCC) bestätigt in seinem Bericht von 2007, dass natürliche
20 Faktoren bei der derzeitigen Klimaerwärmung kaum eine Rolle spielen. Mit der Intensität der Sonnenaktivität lässt sich die gemessene Erwärmung nicht erklären. Die Klimaforscher stellen fest, dass mit mehr
25 als 90-prozentiger Wahrscheinlichkeit menschliche Aktivitäten die Hauptursache des Temperaturanstieges sind.

Mitte des achtzehnten Jahrhunderts begann das Zeitalter der Industrialisierung.
30 Seitdem hat sich die Lebensweise der Menschen in den westlichen Industrienationen radikal verändert. Für unsere Maschinen, Fabriken, Dampflokomotiven, Autos, Flugzeuge, *Computer* und *Handys* fördern wir
35 Bodenschätze zutage, die in hunderten Millionen Jahren entstanden sind. Wir verbrennen Kohle, Öl und Gas in großen Mengen und setzen damit das Klimagas Kohlendioxid (CO_2) frei. Dieses gelangt in die Atmosphäre und verstärkt den natürlichen
40 Treibhauseffekt.

Unser hoher Energieverbrauch ist aber nicht das einzige Problem. Auch die moderne Landwirtschaft mit Massentierhaltung und hohem Einsatz von Kunstdünger
45 belastet das Klima. Die Abholzung von Urwäldern zerstört natürliche CO_2-Speicher. Und auch unsere so hoch geschätzte Mobilität trägt ihren Teil bei. In Europa sind 20 Prozent des CO_2-Ausstoßes auf den Verkehr
50 zurückzuführen.

Die Industriestaaten haben eine historische Verantwortung für den Klimaschutz, denn sie sind für den größten Teil des Problems verantwortlich. Sie sind auch diejeni-
55 gen, die dank ihrer wirtschaftlichen Stärke finanziell in der Lage sind zu handeln.

Alle Menschen haben die gleichen Rechte, auch auf die Nutzung von Energie. Zugleich dürfen die Emissionen nicht unend-
60 lich weiter wachsen. Eine global gerechte Reduktion von Treibhausgasen muss sich nach Ansicht von Greenpeace an der Pro-Kopf-Emission für jeden Weltbürger orientieren. Diese liegt durchschnittlich bei etwa
65 4,5 Tonnen pro Jahr. Wollen wir das Klima retten, müssen wir diesen Wert bis 2050 auf knapp zwei Tonnen senken.

Für die Industrieländer bedeutet das starke Verringerungen. Deutschland hat eine
70 durchschnittliche CO_2-Emission von rund zehn, die USA von 17 Tonnen pro Kopf. Diese Länder müssen ihre Energiepolitik sofort umstellen und die Energiewende sowohl im eigenen Land als auch im interna-
75 tionalen Rahmen vorantreiben.

C Schreibt eine Sachtextanalyse zum Text „Erziehung per Klageandrohung. Wie das Bürgerliche Gesetzbuch Eltern helfen kann" (S. 40).

Beispiellösung
Aufgabe 7B
43nc9r

Beispiellösung
Aufgabe 7C
f3a27r

⭐ Das könnt ihr jetzt!

Windenergie (Online-Artikel, welt.de, 2014)

Wind ist ein billiger, massenhaft vorhandener, sauberer und erneuerbarer Rohstoff, der für die Zukunft immer mehr an Bedeutung gewinnt. […]

5 Die Vorzüge der Nutzung von Windenergie, der klaren Nummer eins unter den erneuerbaren Energien, liegen eigentlich auf der Hand. Wind, ein Geschenk der Natur wie die Sonne, ist kostenlos, reichlich und 10 dauerhaft zu haben. Für relativ rohstoffarme Länder wie Deutschland bedeutet das zusätzlichen Verzicht auf Importe.

Betrachtet man die Nachteile und Vorteile von Windenergie genauer, wird deutlich, 15 dass keine Form der Energiegewinnung so wenig Platz benötigt. Die tatsächlich verbrauchte Fläche durch Windkraftanlagen ist minimal, die Investitionskosten amortisieren sich schnell.

Außerdem erfolgt kein Ausstoß von 20 Schadstoffen wie Kohlendioxid, Stickoxid und Schwefeldioxid wie bei der konventionellen Stromerzeugung in Kraftwerken. […]

Gerade bei der Errichtung von Offshore- 25 Windparks auf dem Meer gibt es noch viele potenzielle Flächen, die genutzt werden können. Für die Herstellung, Wartung und Weiterentwicklung von Windkraftanlagen bedarf es vieler Arbeitskräfte.

Sündenfall im Meer (Online-Artikel, spiegel.de, 2014)

Bei guter Sicht wäre der Windpark von Sylt aus am Horizont zu erkennen. 80 Windräder sollen 32 Kilometer vor der Küste errichtet werden, Stromgiganten mit 120 Me- 5 ter messenden Rotoren und einer Leistung von jeweils 3,6 Megawatt. Die Investitionen für den Windpark „Butendiek" liegen bei 1,3 Milliarden Euro. Im April sollen die ersten Fundamente der Offshore-Anlage mit 10 Getöse in den Meeresgrund des Seegebiets „Sylter Außenriff" gerammt werden.

Doch wird es so weit kommen? Ein Gutachten des Instituts für Naturschutz und Naturschutzrecht Tübingen stellt jetzt die 15 Rechtmäßigkeit des Windparks in Frage. „Butendiek" hätte aus naturschutzrechtlichen Gründen „nicht genehmigt werden dürfen", befinden die Juristen. […]

„Butendiek' ist ein Sündenfall der Off- 20 shore-Windkraft", kritisiert Kim Detloff vom Naturschutzbund Deutschland (Nabu), der das Rechtsgutachten in Auftrag gegeben hat. Das Areal liegt direkt im EU-Vogelschutzgebiet „Östliche Deutsche Bucht" sowie im „Sylter Außenriff", einem nach der 25 europäischen Fauna-Flora-Habitat-Richt-

Lerninseln:
Lesestrategien und
Lesetechniken
S. 233 ff.

Sich und andere
informieren
S. 237 ff.

Schreiben
S. 240 ff.

⊕ Diagnose-
bogen
Informieren
8y9v7e

⊕ Training
interaktiv
interaktiv
Informieren
ke6nu3

linie geschützten Gebiet. Die Naturschützer befürchten „eklatante Risiken für die
Meeresumwelt". Wenige Wochen vor Bau-
30 beginn wollen sie das Projekt deshalb noch
stoppen – oder zumindest strengere Auf-
lagen durchsetzen. „Auch wir sind für den
naturverträglichen Ausbau der Windkraft
auf See", sagt Detloff. Besonders kritische
35 Vorhaben müssten jedoch auf den Prüf-
stand. „Wenn es hart auf hart kommt, sind
wir bereit, gegen ‚Butendiek' zu klagen",
kündigt der Naturschützer an.

„Butendiek" ist eine Art Altlast der
40 Windenergiebranche. Schon 2002 geneh-
migte das für die Zulassung und Überwachung von Offshore-Windparks zuständige
Bundesamt für Seeschifffahrt und Hydro-
graphie (BSH) die Anlage. Naturschützer
45 waren von Anfang an dagegen. Doch der
damalige grüne Bundesumweltminister
Jürgen Trittin drückte die Genehmigung
für das Prestigeprojekt durch.

Nun zeigen sich die Mängel des Vorha-
50 bens. Einwände des Bundesamts für Naturschutz etwa seien nur dann berücksichtigt
worden, wenn diese dem Bau des Windparks nicht entgegenstünden, kritisieren die

Gutachter. Zudem seien bestehende Wissenslücken stets zugunsten des Windpark- 55
baus ausgelegt worden – ein Verstoß gegen
EU-Naturschutzrecht.

Noch nicht geklärt war bei der Genehmigung beispielsweise, wie stark die
Rammarbeiten in 20 Meter Wassertiefe die 60
Kommunikation der Schweinswale stören.
Das BSH schreibt vor, dass der Lärm in 750
Meter Entfernung von der Baustelle höchstens 160 Dezibel betragen darf. Biologen
haben inzwischen herausgefunden, dass die 65
empfindlichen Sinnesorgane der Kleinwa-
le bei diesem Schalldruck bereits Schaden
nehmen. Schon bei Lärm über 136 Dezibel
ergreifen die Tiere die Flucht. […]

Das BSH und die „Butendiek"-Betrei- 70
bergesellschaft WPD weisen die Vorwürfe zurück. Um den Lärm zu minimieren,
würden die Windparkbauer doppelwandige
Stahlrohre mit eingeschlossenen Luftbläs-
chen verwenden; dieser „Blasenschleier" 75
reduziere den Lärm. Zudem sollen unter
Wasser Speziallautsprecher aufgestellt werden, die regelmäßig akustische Signale aus-
senden, um Schweinswale und Robben auf
Abstand zu halten. […] 80

Hydrografie:
Vermessung und
Beschreibung
von Gewässern

1. Erklärt, welche Bedeutung die Windenergie in Deutschland hat.

2. Für einen informierenden Text zum Thema „Nutzung der Windenergie in Deutschland"
   soll das Diagramm genutzt werden.
   – Wertet das Diagramm aus. Notiert Stichpunkte.
   – Stellt das Diagramm in der Klasse vor.
   – Gebt einander Rückmeldungen zur Auswertung und Vorstellung des Diagramms.

3. Entwickelt auf der Grundlage der Materialien zwei Schaubilder
   für einen informierenden Text.
   Präsentiert sie vor der Klasse und gebt einander ein Feedback.

4. Analysiert schriftlich den Text „Sündenfall im Meer" (S. 24 f.).

Kommunikation ist alles
Sprachlicher Umgang mit anderen

 Das könnt ihr schon!

- Gesprächsstörungen erkennen und vermeiden
- überzeugend argumentieren und appellieren
- eine Debatte vorbereiten, durchführen und bewerten
- eine Diskussion in einem Ergebnisprotokoll festhalten

1. Besprecht, was der Cartoon zum Ausdruck bringt.

Ralf Fieseler

Lerninsel:
Vier Seiten
einer Nachricht
S. 266

2. Notiert in einer Gedankenblase, was dem Sohn bei der Äußerung seiner Mutter durch den Kopf gehen könnte.

3. Formuliert verschiedene Möglichkeiten, wie die Aussage der Mutter gemeint sein könnte.

4. Sammelt weitere Beispiele für Gesprächssituationen, in denen die Appell-, Beziehungs- oder Selbstausdrucksebene im Vordergrund stehen, und untersucht diese.

Lerninsel:
Sprachlicher
Umgang
mit anderen
S. 264 ff.

⊕ Eingangstest
Sprachlicher
Umgang
mit anderen
42874i

Paul Watzlawick: Anleitung zum Unglücklichsein (1983, Ausschnitt)

DIE GESCHICHTE MIT DEM HAMMER

Ein Mann will ein Bild aufhängen. Den Nagel hat er, nicht aber den Hammer.
Der Nachbar hat einen. Also beschließt unser Mann, hinüberzugehen und ihn auszu-
borgen. Doch da kommt ihm ein Zweifel: Was, wenn der Nachbar mir den Hammer
5 nicht leihen will? Gestern schon grüßte er mich nur so flüchtig. Vielleicht war er in
Eile. Aber vielleicht war die Eile nur vorgeschützt, und er hat etwas gegen mich.
Und was? Ich habe ihm nichts angetan; der bildet sich da etwas ein. Wenn jemand
von mir ein Werkzeug borgen wollte, ich gäbe es ihm sofort. Und warum er nicht?
Wie kann man einem Mitmenschen einen so einfachen Gefallen abschlagen? Leute
10 wie dieser Kerl vergiften einem das Leben. Und dann bildet er sich noch ein, ich sei
auf ihn angewiesen. Bloß weil er einen Hammer hat. Jetzt reicht's mir wirklich. –
Und so stürmt er hinüber, läutet, der Nachbar öffnet, doch noch bevor er „Guten Tag"
sagen kann, schreit ihn unser Mann an: „Behalten Sie Ihren Hammer, Sie Rüpel!"

Filmbild aus
„Russendisko", 2012

5. Beschreibt die Gesprächssituation in dem Text und erklärt, wie sie entstanden ist.

6. Stellt die Ursachen für das Scheitern der Kommunikation zwischen den Nachbarn dar.

7. Von dem Kommunikationswissen-schaftler Paul Watzlawick stammt die These „Man kann nicht nicht kommunizieren." Erklärt die Bedeutung mithilfe des Filmbilds.

8. Plant eine kurze nonverbale Szene, die Watzlawicks Grundannahme (Aufgabe 7) verdeutlicht, und spielt sie in eurer Klasse vor.

Das lernt ihr jetzt!

· Kommunikationssituationen untersuchen und deuten
· einen Standpunkt überzeugend begründen

Auf den Punkt kommen
Einen Standpunkt überzeugend begründen

Diskussionsrunde (Ausschnitt)

In der 9. Klasse wird diskutiert, ob Auslandsfahrten in dieser Klassenstufe bereits durchgeführt werden sollen.

AMIRA: Wieso sollen wir unsere Klassenfahrten denn erst in der Oberstufe ins Ausland machen dürfen? Schaut euch doch mal an anderen Schulen um, meine Freundin war in der Neunten letztes Jahr in Rom.

LEON: Rom würde mir auch gefallen. Oder lieber nicht, sonst werden wir von einer
5   Ruine zur nächsten geschleppt.

PAUL: Alle sprechen von Europa, dass Europa zusammenwachsen soll und so weiter. Aber wir sollen unsere Klassenfahrten nur in Deutschland machen dürfen. Das macht doch keinen Sinn.

TIM: Fahrten ins Ausland sind ziemlich teuer.

10 **HANNA:** Na ja, es gibt inzwischen auch Billigflüge nach Paris, Barcelona und was weiß ich wohin.

AMIRA: Genau! Wozu lernen wir denn zwei oder drei Fremdsprachen, wenn wir dann doch nur in Deutschland bleiben?

LEON: Wer hat denn eigentlich Spanisch als zweite Fremdsprache gewählt?

15 **BRITTA:** Wir haben an unserer Schule ein richtig gutes Austauschprogramm. Wer will, der kann auch jetzt schon ins Ausland.

TIM: Stopp, so geht das nicht. So nimmt uns doch keiner ernst.

1. Positioniert euch zu der Frage, ob Auslandsfahrten in der 9. Klasse sinnvoll sind.

2. Sammelt Vorschläge, wie die Schüler vorgehen sollten, damit die Diskussion strukturierter und effektiver abläuft.

3. Erläutert, welche Funktion die beiden Teile des folgenden Redebeitrags haben.

> „Klassenfahrten werden in der 9. Klasse ausschließlich innerhalb Deutschlands durchgeführt", so steht es in unserem Schulprogramm. Diese Regelung ist zehn Jahre alt und viele Schülerinnen und Schüler halten sie für nicht mehr zeitgemäß.

> Daraus ergibt sich, dass Auslandsfahrten bereits in der 9. Klasse möglich sein sollen und dies im Schulprogramm entsprechend festgehalten wird.

4. Notiert Stichpunkte zu drei starken Argumenten für Auslandsfahrten in der 9. Klasse, um den Redebeitrag zu vervollständigen und ihm Überzeugungskraft zu geben. Ihr könnt Argumente aus der Diskussionsrunde nutzen.

5. Tragt euren Redebeitrag vor und gebt einander ein Feedback.

Einen Standpunkt überzeugend begründen

Die Anordnung der Argumente und ihre Einbettung in eine Einleitung und ein Fazit helfen, einen **Standpunkt nachvollziehbar** und **überzeugend** zu begründen. Es hat sich bewährt, den eigenen Standpunkt in **fünf Schritten** darzulegen.

Wissen und Können

Lerninsel:
Standpunkt in
fünf Schritten
vertreten
S. 265

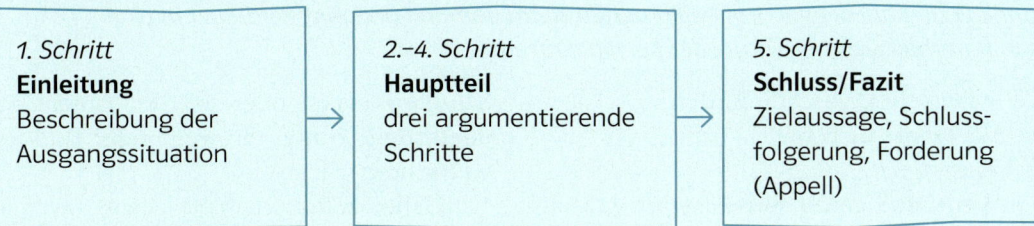

So könnt ihr vorgehen:
– vom Fazit ausgehen
– Argumente für den **Hauptteil** sammeln und ordnen, zum Beispiel als
   · **Kette:**
     argumentative Schritte, die in einem logischen oder
     chronologischen Zusammenhang stehen
     Es ist nicht von der Hand zu weisen, dass …; Dies führt zu …; Daraus wird klar …
   · **Ausklammerung:**
     Der erste argumentative Schritt nennt die gegnerische Meinung,
     der zweite entkräftet diese und stellt eine andere Sicht entgegen,
     der dritte verstärkt diese Position.
     *Man könnte die Ansicht vertreten …; Dabei sollte man jedoch berücksichtigen …;
     Beachtet man …, wird deutlich …*
   · **Kompromiss:**
     Die beiden ersten Schritte stellen gegensätzliche Positionen dar,
     der dritte verweist auf die Gemeinsamkeiten der beiden Positionen
     als möglichen dritten Weg.
     Die einen … – Die anderen …; Beiden Positionen gemeinsam ist …
– Stichpunkte für die Einleitung formulieren:
   interessanter Einstieg (z. B. Zitat), prägnante Beschreibung des Ist-Zustandes, …

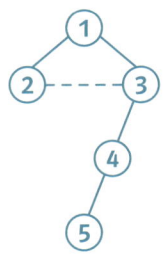

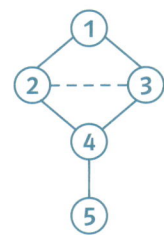

6. Zum Differenzieren ■ ■ ■ ■

A Formuliert mithilfe der fünf Schritte einen Redebeitrag zur Debattenfrage „Auslandsfahrten in der 9. Klasse?". Euer Beitrag soll einen Kompromiss oder eine Ausklammerung beinhalten.

B Formuliert euren Standpunkt zu einer der folgenden Debattenfragen:
– Soll an unserer Schule ein handyfreier Tag eingerichtet werden?
– Soll eine Segeltour auf der Nordsee für die 9. Jahrgangsstufe verbindlich sein?
– Soll sich unsere Schule für die Kampagne *Umweltschule in Europa* bewerben?

Differenzieren
Standpunkt
vertreten
4c2zd6

Sieben
Tage „ohne"
S. 54

„Das mein ich doch gar nicht."
Kommunikationssituationen untersuchen und deuten

Sven Regener

wegen der Bundeswehr
hier:
Aufgrund des entmilitarisierten Status West-Berlins existierte dort keine Wehrpflicht.

Sven Regener: Herr Lehmann (2001, Ausschnitt)

Frank Lehmann, der von seinen Freunden Herr Lehmann genannt wird, sitzt in einem Lokal und unterhält sich mit Katrin, der Köchin. Er fragt:

„Wie lange bist du schon in Berlin?"

„Was geht's dich an?"

„Nur so …"

„Wenn du's genau wissen willst: seit einem Monat."

„Seit einem Monat?"

„Na und? Irgendwas dabei?"

„Nein, nein, schon gut. War nicht so gemeint. Ich bin seit 1980 in Berlin, das sind jetzt schon neun Jahre."

„Na und? Und da soll ich jetzt Beifall klatschen, oder was?"

„So war das nicht gemeint."

„Da ist man wohl ein ganz toller Hecht, wenn man hier schon neun Jahre wohnt, oder was? Ist mir schon aufgefallen, dass da einige ganz stolz drauf sind, wie lange sie schon in Berlin wohnen. Ist ja auch eine ganz tolle Leistung, hier zu wohnen. Tun ja bloß zwei Millionen Leute, hier wohnen. Ganz große Sache. Supertoll."

„Das mein ich doch gar nicht."

„Ach nein, er meint das nicht so, ganz klasse. Ich wohn seit 1980 hier", äffte sie ihn nach. „Gibt's dafür auch irgendwie Schulterklappen oder so? Ihr Typen seid doch sowieso nur alle wegen der Bundeswehr hier."

„Hallo, hallo, ich habe gesagt, ich hab das nicht so gemeint." Warum, dachte Herr Lehmann, sind die Frauen, in die ich mich verliebe, immer so empfindlich?

„Wie denn sonst?"

„Naja, irgendwie … nur so eben, ich meine, ich wollte … jedenfalls wohne ich schon lange nicht mehr in Bremen, hätte ja sonst sein können …"

„Was?"

„Nix."

„Dann ist ja gut."

„Ja."

„Genau."

„Außerdem bin ich nicht wegen der Bundeswehr nach Berlin gekommen."

„Soso, toll."

„So schlau war ich nicht."

„Hätt ich auch nicht vermutet."

„Dann ist ja gut."

„Genau."

„Ja."

1. Beschreibt, wie die Unterhaltung zwischen Herrn Lehmann und Katrin auf euch wirkt, und erläutert, was das Gesprächsverhalten über die Beziehung der beiden verrät.

2. Herr Lehmann sagt: „So schlau war ich nicht." (Z. 46)
- Probiert verschiedene Sprechweisen aus und variiert Körperhaltung, Gestik und Mimik.
- Vergleicht eure Varianten.
- Erläutert, wie die Sprechweise wahrscheinlich gemeint und wie sie aufgenommen wird.
Berücksichtigt dabei die vier Seiten einer Aussage (Sach-, Beziehungs-, Appell- und Selbstausdrucksebene).

**Lerninsel:
Vier Seiten
einer Nachricht
S. 266**

3. Stellt euch vor, Herr Lehmann und Katrin sitzen nach dieser Szene schweigend an ihren Tischen. Diskutiert, ob das Schweigen eine Form der Kommunikation ist.

Der Kommunikationswissenschaftler Paul Watzlawick hat folgende Grundsätze zur Kommunikation aufgestellt.

Grundsatz 1:
Man kann nicht nicht kommunizieren.

Grundsatz 2:
Jede Kommunikation hat einen Inhalts- und einen Beziehungsaspekt.

4. Erklärt, was mit diesen Grundsätzen gemeint ist. Sucht nach Belegen dafür in dem Gespräch zwischen Herrn Lehmann und Katrin (S. 30).

5. Ordnet die folgenden Erläuterungen (grüne Kästen) dem 3. bis 5. Grundsatz von Paul Watzlawick zu und begründet. Wendet die drei Grundsätze auf das Gespräch zwischen Herrn Lehmann und Katrin (S. 30) an.

Grundsatz 3:
Jede Mitteilung ist zugleich Reaktion und Reiz.

In jede Nachricht fließen subjektive Annahmen des Sprechers ein. Die Reaktion des Gesprächspartners wird wiederum von dessen subjektiven Annahmen geprägt. Insofern ist Kommunikation nicht nur Aktion und Reaktion, sondern ein ständiger Kreislauf. Zu Kommunikationsstörungen kommt es, wenn Gesprächspartner ihr Verhalten nur als Reaktion auf den anderen interpretieren.

Bei einer symmetrischen Kommunikation sind die Gesprächspartner gleichberechtigt. Dieser Zustand der Gleichheit wird im Gespräch gefördert. In einer komplementären Gesprächssituation haben die Partner unterschiedliche Rollen. Die Gesprächspartner erkennen die Über- bzw. Unterordnung und ergänzen sich gegenseitig in ihrem Verhalten. Bei der komplementären Kommunikation treten häufiger Störungen auf.

komplementär:
einander
ergänzend

Grundsatz 4:
Kommunikation erfolgt sowohl digital als auch analog.

Grundsatz 5:
Kommunikation kann symmetrisch und komplementär verlaufen.

Gesprächspartner verständigen sich über Worte (digitale Kommunikation) und durch weitere – vor allem nonverbale – Mittel (analoge Kommunikation).

6. Besprecht anhand der beiden Cartoons (Bild **1** und **2**), welche Faktoren eine Kommunikation erschweren können.

7. Nutzt Friedemann Schulz von Thuns Kommunikationsmodell „Vier Seiten einer Nachricht" und zeigt auf, was das Mädchen (Bild **3**) mit ihrer Nachricht aussagt.
Formuliert die Äußerung so, dass deutlicher wird, was das Mädchen erreichen möchte.

1 Ritsch + Renn: Beim Arzt

2 Daniel Müller: Vater und Tochter

 Ursachen für Kommunikationsstörungen finden

8. Was macht der Junge (S. 32, Bild 4) nach Schulz von Thun „falsch"? Formuliert alternative Äußerungen für eine bessere Kommunikation in dieser Situation.

Kommunikationssituationen untersuchen und deuten

Wissen und Können

Lerninsel: Ursachen für Kommunikationsstörungen erkennen
S. 266

Vier Seiten einer Nachricht

Sachinhalt

Selbst-offenbarung

Nachricht

Appell

Beziehung

Sender

Empfänger

Nachricht vom Beifahrer: *Es ist Grün!*

Sachinhalt: *Die Ampel ist auf Grün gesprungen.*
Beziehung: *Ich fahre besser als du und kann dir sagen, was du machen musst.*
Appell: *Fahr los!*
Selbstoffenbarung: *Ich hab es eilig.*

Sender und Empfänger tauschen permanent die Rollen.

SENDER	EMPFÄNGER

– Eine Idee wird übersetzt und gesendet.
– Jede Nachricht ist von subjektiven Annahmen geprägt.
– Eine Nachricht wird mit verbalen (z. B. *Wortwahl, Betonung*) und nonverbalen Mitteln (z. B. *Körperhaltung, Gestik, Mimik*) übermittelt.

– Die Nachricht wird empfangen, übersetzt und verstanden.
– Wie die Nachricht vom Empfänger übersetzt und verstanden wird, ist von subjektiven Annahmen abhängig.
– Die subjektiven Annahmen beeinflussen die Reaktion.

Mögliche Ursachen für Kommunikationsstörungen:
– sehr unterschiedliche Erfahrungen, Prägungen und Wertvorstellungen
– Unvollständigkeit oder mangelnde Eindeutigkeit
– einseitige Interpretationen
– mangelnde Hörbereitschaft
– negative Sozialbeziehungen (z. B. *Dominanz, Rivalität*)
– unterschiedliches Sprachverhalten (z. B. *Fachsprache, Dialekt, Fremdsprache*)

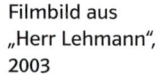

Hörverstehen
Herr Lehmann
i866ai

Sven Regener: Herr Lehmann (2001, Ausschnitt)

Herr Lehmann bekommt von seinen Eltern Besuch und verabredet sich mit ihnen in einem Lokal. Dort erwecken er und das Personal bei seinen Eltern den Anschein, er sei der Geschäftsführer der Gaststätte.

„Als Herr Lehmann um Punkt acht Uhr die Markthallenkneipe betrat, waren seine Eltern schon da. Sie saßen an einem guten Tisch, nicht zu nah an der Küche, nicht zu
5 nah am Klo und nicht zu nah am Eingang, und sie redeten eifrig mit seinem besten Freund Karl, der sich extra feingemacht zu haben schien: Er trug einen selbst für ihn noch zu weiten, schwarzen Anzug aus
10 zweiter oder dritter Hand, den Herr Lehmann noch nie zuvor gesehen hatte, dazu ein weißes Hemd und eine Fliege. Er sah grotesk aus, wie ein Monsterpinguin nach dem Schleuderwaschgang. Herr Lehmann
15 wäre am liebsten gleich wieder umgekehrt.

„Da ist er ja", sagte seine Mutter, als er an den Tisch kam.

„Hallo Boss", sagte sein bester Freund Karl und reichte ihm die Hand.

20 „Keine Faxen", sagte Herr Lehmann säuerlich und setzte sich.

„Wir haben uns schon gewundert, wo du bleibst", sagte seine Mutter.

„Es ist Punkt acht Uhr", sagte Herr Leh-
25 mann. „Ihr wart zu früh."

„Das Taxi fuhr so schnell."

„Wie war die Stadtrundfahrt?"

„Anstrengend", sagte sein Vater.

„Also, das mit der Mauer …", sagte seine Mutter und schüttelte sorgenvoll den Kopf. 30

„Hier ist die Karte, Boss", unterbrach Karl und reichte ihm die Karte. Seine Eltern hatten sie schon. Dann zündete Karl eine Kerze an. Es war die einzige Kerze im ganzen Lokal. Herrn Lehmann fiel auf, dass Karl 35 schmutzige Fingernägel hatte, und er fragte sich, ob ihm das nur jetzt, in seiner Eigenschaft als Pseudo-Geschäftsführer, auffiel, oder ob sein bester Freund etwas abbaute.

„Du brauchst nicht Boss zu sagen", sagte 40 Herr Lehmann.

„Das sind übrigens meine Eltern, und das ist Karl Schmidt."

„Wissen wir doch alles", sagte seine Mutter. „Wir haben uns doch schon unterhal- 45 ten."

„Das ist schön", sagte Herr Lehmann und schaute in die Karte. „Was wollt ihr trinken?"

„Haben wir alles schon bestellt", sagte 50 seine Mutter. „Herr Schmidt hat uns etwas empfohlen."

Herr Lehmann schaute fragend zu seinem besten Freund Karl hoch, der direkt hinter ihm stand und dessen Körper einen mäch- 55 tigen Schatten warf. Karl grinste. „Ich habe den guten empfohlen, Boss."

„Den guten was?" Herr Lehmann wurde langsam ärgerlich. Er hatte nichts gegen ein bisschen Spaß, aber das hier war nicht mehr 60 subtil, das war der Vorschlaghammer.

„Den Roten." Karl zwinkerte heftig mit dem rechten Auge. „Von dem kaum noch was da ist. Den 85er."

„Ach den …", sagte Herr Lehmann. 65 „Dann bring auch noch Mineralwasser für alle. Wisst ihr schon, was ihr essen wollt?", fragte er seine Eltern.

„Nein", sagte sein Vater irritiert. „Das geht jetzt alles etwas schnell." 70

Filmbild aus „Herr Lehmann", 2003

Gespräche untersuchen, deuten und umschreiben

„Ich geh dann mal den Wein dekantieren", sagte Karl und verschwand.

„Netter junger Mann", sagte seine Mutter. „Was würdest du uns denn empfehlen?"

75 „Der Schweinebraten ist gut."

„Schweinebraten", sagte seine Mutter.
„Schweinebraten, das kann ich auch selber
kochen. Gibt's denn hier nichts Aufregen-
deres?"

80 „Dieses Restaurant ist berühmt für seinen Schweinebraten", sagte Herr Lehmann
streng. „Die Leute kommen aus der ganzen
Stadt, um hier den Schweinebraten zu essen.
Manche morgens schon. Nirgendwo sonst

85 bekommt man so einen guten Schweinebraten."

„Naja, aber Schweinebraten …" Seine
Mutter lachte. „Da können sie auch zu mir
kommen."

90 „Der Schweinebraten ist hier 1a. Sonst
nimm doch Fisch", versuchte Herr Lehmann Land zu gewinnen. „Da!" Er langte
über den Tisch und zeigte auf das Fischkapi-
tel in der Speisekarte seiner Mutter. „Forel-

95 le, Dorsch, Dorade, das ganze Programm.

Oder", fügte er bösartig hinzu, „nimm
doch was Vegetarisches, Mutter."

„Ich glaube, ich nehme den Schweinebraten", sagte sein Vater.

„Ich auch", sagte Herr Lehmann.   100

„Dann nehme ich den auch", sagte seine
Mutter. „Glaube ich. Also vegetarisch, da
weiß ich ja überhaupt nicht …"

„Vielleicht einen Grünkernbratling mit
Currysoße", schlug Herr Lehmann vor.   105

„Nein, nein, wenn du sagst, dass der
Schweinebraten …"

„So", platzte Karl dazwischen. Er beugte
sich von hinten über Herrn Lehmann, bis
seine offene Anzugjacke um dessen Gesicht   110
schlabberte, und stellte eine Flasche Rot-
wein auf den Tisch. „Das ist ein ganz, ganz
feines Stöffchen."

„Gläser, Wasser", sagte Herr Lehmann.

„Alles klar, Boss", sagte sein bester Freund   115
Karl und verschwand wieder.

„Also dekantieren geht anders", warf sein
Vater ein und studierte die Flasche. „Und
von 85 ist der auch nicht."

dekantieren:
eine Flüssigkeit
vom Bodensatz
abgießen

9. Charakterisiert anhand des Gesprächs das Verhältnis zwischen Herrn Lehmann
und seinen Eltern.
– Untersucht, wie dieses Verhältnis die Kommunikationssituation beeinflusst.
– Belegt eure Ergebnisse mit Äußerungen der Gesprächspartner.

10. Zum Differenzieren ■ ■ ■ ■

A Untersucht den Gesprächsabschnitt über die Essensauswahl (Z. 73–107).
– Erläutert die Äußerungen mithilfe des Kommunikationsmodells (S. 33).
– Erklärt, inwiefern die Sender zugleich Empfänger sind und umgekehrt.
– Formuliert Gründe für die schwierige Kommunikation zwischen Herrn Lehmann
und seinen Eltern.

B Beschreibt die Kommunikationssituation zwischen Herrn Lehmann und seinen Eltern.
Nutzt die blaue Box (S. 33) und euer Wissen über die Grundsätze von Paul Watzlawick.

C Schreibt das Gespräch zwischen Herrn Lehmann und seinen Eltern so um, dass trotz
des schwierigen Eltern-Sohn-Verhältnisses Gesprächsstörungen vermieden werden.
– Nutzt Ich-Botschaften, die die Gedanken und Gefühle der Gesprächspartner
verdeutlichen.
– Prüft mithilfe des Kommunikationsmodells, wie die neu formulierten Äußerungen
von den Gesprächspartnern aufgenommen werden könnten.

Differenzieren
Kommunika-
tionsmodelle
9i5ar7

Beispiellösung
Aufgabe 10 C
gj547j

Steve Tesich: Ein letzter Sommer (2005, Ausschnitt)

Der siebzehnjährige Ich-Erzähler Daniel hat sich in Rachel, die vor kurzem nach East Chicago gezogen ist, verliebt. Er beginnt, nach der Schule regelmäßig zu ihr zu gehen.

Packard:
US-amerikanischer Autohersteller

Wir saßen eines Tages auf ihrer Veranda. Ihr Vater hämmerte unten im Keller an seiner Dunkelkammer.

„Packards werden nicht mehr hergestellt", sagte ich und zeigte auf sein Auto.

„Deshalb mag ich den Packard. Es ist der Letzte seiner Art. Eine lebende Ruine. Ich liebe Ruinen. Du nicht auch?"

Ich wollte Ruinen lieben, weil sie es tat.

„Doch", sagte ich. Nach einer kurzen Pause fragte ich sie: „Du kommst aus New York?"

„Das hab ich nie gesagt."

„Nein, aber die Nummernschilder am Auto …"

„Das hat nichts zu bedeuten", schnitt sie mir das Wort ab.

„Normalerweise …", fing ich an, aber sie unterbrach mich wieder.

„Normalerweise!" Sie zog eine Augenbraue hoch, als sei sie entsetzt, dass ich solch ein Wort gebrauchte. Dann lächelte sie.

„Ja, du hast Recht."

„Bist du aus New York?"

„Nein, das Auto ist aus New York."

„Und wo bist du her?"

„Korrigiere mich, wenn ich Unrecht habe, Daniel Boone, aber wenn ich es dir sagen würde, dann würde das kaum etwas ändern, oder? Was wäre, wenn ich dir sagen würde, ich bin aus Massachusetts? Oder aus Connecticut? Was würdest du dann groß wissen, was du nicht jetzt schon weißt? Ich bin eben nicht von hier, aus ‚däh Region', und du bist von hier."

„Woher weißt du, dass ich von hier bin?" Ich versuchte, mich auch mit einem Geheimnis zu umgeben.

„Wegen der Fragen, die du stellst. Da, wo ich herkomme, stellen die Leute solche Fragen nicht."

Sie redete nie über ihre Familie, deshalb fragte ich sie ein paar Tage später: „Lebt deine Mutter noch?"

„Das will ich hoffen", sagte sie.

Wir gingen langsam den Boulevard hinunter. Die Geschäfte, die noch nicht geschlossen waren, machten gerade zu, als wir daran vorbeikamen.

„Und wo ist sie?", fragte ich.

„Meine Mutter?"

„Ja."

„Du meinst, wo sie jetzt ist? Genau in diesem Augenblick?"

„Nein, du weißt schon …"

„Jetzt im Moment", unterbrach sie mich. „Mal überlegen. Wie ich meine Mutter ken-

Lerninsel:
Sprachlicher
Umgang mit
anderen
S. 264 ff.

⊕ Diagnose-
bogen
Sprachlicher
Umgang
63g9b5

⊕ Training
interaktiv
Sprachlicher
Umgang
8s6dm4

ne, geht sie jetzt gerade die Zeitungen zum
zweiten Mal durch und sucht nach Dingen,
60 die ihr vielleicht entgangen sind."

„Warum lebt sie nicht bei euch?"

„Warum willst du das wissen?"

Ich zuckte die Achseln. „Weiß ich nicht.
Jeder, den ich kenne, hat eine Mutter. Also
65 schätze ich mal …"

Sie unterbrach mich. „Du schätzt schon
wieder." Sie drohte mir mit dem Zeigefinger und ging etwas schneller. „Also ich habe
auch eine Mutter. Ich habe eine Mutter und
70 einen Vater und beide sind …" Sie schwieg
plötzlich. Dann sprach sie in anderem Tonfall
weiter. „Beide sind am Leben und gesund."

Ich begriff. Sie waren geschieden. […]

„Fehlt sie dir?"

„Was meinst du wohl?" Sie sah mir in 75
die Augen.

„Wahrscheinlich schon", sagte ich.

„Wahrscheinlich hast du Recht."

Fast hätte sie mich geküsst, als wir uns
vor ihrem Haus voneinander verabschiede- 80
ten. Allein bei der Aussicht auf einen Kuss
schlug mein Herz wie rasend.

„Gute Nacht, Daniel."

„Gute Nacht, Rachel."

1. Beschreibt, wie Rachels Verhalten und ihre Äußerungen auf euch wirken.
Vergleicht, wie ihr Gesprächsverhalten auf Daniel wirkt.

2. Stellt den Gesprächsverlauf, die Beziehung der Gesprächspartner und
ihre Gesprächsziele dar. Nutzt die blaue Box (S. 33).
Belegt eure Ergebnisse mit Textstellen.

3. Stellt Vermutungen darüber an, welche
Folgen das Gesprächsverhalten für die
Beziehung zwischen Daniel und Rachel
haben kann.

4. Besprecht, wie Daniel hätte reagieren
können, um seine Gesprächsziele zu
erreichen.

5. Interpretiert die im Cartoon dargestellte
Gesprächssituation.

6. Verfasst einen Redebeitrag in fünf Schritten
mit der Zielaussage „Und darum kann sich
jeder, der es will, ändern".

BoDoW

Die Jugend von heute …!
Ein Thema erörtern

 Das könnt ihr schon!

· Probleme und Sachverhalte schriftlich erörtern
· materialgestützt einen eigenen Standpunkt erarbeiten
· verschiedene Textarten nutzen, um wirkungsvoll Stellung zu beziehen

Frauke Lüpke-Narberhaus: So tickt Deutschlands Jugend (2013)

[…] eine neue Studie zeigt, dass Jugendliche von heute die Erwachsenen akzeptieren, dass sie ihnen sogar mehr vertrauen als je zuvor. Dass Jugendliche heute vor allem nett sind, intelligent − und äußerst
5 ambitioniert: Sie streben nach guten Noten und hohen Schulabschlüssen. Kurzum: eine äußerst smarte Jugend. […]

Die befragten Jugendlichen sprechen der Schule heute eine „immens hohe Bedeutung" zu, analysieren
10 die Autoren. Dabei ist ihnen ein hoher Schulabschluss heute noch wesentlich wichtiger als in der Vergangenheit. So strebte in den neunziger Jahren etwa die Hälfte der 13- bis 18-Jährigen das Abitur an, im Jahr 2012 waren es mehr als drei Viertel der Befragten. […]
15 Dazu passt, dass Schülern heute gute Noten noch wichtiger sind als vor zehn Jahren: Auf die Frage „Was gefällt dir besonders am Schulleben?" gaben im Jahr 2001 noch 45 Prozent an „gute Noten bekommen". Zehn Jahre später sagten das 66 Prozent.
20 Das Wohlbefinden der Jugendlichen hänge heute womöglich noch stärker als früher von guten Schulnoten ab, vermuten die Wissenschaftler. Dabei gilt derjenige, der gute Noten einheimst, im Freundeskreis auch nicht automatisch als Streber: Rund
25 neun von zehn Befragten gaben an, ihre Freunde fänden es gut, wenn sie in der Schule gute Noten

schreiben. Um das zu erreichen, nimmt jeder fünfte Befragte Nachhilfe.

Immer wieder klagen Eltern und Schüler, dass der zunehmende Stress und Leistungsdruck belaste. 30
[…]

Die Wissenschaftler konzentrierten sich in der Studie nicht nur auf den Bereich Schule. […] So erfragten schon andere Meinungsforscher, dass Familie bei jungen Menschen über allem steht, dass ihnen 35 Freunde und eine feste Partnerschaft viel bedeuten. So steht schon in der aktuellsten Shell-Jugendstudie aus dem Jahr 2010, dass Deutschlands Jugend optimistisch ist − und mitunter auch recht selbstbewusst, so wie dieser 17-jährige junge Mann: „Ich weiß, dass 40 ich Potenzial habe, um was Großes zu werden, aber ob ich letztendlich den Willen habe, um mein Leben ,richtig' anzupacken, weiß ich nicht."

Und auch das ist nicht neu: Jugendliche können − und müssen − sich heute ständig entscheiden. Gehe 45 ich während der Schulzeit ins Ausland? […] Welches Studienfach schützt am besten vor Arbeitslosigkeit? Die Jugend von heute, resümieren die Forscher, agiere hier sehr kompatibel. Die Forscher glauben: „Ihnen bleibt auch kaum etwas anderes übrig, wollen sie 50 sich, dem Gesetz der Selbstoptimierung folgend, in dieser Welt behaupten."   Quelle: Spiegel online

„Deutsche Jugend − dumm, faul, wohlstandsfixiert"

(Die Welt, 9.11.2011)

Lerninsel:
Schreiben
S. 240 ff.

⊕ Eingangstest
Erörtern
b77f7p

1. Tauscht euch darüber aus, ob die Fotos typische Jugendliche zeigen. Stellt Bezüge zu den Zitaten (1 , 2) her.

2. Diskutiert die Aktualität der Zitate (1 , 2) .

3. Beschreibt mit eigenen Worten, welches Bild der Jugend im Zeitungsartikel (S. 38) vermittelt wird.

4. Vergleicht die Aussagen des Textes, der Zitate und der Schlagzeile mit euren eigenen Erfahrungen.

5. Geht von den Materialien aus und formuliert Themen für eine Erörterung.

6. Wählt ein Thema aus und schreibt dazu eine Einleitung. Notiert stichpunktartig Argumente und Gegenargumente. Gewichtet die Argumente.

1

„Ich habe überhaupt keine Hoffnung mehr in die Zukunft unseres Landes, wenn einmal unsere heutige Jugend die Männer von morgen stellt. Unsere Jugend ist unerträglich, unverantwortlich und entsetzlich anzusehen." *(Aristoteles)*

2

„Die Jugend von heute liebt den Luxus, hat schlechte Manieren und verachtet die Autorität. Sie widersprechen ihren Eltern, legen die Beine übereinander und tyrannisieren ihre Lehrer." *(Sokrates)*

Das lernt ihr jetzt!

· Probleme und Sachverhalte zielgerichtet und planvoll erörtern
· materialgestütztes Schreiben eines argumentierenden Textes

Pubertät – wenn die Eltern schwierig werden
Ein Thema antithetisch erörtern

Eine Erörterung vorbereiten

1 ## Til Knipper: Erziehung per Klageandrohung

Wie das Bürgerliche Gesetzbuch Eltern helfen kann

Zugegeben, als kinderloser, 26-jähriger Single bin ich nicht gerade prädestiniert
5 dafür, Eltern Erziehungstipps zu geben, aber als examinierter Jurist kann ich auf eine Vorschrift aus dem Bürgerlichen Gesetzbuch hinweisen, die vielen Eltern das Leben erleichtern könnte, den § 1619 BGB.
10 Danach ist das Kind, „solange es dem elterlichen Hausstand angehört und von den Eltern erzogen und unterhalten wird, verpflichtet, in einer seinen Kräften und seiner Lebensstellung entsprechenden Weise den
15 Eltern in ihrem Hauswesen und Geschäft Dienste zu leisten".
Wie viele nervige Diskussionen könnten sich Eltern durch einen Hinweis auf diese Vorschrift ersparen? Die Tochter will ihr
20 Zimmer nicht aufräumen – drohen Sie mit Klage. Ihnen erscheint der Rasen wieder etwas zu hoch – vielleicht lässt sich Sohnemann durch § 1619 überzeugen, Ihnen den lästigen Mähjob abzunehmen. Sie hätten
25 Lust auf ein kühles Bier, müssten es aber aus dem Keller holen – § 1619. Spülmaschine müsste mal wieder ausgeräumt werden und überhaupt könnten Bad und Küche mal geputzt werden – § 1619. Die Liste ließe sich
30 beliebig lange fortsetzen.
Man mag jetzt einwenden, dass eine Klage innerhalb der Familie das häusliche Zu-

sammenleben zeitweise belasten könnte. Wohl richtig. Auch die Vollstreckbarkeit eines erstrittenen Urteils könnte sich als 35 schwierig erweisen, werden spitzfindige Juristen anmerken. Aber so weit wird man in der Regel nicht gehen müssen. Eine entsprechende Drohkulisse, gestützt durch die einschlägige Vorschrift, wird die Nach- 40 kommen schon überzeugen, im Haushalt mitzuhelfen.
Wer das für moderne Sklaverei hält, dem ist nicht bewusst, was aus Kindern wird, denen zu Hause alles abgenommen wird. 45 Solche verwöhnten Gören werden zu Nesthockern, die das „Hotel Mama" am liebsten lebenslang in Anspruch nehmen möchten. […]
Meine Kinder bekommen den § 1619 BGB 50 jedenfalls zur Geburt gerahmt über das Bett gehängt, damit sie gleich wissen, wo der Hase lang läuft …

Lerninsel:
Aussage-
absichten in
Sachtexten
erkennen
S. 248

1. Tauscht euch über eure Erfahrungen zum Thema „Mithilfe im Haushalt" aus.

2. Klärt die Position des Autors und erläutert die Wirkung des letzten Satzes.

3. Positioniert euch für oder gegen die gesetzliche Vorschrift zur Mithilfe im Haushalt. Begründet eure Meinung.

Stoffsammlung, Pro- und Kontra-Argumente sammeln

4. Entscheidet, welche der folgenden Formulierungen eines Erörterungsthemas gelungen sind und welche weniger. Erläutert, inwiefern sich die Themen unterscheiden.

a) Ein Gesetz, das keiner kennt – wozu?
b) Ist die Regelung der Mithilfe von Jugendlichen im Haushalt durch ein Gesetz sinnvoll und notwendig?
c) Familienfrieden durch ein Gesetz?
d) Gibt es Gründe für die Mitarbeit von Jugendlichen im Haushalt?
e) Die Jugend von heute – faul und verwöhnt?

Hörverstehen
Hausarbeit
96n7d9

② Simone Blaß: Jugendliche müssen bei der Hausarbeit helfen

Kleine Kinder helfen oft noch gern bei der Hausarbeit. Sie sind stolz und freuen sich, wenn sie etwas so Wichtiges selbst machen dürfen. Bei Jugendlichen sieht es da schon ganz anders aus. Sie reizen die persönliche Toleranzgrenze ihrer Eltern des Öfteren aus und nicht selten endet das Ganze in einem sinnlosen Machtkampf. Dabei sind Kinder und Jugendliche gesetzlich zur Mithilfe im Haushalt verpflichtet.

5 „Kinderarbeit ist verboten!", grinst der 14-jährige Roman seiner Mutter frech ins Gesicht, als diese ihn dazu auffordert, den Tisch abzuräumen. Doch damit kommt er nicht 10 weit, denn Andrea kennt sich aus mit den Gesetzen. Das Jugendarbeitsschutzgesetz verbietet zwar die Kinderarbeit, erlaubt aber ausdrücklich „die Beschäftigung durch 15 die Personensorgeberechtigten im Familienhaushalt". […]
Das Bürgerliche Gesetzbuch (§1619 BGB) sieht das Mithelfen gar als Gegenleistung für den Erziehungs- 20 auftrag und das Dach über dem Kopf. Dass man den Nachwuchs dabei nicht zum Aschenputtel macht, versteht sich von selbst und auch der Entwicklungsstand und die Kräfte 25 des Kindes müssen von den Eltern berücksichtigt werden. Nach Vollendung des 14. Lebensjahres betrachtet der Bundesgerichtshof sieben Stunden Mithilfe im Haus- 30 halt pro Woche als angemessen. Ist jemand krank, besteht ein Notfall oder müssen beide Eltern voll arbeiten, dann kann sich die Stundenzahl noch erhöhen.

35 Mit seiner persönlichen Haushaltshilfe darf man aber auch einen Jugendlichen nicht verwechseln. Fühlt dieser sich ausgenutzt, so steht ihm nämlich der Gang zum 40 Jugendamt offen.
Roman entscheidet sich dann doch lieber murrend fürs Tischabräumen, versucht es aber noch auf einem anderen Weg: „Moritz bekommt 45 immer Geld, wenn er mithilft. Das könnten wir doch auch mal einführen?" Seine Mutter ist davon nicht begeistert. Sie bekommt ja auch kein Geld dafür, wenn sie 50 seine Sportsocken wäscht. […] Die Variante, außergewöhnliche Arbeiten mit Außergewöhnlichem zu belohnen, wird von Erziehungsberatern als „pädagogisch wertvoll" 55 empfohlen. Zur Belohnung muss es nicht immer Geld geben, denkbar ist auch ein Ausflug. […] Eleonore meint dagegen: „Ein bisschen mithelfen ist okay, mal den Tisch 60 abräumen oder so, aber eigentlich finde ich, dass die Kids von heute genug zu tun haben. Wenn ich mir das Schulpensum meiner Großen anschau, das entspricht doch einer 40-Stunden-Woche." […]

65 Letztendlich muss jede Familie für sich entscheiden, wie der Haushalt gehandhabt wird. „Es gibt nur selten Grund, die tägliche Praxis zu verändern, wenn die Erwachsenen 70 fröhlich und zufrieden sind – unabhängig davon, was wir Experten meinen oder schreiben", sagt dazu der Familientherapeut Jesper Juul. […]
75 Wutausbrüche und Strafen haben selten Erfolg. Natürlich kann man Kinder und Jugendliche mit dem Resultat ihres Verhaltens konfrontieren. Man kann ihnen abends das 80 Essen auf dem zurückgebliebenen Teller vom Mittag servieren, den stinkenden Abfalleimer ins Zimmer stellen oder darauf verzichten, ihnen saubere Wäsche in den Schrank 85 zu räumen. Aber letztendlich muss man sich klarmachen: Ein Machtkampf wird nichts bringen. […] Besser ist es, sich gesprächsbereit zu zeigen, einen sachlichen Ton anzu- 90 schlagen und zu signalisieren, dass man den Jugendlichen ernst nimmt und ihm zuhört. Gleiches aber auch von ihm erwartet. […]

5. Fasst zusammen, welche Vorschläge in dem Text auf Seite 41 gemacht werden, um den Familienfrieden zu sichern.
  – Belegt mit Textstellen.
  – Diskutiert, ob ihr diesen Vorschlägen zustimmen könnt.

Lerninsel:
Argument-
arten
S. 251

6. Sucht im Text (S. 41) Argumente. Sortiert sie nach ihrer Überzeugungskraft. Beginnt mit dem schwächsten.

7. Sammelt zum Thema „Wie sinnvoll ist der Paragraf 1619?" Pro- und Kontra-Argumente und notiert sie jeweils auf einzelne Zettel. Ergänzt zu allen Argumenten Argumentationsstützen (Beispiel, Zitat, allgemeine Erfahrung).
  – Sucht Argumente und Argumentationsstützen aus den Texten „Erziehung per Klageandrohung" (S. 40) und „Jugendliche müssen bei der Hausarbeit helfen" (S. 41) heraus.
  – Recherchiert weitere Informationen zu Rechten und Pflichten von Kindern und Jugendlichen.
  – Ergänzt eigene Pro- und Kontra-Argumente sowie Argumentationsstützen.

9. Erläutert anhand der Grafik den typischen Aufbau einer antithetischen Erörterung nach dem Sanduhrprinzip.

8. Bereitet mithilfe eurer Zettel (Aufgabe 7) eine Erörterung vor.
  – Entscheidet euch für eine Position und formuliert These und Gegenthese in jeweils einem Satz.
  – Gewichtet eure Pro- und Kontra-Argumente und ordnet die Zettel entsprechend an.

10. Entwerft mithilfe eurer Vor-arbeiten (Aufgaben 7 und 8) eine Gliederung für eine Erörterung nach dem Sand-uhrprinzip und legt einen Schreibplan an.

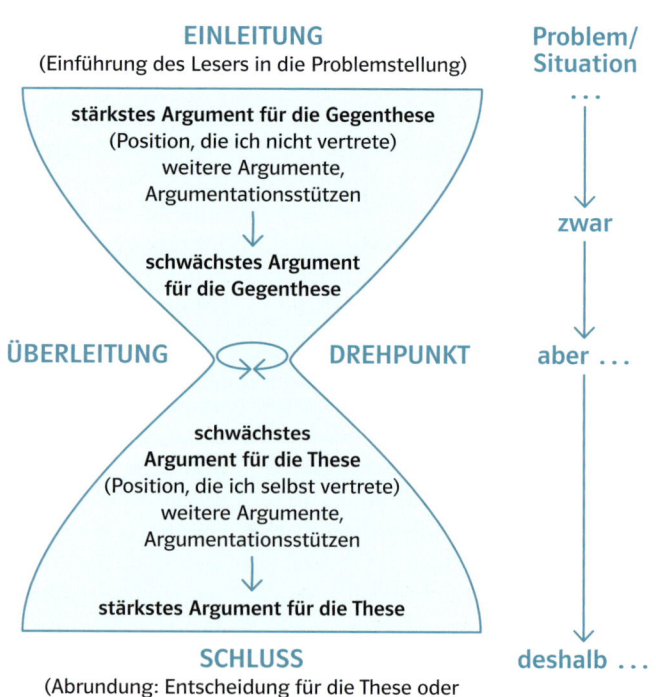

EINLEITUNG
(Einführung des Lesers in die Problemstellung)

stärkstes Argument für die Gegenthese
(Position, die ich nicht vertrete)
weitere Argumente,
Argumentationsstützen

schwächstes Argument
für die Gegenthese

ÜBERLEITUNG   DREHPUNKT

schwächstes
Argument für die These
(Position, die ich selbst vertrete)
weitere Argumente,
Argumentationsstützen

stärkstes Argument für die These

SCHLUSS
(Abrundung: Entscheidung für die These oder
einen Kompromiss)

Problem/
Situation
...

zwar

aber ...

deshalb ...

11. Zum Differenzieren ■ ■ ■ ■

Differenzieren
antithetische
Erörterung
vorbereiten
m3jk9e

A Erstellt für eine Erörterung zum Thema „Sind Jugendliche heute politisch engagiert?" eine Gliederung.
Nutzt die Stichpunkte und ergänzt sie gegebenenfalls.
Orientiert euch an dem folgenden Aufbau:
- Einleitungssatz
- Argumente für die Gegenthese
- Überleitung
- Argumente für die These
- Schlussfolgerung

a) An Demonstrationen, Unterschriftenaktionen und Online-Petitionen herrscht bei Jugendlichen ein großes Interesse.
b) Die Wahlbeteiligung der 18- bis 24-Jährigen sinkt stetig.
c) Themen wie Tier- und Umweltschutz liegen im Interessengebiet der Jugendlichen.
d) Die Mitglieder der Jugendorganisationen der Parteien sind oft mutige und daher wichtige Impulsgeber für die Politik.
e) Das Vertrauen in Politiker sinkt fast täglich aufgrund von neuen Meldungen über Spendenaffären und Amtsmissbrauch.
f) Jugendliche sehen ihre Interessen durch die großen Parteien kaum vertreten.
g) Jugendliche haben ein sensibles Gespür für Ungerechtigkeit und fühlen sich betroffen.
h) Die langfristige Mitgliedschaft in einer Partei ist vielen Jugendlichen zu bindend.
i) Bei Themen wie Steuern, Gesundheit und Renten schalten Jugendliche ab.

Beispiellösung
Aufgabe 11 B
bw4tv5

B Sucht für eine Erörterung zum Thema „Verpflichtendes soziales Jahr für alle Schulabgänger?" mindestens drei Pro- und drei Kontra-Argumente.
Erstellt eine Gliederung mit Einleitung, Hauptteil nach dem Sanduhrprinzip und Schluss.

12. Extra

Auf Internet-Plattformen kann man Unterschriftenaktionen selbst erstellen und verbreiten. Der Paragraf 1619 wurde seit 1896, der Ausfertigung des BGB, in seinem Inhalt nicht verändert.
- Verfasst eine Begründung zur Abschaffung des Paragrafen 1619.
- Diskutiert über die Macht von Online-Petitionen.

Dorthe Landschutz

Max musste früh feststellen, dass die Macht von Online-Petitionen begrenzt ist.

Eine Erörterung schreiben

Lerninsel:
Eine Erörterung
schreiben
S. 252

„Ist der Paragraf 1619 sinnvoll?" – Hauptteil einer Erörterung

(These) *Der Paragraf 1619 ist kein sinnvolles Mittel zur Erziehung.*

(starkes Argument für Gegenthese)*Eltern erziehen und unterhalten ein Kind. Dazu sind sie per Gesetz verpflichtet und können bei Verstößen auch zur Rechenschaft gezogen werden. Deshalb gilt auch für Kinder, dass sie – nach ihren Möglichkeiten – den Eltern helfen müssen. Gehorsamkeit und andere Tugenden werden dadurch automatisch vermittelt und die Kinder entsprechend erzogen.*

(schwaches Argument für Gegenthese) *Außerdem war es früher eine Selbstverständlichkeit, dass Kinder mitarbeiten. So halfen sie auf dem Land bei der Feldarbeit, sobald sie dazu körperlich in der Lage waren. Auch in der Stadt war es …*

(schwaches Argument für These) *Heute erscheint dieses Gesetz jedoch sehr veraltet. Die Lebensbedingungen von Kindern im 21. Jahrhundert und die Belastungen des Alltags haben sich völlig verändert.*

(weitere Argumente) *Heutzutage … veränderte Lebenswelten, Alleinerziehende, Patchwork-Familien …*

(starkes Argument für These) *Eltern, die ihrem Kind mit einem Gesetz drohen, werden vielleicht kurzfristig Erfolg haben und eine widerwillige Mithilfe erreichen, weil … Langfristig wird sich eher Trotz und Unmut verbreiten, sodass bei nächster Gelegenheit heftigere Auseinandersetzungen zu erwarten sind. Gespräche und Gelassenheit empfiehlt beispielsweise Simone Blaß, Autorin für das Eltern-Ressort bei t-online, denn „Strafen und Wutausbrüche bringen nichts".*

1. Entfaltet eines der unvollständig ausgeführten Argumente (Begründung, Erläuterung, Stütze durch Beispiel/Beleg). Vergleicht eure Ergebnisse.

2. Beschreibt, durch welche sprachlichen Signale ihr Argumente der Pro- und der Kontra-Seite erkennen könnt. Formuliert gegebenenfalls Verbesserungsvorschläge.

> **Sprachtipp**
>
> **Überleitungen zwischen Pro- und Kontra-Seite**
>
> Einerseits …, andererseits …; Nicht nur …, man muss auch …; Wie aber verhält es sich dagegen mit …? Trotz … sollte man nicht außer Acht lassen, dass …; Dem steht allerdings entgegen, dass …; Man sollte aber nicht vergessen, dass …; Obwohl …, lässt sich nicht übersehen, dass …; Dagegen sollte …; Zwar …, aber …

   Erörterung schreiben: Argumente entfalten, Überleitungen

3. Schreibt eine vollständige antithetische Erörterung zum Thema „Ist der Paragraf 1619 sinnvoll?" auf der Grundlage eurer Gliederung (S. 42, Aufgabe 10).
Ihr könnt auch Teile des Schülertextes (S. 44) verwenden.

4. Bildet Schreibkonferenzen und überarbeitet eure Erörterungen.

Beispiellösung
Aufgabe 3
b7qt8t

Eine antithetische Erörterung schreiben

In einer antithetischen Erörterung setzt ihr euch mit einem **strittigen Thema** in **Pro- und Kontra-Argumenten** auseinander und begründet euren **eigenen Standpunkt**.

1. Vorbereiten und planen

- **Thema** klären, Entscheidung für oder gegen eine Position
- **Stoffsammlung** erstellen: Pro- und Kontra-Argumente, Argumentationsstützen sammeln
- **Gliederung** erstellen:
  – Argumente nach ihrer Wichtigkeit und Überzeugungskraft ordnen
  – klarer Aufbau der Argumentation, z. B. nach dem Sanduhrprinzip:
    · mit wichtigstem Argument der Gegenthese beginnen
    · nach Drehpunkt zu den Argumenten der eigenen These kommen
    · mit stärkstem Argument enden
  – Argumente ausgestalten und Argumentationsketten bilden

2. Schreiben

Inhalt und Aufbau:
- **Einleitung:** Hinführung zum Thema, zum Beispiel auf Aktualität hinweisen, Hintergründe klären, Zahlen nennen, auf Erfahrungen berufen, mit Zitat beginnen
- **Drehpunkt:** Überleitung von der Gegenthese zur These, zum Beispiel
  – Gegenthese in Frage stellen und den eigenen Standpunkt ankündigen *(zwar …, aber …)*
  – bisherige Argumente zusammenfassen und Neugier auf den eigenen Standpunkt wecken
- **Schluss:** z. B. Einleitung aufgreifen, neue Perspektive entwickeln, einen Kompromiss vorschlagen

sprachliche Gestaltung:
- Entfaltung und Verknüpfung der Argumente
- auf Überleitungen zwischen der Pro- und der Kontra-Seite achten (Sprachtipp, S. 44)
- sachlich und im Präsens schreiben

3. Überarbeiten

- Arbeitstechniken Textlupe, Schreibkonferenz, Checkliste nutzen
- Rechtschreibung und Zeichensetzung mit dem Wörterbuch oder am PC prüfen

---

Wissen und Können

Lerninsel:
antithetische Erörterung vorbereiten, schreiben, überarbeiten
S. 251 ff.

Differenzieren
antithetische
Erörterung
schreiben
eg9j6a

Beispiellösung
Aufgabe 4 C
dq62f9

5. Zum Differenzieren ■ ■ ■ ■

A „Sind Jugendliche heute politisch engagiert?" Nutzt die Stichpunkte aus Aufgabe 11 A (S. 43) und schreibt eine vollständige Erörterung nach dem Sanduhrprinzip.

B „Ist die Jugend von heute faul?" Sammelt Pro- und Kontra-Argumente. Nutzt die Materialien auf den Seiten 41 und 44 und ergänzt eigene Argumente sowie Argumentationsstützen. Schreibt eine vollständige Erörterung nach dem Sanduhrprinzip.

C „Mit 18 raus aus dem Hotel Mama?" Erstellt eine Gliederung nach dem Sanduhrprinzip und schreibt eine vollständige Erörterung. Nutzt den Text auf dieser Seite und den Schülertext auf Seite 47.

Eine Erörterung überarbeiten

1. Erstellt mithilfe der blauen Box (S. 45) eine Checkliste für das Schreiben einer antithetischen Erörterung. Ergänzt auch Tipps und Hinweise, was man beim Schreiben der Erörterung vermeiden sollte.

Julia Mohr: „Hotel Mama" wird beliebter (2009, Ausschnitt)

In den letzten 37 Jahren ist laut Statistischem Bundesamt die Zahl der 25-jährigen Daheimwohnenden von 20 Prozent auf 29 Prozent gestiegen. […]

5 Anfang der 1990er Jahre verfasste die Psychologin Christiane Papastefanou zu diesem Thema eine Studie. Damals blieb ein Teil der Jugendlichen in Deutschland aus pragmatischen Gründen zu Hause. „Weil sie sich
10 mit den Eltern gut verstanden haben, haben sie ihr Geld lieber für Konsum und Freizeit genutzt als für die Selbstständigkeit. […]" Das Geld reicht [heute meist] nicht zum Ausziehen. Und die Eltern akzeptieren die
15 Situation, weil sie wissen, dass es die Kinder schwer haben. […] Aber Nesthocker bedeutet nicht immer Unselbstständigkeit. „Es gibt junge Leute, die zu Hause wohnen und alles alleine machen", sagt Christiane Papastefa-
20 nou, „und es gibt welche, die ausgezogen

sind, und die Mutter putzt die Wohnung." […] „Wir haben festgestellt, dass viele Nesthocker in der gesamten Entwicklung verzögert sind. Das fängt bereits im Jugendalter an, man spricht von Adoleszenzverspätun- 25 gen", erklärt die Psychologin. Merkmale dafür seien […] spätere Selbstständigkeit und ein tendenziell jüngerer Freundeskreis. […] Aber auch wegen der langen Ausbildungszeiten verzögert sich die Familiengründung 30 und damit der Auszug aus dem Elternhaus.

Quelle: Die Zeit online

Adoleszenz:
Jugendalter vor dem Erwachsenwerden

2. Schreibt eine Einleitung zum Thema „Mit 18 raus aus dem Hotel Mama?". Tauscht eure Texte aus und überprüft, ob sie die wesentlichen Funktionen erfüllen. Macht Verbesserungsvorschläge und überarbeitet eure Texte.

3. Beurteilt den folgenden Schülertext. Achtet auf:
- die Wirkung des Hauptteils
- die Gewichtung der Argumente
- den sprachlichen Stil

„Mit 18 raus aus dem Hotel Mama?"

(…) Eltern haben nach dem Auszug der Kinder endlich wieder mehr Zeit für sich. Sie müssen niemandem mehr die liegengebliebenen Socken hinterherräumen oder Berge an Essen und anderem Zeug einkaufen. Außerdem kann das frei gewordene Kinderzimmer der Hobbyraum von Papa werden. Zeit und Platz sind damit für die Eltern gewonnen. Selbstständigkeit und
5 Mut, sich allein in der neuen Umgebung zurechtzufinden, sind ein echtes Plus für die Jungen. Im gleichen Moment jammern die Alten, dass die Kinder je nach Entfernung nur noch drei Mal im Jahr vorbeikommen, wo doch früher alle Generationen ständig zusammenhockten und ein Wegzug vor der Hochzeit kaum denkbar war.
Heute kann man sich mithilfe von Bafög oder einem Nebenjob vielleicht eine kleine Wohnung
10 im Studium leisten und das elterliche Heim verlassen. Aber das Studium ist lang, die Mieten oft teuer. Da ist es doch zu Hause billiger! *Außerdem mache ich zu Hause nicht so viele Fehler. Schwierige Situationen und brenzlige Entscheidungen können wir mithilfe der lebenserfahrenen Oldies viel einfacher wuppen.* Da kann man sogar das übertriebene Kümmern der Mutter und die Frage nach der abendlichen Rückkehr ertragen, wenn der Kühlschrank gefüllt
15 ist und das Geld auch für andere Dinge ausgegeben werden kann, als nur für ein überteuertes eigenes Dach überm Kopf (…)

---

4. Markiert auf einer Kopie verbesserungswürdige Stellen und gedankliche Lücken.
- Achtet besonders auf die vollständige Entfaltung
  von Argumenten und Überleitungen.
- Verbessert eine Textstelle, die ihr für weniger gelungen haltet,
  und vergleicht eure Ergebnisse in Gruppen.
- Überarbeitet die markierten Sätze stilistisch.

5. *Alles in allem komme ich zu folgendem Schluss: Letzten Endes muss jeder selbst wissen, wann er zuhause ausziehen will.*
Schreibt arbeitsteilig
- diesen Schluss neu, sodass er die Unentschiedenheit begründet.
- einen Schluss, der sich gegen einen Auszug mit 18 positioniert.
- einen Schluss, der sich für den frühen Auszug positioniert.
Vergleicht und beurteilt eure Ergebnisse.

6. Überarbeitet eure selbst geschriebenen Hauptteile, z. B. zu „Ist der Paragraf 1619 sinnvoll?" (S. 45, Aufgabe 3), „Ist die Jugend von heute faul?" (S. 46, Aufgabe 5 B), „Sind Jugendliche heute politisch engagiert?" (S. 46, Aufgabe 5 A) in Schreibkonferenzen.

Engagement auf dem Stundenplan?
Materialgestütztes Schreiben eines argumentierenden Textes

Aufgabenstellung klären und Ideen sammeln

Die Schülerzeitung an deiner Schule will eine Ausgabe zum Thema „Soziales Engagement von Jugendlichen" herausbringen und hat dazu Schülerinnen und Schüler aufgefordert, sich mit eigenen Artikeln zu beteiligen.

- Verfasse einen Kommentar zum Thema, in dem du eine klare Position vertrittst.
- Nutze dazu die vorliegenden Materialien **1**–**6** und beziehe eigene Erfahrungen und eigenes Wissen ein.
- Wähle eine geeignete Überschrift.
- Dein Kommentar sollte etwa 500 Wörter umfassen.

Lerninsel: Kommentar schreiben S. 255

1. Untersucht die vorgegebene Aufgabenstellung. Erfasst das Thema, die Textsorte, den Anlass und den Adressaten. Macht euch bewusst, wie ihr einen Kommentar vorbereitet und schreibt.

2. Sammelt erste Ideen zum Thema mithilfe folgender Schritte:
- Erstellt eine Mindmap zum Begriff „soziales Engagement".
- Welche (positiven oder negativen) Erfahrungen habt ihr selbst bereits mit sozialem Engagement gemacht?
- Über welche Kenntnisse zum Thema verfügt ihr aufgrund von Berichten von Freunden, Mitschülern oder aus den Medien?

3. Erstellt eine Tabelle mit Pro- und Kontra-Aspekten zum Thema.

Pro soziales Engagement von Jugendlichen	Kontra soziales Engagement von Jugendlichen
hilfsbedürftige Menschen unterstützen	*zu wenig Erfahrung*
sinnvolle Freizeitbeschäftigung	*weniger Zeit für Hausaufgaben*
…	…

Materialien auswerten

1 **Heine-SchülerInnen engagieren sich sozial**

In zwei unterschiedlichen Kursen mit dem Namen „Service-Learning – Lernen durch Engagement" beschäftigen sich seit diesem Schuljahr SchülerInnen der achten und der neunten Realschulklassen der Heinrich-Heine-Schule mit Problemen und Heraus- 5

kontinuierliche Sachtexte auswerten und nutzen

forderungen in ihrem Umfeld, um diese aufzugreifen und in Form von Projekten möglichst zu beheben.

Hierzu haben die rund 40 Jugendlichen zunächst selbst überlegt, was sie als Probleme empfinden. Außerdem haben sie bei Ortsbegehungen in verschiedenen Stadtteilen von Dreieich und Neu-Isenburg positive und negative Aspekte notiert und zum Teil fotografiert und Interviews in unterschiedlichen Einrichtungen geführt. Bei einem Gespräch mit der ersten Stadträtin […] im achten Jahrgang bzw. mit dem Bürgermeister […] im neunten Jahrgang erfuhren die SchülerInnen auch einiges zur Situation in Dreieich und dass zu Zeiten finanzieller Krisen ehrenamtliches soziales Engagement sehr wichtig ist.

Nach der Erkundungsphase steht nun die konkrete Projektplanung und -durchführung an. Hierzu haben die SchülerInnen nun eine Stadtrallye innerhalb Dreieichs für junge Leute, die sich noch nicht gut in Dreieich auskennen, wie beispielsweise Seiteneinsteiger oder SchülerInnen aus den internationalen Partnerschulen, in deutscher und englischer Sprache erarbeitet. Außerdem haben sie ein Nachhilfe-Infoboard geplant, das in der Heinrich-Heine-Schule seinen Platz finden wird und auf dem Angebote und Gesuche zum Thema Nachhilfe ausgehängt werden.

Sie haben Weihnachtsplätzchen gebacken und verkauft und Spenden gesammelt, um den Erlös für Projekte zur Freizeitbeschäftigung mit Senioren und die Deutschförderung von Kleinkindern sowie die Außengestaltung von Kindergärten und den schuleigenen Außenanlagen zu verwenden. Die Arbeit an diesen Konzepten läuft auf Hochtouren.

Eine gute Tat haben [auch weitere] fünf Heine-Schüler des Service-Learning-Kurses vollbracht. [… Sie gingen] gewappnet mit einer Spielkonsole zur Seniorengymnastik [… und] erklärten den Senioren die Benutzung der Geräte und motivierten die Gruppe […] zum Ausprobieren der heutigen Technik. Die Senioren bowlten, boxten und spielten Tennis, erlebten Siege und Niederlagen. Doch am Ende waren alle begeistert und freuten sich über die Abwechslung durch die Jugendlichen.

2 Service Learning

Das Konzept des „Service Learning" (auch „Community Learning") ist in den 80er Jahren in den USA entstanden mit der Idee, dass Schüler durch eine Öffnung der Schule und im Rahmen schulischer Programme gemeinnützige Aufgaben in ihrer Gemeinde übernehmen und somit an der demokratischen Gestaltung des öffentlichen Lebens mitwirken. […] Beide Partner sollen hierbei von der Kooperation profitieren. Der Profit für die Gemeinde bzw. die betreffende Einrichtung ist leicht nachvollziehbar, denn sie gewinnt Unterstützung bei sozialen, karitativen oder ökologischen Diensten. Aber auch die Schüler erwerben hierbei Kompetenzen, die im traditionellen (lehrer- und lernstofforientierten) Schulunterricht meist nicht erzielt werden können. […] Mittlerweile gibt es einige Studien (z. B. von Furco, Melchior und Bailis), die die positiven Auswirkungen des „Service Learning" auf die Persönlichkeitsentwicklung belegen. Besonders hervorzuheben ist dabei z. B. ein gesteigertes Verantwortungsbewusstsein, ein höheres Selbstwertgefühl, verbesserte soziale Kompetenzen, aber auch größere Fähigkeiten der Selbstorganisation und bessere Kommunikationsfähigkeit. […]

3 Über ungewollte Nebeneffekte und Grenzen sozialen Engagements

Service Learning ist immer Mittel, um einen gesellschaftlichen und gleichzeitig pädagogischen Zweck zu erreichen. Die Gefahr jedoch besteht, dass Lernen durch Engage-
5 ment als Selbstzweck für individuelle und eigennützige Ziele, sei es willentlich oder eher unbewusst, eingesetzt wird.
Schulen […] können beispielsweise Anreize haben, Service Learning verstärkt unter
10 Gesichtspunkten der Reputationssteigerung einzusetzen. […]

Aber auch Lernende können Anreize haben, Service Learning primär aus strategischen Gründen zu wählen: So lässt sich
15 beispielsweise die soziale Komponente im Lebenslauf ausweisen […]. Weiterhin kann Service Learning […] als Mittel zur Notenaufbesserung genutzt werden – die Motivation wäre also fehlgeleitet und würde zu
20 einem reduzierten Engagement führen.

Akteure im Umfeld von Service Learning – wie z. B. Vermittlungs-Agenturen – könnten ebenfalls fehlgeleitete Motive haben und das Engagement von Schulen/ Universitäten benutzen, um primär „billi-
25 ge" Arbeitskräfte zu erhalten […], bis hin zum Verlust von Arbeitsplätzen.

[… Außerdem] müssen gewisse soziale Kompetenzen vorhanden sein oder vermittelt werden. Anderen zu helfen ist eine an-
30 spruchsvolle Tätigkeit. Viele Lernende haben nur sehr wenig Erfahrung in der Arbeit mit Menschen aus anderen Lebensbereichen und Schichten. […]

Weiterhin sind die Praxiseinsätze oftmals
35 so kurz angelegt, dass Lernende bestenfalls einmal in andere Realitäten „reinschnuppern", ohne dass es für sie und ihre Klienten zu einer nachhaltigen Lernerfahrung und einem Wissenszuwachs kommt. Auf
40 emotionaler Ebene kann sich die Kurzfristigkeit nachteilig auf die Entwicklung einer gemeinsamen Vertrauensbasis auswirken.

4 Politisches Desinteresse und mangelndes Engagement: Was ist dran an den Vorwürfen gegen die Jugend?

Am politischen Interesse von Laura sind ihre Eltern schuld. Morgens lag die Zeitung auf dem Tisch, abends stand Tagesschau gucken auf dem Programm. Über das Gesehene dis-
5 kutierten ihre Eltern oft, dann stellte Laura Fragen, um besser zu verstehen, worum es geht. […]

Lauras Pläne sind alles andere als typisch für Jugendliche in ihrem Alter. Dessen ist
10 sich die 17-Jährige, die nach ihrem Schulabschluss eine Ausbildung zur Automobilkauffrau anfangen möchte, bewusst. „Man muss sich in die Inhalte reinlesen und Hintergrundwissen anhäufen, um Interesse an
15 Politik zu bekommen." Daran scheitern viele ihrer Altersgenossen – sie finden die Themen schlichtweg langweilig. Außerdem ist es viel einfacher zu sagen, dass Politik einem egal sei. Zu diesem Ergebnis kommt auch die 15. Shell-Studie: Nur 39 Prozent
20 der Befragten zwischen zwölf und 25 Jahren bezeichnen sich als „politisch interessiert". […]

Heinz Reinders vom Lehrstuhl Empirische Bildungsforschung der Universität
25 Würzburg kann aufgrund seiner Arbeit nachvollziehen, warum sich Jugendliche nur ungern mit Politik auseinandersetzen. „Die meisten jungen Menschen fühlen sich von den Parteien schlichtweg nicht verstan-
30 den", sagt er. […] Gleichzeitig gibt Reinders aber Entwarnung: „Das heißt nicht, dass sie sich nicht anderweitig engagieren, um sich dort ihren kleinen Mikrokosmos für gesellschaftliche Aktivitäten aufzubauen."
35 Und tatsächlich: Von mangelndem Engagement kann man bei Heranwachsenden nicht sprechen. Sie sind in Vereinen oder In-

teressenvertretungen tätig, unterstützen sozial Schwächere oder demonstrieren gegen Einsparungen im Bildungsbereich, Rechtsextremismus oder Castor-Transporte. [...] In der Shell-Studie heißt es dazu: „Einsatz für die Gesellschaft und für andere Menschen gehört ganz selbstverständlich zum persönlichen Lebensstil dazu." Ein Drittel der Jugendlichen gab an, in ihrer Freizeit „oft" für soziale oder gesellschaftliche Zwecke aktiv zu sein, weitere 42 Prozent engagieren sich zumindest „gelegentlich" in diesem Bereich und 70 Prozent meinten, man müsse sich gegen Missstände in Arbeitswelt und Gesellschaft zur Wehr setzen. In einer Forsa-Untersuchung im Auftrag des Deutschen Gewerkschaftsbundes gaben 60 Prozent der Jugendlichen an, sie seien bereit, gemeinsam mit anderen für ihre Interessen auf die Straße zu gehen und an Protestaktionen teilzunehmen. „Dort haben sie das Gefühl, etwas bewegen zu können", sagt Bildungsforscher Heinz Reinders, [der ...] bis zur Bundestagswahl in zweieinhalb Jahren [2013] 1500 Jugendliche zwischen 14 und 16 Jahren begleitet und wiederholt befragt. „Wir wissen heute schon, dass Jugendliche über ihr soziales Engagement ihre Weltsicht verändern und ihre eigene Rolle im System hinterfragen", sagt der Forscher. Und das wiederum könne später dazu führen, dass sie als Erwachsene eher dazu bereit sind, beispielsweise wählen zu gehen. [...]

Forsa:
Gesellschaft für Sozialforschung und statistische Analysen

5 „Wer Gutes tut, ist auch gut in der Schule"

Der amerikanische Entwicklungspsychologe Richard Lerner erklärt gesellschaftliches Engagement zum Bildungsziel.

DIE ZEIT: [...] Lässt sich soziales Engagement erlernen?

RICHARD LERNER: Ja, natürlich. Wichtige Orte des informellen Lernens sind zunächst die Familien, aber auch Schulen, Vereine, Bürgerinitiativen. [...]

DIE ZEIT: Wer hat dabei den größten Einfluss auf die Kinder?

LERNER: Der Einfluss der Eltern ist immer noch der wichtigste. Wenn sie ein positives Modell vorleben, sich selbst freiwillig engagieren, darüber am Küchentisch diskutieren und ihren Kindern Wege öffnen, sich außerhalb der Schule aktiv an gemeinnützigen Projekten zu beteiligen, sind die ersten Schritte getan. [...]

DIE ZEIT: Was kann die Schule tun? [...]

LERNER: Wir müssen den Sinn und Zweck von Schulbildung völlig neu überdenken. Was nützen uns wohlgebildete, aber isolierte Bürger, die sich immer mehr voneinander entfernen – daran wird die Zivilgesellschaft zerbrechen. Die neue Mission von Bildung muss es unter anderem sein, jungen Menschen deutlich zu machen, wie wichtig und wertvoll es für ihre persönliche Erfüllung sein kann, sich für die Gemeinschaft zu engagieren.

DIE ZEIT: In einem Gutachten für den Carl-Bertelsmann-Preis 2007, *Gesellschaftliches Engagement als Bildungsziel,* haben Sie die positiven Effekte aus den amerikanischen Service-Learning-Programmen betont. Was genau passiert da?

LERNER: Die Schulen versuchen mithilfe dieser Programme, in abstrakte Fächer wie Mathe, Englisch und Naturwissenschaften eine sogenannte Service-Komponente einzubauen. Die Schüler lernen, ihr Wissen in realen Situationen außerhalb der Schule anzuwenden. Zum Beispiel engagiert sich ein Schüler an zwei Nachmittagen in der Woche in einem Heim für obdachlose Kinder. Dort hat man nur ein sehr begrenztes Budget, um den Kindern Mahlzeiten zuzubereiten. Da erinnert sich der Schüler an die Hauswirtschaftskurse in der Schule, in der er nicht nur gelernt hat, was eine reichhaltige Mahlzeit beinhaltet, sondern auch, wie man ein Essen kalkuliert. Er hilft mit seinem Wissen dieser Einrichtung und vor allem den bedürftigen Kindern.

DIE ZEIT: ... und geht motivierter zur Schule?

LERNER: Ja, auf jeden Fall. Die jungen Leute spüren plötzlich, wie wertvoll ihr Wissen sein kann, und sie sagen sich:

Wenn ich noch mehr weiß, werde ich noch mehr verändern können. Sie verlassen damit die passive Haltung des konsumierenden Schülers. Zwischen freiwilligem Engagement und schulischen Leistungen besteht ein direkter Zusammenhang, weil die Jugendlichen sehr schnell spüren, dass sich beides wechselseitig positiv beeinflusst.

6 **Freiwilliges Engagement Jugendlicher nach Tätigkeitsfeldern (2011)**

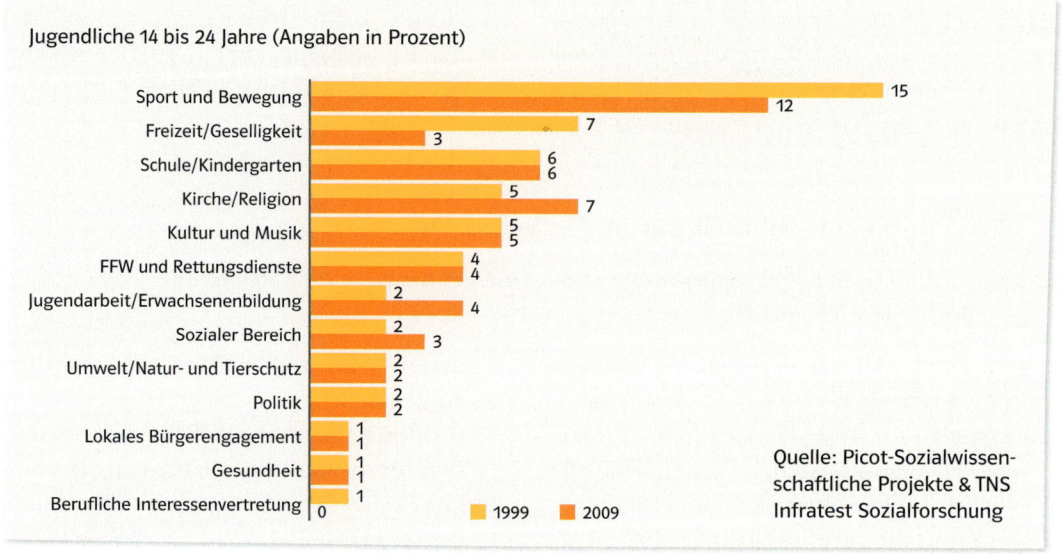

Jugendliche 14 bis 24 Jahre (Angaben in Prozent)

Quelle: Picot-Sozialwissenschaftliche Projekte & TNS Infratest Sozialforschung

1999 2009

Lerninsel:
Orientieren-
des Lesen
S. 234

1. Lest die Materialien **1** – **6** (S. 49 ff.) orientierend und verschafft euch einen ersten Überblick darüber, welche Informationen ihr bekommt und welche Positionen vertreten werden.

2. Wertet die Texte **1** – **5** gezielt aus. Ihr könnt so vorgehen:
   – Klärt mithilfe von Text **2**, was man unter „Service Learning" versteht.
   – Sucht aus den Texten **1**, **3** – **5** Informationen heraus, die ihr in eurem Kommentar verwenden wollt, z. B.
      · Praxisbeispiele für soziales Engagement,
      · Motive für das Engagement Jugendlicher,
      · positive Folgen ehrenamtlicher Tätigkeit,
      · Nachteile sozialen Engagements.
   – Markiert einige wenige Stellen, die sich zum Zitieren eignen.

Lerninsel:
Diagramm
auswerten
S. 235

3. Wertet das Diagramm (**6**) aus. Setzt die Aussagen des Diagramms in Beziehung zu den Informationen und Argumenten aus den Texten.

4. Ergänzt eure Tabelle (S. 48, Aufgabe 3) um weitere Pro- und Kontra-Aspekte und eigene Überlegungen.

5. Verfasst einen vollständigen Kommentar, wie in der Aufgabenstellung (S. 48) gefordert. Orientiert euch an der blauen Box.

Materialgestütztes Schreiben eines argumentierenden Textes

1. Vorbereiten und planen

- Wertet die **Materialien** aus und erstellt unter Beachtung des **Adressaten** einen **Schreibplan**.
- Entscheidet euch für eine **eindeutige Position**.
- Erstellt eine **Gliederung**, die die zentralen Argumentationsschritte enthält.

2. Schreiben

Inhalt und Aufbau:
- **Einleitung:** Findet einen **interessanten Einstieg**, mit dem ihr das Interesse der Leser weckt. Beginnt z. B. mit einer These, einem Zitat, einer Frage, einer Provokation, … Informiert kurz über das **Thema**.
- **Hauptteil:** Gebt **zentrale Informationen** und nehmt eine **eindeutige Wertung** vor. Achtet auf sinnvolle gedankliche Verknüpfungen. Verwendet sparsam Zitate aus den Materialien.
- **Schluss:** Findet einen Schluss, der **eure Position** noch einmal unterstreicht. Ihr könnt euch z. B. auf die Einleitung beziehen, einen Appell an die Leser verfassen, …

sprachliche Gestaltung: Schreibt adressatengerecht. Vermeidet die Ichform. Verwendet bewusst sprachliche Mittel (z. B. *subjektive Darstellung*, *Vergleiche*, *rhetorische Fragen*, *wertende Adjektive*, …) und verschiedene Formen der Meinungsäußerung.

3. Überarbeiten

- Nutzt die Arbeitstechniken Schreibkonferenz und Textlupe.
- Überprüft, ob die Anforderungen an die Textsorte erfüllt sind, den Sprachstil und sprachliche Richtigkeit.

6. **Zum Differenzieren** ▪ ▪ ▪ ▪

A Schreibt eine E-Mail an die Schulleitung, in der ihr für eine Projektwoche zum Thema „soziales Engagement" argumentiert.

B Gestaltet ein Plakat zum Tag der offenen Tür an eurer Schule, auf dem ihr mit überzeugenden Argumenten Kooperationspartner für Projekte zum „Service Learning" sucht.

Wissen und Können

Lerninsel:
Material-
gestütztes
Schreiben
eines argu-
mentierenden
Textes
S. 254.

Lerninsel:
Kommentar
schreiben
S. 255

Differenzieren
Kommentar
und Aufruf
schreiben
e862uz

Lerninsel:
Eine offizielle
E-Mail
schreiben
S. 260

⭐ Das könnt ihr jetzt!

Sieben Tage „ohne"

[…] Der Alltag von Jugendlichen wird immer stärker von audiovisuellen Medien und dem Internet bestimmt. Rund 483 Minuten verbringen 14- bis 19-Jährige täglich vor TV, Radio, Internet oder mit Tonträgern und Videos. […]

Bei allen Chancen, die die Multimedialität mit sich bringt, besteht die Gefahr, dass die Medien die Zeit der jungen Menschen schnell über das gesunde Maß hinaus vereinnahmen. […] Kinder und Jugendliche führen bei der Aktion gemeinsam mit ihren Eltern und Lehrern eine medienfreie Woche durch. Während dieser sieben Tage verzichten die Teilnehmer auf alle audiovisuellen Medien. […] Ziel der Initiatoren ist es, die Medienkompetenz der Beteiligten zu schulen und ein gesundes Bewusstsein für den Umgang mit den Medien zu schaffen. […] Erstmals erprobt wurde die Idee 2007 in einer Realschule in Stuttgart. 28 Schüler und Schülerinnen einer sechsten Klasse verzichteten gemeinsam mit ihren Geschwistern, Eltern und Lehrern für eine Woche auf audiovisuelle Medien. […] Grundsätzlich gilt für die Gestaltung einer solchen medienfreien Woche der Grundgedanke „aktiv statt passiv". […] Eine positive – wenn auch ursprünglich ungewollte – Erfahrung haben zum Beispiel Pana und Sven, zwei teilnehmende Schüler, gemacht: „Aus lauter Langeweile haben Sven und ich heute Nachmittag einen Rapsong geschrieben."

Doch reicht eine Woche Medienverzicht aus, um das eingeschliffene Verhalten der Jugendlichen grundlegend zu verändern? Um das herauszufinden, [wurden] die Teilnehmer im Abstand von einem, zwei oder drei Jahren befragt, ob sich bei ihnen durch „one week NO MEDIA" etwas verändert hat. Die folgende Rückmeldung eines Jungen zeigt, dass eine grundlegende Verhaltensänderung in Bezug auf die Medien nicht immer erreicht wird […]: „Ich gucke zwar immer noch Fernsehen und spiele Computer. Aber wenn ich jetzt mal wieder lange Fernsehen schaue und ihn dann ausstelle, geht es mir schlecht." […]

Kinder und Medien: Ein Experiment

Nach dem Urlaub, in dem traditionell die Nutzung von TV-Geräten u. Ä. tabu ist, haben wir die Konsequenzen gezogen. Bis zum Ende der Ferien Mitte August gilt eine strenge Mediendiät. Unsere Kinder dürfen nicht mehr als zwei Stunden am Tag den PC, die Konsole oder die Glotze nutzen.

Die Reaktion auf diese lange mit den Kindern (15, 12 und 10) diskutierte Maßnahme gibt uns Recht: Die jungen User sind regelrecht auf Entzug. Sie jammern, klagen, versuchen mit allen Mitteln, ihre Mediendosis zu erhöhen. Es spielen sich Szenen ab, die man aus einschlägigen Drogenfilmen zu kennen glaubt: Wie auf Entzug wälzt sich der eine auf dem Boden, die andere tigert ruhelos durch die Wohnung und alle verwenden eine ganze Menge Zeit darauf, uns von der „ungerechten" Härte der Maßnahme zu überzeugen, um noch ein paar Extraminuten am PC oder vorm Fernseher herauszuschlagen. Erschreckend, aber zwecklos. Wir bleiben konsequent.

→ Lerninsel:
Schreiben
S. 240 ff.

⊕ Diagnose-
bogen
Erörtern
qh85gp

⊕ Training
interaktiv
Erörtern
2j2e9u

1. Nehmt Stellung zu der Befürchtung, die Medien könnten „die Zeit der jungen Menschen schnell über das gesunde Maß hinaus vereinnahmen" (S. 54, Z. 9 f.).

2. Schreibt einen Kommentar zur Aktion „one week NO MEDIA" für eure Schüler-zeitung. Nutzt die vorliegenden Materialien und bezieht eigene Erfahrungen und eigenes Wissen ein. Überarbeitet euren Kommentar mithilfe der blauen Box (S. 53).

3. Verfasst einen Aufruf zu einem ähnlichen Projekt an eurer Schule.
   - Überlegt und diskutiert, welches Ausmaß das Medienfasten haben soll.
   - Entscheidet euch für eine Form des Aufrufs (z. B. Plakat, Flyer, E-Mail, Homepage-Beitrag).
   - Überarbeitet eure Aufrufe in Partnerarbeit.

one week NO MEDIA

Aktion gegen übermäßigen Medienkonsum *

1. Medienfreie Woche vom 30. Juni bis 6. Juli 2008

Eine Woche ohne Fernsehen, Computer, Spielekonsole, Handy und MP3 Player
Mit viel Kultur, Sport und sozialer Aktion
Jeder kann mitmachen. Jetzt informieren und anmelden unter:
www.one-week-no-media.de

* Übermäßiger Medienkonsum kann zu Leistungsstörungen, Suchtverhalten, Steigerung der Gewalt-bereitschaft, Gesundheitlichen Störungen, Übergewicht, Vereinsamung und Verschuldung führen.

Highscore House – Gamification für Familien und ihre Haushaltsaufgaben

Die Browseranwendung und iPad-App Highscore House möchte Familien eine spielerische Hilfe bei der alltäglichen Bewäl-tigung von Haushaltsaufgaben sein. Nach der Anmeldung kann man für jedes Mit-glied der Familie einen Avatar anlegen und Kindern ein virtuelles Zimmer zuweisen. In ihrem Zimmer finden die Kinder einen Kalender, der ihre aktuellen Aufgaben listet und die sie dort auch abhaken können.

Diese Aufgaben können von Eltern über ein Standardrepertoire (Zimmer aufräu-men, Bett machen, Gassi gehen etc.) frei definiert werden. […] Mit der Angabe, wie viele Sterne eine Aufgabe bei Erfüllung wert ist, wird eine virtuelle Währung ein-geführt.

Die verdienten Sterne sind im Kinder-zimmer in einer Schatztruhe hinterlegt. Mit ihnen können Kinder Belohnungen kaufen und dann im echten Leben einlösen. Belohnungen und ihr Preis lassen sich frei festlegen, die vorgegebene Auswahl um-fasst „Klassiker" wie 30 Minuten fernsehen, etwas später ins Bett gehen oder aussuchen dürfen, was gekocht wird. […]

Gamification:
von amerik.-engl. *game*, Nutzung von Spielmecha-niken in nicht-spielerischen Kontexten, um Benutzer zu motivieren

Avatar:
Stellvertreter

4. Schreibt eine antithetische Erörterung zum Thema „Motivation durch Gamification?".
   - Recherchiert weitere Informationen im Internet.
   - Überarbeitet eure Erörterungen mithilfe der blauen Box (S. 45).

Bewerbung kommt von Werbung

Sich für ein Praktikum bewerben

 Das könnt ihr schon!

- unterschiedliche Kommunikations-
  möglichkeiten nutzen, zum Beispiel
  Brief, E-Mail, Kurznachricht
- aus Sachtexten Informationen
  übernehmen
- im Internet recherchieren

Jerome:
*Ich interessiere mich total für Technik.
Mein Praktikum als Kfz-Mechatroniker
mach ich in dem Betrieb, in dem mein
Vater arbeitet.*

Sina:
*Ich möchte auf jeden Fall etwas
mit Medien machen. Aber wie komme
ich da an einen Praktikumsplatz?*

...

Pauline:
*Ich weiß überhaupt nicht, was für
einen Praktikumsplatz ich mir suchen
soll. Ich hab keine Ahnung, was ich
mal werden könnte.*

1. Besprecht die Vor- und Nachteile des Praktikumsplatzes, den Jerome wählen möchte. Gebt Ratschläge für die Suche nach einem Praktikumsplatz.

2. Formuliert für die leere Sprechblase eigene Fragen, Vorstellungen oder Erwartungen, die ihr zum Praktikum habt.

3. Welcher der Praktikumsplätze auf Seite 57 würde euch interessieren? Begründet.

4. Sammelt interessante Praktikumsplätze für eine Wandzeitung.

Lufthansa

Lufthansa Technik bietet interessierten Schüler/innen ganzjährig die Chance, spannende Arbeitsgebiete des Unternehmens während eines Praktikums kennenzulernen. [...] Folgende Berufe stehen für Schülerpraktika zur Verfügung:

- **Fluggerätmechaniker/in**
- **Elektroniker/in für luftfahrttechnische Systeme**

Bitte wegen des Zeitraums bei Frau Marion Altschaffel (marion.altschaffel@dlh.de) zunächst anfragen. Ihre Bewerbung sollte folgende Unterlagen enthalten:

· Anschreiben mit Praktikumszeitraum
· Lebenslauf mit Foto
· Kopie des letzten Schulzeugnisses
· ggf. schriftliche Bestätigung der Schule, dass es sich um ein Betriebspraktikum handelt

Bitte beschreiben Sie in Ihrer Bewerbung kurz, warum Sie gerne Ihr Praktikum bei der Lufthansa Technik AG machen möchten.

Praktikum im Kindergarten
„Fridolin"

Zu den grundlegenden Aufgaben der Praktikanten gehören:

- das Begrüßen der Kinder und ihrer Eltern
- die Verpflegung der Kinder
- das Spielen mit den Kindern

Weiterhin wird von den Praktikanten Selbstständigkeit erwartet: Nimmt man von sich aus an Spielen und Aktivitäten der Kinder teil, gibt man Anregungen und zeigt ggf. Grenzen auf?

Deshalb müssen Praktikanten selbstbewusst, zuverlässig und verantwortungsvoll sein.

Dabei können auch eigene Interessen im Bereich Musik, Bewegung, Spiel, Gestaltung und Sprache eingebracht werden.

Bei Interesse wenden Sie sich bitte zunächst persönlich an **Frau Möhring** (Tel. 0511/253589).

Schülerpraktikum

Ob du als Schülerin oder Schüler ein freiwilliges Praktikum in den Ferien oder ein Pflichtpraktikum, wie es in der Schule vorgeschrieben wird, absolvieren möchtest, beides ist bei uns möglich. [...]

Bei diesem Praktikum lernst du zum Beispiel die Hörfunkredaktion von NDR 90,3 oder das Fernsehteam vom „Hamburg Journal" kennen. Hier kannst du sehen, wie Hörfunkbeiträge entstehen, bist bei Radio- und Fernsehsendungen dabei oder kannst ein Fernsehteam beim Dreh begleiten.

Häufig sind Praktika auch in anderen Redaktionen und an anderen Standorten möglich. [...] In der [Fernseh- und Hörfunkproduktion] gibt es eine Vielzahl von Berufsfeldern, die du in deinem Praktikum kennenlernen kannst. Die Palette reicht von „Mediengestalter/in Bild und Ton", „Fachkraft für Veranstaltungstechnik" über handwerkliche Berufe bis zu Berufen in der Informationstechnologie. Online-Bewerbungen sind erwünscht.

5. Erklärt, welche Fähigkeiten und Eigenschaften die Bewerber für die drei Praktikumsplätze jeweils besitzen sollten.

6. Besprecht, wie ihr vorgehen müsst, wenn ihr euch um einen dieser Praktikumsplätze bewerben möchtet.

Das lernt ihr jetzt!

· sich eigener Stärken bewusst werden
· Standards und Muster von Bewerbungsunterlagen kennenlernen
· Bewerbungsschreiben und Lebenslauf verfassen
· sich auf ein Vorstellungsgespräch vorbereiten

Sich ins rechte Licht rücken

Die Bewerbungsunterlagen für ein Praktikum erstellen

Die Bewerbung vorbereiten

Meine Eigenschaften und Interessen

a) Ich arbeite am liebsten mit anderen zusammen.
b) Ich kann gut zuhören und mich in andere hineinversetzen.
c) Ich halte mich gern in der Natur auf.
d) Die Arbeit mit Tieren bereitet mir viel Freude.
e) Ich bin kreativ, male, zeichne und fotografiere gern.
f) Der Umgang mit modernen Medien ist für mich kein Problem.
g) Ich mag kleine Kinder sehr gern.
h) Handwerkliche Tätigkeiten liegen mir besonders gut.
i) Ich kann mich gut ausdrücken und schreibe gern Geschichten.
j) Der Umgang mit Zahlen und mathematischen Formeln macht mir Spaß.

1 trifft voll zu, 2 trifft eher zu, 3 trifft eher nicht zu, 4 trifft gar nicht zu

1. Ermittelt eure eigenen Interessen und Stärken.
   – Schätzt mithilfe der Zahlen 1–4 eure Fähigkeiten und Interessen ein.
     Ihr könnt auch weitere ergänzen.
   – Befragt eure Eltern und Freunde, wie sie euch einschätzen,
     und vergleicht mit euren Angaben.
   – Entscheidet auf der Grundlage eurer Ergebnisse, in welchen Berufsfeldern
     euch ein Praktikum sinnvoll erscheint und welche ihr ausschließen könnt.
     Begründet.

2. Befragt ältere Schüler nach Tipps für die Praktikumssuche und stellt diese zusammen.

3. Ein Praktikum dient der Berufsorientierung. Sucht im Berufsinformationszentrum
   der Arbeitsagentur nach Berufen, die euch interessieren.

eigene Interessen und Stärken ermitteln

Das Bewerbungsschreiben verfassen und überarbeiten

[…]

Bewerbung um einen Praktikumsplatz bei Radio Ostfriesland in Leer, Ihre Anzeige auf Ihrer Homepage www.radio–ostfriesland.de/team/, Zugriff 5. Mai 2014

Sehr geehrte Frau Pommer,

5 Ihr Praktikumsangebot auf Ihrer Homepage habe ich mit großem Interesse gelesen. Dabei sprachen mich sowohl die Vielfältigkeit der beschriebenen Tätigkeiten an als auch die Möglichkeit, einen meiner Lieblingssender genauer kennenzulernen. Deshalb bewerbe ich mich bei Ihnen um einen Praktikumsplatz im Zeitraum vom 16. bis 27. Juni 2015.

10 Zurzeit besuche ich die 9. Klasse des Ubbo-Emmius-Gymnasiums in Leer. Das Absolvieren eines Betriebspraktikums ist für alle Schüler der Klassenstufe 9 für diesen Zeitraum verbindlich vorgesehen.
Schon lange interessiere ich mich für die unterschiedlichen Tätigkeitsfelder rund ums Radio. In einer Schul-AG konnte ich schon erste Erfahrungen im Umgang mit
15 Medien- und Kommunikationstechnik sowie im Recherchieren sammeln. Dabei hat sich mein Berufswunsch, einmal als Radiomoderatorin zu arbeiten, verstärkt. Meine sprachlich-kommunikativen Fähigkeiten sind sehr gut ausgeprägt; dies zeigt sich unter anderem in guten bis sehr guten Noten im Fach Deutsch. Ich arbeite gern mit anderen Menschen zusammen, bin aber auch in der Lage, selbstständig und
20 zielgerichtet Aufgaben zu erledigen.

Ich denke, dass mir das Praktikum in Ihrem Sender helfen kann, die verschiedenen Aufgabenfelder rund um das Medium Radio noch besser kennenzulernen.

Über eine Einladung zu einem Vorstellungsgespräch freue ich mich sehr.

Mit freundlichen Grüßen

25 *Inke Petersen*

Anlagen
[…]

---

1. Untersucht das Bewerbungsschreiben von Inke.
   – Welche inhaltlichen Aspekte werden in den einzelnen Absätzen angesprochen?
   – Wie ist der Text sprachlich gestaltet?
   – Welche formalen Merkmale hat der Text?

Lerninsel:
Bewerbungs-
schreiben
verfassen
S. 262

Lerninsel:
Bewerbungs-
schreiben
verfassen
S. 262

Vorlage
Checkliste
Bewerbungs-
schreiben
xc94tt

2. Verfasst ein eigenes Bewerbungsschreiben für eure Praktikumsstelle
oder für einen Praktikumsplatz von (S. 57).
– Stellt eure Stärken und die für die Praktikumsstelle
wesentlichen Interessen besonders heraus.
– Lasst eure Kenntnisse über den Praktikumsbetrieb, seine Tätigkeitsfelder
und Besonderheiten in das Bewerbungsschreiben einfließen.
– Orientiert euch an der blauen Box.

3. Bildet kleine Gruppen und besprecht eure Bewerbungsschreiben
in Schreibkonferenzen. Nutzt dafür auch die blaue Box.
Überarbeitet eure Bewerbungsschreiben.

*Wissen und
Können*

Lerninsel:
Bewerbungs-
schreiben
verfassen
S. 262

Ein Bewerbungsschreiben verfassen

Mit eurem Anschreiben zeigt ihr, dass ihr **genau die Richtigen** für diesen Praktikumsplatz
seid. Dafür habt ihr nur **eine** DIN-A4 Seite zur Verfügung.

Inhalt und Aufbau	Sprache und Form

Inhalt und Aufbau

– **Betreffzeile**: Angabe, dass es sich um
eine Praktikumsbewerbung handelt
(evtl. Verweis auf Ausschreibung)
– **Anrede**
– **Praktikumszeitraum** angeben
– deutlich machen, dass ihr euch über
Einsatzfelder und **Praktikumsbetrieb**
informiert habt
– Praktikumswunsch nachvollziehbar
begründen
– eure **Stärken**, welche für das Unternehmen und die Praktikumsstelle wichtig
sind, besonders hervorheben
– **Bitte um Einladung** zum Vorstellungsgespräch formulieren
– **Grußformel**
– **Unterschrift**
– **Anlagen** auflisten

Sprache und Form

sprachliche Gestaltung:
– **kurz** fassen
– **selbstbewusst** formulieren:
„Ich kann …", „Ich möchte …"
– möglichst auf Standardformulierungen
verzichten, z. B.: „… *hiermit möchte ich
mich … bewerben*"
– **Rechtschreib- und Tippfehler vermeiden**

formale Merkmale:
– Kontaktdaten des **Absenders** voll-
ständig und korrekt oben links anführen
(Postadresse, Telefonnummer und
E-Mail-Adresse)
– darunter vollständige Adresse
des **Empfängers**
– **Ort** und **Datum** oben rechts vermerken
– Anrede möglichst an **konkreten
Ansprechpartner** richten
– **Grußformel ausformulieren**
(keine Abkürzungen wie *MfG*)
– **Unterschrift handschriftlich**
(Vor- und Zuname)

4. Zum Differenzieren ▪ ▪ ▪ ▪

⊕ **Differenzieren**
Bewerbungs-
schreiben
4tu8mt

A Beurteilt den folgenden Ausschnitt aus einem Bewerbungsschreiben und überarbeitet ihn.

[…]

Sehr geehrte Damen und Herren,

hiermit bewerbe ich mich um einen Praktikumsplatz als Bankkauffrau, da man in
der Schule von uns verlangt, dass wir ein Betriebspraktikum absolvieren müssen.
5   Der Beruf der Bankkauffrau hat mich schon immer interessiert und ich bin überzeugt, dass ich dafür geeignet bin.
Zurzeit besuche ich die 9. Klasse des Johannes-Althusius-Gymnasiums in Emden.
Meine Lieblingsfächer sind Musik und Kunst. In der Freizeit fahre ich gern Fahrrad
und treffe mich mit Freunden.
10   Bitte laden Sie mich zu einem Vorstellungsgespräch ein.

MfG *Bettina Kleinschmidt*

B Untersucht Inhalt, Aufbau und sprachliche Gestaltung des folgenden Ausschnitts
aus einem Bewerbungsschreiben. Diskutiert Vor- und Nachteile solcher kreativer Schreiben.
Berücksichtigt dabei unterschiedliche Berufsfelder.

[…]

> Julian Fried
> Osterstraße 17
> 26826 Weener

Sehr geehrte Frau Schuster,

durch eine Mitschülerin habe ich erfahren, dass Ihr Radiosender regelmäßig
Praktikumsstellen an Radiobegeisterte vergibt. Mit meiner Begeisterung können
5   Sie schon jetzt rechnen, mit meinem Einsatz vom 16.–27. Juni 2014!

Gleich …
nachdem ich mit etwa fünf Jahren meine erste Radiosendung gehört hatte, wusste
ich: Was da rauskommt, will ich auch machen. Aber, wie kommt die Stimme ins
Radio? Wer sammelt die ganzen Nachrichten? Wie kommt der O-Ton ins Studio?
10   Einige Antworten habe ich schon durch unsere Schul-AG bekommen, an der ich seit
zwei Jahren aktiv beteiligt bin.

Funkt's …
jetzt bei Ihnen? Dann freue ich mich sehr auf Ihre Rückmeldung. Bis dahin sende ich
Ihnen freundliche Grüße

15   *Julian Fried*

⊕ **Beispiellösung**
Aufgabe 4C
xd3w3x

C Verfasst selbst ein kreatives Bewerbungsschreiben, durch welches
ihr euch auf originelle Weise von der Masse der Mitbewerber abhebt.
Orientiert euch an dem Ausschnitt zu Aufgabe B.

Den Lebenslauf formulieren und überarbeiten

LEBENSLAUF

Persönliche Daten

Name:	Johanna Ziegler
Geburtsdatum/-ort:	21.05.1999/Oldenburg

5   **Kontaktdaten**

Anschrift:	Augustenstraße 3
	26122 Oldenburg
Tel.:	0441/43562
E-Mail:	JohannaZiegler@gmx.de

Schulbildung

10 2005–2009:	Grundschule Wallschule in Oldenburg
seit 2009:	Cäcilienschule Oldenburg

Praktische Erfahrungen

2013	Sozialpraktikum in der Kita „Regenbogen" in Oldenburg

Besondere Fähigkeiten und Interessen

15 Computerkenntnisse:	Grundkenntnisse Microsoft Word und Excel
Sprachkenntnisse:	gute Englischkenntnisse, Grundkenntnisse in Spanisch und Französisch
Persönliche Stärken:	Kommunikationsfähigkeit, Teamfähigkeit
Hobbys:	Lesen, Fotografieren, Fitness

20   Oldenburg, 06.05.2015

Johanna Ziegler

1. Jeder Bewerbung ist ein Lebenslauf beigefügt.
   – Besprecht, welche Funktion ein Lebenslauf hat.
   – Untersucht Inhalt und Aufbau des Lebenslaufs von Johanna.

Lerninsel:
Lebenslauf
S. 263

2. Sammelt Daten und Angaben für euren eigenen Lebenslauf und notiert Stichpunkte. Verfasst euren Lebenslauf.

Vorlage
Checkliste
Lebenslauf
2j4q3h

3. Im Lebenslauf werden in der Regel keine Angaben zur Staatsangehörigkeit, zur Religion oder zur Herkunftsfamilie (z.B. Geschwister, Eltern und deren Beruf) gemacht. Erklärt, warum das so ist.

Die Bewerbungsunterlagen vervollständigen und zusammenstellen

1. Schätzt ein, welche Fotos für eine Bewerbung geeignet sind und welche nicht. Begründet.

2. Vervollständigt eure Bewerbungsunterlagen und fügt sie in einer Bewerbungsmappe zusammen. Orientiert euch an der blauen Box.

Die Bewerbungsunterlagen in einer Mappe oder online zusammenstellen

In einer **Bewerbungsmappe** müssen alle Unterlagen in einer **bestimmten Reihenfolge** zusammengefasst werden.

Als erstes Blatt eurer Mappe **könnt** ihr ein **Deckblatt** mit einem Foto, euren Kontaktdaten und eurem Anliegen gestalten.

Nach dem Deckblatt wird euer **Lebenslauf** eingelegt. Falls ihr kein Deckblatt gestaltet, **könnt** ihr euer Foto in der rechten oberen Ecke des Lebenslaufs aufkleben.

Das **Bewerbungs-schreiben** liegt auf der Mappe obenauf.

Abschließend werden die sogenannten **Anlagen** eingelegt: aktuelles Schulzeugnis, evtl. Bescheinigungen über bereits absolvierte Praktika, Kurse, Nebenjobs, …

Deckblatt

FOTO

Bewerbungs-mappe

Anschreiben
Mein Angebot

Lebenslauf
Meine Stationen

Zeugnisse
Meine Beweise

Meine Qualifi-kationen

Viele Unternehmen verlangen **Online-Bewerbungen**, da diese platzsparender zu archivieren und kostengünstiger sind. Für die Online-Bewerbung gelten prinzipiell die **gleichen Anforderungen** wie für die „Papierbewerbung". Man unterscheidet dabei **drei Formen**: Kurzbewerbung per E-Mail, vollständige E-Mail-Bewerbung und Bewerbung mittels Online-Formular.

Wissen und Können

Lerninsel:
Bewerbungs-schreiben verfassen
S. 262

Lebenslauf
S. 263

Ring frei für Runde zwei
Sich auf ein Vorstellungsgespräch vorbereiten

Hörverstehen
Vorstellungs-
gespräch
mz4s37

Ausschnitt aus einem Vorstellungsgespräch

MITARBEITER: Schön, dass ich Sie nun persönlich kennenlerne. Erzählen Sie doch bitte erst einmal etwas über sich.

SCHÜLER: Also, ich bin gerade 15 gewor-
5 den und gehe in die 9. Klasse des Fried-rich-Gymnasiums. Ich bin gern unter Menschen, ziehe mich aber auch ganz gern mal zurück, zum Beispiel zum Le-sen. Aber ich habe natürlich auch noch
10 andere Hobbys und bin Mitglied im Feuerwehrverein.

MITARBEITER: Warum haben Sie sich aus-gerechnet für ein Praktikum bei unserer lokalen Tageszeitung entschieden?

15 **SCHÜLER:** Wir lesen zu Hause Ihre Zei-tung, daher kenne ich sie zumindest schon ein bisschen. Mir gefallen vor al-lem die Sportseiten und der Kulturteil; von da hole ich mir hin und wieder
20 Informationen über Veranstaltungen in unserer Nähe.

MITARBEITER: Wir haben immer viele Praktikumsbewerber. Warum sollten wir uns gerade für Sie entscheiden?

25 **SCHÜLER:** Ich bin Mitherausgeber der Schülerzeitung unserer Schule. Das mache ich jetzt schon seit drei Jahren. Daher kommt auch mein Interesse an einem Praktikum in der Zeitungsbran-
30 che. Ich kann mittlerweile ganz gut mit Textverarbeitungsprogrammen umge-hen. Orthografisch bin ich sehr sicher und ich kann mich auch gut ausdrücken. In Deutsch habe ich fast durchweg sehr

gute Noten. Außerdem fotografiere ich 35 gern und verfüge über Grundkenntnisse zur Bildbearbeitung.

MITARBEITER: Was erwarten Sie von dem Praktikum bei uns?

SCHÜLER: Ich denke, dass ich erst einmal 40 Einblick in die unterschiedlichen Ar-beitsabläufe bei der Zeitung bekomme und mir vielleicht mal die Druckerei anschauen kann. Ich würde auch gern – wenn das ginge – selbst einen Artikel 45 schreibe, der auch veröffentlicht wird.

MITARBEITER: Nennen Sie drei Ihrer Stärken und eine große Schwäche.

SCHÜLER: Hm, das ist gar nicht so leicht. Ich denke, dass ich recht zielstrebig bin 50 und sehr gut im Team arbeiten kann. Außerdem kann ich mich gut organi-sieren. Manchmal nehme ich bestimmte Dinge zu genau.

MITARBEITER: Haben Sie vielleicht Fra- 55 gen an mich, die ich Ihnen beantworten kann?

SCHÜLER: Ja, wie würde denn meine Ar-beitszeit hier geregelt sein und bekom-me ich einen Betreuer oder sind Sie mein 60 Ansprechpartner? …

1. Beurteilt die Aussichten des Schülers, diesen Praktikumsplatz zu bekommen. Begründet.

2. Notiert mithilfe des Ausschnitts Fragen, die euch in einem Vorstellungsgespräch gestellt werden können. Beantwortet sie für euren Praktikumsplatz.

 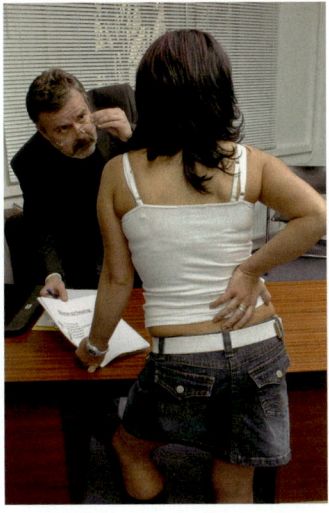 

3. Die Fotos zeigen drei Jugendliche unmittelbar vor bzw. während eines Vorstellungsgesprächs. Schätzt ein, ob sie sich vorteilhaft oder eher nachteilig präsentieren. Begründet.

4. Bildet kleine Gruppen und vervollständigt die folgende Checkliste für ein Vorstellungsgespräch. Verwendet auch eure Ergebnisse aus den Aufgaben 1–3 (S. 64 f.).

🌐
Vorlage
Checkliste
Vorstellungs-
gespräch
sw9x88

Checkliste

Checkliste für ein Vorstellungsgespräch

Organisatorische Vorbereitung	**Zentrale Aspekte für die inhaltliche Vorbereitung**	**Auftreten während des Vorstellungsgesprächs**
✔ Bestätigung des Termins	✔ Informationen über das Unternehmen recherchieren	✔ Handy ausschalten
✔ Planung der Anreise	✔ …	✔ …
✔ …	✔ eigene Fragen an das Unternehmen überlegen	✔ Gesprächspartner ausreden lassen
		✔ …

---

5. Entwickelt in Dreiergruppen ein Rollenspiel zu einem Vorstellungsgespräch. Geht so vor:
   – Legt folgende Rollen fest: Bewerber/in, Personalleiter/in, Assistent/in.
     Schreibt dazu jeweils eine Rollenkarte.
   – Wählt eine Bewerbung aus, die in diesem Kapitel entstanden ist.
     Alle Gruppenmitglieder kennen das Bewerbungsschreiben und den Lebenslauf.
   – Haltet auf einer Situationskarte fest, in welchem Unternehmen
     das Gespräch stattfindet (genaue Hintergrundinformationen) und
     um welche Praktikumsstelle sich der Kandidat/die Kandidatin bewirbt.
   – Bereitet euch vor und spielt das Vorstellungsgespräch.
   – Wertet es gemeinsam aus.

⭐ Das könnt ihr jetzt!

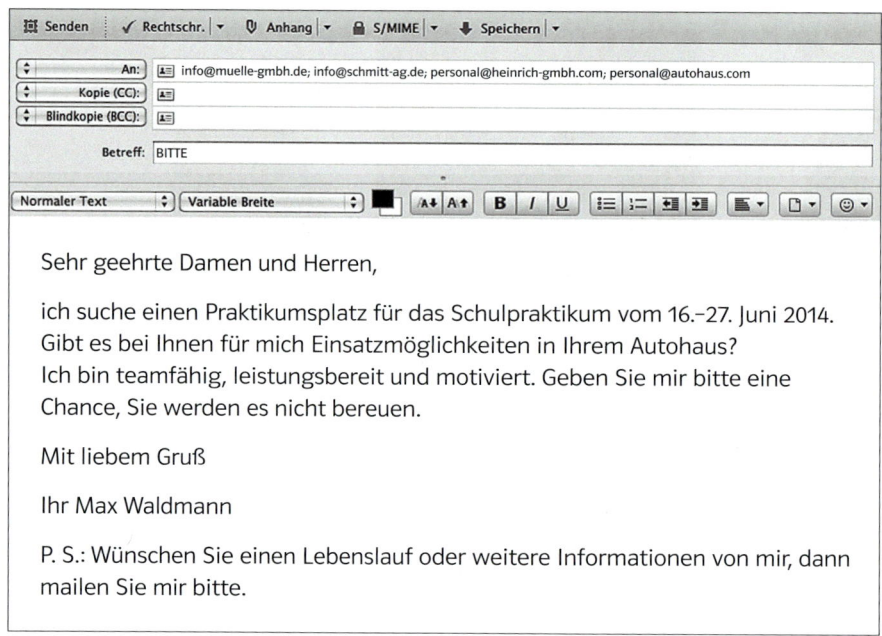

1. Beurteilt Max' Online-Bewerbung um einen Praktikumsplatz und überarbeitet diese.

Rund um das Vorstellungsgespräch

A Erscheine in deinen Lieblingssachen. Das wirkt authentisch.

B Warte mit dem Hinsetzen, bis man dir einen Platz anbietet.

C Damit du dich während des Gesprächs etwas von deiner Aufregung ablenken kannst, nimm etwas in die Hand (z. B. einen Stift).

D Achte auf eine aufrechte Sitzhaltung und halte deine Hände ruhig auf dem Schoß.

E Nimm ein angebotenes Getränk an und trinke während des Gesprächs öfter, damit dein Mund nicht trocken wird.

F Unterstreiche deine Worte mit Mimik und Gestik.

G Denke kurz nach, bevor du deinem Gegenüber antwortest.

H Frage zwischendurch gleich nach, wenn dir etwas unklar ist.

2. Entscheidet, welche Tipps aus dem „Bewerbungsknigge" zu befolgen sind und welche nicht. Begründet.

Lerninsel:
Schreiben
S. 240 ff.

⊕ Diagnose-
bogen
Bewerben
tw79qa

⊕ Training
interaktiv
Bewerben
y7pf7u

LEBENSLAUF

Name:	Axel Müller
Geburtsdatum:	15.02.1999
Geburtsort:	Marburg
Familienstand:	ledig
Staatsangehörigkeit:	deutsch
Religion:	katholisch
Eltern:	Peter Müller, arbeitslos Gertraude Müller, geb. Fuhrwerk, Verkäuferin
Geschwister:	2 Brüder, 1 Schwester
Schulbildung:	Grundschule Astrid-Lindgren-Schule in Marburg Gymnasium Martin-Luther-Schule in Marburg
Berufswunsch:	Informationselektriker für Geräte- und Systemtechnik
Hobbys:	Fußball, Autos, Kochen

Axel Müller

3. Beurteilt den Lebenslauf von Axel Müller und gebt Tipps für eine Überarbeitung. Begründet.

4. Stellt zusammen, was ihr bei einer Praktikumsbewerbung in folgenden Einrichtungen besonders beachten solltet:
– Werbe- und Designagentur
– katholischer Kindergarten
– Anwaltskanzlei

„Ich bin der andere"
Zu literarischen Texten schreiben

☆ **Das könnt ihr schon!**

- eine Inhaltsangabe von komplexen Texten verfassen
- einen erzählenden Text schriftlich interpretieren
- mit einem erzählenden Text produktiv umgehen

Den 20. ging Lenz durchs Gebirg.
Die Gipfel und hohen Bergflächen
im Schnee, die Täler hinunter graues
Gestein, grüne Flächen, Felsen und
5 Tannen. Es war nasskalt, das Wasser rieselte die Felsen hinunter und
sprang über den Weg. Die Äste der
Tannen hingen schwer herab in die
feuchte Luft. Am Himmel zogen
10 graue Wolken, aber alles so dicht, und
dann dampfte der Nebel herauf und
strich schwer und feucht durch das
Gesträuch, so träg, so plump. Er ging
gleichgültig weiter, es lag ihm nichts
15 am Weg, bald auf-, bald abwärts.
Müdigkeit spürte er keine, nur war es
ihm manchmal unangenehm, dass er
nicht auf dem Kopf gehn konnte.

1. Tauscht euch darüber aus, wie die beiden Texte auf dieser Doppelseite (**1**, **2**) auf euch wirken.

2. Nehmt zu den Aussagen von Lennart und Hanna Stellung und belegt eure Meinung mit Textstellen.

Lennart:

Der Winter ist in den beiden Texten im Grunde nicht so wichtig; sie könnten genauso gut im Sommer spielen. Denn der eigentliche Fokus der Texte liegt doch darauf, wie es den Figuren geht: einmal dem „Lenz" im ersten und dem „Ich" im zweiten Text.

Lerninseln:
Schreiben
S. 240 ff.
Umgang mit
Gedichten
S. 273 ff.

⊕ Eingangstest
Interpretation
92ra2p

2

Nicht ein Flügelschlag ging durch die Welt,
still und blendend lag der weiße Schnee. Nicht
ein Wölklein hing am Sternenzelt, keine Welle
schlug im starren See. Aus der Tiefe stieg der See–
5 baum auf, bis sein Wipfel in dem Eis gefror; an
den Ästen klomm die Nix herauf, schaute durch
das grüne Eis empor. Auf dem dünnen Glase
stand ich da, das die schwarze Tiefe von mir
schied; dicht ich unter meinen Füßen sah ihre
10 weiße Schönheit Glied um Glied. Mit ersticktem
Jammer tastet' sie an der harten Decke her und
hin – ich vergess das dunkle Antlitz nie, immer,
immer liegt es mir im Sinn!

4. Verfasst ein Interview mit dem Sprecher aus Text **2**. Darin stellt er dar, wie er die Natur erlebt und welche Bedeutung die Nixe für ihn hat.

5. Stellt eure Ergebnisse aus Aufgabe 4 vor und diskutiert, was sie für die Deutung des Textes aussagen. Formuliert auf dieser Grundlage eine Deutungshypothese zu Text **2**.

3. Einer der beiden Texte auf dieser Doppelseite (**1**, **2**) ist ein Gedicht, das hier aber fortlaufend abgedruckt ist. Entscheidet, um welchen Text es sich handelt. Begründet mit gattungs-spezifischen Merkmalen.
  – Schreibt den Text in ein Gedicht um, indem ihr Vers- und Strophengrenzen bewusst setzt.
  – Vergleicht eure Varianten und sprecht über die jeweilige Wirkung.
  – Formuliert eine Überschrift für das Gedicht, die Aufschluss über euer Verständnis des Textes gibt.
  – Vergleicht eure Überschriften und diskutiert, welche Überschriften ihr besonders passend findet. Begründet am Text.

Hanna:
In beiden Texten geht es um den Winter. Und in beiden Texten wird er sehr einseitig dargestellt: nicht etwa fröhlich mit Schlittenfahren und Schneeballschlachten oder gemütlich mit heißem Kakao und Bratäpfeln am Kamin, wie ich ihn eigentlich sehr gerne mag, sondern kalt, düster und fast bedrohlich.

Das lernt ihr jetzt!

· ein Gedicht schriftlich interpretieren
· mit lyrischen Texten produktiv umgehen
· eigene Aussagen mit Zitaten belegen und korrekt zitieren

Wer bin ich?
Gedichte schriftlich interpretieren

Bausteine einer Gedichtinterpretation erkennen

Annette von Droste-Hülshoff:
Am Turme (1842)

Mänade:
sich wild gebär-
dende, rasende
weibliche Person

Fant:
hier: unbeküm-
merter, leicht-
fertiger Bursche

Ich steh auf hohem Balkone am Turm,
Umstrichen vom schreienden Stare,
Und lass gleich einer Mänade den Sturm
Mir wühlen im flatternden Haare;
5 O wilder Geselle, o toller Fant,
Ich möchte dich kräftig umschlingen,
Und, Sehne an Sehne, zwei Schritte vom Rand
Auf Tod und Leben dann ringen!

Kreuzreim ababcdcd
„Gefangenschaft" im Turm:
lyrisches Ich kann nur zuschauen,
beobachten

Ausruf
Wunsch: Teilhaben an Lebendig-
keit, Abenteuer

Und drunten seh ich am Strand, so frisch
10 Wie spielende Doggen, die Wellen
Sich tummeln rings mit Geklaff und Gezisch,
Und glänzende Flocken schnellen.
O, springen möcht' ich hinein alsbald,
Recht in die tobende Meute,
15 Und jagen durch den korallen Wald
Das Walross, die lustige Beute!

wieder: „drunten" – lyrisches Ich
kann nicht dabei sein

Ausruf
Wunschbild: „fröhliche" Adjektive,
„bewegte" Verben

Standarte:
(kleine) Fahne

Kiel:
unterster Längs-
balken entlang
der Mittellinie
eines Schiffes

Und drüben seh ich ein Wimpel wehn
So keck wie eine Standarte,
Seh auf und nieder den Kiel sich drehn
20 Von meiner luftigen Warte;
O, sitzen möcht' ich im kämpfenden Schiff,
Das Steuerruder ergreifen,
Und zischend über das brandende Riff
Wie eine Seemöwe streifen.

paralleler Strophen-
beginn (vgl. V. 9) – erneut:
Ausgeschlossensein

25 Wär' ich ein Jäger auf freier Flur,
Ein Stück nur von einem Soldaten,
Wär' ich ein Mann doch mindestens nur,
So würde der Himmel mir raten;
Nun muss ich sitzen so fein und klar,
30 Gleich einem artigen Kinde,
Und darf nur heimlich lösen mein Haar,
Und lassen es flattern im Winde!

Konjunktiv II: als irreal darge-
stellter Wunsch, ein Mann zu sein
(= Freiheit, Selbstbestimmung)
Indikativ: als belastend, beengend
empfundene Realität, in der selbst
Wünsche nur geheim existieren
dürfen

1. Tauscht euch darüber aus, was ihr über das lyrische Ich des Gedichts „Am Turme" erfahrt und wie es auf euch wirkt.

2. Betrachtet die Markierungen und Notizen zu dem Gedicht „Am Turme" und erläutert sie.

1 *Das Gedicht kontrastiert in jeder Strophe die Realität des lyrischen Ichs, das von „hohem Balkone am Turm" (V. 1) auf seine Umgebung blickt und sich dort eingesperrt und ausgeschlossen fühlt, mit seinen Wünschen, die es davon träumen lassen, frei zu sein.*

2 *Auffällig sind die Verben und Adjektive, mit denen die Wunschträume des lyrischen Ichs ausgeschmückt werden: Es handelt sich – ganz im Gegensatz zur Darstellung der Realität, in der das lyrische Ich ganz statisch „steh [t]" (V. 1), sieht (vgl. V. 9 und 17) und „sitz [t]" (V. 29) – durchgängig um Verben der Bewegung wie „ringen" (V. 8), „spielen [...]" (V. 10), „tummeln" (V. 11) oder „jagen" (V. 15) etc. und um lebendige, farbenfrohe Adjektive, die die Wunschwelt „lustig" (V. 16), „glänzend" (V. 12) und „keck" (V. 18) als großes Abenteuer ausmalen.*

3 *Warum sollen Mädchen und Frauen ihre Haare nicht offen tragen? Einen Grund dafür können wir uns heute in unserer Gesellschaft, in der Frauen kaum weniger Möglichkeiten haben als Männer, ihre Lebensträume zu verwirklichen, kaum noch vorstellen. Dass das einmal ganz anders war, wird in Annette von Droste-Hülshoffs Gedicht „Am Turme" aus dem Jahr 1842 deutlich, in dem ein weibliches lyrisches Ich sich nach der Freiheit sehnt, all das zu tun, was ihm als Frau nicht erlaubt ist.*

4 *Annette von Droste-Hülshoffs Gedicht zeigt, wie es ist, wenn man sich in seiner eigenen Haut gefangen fühlt und weiß, dass sich ein Leben, wie man es führen möchte, niemals verwirklichen lässt – allerhöchstens in heimlichen Träumen. Wahrscheinlich konnten sich im 19. Jahrhundert viele Frauen mit der Situation des lyrischen Ichs identifizieren, das unter den gesellschaftlich vorgegebenen Rollenmustern von Mann und Frau leidet, die den Frauen wenig Spielräume in ihrer Lebensgestaltung ließen. Aber auch auf unsere Gegenwart ist das Gedicht noch übertragbar: Gibt es nicht auch heute viele Menschen, die sich wünschen, etwas anderes zu sein, als sie sind?*

3. Lest die Ausschnitte (**1**–**4**) aus einer schriftlichen Interpretation zu dem Gedicht „Am Turme" von Annette von Droste-Hülshoff.
Weist den vier Teilen die folgenden Oberbegriffe zu:
– Einleitung mit Deutungshypothese
– für das Verständnis der Interpretation notwendige Informationen zum Inhalt des Gedichts
– Beschreibung und Deutung sprachlicher Besonderheiten
– Schluss

4. Klärt, welche der Ausschnitte zum Hauptteil einer schriftlichen Interpretation gehören.

5. Leitet aus den Ausschnitten einer Interpretation (S. 71) Merkmale für die Einleitung und den Schluss ab. Orientiert euch an den folgenden Stichpunkten zum Hauptteil. Vergleicht mit der blauen Box auf Seite 78.

Merkmale eines Hauptteils:
- umfangreichster Teil
- informiert über den Inhalt des Gedichts oder gibt dessen Gedankengang oder die Entfaltung eines Motivs, eines Bilds, einer Stimmung wieder
- untersucht und deutet die Form und die sprachliche Gestaltung des Gedichts
- enthält Zitate, die zentrale Aussagen belegen

Die Interpretation eines Gedichts vorbereiten

1. Beschreibt mithilfe von Adjektiven, wie die abgebildete Figur auf euch wirkt.

🌐
Vortrag
Prometheus
ny72gp

2. Henry Moore hat sein Bild als Illustration zu einer Übersetzung von Johann Wolfgang Goethes Gedicht „Prometheus" gemalt.
Lest das Gedicht oder hört euch den Gedichtvortrag an und diskutiert, welche der Adjektive aus Aufgabe 1 besonders gut zu dem lyrischen Ich passen.

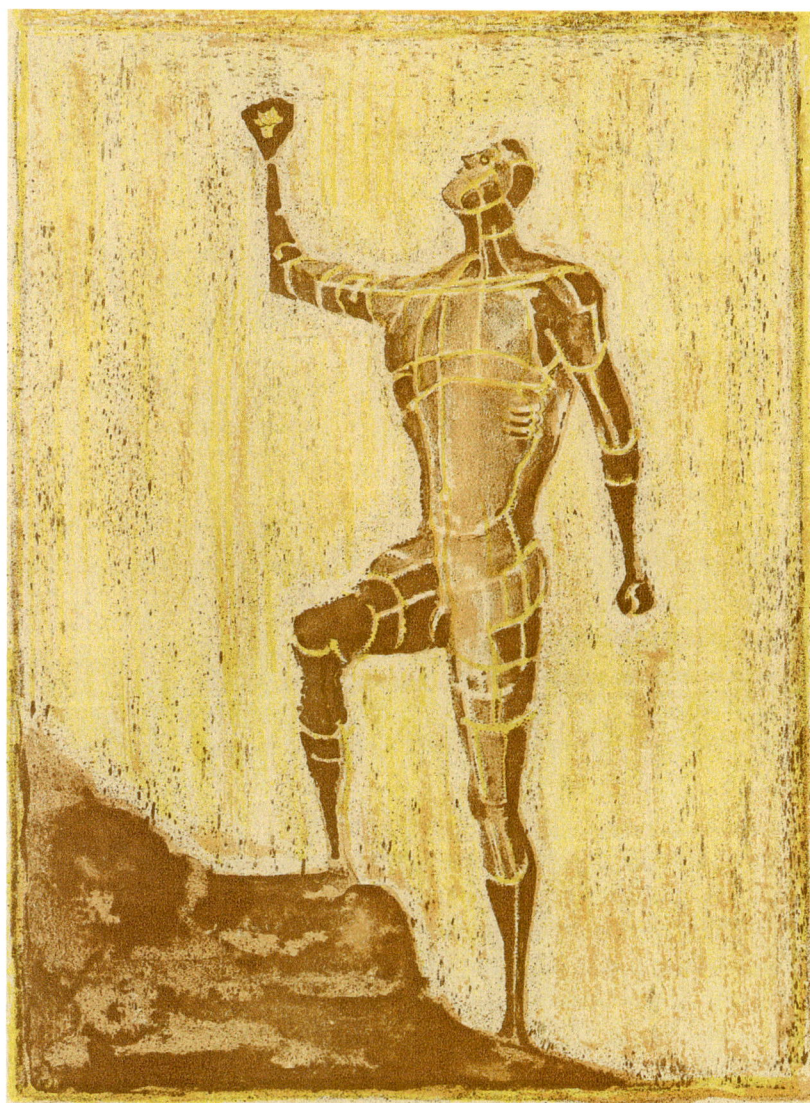

Henry Moore: englischer Bildhauer und Zeichner (1898–1986)

Henry Moore: Prometheus on the Rocks (1950)

Gedichtinterpretation vorbereiten

Johann Wolfgang Goethe:
Prometheus (entstanden vermutlich 1774)

Bedecke deinen Himmel, Zeus,
Mit Wolkendunst!
Und übe, den Knaben gleich,
Der Disteln köpft,
5 An Eichen dich und Bergeshöhn!
Musst mir meine Erde
Doch lassen stehn,
Und meine Hütte,
Die du nicht gebaut,
10 Und meinen Herd,
Um dessen Glut
Du mich beneidest.

Ich kenne nichts Ärmer's
Unter der Sonn' als euch Götter.
15 Ihr nähret kümmerlich
Von Opfersteuern
Und Gebetshauch
Eure Majestät
Und darbtet, wären
20 Nicht Kinder und Bettler
Hoffnungsvolle Toren.

Da ich ein Kind war,
Nicht wusst, wo aus, wo ein,
Kehrte mein verirrtes Aug'
25 Zur Sonne, als wenn drüber wär'
Ein Ohr, zu hören meine Klage,
Ein Herz wie meins,
Sich des Bedrängten zu erbarmen.

Wer half mir wider
30 Der Titanen Übermut?
Wer rettete vom Tode mich,
Von Sklaverei?
Hast du's nicht alles selbst vollendet,
Heilig glühend Herz?
35 Und glühtest, jung und gut,
Betrogen, Rettungsdank
Dem Schlafenden dadroben?

Ich dich ehren? Wofür?
Hast du die Schmerzen gelindert
40 Je des Beladenen?
Hast du die Tränen gestillet
Je des Geängsteten?

Hat nicht mich zum Manne geschmiedet
Die allmächtige Zeit
45 Und das Schicksal,
Meine Herrn und deine?

Wähntest du etwa,
Ich sollte das Leben hassen,
In Wüsten fliehn,
50 Weil nicht alle Knabenmorgen-
Blütenträume reiften?

Hier sitz' ich, forme Menschen
Nach meinem Bilde,
Ein Geschlecht, das mir gleich sei,
55 Zu leiden, weinen,
Genießen und zu freuen sich,
Und dein nicht zu achten,
Wie ich.

direkte Ansprache an Zeus und „Befehle" an den Göttervater (Imperative!)
Vergleich von Zeus' Handeln mit dem eines übermütigen Kindes

Possessivpronomen 2. Pers. Sg. vs. 1. Pers. Sg. mit dazugehörigen „Besitztümern": Gegenbilder

3. Wählt fünf Kernwörter oder Kernwortgruppen aus dem Gedicht (S. 73), die das lyrische Ich möglichst genau charakterisieren. Vergleicht mit euren Adjektiven zum Bild von Henry Moore (Aufgabe 1).

„Glut" (V. 11), „dein nicht zu achten" (V. 57), ...

4. Lest das Gedicht noch einmal gründlich und fasst den Inhalt in Sinnabschnitten zusammen.

V. 1–12: Verspottung des machtlosen Zeus, der Prometheus darum beneidet,
was er selbst geschaffen hat („meine Erde" (V. 6), „meine Hütte" (V. 8), „meinen Herd" (V. 10))
V. 13–21: Entlarvung der Götter, die auf den naiven Glauben der Menschen angewiesen sind
V. 22–28: ...

5. Setzt die Markierungen der ersten Strophe des Gedichts (S. 73) auf einer Kopie fort.
   – Achtet auf Besonderheiten der Form und der sprachlichen Gestaltung
     (z. B. „Knabenmorgen-Blütenträume", V. 50 f.)
   – Arbeitet mit verschiedenen Farben, verwendet Symbole und hebt Bezüge mit Pfeilen hervor.
   – Fertigt Randnotizen an.

6. Vergleicht die beiden folgenden Deutungshypothesen. Begründet, welche euch für die weitere Untersuchung und Deutung des Gedichts geeignet erscheint.

Deutungshypothese A
Das 1774 entstandene Gedicht „Prometheus" von Johann Wolfgang Goethe beschreibt die Gefühle Prometheus' gegenüber Zeus, den er entschieden verachtet. Prometheus vertritt den Standpunkt, dass nicht der Göttervater, sondern er selbst die größte Macht über sich hat.

Deutungshypothese B
Johann Wolfgang Goethes Gedicht „Prometheus" aus dem Jahr 1774 zeigt, was einem Menschen eigentlich Stärke und Selbstvertrauen geben kann: nämlich seinen Gefühlen zu vertrauen und sich auf seine eigenen Fähigkeiten und Stärken zu besinnen, anstatt sich auf vermeintliche Autoritäten zu verlassen.

7. Untersucht und deutet Besonderheiten der Form und der sprachlichen Gestaltung.
   – Übernehmt und vervollständigt dazu die folgenden Tabellen.
   – Klärt, ob eure Ergebnisse für die Deutungshypothese (Aufgabe 6) ergiebig sind.

Besonderheiten der Form	Deutung (Gehalt, Aussage)
Aufbau: *unregelmäßig: Strophen von ganz unterschiedlicher Länge, Strophengrenzen markieren jedoch immer Sinnabschnitte; auch die einzelnen Verse sind unterschiedlich lang*	*Unregelmäßigkeit unterstreicht die trotzige Haltung des lyrischen Ichs, das Aufbegehren, die Kritik und den Ausdruck von Gefühlen und Stimmungen anstelle einer logisch geordneten Argumentation.*
Reimschema und Metrum: *keinerlei Reime im gesamten Gedicht; kein Metrum*	*...*

   Gedichtinterpretation vorbereiten

Sprachliche Besonderheiten	Deutung (Gehalt, Aussage)
Personifikationen: „Heilig glühend Herz" (V. 34); „Ein Ohr, zu hören meine Klage" (V. 26)	…
Satzbau: Aufforderungssätze (Imperative) (V. 1 f., 3–5, 6–12); Fragesätze (V. 29 f. durchgängig bis 47–51); Sätze von ganz unterschiedlicher Länge und Struktur: mehrgliedrige Satzgefüge (V. 22–28) vs. Ellipsen (V. 38), Inversionen (V. 43–46)	…
Besonderheiten im Wortschatz: Neologismus: „Knabenmorgen-Blütenträume" (V. 50 f.)	*Eigene Wortschöpfung illustriert die Schaffenskraft des lyrischen Ichs, das sogar eigene Menschen formt (vgl. V. 52 f.). Zudem werden die „Träume" mit dem Zusatz „Knabenmorgen-Blüten" als etwas Zartes, Fantasievolles, Schönes ausgewiesen.*
…	…

8. Ordnet eure Untersuchungs- und Deutungsergebnisse aus der Tabelle folgenden Themenschwerpunkten zu:

   a) das Bild, das Prometheus als lyrisches Ich von sich selbst entwirft
   b) die Darstellung der Götter, insbesondere Zeus'
   c) Werte, die Prometheus wichtig sind

   Ihr könnt eure Untersuchungsergebnisse auch den einzelnen Strophen zuordnen und so notieren:

Inhalt (Zusammenfassung, Kernwörter/Kernwortgruppen)	Besonderheiten der Form und Sprache	Deutung
V. 1–12: …	…	…
V. 13–21: …	…	…
…	…	…
…	…	…
…	…	…

9. Diskutiert, inwiefern das Bild, das Goethe von Prometheus zeichnet, auch heute noch für einen bestimmten Menschentyp stehen kann. Notiert die Ergebnisse eurer Diskussion oder auch kontroverse Ansichten zur Fragestellung in Stichpunkten.

Wissen und Können

Eine Gedichtinterpretation vorbereiten

Bei der Vorbereitung eurer Interpretation könnt ihr so vorgehen:

1. **erste Eindrücke** formulieren
2. **Thema** und zentrale Vorgänge, Bilder oder Gedanken nennen
3. **Deutungshypothese** aufstellen
4. Notizen zu Besonderheiten und Funktion von **Form** und **Sprache** anfertigen
   Mögliche Untersuchungsaspekte:
   - **Sprecher** (lyrisches Subjekt) und **Sprechsituation** bestimmen
   - **Grundstimmung** charakterisieren
   - **Form** des Gedichts beschreiben (z. B. *Vers-* und *Strophenbau, Reim, Metrum*)
   - **Sprache** untersuchen und deuten, zum Beispiel:
     · **Satzbau** (z. B. *Parallelismen, Inversion*)
     · **Wortwahl: sprachliche Bilder/Bildfiguren** (z. B. *Metaphern, Vergleiche, Personifikationen*); **Klangfiguren** (z. B. *Alliteration, Anapher*)
5. Untersuchungs- und Deutungsergebnisse **gliedern** und **erweitern** (z. B. als Tabelle oder Mindmap), **Deutungshypothese überprüfen** und ggf. **überarbeiten**, evtl. zusätzliche Informationen (z. B. historische und biografische) einbeziehen
6. **Gedanken** zu **Einleitung** und **Schlussteil** stichpunktartig festhalten

Lerninsel:
Gedicht-interpretation vorbereiten
S. 244

Differenzieren
Gedicht-interpretation vorbereiten
bt62t4

10. Zum Differenzieren ■ ■ ■ ■

A Bereitet eine Interpretation zu Annette von Droste-Hülshoffs Gedicht „Am Turme" (S. 70) vor. Fertigt eine gegliederte Stoffsammlung an. Orientiert euch an den Ausschnitten (S. 71).

B Bereitet eine Interpretation zu Johann Wolfgang Goethes Gedicht „Maifest" (S. 89) vor. Fertigt eine gegliederte Stoffsammlung an. Orientiert euch an der blauen Box.

Eine Gedichtinterpretation schreiben

Achtung:
alte Recht-schreibung

Marie Luise Kaschnitz: Nicht gesagt (1965)

Nicht gesagt
Was von der Sonne zu sagen gewesen wäre
Und vom Blitz nicht das einzig Richtige
Geschweige denn von der Liebe.

5 Versuche. Gesuche. Mißlungen
Ungenaue Beschreibung

Weggelassen das Morgenrot
Nicht gesprochen vom Sämann
Und nur am Rande vermerkt
10 Den Hahnenfuß und das Veilchen.

Euch nicht den Rücken gestärkt
Mit ewiger Seligkeit
Den Verfall nicht geleugnet
Und nicht die Verzweiflung

15 Den Teufel nicht an die Wand
Weil ich nicht glaube
Gott nicht gelobt
Aber wer bin ich daß

Sämann:
jemand, der etwas aussät

1. Bereitet eine Rezitation des Gedichts „Nicht gesagt" vor. Tragt das Gedicht vor und begründet eure Vortragsweise.

2. Tragt zusammen, was ihr über Gegenwart und Vergangenheit des lyrischen Ichs erfahrt.

3. Erklärt, mit welchen Mitteln im Gedicht zur Sprache gebracht wird, was „nicht gesagt" worden ist. Vervollständigt den letzten Satz des Gedichts (V. 18) und diskutiert eure Ideen.

4. Marie Luise Kaschnitz, die seit der Veröffentlichung ihres ersten Romans im Jahr 1933 zahlreiche Erzählungen, Gedichte, Essays und Hörspiele geschrieben hatte, verfasste das Gedicht „Nicht gesagt" im Alter von 64 Jahren.
   – Diskutiert, was diese Informationen zum Verständnis des Gedichts beitragen.
   – Formuliert eine Deutungshypothese.

5. Untersucht inhaltliche, sprachliche und formale Auffälligkeiten des Gedichts. Überprüft anhand der Ergebnisse eure Deutungshypothese.

6. Untersucht den folgenden Ausschnitt aus der Interpretation eines Schülers. Beurteilt den Hauptteil nach folgenden Kriterien:
   – Der Zusammenhang zwischen Inhalt und Form ist hergestellt.
   – Die gedanklichen Schritte der Interpretation sind nachvollziehbar.
   – Zitate sind sinnvoll eingebunden und dienen dazu, wichtige Aussagen zu belegen (siehe Arbeitstechnik, S. 78).

[...] Das lyrische Ich in dem Gedicht „Nicht gesagt" ist anscheinend sehr unzufrieden, wenn es auf sein Leben zurückblickt. Es liegt nahe, das lyrische Ich mit Marie Luise Kaschnitz, die das Gedicht im Alter von 64 Jahren geschrieben hat, gleichzusetzen, weil mit den „Versuche[n]" (V. 5), „Gesuche[n]" (ebd.) und „[u]ngenaue[n] Beschreibung[en]" (V. 6), die allesamt als
5 „[m]ißlungen" (V. 5) bezeichnet werden, wahrscheinlich literarische Texte gemeint sind, die im Laufe eines langen Schriftstellerlebens entstanden sind. Insofern lässt sich das Gedicht als die Klage einer Schriftstellerin lesen, die eine negative Bilanz über ihre Arbeit zieht und ihr Werk im Rückblick sehr kritisch beurteilt. Der Leser erhält den Eindruck, dass das lyrische Ich das Gefühl hat, dass all seine Versuche, in seinen literarischen Texten wirklich Wichtiges anzuspre-
10 chen, nicht gut genug gewesen sind: Das jeweils Entscheidende sei ausgespart, verschwiegen, eben „nicht gesagt" worden, wie der Titel des Gedichts programmatisch verkündet. Interessant ist, dass es sich um ganz Unterschiedliches handelt, das in den Texten „[w]eggelassen" (V. 7) oder nicht präzise, nicht treffend genug (vgl. V. 6) dargestellt worden sei: Naturphänomene wie die „Sonne" (V. 2) und der „Blitz" (V. 3), tiefe menschliche Gefühle wie die „Liebe" (V. 4), welche
15 offensichtlich besonders schwer in Worte zu fassen ist, wie die Formulierung „[g]eschweige denn" (ebd.) nahelegt, aber auch Dinge, die die Welt schöner machen, wie das „Morgenrot" (V. 7) oder Blumen (vgl. V. 10). Hingegen sind es vor allem negative Erscheinungen und Empfindungen, die in den Texten eine Rolle gespielt haben müssen: „Verfall" (V. 13) und „Verzweiflung" (V. 14) sind die einzigen zwei Begriffe, die explizit für das stehen, was tat-
20 sächlich „gesagt" worden sei. Genau diese Inhalte scheinen vom Lesepublikum wiederum nicht besonders gut aufgenommen worden zu sein, denn gerade sie waren wohl kaum dazu geeignet, die Erwartungen der Leserinnen und Leser an Literatur zu befriedigen und ihnen „den Rücken [... zu stärken] / Mit ewiger Seligkeit" (V. 11f.). [...]

Arbeitstechnik

Richtig zitieren

Mit Textzitaten könnt ihr eure Aussagen **belegen** und **bekräftigen**. Wörtliche Zitate stehen in **Anführungszeichen**. Sie werden **originalgetreu**, d.h. **ohne Änderungen** übernommen.

– Die **Fundstelle** wird in Klammern durch genaue Seiten- und Zeilen- bzw. Versangaben nachgewiesen (Abkürzungen: S., Z., V.). Bei Gedichten müssen Versende (/) und Strophenende (//) durch Schrägstriche kenntlich gemacht werden.

– Zitate sollten **angemessen** (z.B. nicht zu lang) und **aussagekräftig** sein und in den eigenen Text **integriert** werden.

– **Auslassungen** müssen durch eckige Klammern kenntlich gemacht werden.
Das lyrische Ich erwähnt, dass es „vom Blitz nicht das […] Richtige" (V. 3) gesagt habe.

– **Grammatikalische Änderungen** müssen in eckige Klammern gesetzt werden.
Das lyrische Ich deutet an, dass es nur zu „[u]ngenaue[n] Beschreibung[en]" (V. 6) in der Lage gewesen sei.

– Es ist auch möglich, Textpassagen zu **paraphrasieren** (sinngemäß wiederzugeben) und auf die Fundstelle in Klammern und mit „vgl." zu verweisen.

---

7. Überprüft mithilfe der blauen Box, welche Aspekte bei der Interpretation des Schülers (S. 77) noch fehlen.

– Fertigt zu den fehlenden Teilen eine gegliederte Stoffsammlung an.

– Schreibt eine eigene vollständige Interpretation. Ihr könnt den Ausschnitt auf S. 77 verwenden. Beachtet dabei den Sprachtipp (S. 79).

Wissen und Können

Lerninsel:
Gedicht-
interpretation
S. 244 ff.

TATT:
Textsorte,
Autor/in, Titel,
Thema

Die Gedichtinterpretation schreiben

Einleitung:
möglichst interessanter Einstieg; Textsorte, Autor/in, Titel, evtl. Entstehungsjahr, Thema; Deutungshypothese

Hauptteil:
– Inhaltsangabe
– Beschreibung und **Deutung** von **Inhalt**, **Form** und **Sprache** (z.B. *Sprecher, Sprechsituation, Aufbau, Reim, Metrum, Satzbau, Bildlichkeit, Klangfiguren*)
– Stützung durch **Textbelege**

Schluss:
Bezug zur Einleitung, abschließende Deutung, zusammenfassende Wertung des Gedichts oder Vergleich mit einem anderen Gedicht

Beim Schreiben eurer Interpretation müsst ihr den **Zusammenhang** zwischen **Inhalt**, **Form** und **Sprache** deutlich machen. Mögliche **Leitfragen:**
– Warum findet sich an dieser Stelle im Gedicht dieses besondere sprachliche Mittel?
– Welche Stimmung wird dadurch hervorgerufen, welche Aussage verstärkt?

8. Zum Differenzieren ■ ■ ■ ■

⊕ Differenzieren
Interpretation
j7fm3i

A Verfasst eine schriftliche Interpretation zu Johann Wolfgang Goethes Gedicht „Prometheus" (S. 73). Nutzt eure Vorarbeiten (S. 74 f., Aufgaben 3 bis 9).

B Schreibt eine Interpretation zu dem Gedicht „Das zerbrochene Ringlein" von Joseph von Eichendorff. Fertigt eine gegliederte Stoffsammlung an, für die ihr folgende Stichworte nutzen könnt:

Stimmung des lyrischen Ichs: Trauer, Einsamkeit, bis hin zum Todeswunsch – regelmäßige Form (Strophenbau, Metrum, Reim) korrespondiert mit dem ruhigen, eintönigen Drehen des Mühlrads – Zusammenhang zwischen den (verzweifelten) Wünschen des lyrischen Ichs (Strophen 3 und 4) und der Realität (Strophen 1, 2 und 5)

Joseph von Eichendorff: Das zerbrochene Ringlein (1813)

In einem kühlen Grunde
Da geht ein Mühlenrad,
Mein' Liebste ist verschwunden,
Die dort gewohnet hat.

5 Sie hat mir Treu versprochen,
Gab mir ein'n Ring dabei,
Sie hat die Treu gebrochen,
Mein Ringlein sprang entzwei.

Ich möcht als Spielmann reisen
10 Weit in die Welt hinaus
Und singen meine Weisen
Und gehn von Haus zu Haus.

Ich möcht als Reiter fliegen
Wohl in die blut'ge Schlacht,
15 Um stille Feuer liegen
Im Feld bei dunkler Nacht.

Hör ich das Mühlrad gehen:
Ich weiß nicht, was ich will –
Ich möcht am liebsten sterben,
20 Da wär's auf einmal still!

C Interpretiert schriftlich Rudolf Langers Gedicht „Aus der Kindheit herüber" (S. 89). Untersucht und deutet dabei vor allem die Beziehung zwischen dem lyrischen Ich und dem „Du" sowie den sich wiederholenden letzten Vers jeder Strophe.

Sprachtipp

Gedankengänge nachvollziehbar darstellen und verknüpfen

Eindrücke wiedergeben: der Autor/die Autorin schildert/vermittelt/stellt dar, … auf den Leser/die Leserin wirkt …, der Leser/die Leserin erfährt …, dabei zeigt sich, …
Auffälligkeiten hervorheben: unvermittelt, sticht heraus, fällt auf, verstärkt wird dies durch, besonders auffällig ist …
Zusammenhänge und Folgerungen verdeutlichen: daraus ergibt sich, durch … merkt der Leser/die Leserin, … erkennt man daran …, daraus ergibt sich/lässt sich ableiten …, folglich …, einerseits …, andererseits …; zusammenfassend, denn, weil, da, …
Belege einfügen: der/die/das … verdeutlicht/veranschaulicht/belegt, durch … entsteht der Eindruck/wird der Eindruck verstärkt, … macht offensichtlich, …

Eine Gedichtinterpretation überarbeiten

Bertolt Brecht: An die Nachgeborenen (1939)

Achtung:
alte Rechtschreibung

Gedichte
S. 136

1

Wirklich, ich lebe in finsteren Zeiten!

Das arglose Wort ist töricht. Eine glatte Stirn
Deutet auf Unempfindlichkeit hin. Der Lachende
Hat die furchtbare Nachricht
5 Nur noch nicht empfangen.

Was sind das für Zeiten, wo
Ein Gespräch über Bäume fast ein Verbrechen ist
Weil es ein Schweigen über so viele Untaten einschließt!
Der dort ruhig über die Straße geht
10 Ist wohl nicht mehr erreichbar für seine Freunde
Die in Not sind?

Es ist wahr: ich verdiene noch meinen Unterhalt
Aber glaubt mir: das ist nur ein Zufall. Nichts
Von dem, was ich tue, berechtigt mich dazu, mich satt zu essen.
15 Zufällig bin ich verschont. (Wenn mein Glück aussetzt
Bin ich verloren.)

Man sagt mir: iß und trink du! Sei froh, daß du hast!
Aber wie kann ich essen und trinken, wenn
Ich es dem Hungernden entreiße, was ich esse, und
20 Mein Glas Wasser einem Verdurstenden fehlt?
Und doch esse und trinke ich.

Ich wäre gerne auch weise
In den alten Büchern steht, was weise ist:
Sich aus dem Streit der Welt halten und die kurze Zeit
25 Ohne Furcht verbringen
Auch ohne Gewalt auskommen
Böses mit Gutem vergelten
Seine Wünsche nicht erfüllen, sondern vergessen
Gilt für weise.
30 Alles das kann ich nicht:
Wirklich, ich lebe in finsteren Zeiten!

2

In die Städte kam ich zur Zeit der Unordnung
Als da Hunger herrschte.
Unter die Menschen kam ich zu der Zeit des Aufruhrs
35 Und ich empörte mich mit ihnen.
So verging meine Zeit
Die auf Erden mir gegeben war.

Bertolt Brecht

Mein Essen aß ich zwischen den Schlachten
Schlafen legte ich mich unter die Mörder
40 Der Liebe pflegte ich achtlos
Und die Natur sah ich ohne Geduld.
So verging meine Zeit
Die auf Erden mir gegeben war.

Die Straßen führten in den Sumpf zu meiner Zeit
45 Die Sprache verriet mich dem Schlächter
Ich vermochte nur wenig. Aber die Herrschenden
Saßen ohne mich sicherer, das hoffte ich.
So verging meine Zeit
Die auf Erden mir gegeben war.

50 Die Kräfte waren gering. Das Ziel
Lag in großer Ferne
Es war deutlich sichtbar, wenn auch für mich
Kaum zu erreichen.
So verging meine Zeit
55 Die auf Erden mir gegeben war.

3

Ihr, die ihr auftauchen werdet aus der Flut
In der wir untergegangen sind
Gedenkt
Wenn ihr von unseren Schwächen sprecht
60 Auch der finsteren Zeit
Der ihr entronnen seid.

Gingen wir doch, öfter als die Schuhe die Länder wechselnd
Durch die Kriege der Klassen, verzweifelt
Wenn da nur Unrecht war und keine Empörung.

65 Dabei wissen wir ja:
Auch der Haß gegen die Niedrigkeit
Verzerrt die Züge.
Auch der Zorn über das Unrecht
Macht die Stimme heiser. Ach, wir
70 Die wir den Boden bereiten wollten für Freundlichkeit
Konnten selber nicht freundlich sein.

Ihr aber, wenn es so weit sein wird
Daß der Mensch dem Menschen ein Helfer ist
Gedenkt unser
75 Mit Nachsicht.

> Das Gedicht „An die Nachgeborenen" verfasste Bertolt Brecht im dänischen Exil. Der Entstehungszeitraum liegt zwischen 1934 und 1938. Es gehört zum Zyklus „Svendborger Gedichte" und ist ein wichtiger Text deutscher Exilliteratur.

1. Besprecht, wie ihr den Titel „An die Nachgeborenen" versteht.

2. Fasst strophenweise zusammen, was das lyrische Ich den „Nachgeborenen" mitteilt.

3. Untersucht den Aufbau, die Form und die sprachliche Gestaltung des Gedichts „An die Nachgeborenen". Orientiert euch an der blauen Box auf Seite 76.

4. Schreibt eure eigene Interpretation zu Brechts „An die Nachgeborenen".
 – Formuliert eine Deutungshypothese.
 – Erstellt ausgehend von euren Vorarbeiten aus den Aufgaben 1–3 eine gegliederte Stoffsammlung.
 – Lasst beim Schreiben einen breiten Korrekturrand, damit eure Mitschülerinnen und Mitschüler beim Feedback Platz haben für Randbemerkungen und Notizen.

5. Tauscht euch darüber aus, was euch beim Schreiben der Interpretation leicht- und was euch schwergefallen ist.

6. Prüft die folgende Checkliste auf Vollständigkeit. Ergänzt, wenn nötig, weitere Kriterien.

Lerninsel:
Gedicht-
interpretation
überarbeiten
S. 246

Vorlage
Checkliste
Gedichtinter-
pretation
2m7q9m

Checkliste

Checkliste für das Überarbeiten einer Gedichtinterpretation

✔ Thema und Wirkung sind verständlich formuliert.
✔ Die Interpretation ist nachvollziehbar gegliedert.
✔ Die Funktionen der Form und Sprache des Gedichts sind klar dargelegt.
✔ Zentrale Aussagen sind durch sinnvoll eingebettete Zitate belegt.
✔ Die Formulierungen sind in der Ausdrucksweise angemessen.
✔ Rechtschreibung, Grammatik und Zeichensetzung sind korrekt.

7. Beurteilt den folgenden Schülertext und macht auf der Grundlage der Checkliste Verbesserungsvorschläge. Teilt dazu einzelne Kriterien der Checkliste verschiedenen Schülerinnen und Schülern zu.

Anfang einer Interpretation zu „An die Nachgeborenen"

In dem Gedicht „An die Nachgeborenen" von Bertolt Brecht denkt ein lyrisches Ich über die Lage und das Verhalten derer nach, die „in finsteren Zeiten" (V. 1) vergeblich gegen den aufkommenden Nationalsozialismus gekämpft haben und ins Exil gehen mussten. Da das Gedicht zu Beginn des Zweiten Weltkrieges – nämlich im Jahr 1939 – erschienen ist, ist
5 anzunehmen, dass mit diesen „finsteren Zeiten" die Zeit der nationalsozialistischen Diktatur gemeint ist. Das Gedicht ist sowohl ein Aufruf an die folgenden Generationen, Verhaltens-weisen von Gegnern des Nationalsozialismus im Zusammenhang mit der Situation („in finsteren Zeiten") zu verstehen, als auch eine Selbstreflexion des Schriftstellers Brecht über Leben und Schreiben im Exil. Eben deswegen bittet das lyrische Ich „die Nachgeborenen",
10 von denen es annimmt, dass sie selbst in einer Zeit leben werden, in der „der Mensch dem Menschen ein Helfer ist" (V. 73), und an die das Gedicht adressiert ist, um Nachsicht und Verständnis.

Das Gedicht besteht aus zwölf ungleichmäßig langen Strophen, die weder Reime noch ein festes Metrum aufweisen und die in insgesamt drei Abschnitte eingeteilt sind. Im ersten
15 *Abschnitt beschreibt das lyrische Ich seine Gegenwart, die Situation im Exil, im zweiten gibt es einen Rückblick auf die Vergangenheit, den vergeblichen Kampf gegen den Aufstieg des Nationalsozialismus in der Weimarer Republik, und im dritten Abschnitt, in dem es die nachfolgenden Generationen direkt anredet, formuliert es seine Hoffnung für die Zukunft. Gleich im ersten Satz des Gedichts charakterisiert das lyrische Ich die politisch-*
20 *gesellschaftliche Situation, in der es leben muss („in finsteren Zeiten"). Sofort drängt sich dem Leser die Vermutung auf, dass die Zeit des Nationalsozialismus und der bevorstehende Krieg gemeint sind, und damit auch, dass das lyrische Ich womöglich autobiografische Züge trägt: Brecht, der 1933 aus Deutschland floh und in verschiedenen Ländern im Exil lebte, spricht über Verhaltensweisen von Menschen in der schwierigen Situation des Exils und*
25 *damit auch über sich selbst. Das lyrische Ich macht deutlich, dass es eigentlich nicht möglich ist – oder vielmehr: dass es völlig unangemessen wäre –, glücklich zu sein, es sei denn, man ignoriert die Umstände: „Eine glatte Stirn / Deutet auf Unempfindlichkeit hin. Der Lachende / Hat die furchtbare Nachricht / Nur noch nicht empfangen" (V. 3–5). Unmissverständlich wird dies formuliert, wenn „ein Gespräch über Bäume" (V. 7) als „Verbrechen" (ebd.) angepran-*
30 *gert wird. [...]*

8. Gebt einander Rückmeldungen zu euren eigenen Interpretationen von Brechts Gedicht. Nutzt dazu die Checkliste auf Seite 82 und die Arbeitstechnik „Feedback geben" auf Seite 87. Ihr könnt so vorgehen:
   – Jeder von euch sucht sich zwei Punkte aus der Checkliste aus, deren Umsetzung ihm schwergefallen ist und zu denen er eine Rückmeldung bekommen möchte.
   – Bildet Dreiergruppen und lasst eure Interpretationen im Uhrzeigersinn rotieren. Jeder gibt jedem Rückmeldung zu den ausgewählten Punkten.
   – Schreibt eure Beobachtungen an den Rand und notiert unter dem Text eine abschließende Einschätzung.
   – Wenn ihr die beiden anderen Interpretationen gelesen und kommentiert habt, tauscht ihr euch in der Dreiergruppe über Stärken und Verbesserungsmöglichkeiten der Texte aus und wählt die gelungenste der drei Interpretationen aus.
   – Lest die ausgewählten Interpretationen der einzelnen Gruppen in der Klasse vor.

Lerninsel: Feedback geben S. 231

9. Nutzt das Feedback, das ihr empfangen habt, um eure Interpretationen noch einmal zu überarbeiten.
   – Orientiert euch an dem Sprachtipp auf Seite 79.
   – Korrigiert die Rechtschreibung und Zeichensetzung.
   – Überprüft auch anhand der Arbeitstechnik auf Seite 78, ob ihr korrekt zitiert habt.

Ich bin nicht ich
Mit Gedichten produktiv umgehen

ICH! Ein ganz eigenes Gedicht entsteht

Kernwörter und Kernwortgruppen
für einen lyrischen Ich-Entwurf von
Pia, Klasse 9d:

Weite des Universums
Ende
faszinierend
unentdeckte Planeten
Stille

Kernwörter und Kernwortgruppen
für einen lyrischen Ich-Entwurf von
Tomy, Klasse 9d:

Möwe
Dünen
ein schöner warmer Tag
Sonnenuntergang
Sehnsucht nach Meer

zu einem Gedicht weiterbearbeitet
von Arthur, Klasse 9d:

*So vielseitig wie die **Weite des Universums***
*Ideen ohne **Ende***
***Faszinierend**, wie jeder Einzelne von uns*
*So viele Talente wie **unentdeckte Planeten***
Und doch tue ich nichts
Und es herrscht weiter
***Stille**.*

zu einem Gedicht weiterbearbeitet
von Linda, Klasse 9d:

*Ich, **Sonnenuntergang**, Baggersee.*
***Möwen** kreischen, leise – Stille.*
***Ein schöner, warmer Tag**, entspannen –*
Wie im Süden, im Urlaub. Süden.
*Alles genauso, breite **Dünen**, alles genauso!*

Fast! Es fehlt etwas, was? Die Ruhe? Nein!
Ich weiß!
Das Meer, es fehlt, das Rauschen,
beruhigend; es fehlt, mir.
Sehnsucht nach Meer

1. Tauscht euch darüber aus, wie die beiden Gedichte der Schüler auf euch wirken
   und wie ihr euch das jeweilige lyrische Ich vorstellt.

2. Beurteilt die Gedichte, die die Schüler zu den Kernwörtern und Kernwortgruppen
   geschrieben haben. Was findet ihr gelungen, was würdet ihr bei einer
   Überarbeitung der Gedichte verändern?

3. Nutzt die folgende Schreibanleitung, um jeweils in Dreiergruppen
eigene lyrische Ich-Entwürfe zu verfassen. Dazu übertragt ihr die Schritte 1–3
auf ein DIN-A4-Blatt, lasst nach Schritt 1 und 2 Platz zum Schreiben und führt
jeweils nur den ersten Auftrag aus. Gebt das Blatt dann im Uhrzeigersinn weiter,
sodass ihr auf dem nächsten Blatt den zweiten Auftrag ausführt und
danach wiederum auf dem nächsten den dritten.

ICH! – Das Gedicht entsteht

Schritt 1

Der „Kern" des Gedichts: Notiere fünf Kernwörter oder Kernwortgruppen. Du kannst sie so
auswählen, dass sie schon ein möglichst genaues Bild von dem Ich des späteren Gedichts
entwerfen.

Lass hier auf deinem Blatt eine Drittelseite Platz!

Schritt 2

Gestaltungstipps: Notiere Tipps zu Form und Sprache des späteren Gedichts, die gut zu
dem Ich und seiner Stimmung passen, welche dir die Kernwörter und Kernwortgruppen
vermitteln.

Lass hier auf deinem Blatt eine Drittelseite Platz!

Schritt 3

Schreibe das Gedicht. Es soll nicht mehr als zehn Verse haben, alle Kernwörter und Kernwortgruppen aus 1) müssen vorkommen, die Gestaltungstipps aus 2) wendest du dann
an, wenn sie dich überzeugen.

4. Besprecht die entstandenen Gedichte in der Gruppe und präsentiert dasjenige, das
euch am besten gefällt, in der Klasse.
Ihr solltet dazu:
- Kernwörter bzw. Kernwortgruppen sowie das Gedicht auf eine Folie übertragen,
  um euren Vortrag visuell zu unterstützen und detaillierte Rückmeldungen
  zu eurem Gedicht zu ermöglichen.
- den Gedichtvortrag proben.
- erläutern, wie das lyrische Ich des Gedichts wirkt und was
  das Gedicht über es verrät.
- begründen, was euch an dem Gedicht gefällt, und dabei
  auf inhaltliche und sprachlich-formale Besonderheiten eingehen.

5. Stellt eure Ergebnisse in der Klasse vor und nutzt die Rückmeldungen
eurer Mitschülerinnen und Mitschüler, um euer Gedicht eventuell
noch einmal zu überarbeiten.

Lyrische Ich-Entwürfe aus Gedichtbausteinen gestalten

Kernwörter und Kernwortgruppen für sechs lyrische Ich–Entwürfe

für Entwurf Nr. 1:
Nur zögernd
aus der Kindheit herüber
Mehr sag ich nicht
die Drehorgel
spielt zum Karussell
abends sitzt die Mutter an meinem Bett

für Entwurf Nr. 2:
mir ist ich weiß nicht wie
die Kraft in meinem Herzen
die schon verbrannten Kerzen
was sind wir, ich und ihr?
ein mit herber Angst durchaus vermischter Traum

für Entwurf Nr. 3:
Wie herrlich leuchtet
Mir die Natur!
O Lieb´, o Liebe
Morgenblumen
Himmelsduft
Sei ewig glücklich

für Entwurf Nr. 4:
Wohin denn ich?
in der Brust der Stachel
Unzählig blühn die Rosen
Die goldne Welt
dunkel wirds und einsam

für Entwurf Nr. 5:
Spiegelbild
Würd' ich dich lieben oder hassen?
Gespenstig
du bist nicht ich
wie verwandt

Für Entwurf Nr. 6:
einer lacht
einer der geld und angst und einen pass hat
ich bin der andere
der nicht lacht
gleichgültig
von dem niemand weiß wer er ist

1. Sammelt erste Eindrücke zu den sechs Entwürfen auf dieser Seite.
– Welche Stimmung lösen die Entwürfe jeweils bei euch aus?
– Wie stellt ihr euch jeweils das lyrische Ich vor?
– Vergleicht die sechs Entwürfe: Wo seht ihr Gemeinsamkeiten, wo Unterschiede?

2. Gestaltet den Entwurf, der euch am meisten anspricht, zu einem Gedicht aus.
 – Setzt die in Aufgabe 1 gesammelten Überlegungen zur Stimmung
   und zum lyrischen Ich in eurem Gedicht um.
 – Nutzt gezielt sprachlich-formale Gestaltungselemente, um Stimmung
   und Vorstellung vom lyrischen Ich zu verdeutlichen.

3. Bildet Gruppen, indem sich jeweils diejenigen von euch zusammenfinden,
die denselben Entwurf bearbeitet haben. Stellt einander eure Ergebnisse vor,
gebt Rückmeldungen nach der Arbeitstechnik „Feedback geben" und
vergleicht die lyrischen Ichs eurer Gedichte: Was haben sie gemeinsam,
wodurch unterscheiden sie sich?

4. Stellt gruppenweise das Gedicht, das euch am besten gefällt, in der Klasse vor.
Bei der Vorbereitung:
 – übertragt ihr sowohl die Kernwortgruppen als auch das entstandene Gedicht
   auf eine Folie,
 – probt ihr den Gedichtvortrag,
 – klärt ihr, wie das lyrische Ich des Gedichts wirkt und was das Gedicht über es verrät,
 – begründet ihr, was euch an dem Gedicht gefällt, und geht dabei auf inhaltliche
   und sprachlich-formale Besonderheiten ein.

5. Nutzt das Feedback eurer Mitschülerinnen und Mitschüler
zur Überarbeitung eures Gedichts.

Lerninsel:
Feedback
geben
S. 231

Arbeitstechnik

Feedback geben

Ein Feedback soll **sachlich** und
konstruktiv, also hilfreich und
aufbauend sein.
Wichtig ist, dass die **Kritik an der
Sache** nicht als persönliche Kritik
aufgefasst wird.
Beachtet folgende Punkte für ein
erfolgreiches Feedback:
 – die **Sandwich-Methode**
   anwenden
 – Ich-Botschaften, wie z. B.
   „Ich denke, dass …" verwenden
 – eine **Checkliste** mit genauen
   Kriterien für die Rückmeldung
   und Beurteilung nutzen
 – **konkrete Verbesserungsvorschläge** unterbreiten

Produktiver Umgang mit lyrischen Ich-Entwürfen

Die Kernwörter und Kernwortgruppen für sechs lyrische Ich-Entwürfe (S. 86)
stammen aus den folgenden Gedichten.

Nr. 1:

Rudolf Langer: Aus der Kindheit herüber (1978)

Nur zögernd kommen
deine dunkelblauen Schritte
auf mich zu, aus der Kindheit herüber,
dein immer waches Schaun,
5 dass ich nicht falle.
Mehr sag ich nicht.

Wir tragen einen schweren Korb Wäsche
zur Mangel, ich drehe, wenn du einlegst,
wir tragen Kuchenteig auf schwarzen Blechen
10 unterm Arm zum Bäcker, weil bald
Kirmes ist, Onkel und Tanten
mit uns feiern, die Drehorgel
spielt zum Karussell.
Mehr sag ich nicht.

15 Der Himmel zeigt sich zugenäht,
rauhe Oktoberluft stößt auf
das Lindenlaub in unserer Straße,
ich schüttle gelbe Birnen von unserem Baum
und radle morgen früh zur Bischofskoppe,

20 bin am Nachmittag in Ziegenhals,
abends sitzt die Mutter an meinem Bett,
dass ich ihr erzähle:
der Tag ist schön gewesen.
Mehr sag ich nicht.

Nr. 2:

Andreas Gryphius: Tränen in schwerer Krankheit (1663)

Mir ist, ich weiß nicht wie; ich seufze für und für.
Ich weine Tag und Nacht, ich sitz in tausend Schmerzen
Und tausend fürcht ich noch; die Kraft in meinem Herzen
Verschwindt, der Geist verschmacht', die Hände sinken mir.

5 Die Wangen werden bleich, der muntern Augen Zier
Vergeht gleich als der Schein der schon verbrannten Kerzen.
Die Seele wird bestürmt gleichwie die See im Märzen.
Was ist dies Leben doch, was sind wir, ich und ihr?

Was bilden wir uns ein? Was wünschen wir zu haben?
10 Itzt sind wir hoch und groß und morgen schon vergraben:
Itzt Blumen, morgen Kot; wir sind ein Wind, ein Schaum,

Ein Nebel und ein Bach, ein Reif, ein Tau, ein Schatten.
Itzt was und morgen nichts, und was sind unser Taten?
Als ein mit herber Angst durchaus vermischter Traum!

Nr. 3:

Johann Wolfgang Goethe: Maifest (verm. 1771)

Wie herrlich leuchtet
Mir die Natur!
Wie glänzt die Sonne!
Wie lacht die Flur!

5 Es dringen Blüten
Aus jedem Zweig
Und tausend Stimmen
Aus dem Gesträuch

Und Freud und Wonne
10 Aus jeder Brust.
O Erd', o Sonne,
O Glück, o Lust,

O Lieb', o Liebe,
So golden schön
15 Wie Morgenwolken
Auf jenen Höhn,

Du segnest herrlich
Das frische Feld,
Im Blütendampfe
20 Die volle Welt!

O Mädchen, Mädchen,
Wie lieb' ich dich!
Wie blinkt dein Auge,
Wie liebst du mich!

25 So liebt die Lerche
Gesang und Luft,
Und Morgenblumen
Den Himmelsduft,

Wie ich dich liebe
30 Mit warmen Blut,
Die du mir Jugend
Und Freud' und Mut

Zu neuen Liedern
Und Tänzen gibst.
35 Sei ewig glücklich,
Wie du mich liebst.

Nr. 4:

Friedrich Hölderlin: Abendfantasie (1799)

Vor seiner Hütte ruhig im Schatten sitzt
  Der Pflüger, dem Genügsamen raucht sein Herd.
    Gastfreundlich tönt dem Wanderer im
      Friedlichen Dorfe die Abendglocke.

5 Wohl kehren itzt die Schiffer zum Hafen auch,
  In fernen Städten, fröhlich verrauscht des Markts
    Geschäft'ger Lärm; in stiller Laube
      Glänzt das gesellige Mahl den Freunden.

Wohin denn ich? Es leben die Sterblichen
10   Von Lohn und Arbeit; wechselnd in Müh' und Ruh'
    Ist alles freudig; warum schläft denn
      Nimmer nur mir in der Brust der Stachel?

Am Abendhimmel blühet ein Frühling auf;
  Unzählig blühn die Rosen und ruhig scheint
15   Die goldne Welt; o dorthin nimmt mich
      Purpurne Wolken! und möge droben

In Licht und Luft zerrinnen mir Lieb' und Leid! –
  Doch, wie verscheucht von töriger Bitte, flieht
20   Der Zauber; dunkel wirds und einsam
      Unter dem Himmel, wie immer, bin ich –

Komm du nun, sanfter Schlummer! zu viel begehrt
  Das Herz; doch endlich, Jugend! verglühst du ja,
    Du ruhelose, träumerische!
25   Friedlich und heiter ist dann das Alter.

Nr. 5:

Annette von Droste-Hülshoff: Das Spiegelbild (1844)

Schaust du mich an aus dem Kristall,
Mit deiner Augen Nebelball,
Kometen gleich die im Verbleichen;
Mit Zügen, worin wunderlich
5 Zwei Seelen wie Spione sich
Umschleichen, ja, dann flüstre ich:
Phantom, du bist nicht meinesgleichen!

Bist nur entschlüpft der Träume Hut,
Zu eisen mir das warme Blut,
10 Die dunkle Locke mir zu blassen;
Und dennoch, dämmerndes Gesicht,
Drin seltsam spielt ein Doppellicht,
Trätest du vor, ich weiß es nicht,
Würd' ich dich lieben oder hassen?

15 Zu deiner Stirne Herrscherthron,
Wo die Gedanken leisten Fron
Wie Knechte, würd' ich schüchtern blicken;
Doch von des Auges kaltem Glast,
Voll toten Lichts, gebrochen fast,
20 Gespenstig, würd', ein scheuer Gast,
Weit, weit ich meinen Schemel rücken.

Und was den Mund umspielt so lind,
So weich und hülflos wie ein Kind,
Das möcht' in treue Hut ich bergen;
25 Und wieder, wenn er höhnend spielt,
Wie von gespanntem Bogen zielt,
Wenn leis' es durch die Züge wühlt,
Dann möcht' ich fliehen wie vor Schergen.

Es ist gewiss, du bist nicht ich,
30 Ein fremdes Dasein, dem ich mich
Wie Moses nahe, unbeschuhet,
Voll Kräfte die mir nicht bewusst,
Voll fremden Leides, fremder Lust;
Gnade mir Gott, wenn in der Brust
35 Mir schlummernd deine Seele ruhet!

Und dennoch fühl' ich, wie verwandt,
Zu deinen Schauern mich gebannt,
Und Liebe muss der Furcht sich einen.
Ja, trätest aus Kristalles Rund,
40 Phantom, du lebend auf den Grund,
Nur leise zittern würd' ich, und
Mich dünkt – ich würde um dich weinen!

Nr. 6:

Hans Magnus Enzensberger: der andere (1964)

Achtung:
alte Recht-
schreibung

einer lacht
kümmert sich
hält mein gesicht mit haut und haar unter den himmel
läßt wörter rollen aus meinem mund
5 einer der geld und angst und einen paß hat
einer der streitet und liebt
einer rührt sich
einer zappelt

aber nicht ich
10 ich bin der andere
der nicht lacht
der kein gesicht unter dem himmel hat
und keine wörter in seinem mund
der unbekannt ist mit sich und mit mir
15 nicht ich: der andere: immer der andere
der nicht siegt noch besiegt wird
der sich nicht kümmert
der sich nicht rührt

der andere
20 der sich gleichgültig ist
von dem ich nicht weiß
von dem niemand weiß wer er ist
der mich nicht rührt
das bin ich

1. Untersucht in Gruppen (vgl. zur Zusammensetzung der Gruppen S. 87, Aufgabe 3)
folgende Aspekte der sechs Gedichte (S. 88 ff.):
  – die Stimmung und wie sie erzeugt wird,
  – was ihr über das lyrische Ich erfahrt,
  – welche Gestaltungselemente die Aussage
    besonders unterstützen.

2. Untersucht in Gruppen (vgl. zur Zusammensetzung der Gruppen S. 87, Aufgabe 3)
die sprachlichen und formalen Besonderheiten jedes Gedichts und formuliert
eine Deutungshypothese, in der ihr eine Aussage über das jeweilige lyrische Ich trefft.

3. Gestaltet einen Text, indem ihr ein lyrisches Ich auswählt und es möglichst
anschaulich vorstellt. Dies kann zum Beispiel ein Interview mit dem lyrischen Ich sein,
ein Tagebucheintrag oder ein Brief, den es an einen Freund schreibt.
Orientiert euch an der blauen Box (S. 92).

4. Gestaltet einen Text, in dem ihr euch mit einem lyrischen Ich produktiv auseinandersetzt. Dies kann zum Beispiel ein Brief mit Fragen an das lyrische Ich sein, eine Theaterszene oder eine Geschichte, in der das lyrische Ich vorkommt, oder auch ein Gegengedicht. Orientiert euch an der blauen Box.

Wissen und Können

Lerninsel:
Umgang mit
Gedichten
S. 273 ff.

Mit Gedichten produktiv umgehen

Gedichte können euch anregen, produktiv auf sie zu reagieren und euch mit dem lyrischen Ich des Gedichts auseinanderzusetzen, z. B. in einem Tagebucheintrag, einem Brief oder einem inneren Monolog des lyrischen Ichs oder einer kleinen Theaterszene, einem Interview mit dem lyrischen Ich oder einem Parallel- oder Gegentext. Voraussetzung ist, dass ihr das Gedicht versteht und die Textsignale wahrnehmt, die euch helfen, euch das lyrische Ich genauer vorzustellen.

1. Vorbereiten und planen

Den **lyrischen Ausgangstext** untersuchen:
- prüfen, welche Hinweise der Text auf das **lyrische Ich**, auf dessen **Stimmung** sowie auf das **Thema** und **zentrale Motive** gibt
- die **sprachlich-formalen Gestaltungsmittel** untersuchen

Den **Schreibplan** erstellen:
- eigene **Schreibideen** anhand der Vorgaben zu Inhalt und Form durch den literarischen Ausgangstext **sammeln** und **prüfen**
- Schreibplan erstellen (Aufbau, thematische Aspekte, Gestaltungsmittel)

2. Den eigenen Text schreiben

- Merkmale der in der Aufgabenstellung vorgegebenen **Textsorte** beachten
- am Ausgangstext orientieren

3. Den eigenen Text überarbeiten

- prüfen, ob der eigene **Text zum Ausgangstext passt**, in sich **keine Widersprüche** aufweist, **differenziert** und **einfallsreich** ist und **Gestaltungsmittel gezielt einsetzt**, um die inhaltliche Aussage zu unterstützen
- Rechtschreibung, Zeichensetzung und Grammatik korrigieren

5. **Extra**

Plant die Präsentation eurer eigenen lyrischen Entwürfe, die in diesem Kapitel entstanden sind, zum Beispiel in einem Gedichtbuch oder im Rahmen eines Lyrikabends in eurer Schule.

6. Zum Differenzieren ■ ■ ■ ■

⊕
Differenzieren
produktiver
Umgang
Gedichte
28n3zb

A Gestaltet eine Collage mit Bild- und Textelementen, die die Stimmung
des lyrischen Ichs in Johann Wolfgang Goethes Gedicht „Maifest" (S. 89)
veranschaulicht. Nutzt die blaue Box.

B Gestaltet eine Foto-Story zu Joseph von Eichendorffs Gedicht „Das zerbrochene Ringlein"
(S. 79). Überlegt vorher, wie ihr die Zusammenhänge zwischen der (negativ empfundenen)
Gegenwart des lyrischen Ichs, den Erinnerungen an seine vergangene Liebe und seinen (ver-
zweifelten) Wünschen zum Ausdruck bringen wollt. Nutzt die blaue Box.

C Plant und gestaltet eine Theaterszene, in der ihr eure Deutung eines der Gedichte
dieses Kapitels szenisch umsetzt. Dabei sollte das Gedicht von einer oder mehreren Figuren
innerhalb eurer szenischen Umsetzung auch vorgetragen werden. Einigt euch, bevor
ihr mit der Planung der Szene und schließlich mit den Proben beginnt, auf Kriterien,
die eine gelungene Theaterszene zu dem von euch gewählten Gedicht erfüllen muss.
Nutzt die blaue Box.

D Plant und gestaltet einen Videoclip zu einem der Gedichte dieses Kapitels.
Einigt euch vorher auf Kriterien, die ein gelungener Videoclip
zu dem gewählten Gedicht erfüllen muss. Nutzt die blaue Box.

7. Extra

Recherchiert zu Leben und Werk der Autorinnen und Autoren der sechs Gedichte
und zu deren Entstehungszeit und gestaltet eine Wandzeitung.

Andreas Gryphius

Friedrich Hölderlin

Annette v.
Droste-Hüls-
hoff

Johann Wolfgang Goethe

Hans Magnus Enzensberger

☆ Das könnt ihr jetzt!

Friedrich Hölderlin (1770–1843): einer der bedeutendsten deutschen Lyriker

Friedrich Hölderlins Gedichtentwürfe bestanden ursprünglich oft nur aus wenigen Wörtern oder Wortgruppen, die er – manchmal über Jahre hinweg – immer weiter bearbeitete und aus denen schließlich vollständige Gedichte entstanden.

Auch von einem seiner bekanntesten Gedichte sind mehrere Entstehungsstufen überliefert. Vermutlich hat Hölderlin auch hier ganz am Anfang nur wenige Kernwörter und Kernwortgruppen notiert. Zu den beiden Strophen des Gedichts „Hälfte des Lebens" könnten es die folgenden gewesen sein:

Strophe 1:

gelbe Birnen
wilde Rosen
trunken von Küssen

Strophe 2:

weh mir
Mauern
sprachlos und kalt

1. Schreibt die Kernwörter und Kernwortgruppen aus Strophe 1 in die Mitte eines Blattes und sammelt Assoziationen dazu. Ihr könnt die Arbeitstechniken „Mindmap" oder „Automatisches Schreiben" nutzen. Verfahrt ebenso mit dem Entwurf von Strophe 2. Vergleicht eure Ergebnisse und achtet dabei besonders auf die Stimmung, die jeweils zum Ausdruck kommt.

2. Verfasst selbst ein Gedicht, das aus zwei Strophen besteht. Nutzt dazu eure Vorarbeiten aus Aufgabe 1 und gegebenenfalls auch die vorgegebenen Kernwörter und Kernwortgruppen.

3. Wählt für euer Gedicht eine passende Überschrift und begründet eure Wahl.

4. Bereitet eine Rezitation eures Textes vor. Tragt das Gedicht vor und begründet eure Vortragsweise.

5. Beschreibt die Wirkung, die die erste und die zweite Strophe des Gedichts „Hälfte des Lebens" von Friedrich Hölderlin jeweils auf euch haben. Vergleicht und begründet.

 Lerninseln:
Schreiben
S. 240 ff.
Umgang mit
Gedichten
S. 273 ff.

⊕ Diagnose-
bogen
Interpretation
7sw79q

⊕ Training
interaktiv
Interpretation
ht63um

6. Besprecht, wie ihr die Aussage des Gedichts „Hälfte des Lebens" versteht.
- Bezieht auch den Titel des Gedichts ein und überlegt,
  was er über das lyrische Ich aussagt.
- Formuliert eine Deutungshypothese.

Friedrich Hölderlin: Hälfte des Lebens (entstanden zwischen 1799 und 1803)

Mit gelben Birnen hänget
Und voll mit wilden Rosen
Das Land in den See,
5 Ihr holden Schwäne,
Und trunken von Küssen
Tunkt ihr das Haupt
Ins heilignüchterne Wasser.

Weh mir, wo nehm' ich, wenn
10 Es Winter ist, die Blumen, und wo
Den Sonnenschein,
Und Schatten der Erde?
Die Mauern stehn
Sprachlos und kalt, im Winde
Klirren die Fahnen.

7. Interpretiert schriftlich das Gedicht „Hälfte des Lebens".
Legt dabei den Schwerpunkt auf die Gegensätzlichkeit
zwischen den beiden Strophen und auf den Zusammenhang
zwischen der Natur und der Stimmung des lyrischen Ichs.
- Fertigt eine gegliederte Stoffsammlung an.
- Überarbeitet eure Interpretationen in kleinen Gruppen.
- Stellt eure Interpretationen in der Klasse vor.

Spurensuche

Erzählende Texte untersuchen und deuten

Das könnt ihr schon!

- den Aufbau der Handlung und das Erzählverhalten in einem Jugendbuch untersuchen
- die Lenkung des Lesers durch den Erzähler erkennen
- epische Textsorten untersuchen und ihre Merkmale erkennen

1. Besprecht, was ihr über die Deportationen von Menschen in Europa während der Zeit des Nationalsozialismus wisst.

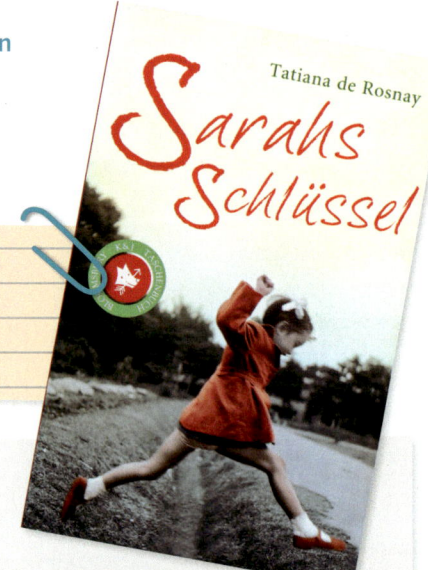

Tatiana de Rosnay: Sarahs Schlüssel (2007, Anfang)

Paris, Juli 1942

Das Mädchen hörte als Erste das laute Hämmern an der Tür. Ihr Zimmer lag der Wohnungstür am nächsten. Erst dachte sie, noch benommen vom Schlaf, es sei ihr Vater, der aus sei-
5 nem Versteck im Keller hochgekommen war. Er habe seinen Schlüssel vergessen und sei ungeduldig, weil niemand sein erstes, schüchternes Anklopfen gehört hatte. Aber dann dröhnten Stimmen laut und brutal durch die Stille der Nacht. Das war nicht ihr Vater. „Polizei! Machen Sie auf! Sofort!" Das Häm-
10 mern ging wieder los, lauter. Es drang ihr bis ins Mark. Ihr kleiner Bruder, der neben ihr in seinem Bett schlief, regte sich. „Polizei! Aufmachen! Aufmachen!" Wie spät war es? Sie spähte durch die Vorhänge. Draußen herrschte noch Dunkelheit.

Sie fürchtete sich. Ihr fiel die geflüsterte Unterhaltung ein,
15 die sie kürzlich spätnachts belauscht hatte, als ihre Eltern glaubten, sie würde längst schlafen. Sie war zur Wohnzimmertür geschlichen und hatte durch einen kleinen Spalt in der Füllung gelinst und gehorcht. Die nervöse Stimme ihres Vaters. Das ängstliche Gesicht ihrer Mutter. Sie redeten in ihrer Mutter-
20 sprache, die das Mädchen zwar verstand, aber nicht so fließend sprach wie die Eltern. Ihr Vater hatte geflüstert, dass ihnen schwere Zeiten bevorstünden. Dass sie tapfer und sehr vorsichtig

sein müssten. Er benutzte seltsame, unbekannte Wörter: „Lager", „einpferchen", „große Zusammentreibung", „Verhaf-
25 tungen im Morgengrauen", und das Mädchen überlegte, was das alles wohl bedeuten mochte. Ihr Vater hatte gemurmelt, dass nur die Männer in Gefahr seien, nicht die Frauen, nicht die Kinder, und dass er sich jede Nacht im Keller verstecken würde.

Am Morgen hatte er dem Mädchen erklärt, es sei sicherer,
30 wenn er für eine Weile unten schliefe. Bis „die Dinge sich wieder beruhigt haben". Welche „Dinge" denn, dachte das Mädchen. Was bedeutete „beruhigt"? Wann würden sich die Dinge wieder „beruhigt" haben? Sie wollte herausfinden, was er mit „Lager" und „Zusammentreibung" gemeint hatte, aber
35 sie mochte nicht zugeben, dass sie ihre Eltern mehrmals heimlich belauscht hatte. Deshalb traute sie sich nicht, ihn zu fragen.

„Aufmachen! Polizei!"

Hatte die Polizei Papa im Keller gefunden? Waren sie deshalb hier? War die Polizei gekommen, um Papa an jene Orte
40 mitzunehmen, von denen er nachts so besorgt getuschelt hatte: die „Lager" weit außerhalb der Stadt?

Das Mädchen lief mit leisen Schritten zum Zimmer ihrer Mutter am Ende des Flurs. Ihre Mutter wachte sofort auf, als sie ihr die Hand auf die Schulter legte.
45 „Es ist die Polizei, Maman", flüsterte das Mädchen. „Sie schlagen an die Tür."

Ihre Mutter schlüpfte mit den Beinen unter der Decke hervor und strich sich das Haar aus dem Gesicht. Das Mädchen fand, sie sah müde aus, alt, viel älter als ihre dreißig Jahre.
50 „Sind sie gekommen, um Papa mitzunehmen?", fragte das Mädchen ängstlich, die Hände auf den Armen der Mutter. „Sind sie seinetwegen hier?"

Die Mutter antwortete nicht. Wieder die lauten Stimmen. Die Mutter zog hastig einen Morgenmantel über ihr Nacht-
55 hemd, fasste das Mädchen an der Hand und ging zur Tür. Ihre Hand war heiß und feucht. Wie die eines Kindes, dachte das Mädchen.

einpferchen: auf engem Raum zusammendrängen

2. Beschreibt, wie das Mädchen seine Situation empfindet. Begründet mit Textstellen.

3. Untersucht, wie der Erzähler den Leser durch das Mittel des Erzählverhaltens lenkt. Berücksichtigt auch sprachliche Mittel.
   – Vermittelt der Erzähler das Geschehen, indem er einen Überblick gibt, die Gedanken und Gefühle der Figuren beschreibt (auktoriales Erzählverhalten)?
   – Erfährt der Leser das Geschehen aus der Sicht einer Figur und fühlt mit der Figur (personales Erzählverhalten)?
   – Erlebt der Leser die Handlung unmittelbar, ohne dass der Erzähler fassbar wird (neutrales Erzählverhalten)?

4. Untersucht die Zeitgestaltung und deren Wirkung am Anfang des Romans.

Lerninsel: Zeitgestaltung S. 272

Das lernt ihr jetzt! ☆

· **Möglichkeiten der Figurenrede unterscheiden**
· **Darstellungsweisen und deren Wirkung erkennen**
· **die Komposition eines Jugendbuchs untersuchen**
· **die Erzählhaltung bestimmen**

Schatten der Vergangenheit
Ein Jugendbuch verstehen

Die Figurenrede untersuchen

Hörverstehen
Sarahs
Schlüssel
q6c8f4

Tatiana de Rosnay: Sarahs Schlüssel (2007, Ausschnitt)

Das Mädchen zog ihr Nachthemd aus, nahm eine Baumwollbluse und einen Rock. Sie schlüpfte in ein Paar Schuhe. Der Bruder beobachtete sie. Sie konnten die Mutter im
5 anderen Zimmer weinen hören.

„Ich gehe in unser Versteck", flüsterte er.

„Nein!", drängte sie. „Du kommst mit uns. Du musst."

Sie packte ihn, aber er entwand sich ih-
10 rem Griff und schlüpfte in den langen, tiefen Schrank, der in der Wand ihres Zimmers verborgen war. In dem sie immer Verstecken spielten. Sie verkrochen sich oft darin und schlossen sich ein. Es war wie ihr eige-
15 nes kleines Haus. […]

Sie konnte das kleine Gesicht ihres Bruders matt aus der Dunkelheit herüberschei-

nen sehen. Er hielt sein Lieblingsstofftier an sich gepresst, er hatte keine Angst mehr. Vielleicht wäre er dort tatsächlich sicher. Er 20 hatte Wasser und die Taschenlampe. Und er konnte sich die Bilder in dem Buch ansehen, sein liebstes war das von Charles' köstlicher Rache. Vielleicht sollte sie ihn fürs Erste dort lassen. Die Männer würden ihn nie- 25 mals finden. Sie würde ihn später am Tag herausholen, wenn sie wieder zurück nach Hause durften. Und Papa, der noch immer im Keller war, würde wissen, wo sich der Junge versteckte, falls er hochkam. 30

„Fürchtest du dich da drinnen?", fragte sie leise, als die Männer nach ihr riefen.

„Nein", sagte er. „Ich fürchte mich nicht. Schließ mich ein. Sie kriegen mich nicht."

Sie machte die Tür vor dem kleinen wei- 35 ßen Gesicht zu, drehte den Schlüssel im Schloss herum. Dann ließ sie den Schlüssel in ihre Tasche gleiten. Das Schloss wurde von einer drehbaren Vorrichtung verbor- gen, die aussah wie ein Lichtschalter. Es war 40 unmöglich, die Konturen des Schranks in der Täfelung der Wand zu erkennen. Ja, hier würde er sicher sein. Davon war sie über- zeugt.

Das Mädchen murmelte seinen Namen 45 und legte die Handfläche an die Holzpa- neele.

„Ich hole dich später raus. Versprochen."

1. Schätzt die Lage des Jungen und die Chance einer Rettung ein. Berücksichtigt auch Sarahs Überlegungen.

2. Untersucht genauer, was Sarah in dieser Situation sagt und denkt.
   – Charakterisiert die Figur.
   – Als Sarah die Handfläche an die Holzwand legt, ist dies wie ein Schwur. Benennt Probleme, die sich für sie ergeben könnten.

Figurenrede: direkte, indirekte, erlebte Rede

3. „‚Fürchtest du dich da drinnen?', fragte sie leise, als die Männer nach ihr riefen. ‚Nein', sagte er. ‚Ich fürchte mich nicht. Schließ mich ein. Sie kriegen mich nicht.'" (Z. 31–34).
  – Formt diesen Dialog in indirekte Rede um: *Sie fragte leise, ob er …*
  – Vergleicht und beurteilt, bei welcher Form der Redewiedergabe der Leser/die Leserin das Geschehen intensiver miterlebt.

Lerninsel:
indirekte Rede
S. 293

4. „Vielleicht sollte sie ihn fürs Erste dort lassen." (Z. 24 f.).
  – Gebt Sarahs Gedanken in der direkten Rede wieder: *Sarah dachte: ‚Vielleicht …*
  – Vergleicht die beiden Formen der Gedankenwiedergabe. Sucht ähnliche Stellen im Text auf Seite 98.
  – Beurteilt, bei welcher Form der Leser/die Leserin sich besser in die Gedanken des Mädchens hineinversetzen kann.

Die Figurenrede untersuchen

Die Wiedergabe von Gedanken und Gefühlen kann auf unterschiedliche Weise geschehen:
– Der Leser/die Leserin erfährt unmittelbar, was die Figuren denken, und fühlt mit ihnen.
– Die Gedanken werden durch den Erzähler vermittelt, dadurch hat der Leser/die Leserin mehr Abstand zu den Figuren.

Wissen und Können

Lerninsel:
Figurenrede
S. 269

direkte Rede	indirekte Rede
„Ich fürchte mich nicht. Schließ mich ein. Sie kriegen mich nicht." (Z. 33 f.)	*Sie dachte, dass er hier sicher sein würde.* (einleitendes Verb, Konjunktiv)
Figur spricht selbst ⟶ Leser/in erlebt Geschehnisse direkt mit	Erzähler gibt die Rede einer Figur wieder ⟶ Abstand des Lesers/der Leserin
innerer Monolog als erlebte Rede	**innerer Monolog in der direkten Rede**
*Ja, hier wird er sicher sein. Davon war **sie** überzeugt.* (Z. 42 ff.) (3. Pers. Indikativ)	*Sie dachte: „Ja, hier wird er sicher sein. Davon bin **ich** überzeugt."* (1. Pers. Indikativ)
Perspektive der Figur ⟶ unmittelbare Wirkung auf den Leser/die Leserin	Vermittlung durch den Erzähler ⟶ Abstand des Lesers/der Leserin

5. Zum Differenzieren ■ ■ ■ ■

⊕
Differenzieren
Figurenrede
uf6j5w

A Untersucht die Figurenrede im Textausschnitt auf Seite 96. Benennt mögliche Gründe für die Wahl der Figurenrede.

B „Und Papa, der noch immer im Keller war, würde wissen, wo sich der Junge versteckte, falls er hochkam." (S. 98, Z. 28 ff.)
– Formt diesen Satz in die verschiedenen Formen der Figurenrede um.
– Beurteilt, wie die Varianten auf euch wirken.

C „Sie machte die Tür vor dem kleinen weißen Gesicht zu, drehte den Schlüssel im Schloss herum." (S. 98, Z. 35 ff.) Ergänzt drei Sätze und nutzt dabei die verschiedenen Formen der Figurenrede. Begründet eure Wahl.

Darstellungsweisen untersuchen und deren Wirkung bestimmen

Tatiana de Rosnay: Sarahs Schlüssel (2007, Ausschnitt)

Vél d'Hiv:
Radrenn-Arena
in Paris, 1942
13 000 Juden vor
Transport in KZ
dort eingesperrt

bizarr:
seltsam

Die Familie wird in eine Radrenn-Arena gebracht. Sarah muss immer an ihren Bruder Michel denken, der in seinem Versteck zurückgeblieben ist.

Sie konnte die Vorstellung nicht ertragen, wie er in der Dunkelheit wartete. Er musste hungrig und durstig sein. Die Wasserkaraffe war vermutlich leer und auch die Batterie
5 der Taschenlampe. Aber alles war besser als das hier, dachte sie. Alles war besser als diese Hölle, als der Gestank, die Hitze, der Staub, die schreienden Menschen, die sterbenden Menschen.
10 Sie sah zu ihrer Mutter, die in sich gekauert dasaß und in den vergangenen Stunden nicht den leisesten Ton von sich gegeben hatte. Sie schaute zu ihrem Vater, seinem ausgezehrten Gesicht, seinen eingesunke-
15 nen Augen. Sie blickte um sich, zu Eva und ihren erschöpften, erbarmenswerten Jungs, zu all den anderen Familien, zu all diesen unbekannten Menschen, die wie sie einen gelben Stern auf der Brust trugen. Sie schau-
20 te zu den Tausenden von Kindern, hungrig und durstig, die immer mehr verwilderten, zu den ganz Kleinen, die dies hier nicht verstehen konnten und für irgendein bizarres Spiel hielten, das zu lang dauerte, und die
25 nach Hause wollten, in ihr Bett und zu ihrem Stoffbären.
Sie versuchte sich auszuruhen, legte das Kinn zurück auf die Knie. Mit der aufgehenden Sonne kam die Hitze wieder. Sie
30 wusste nicht, wie sie noch einen weiteren Tag hier überstehen sollte. Sie fühlte sich schwach und müde. Ihre Kehle war ausgedörrt. Ihr Magen schmerzte vor Leere.

Lerninsel:
Erzählform,
Erzähl-
perspektive,
Erzähl-
verhalten
S. 271

1. Untersucht, wie der Leser durch die Darstellung des Erzählers (z. B. Erzählform, Erzählperspektive, Erzählverhalten, Figurenrede) Sarahs Gedanken und Gefühle nachempfinden kann. Orientiert euch an dem Beispiel:

<u>Sie konnte die Vorstellung nicht ertragen</u>, wie er in der Dunkelheit wartete.
   <u>Er musste hungrig und durstig sein</u>. Die Wasserkaraffe <u>war vermutlich leer</u> und auch die Batterie der Taschenlampe. Aber <u>alles war besser als das hier, dachte sie</u>. (Z. 1–6)

– *Sie-Erzählerin, Innensicht*
   → direkte Identifikation des Lesers

– *erlebte Rede*
   → …
– *…*

Sarah leidet, wenn sie an ihren Bruder in seinem Versteck denkt.

2. Untersucht, wie der Eindruck des Lesers durch Sarahs Blick gelenkt wird.
Orientiert euch an dem Beispiel.
  – Erklärt, warum der Leser das Gefühl hat, das Geschehen so genau wie in einem Film zu sehen.
  – Benennt die erzählerischen Mittel.

Sie ⎨ *sah zu ihrer Mutter, die* <u>*in sich gekauert*</u> *dasaß … (Z. 10 f.)*
schaute zu ihrem Vater, seinem <u>*ausgezehrten Gesicht*</u> *… (Z. 13 f.)*
blickte … (Z. …)

3. Entscheidet, welche der folgenden Schüleräußerungen auf die Situation im Textausschnitt (S. 100) zutrifft, und begründet. Ihr könnt auch eine eigene Aussage formulieren.

a) Es passiert sehr viel.

b) Die Zeit scheint stillzustehen.

c) Verschiedene Handlungsstränge greifen ineinander.

Tatiana de Rosnay: Sarahs Schlüssel (2007, Ausschnitt)

Von der Arena werden die Familien in ein Lager gebracht. Zuerst werden die Männer von ihren Frauen und Kindern getrennt. Doch die Aktion geht weiter.

Die Polizisten fielen sie an wie ein Schwarm großer, dunkler Vögel. Sie zerrten die Frauen zur einen Seite des Lagers, die Kinder zur anderen. Noch die allerkleinsten Kinder wurden von ihren Müttern getrennt. Das kleine Mädchen sah allem zu, als befände sie sich in einer anderen Welt. Sie hörte die Klagerufe, die gellenden Schreie, sie sah die Frauen, die sich auf den Boden schmissen und ihre Kinder an Kleidern und Haaren versuchten festzuhalten. Sie sah die Polizisten, die mit ihren Knüppeln ausholten und die Frauen ins Gesicht und auf den Kopf schlugen. Sie sah eine Frau zusammenbrechen, die Nase eine einzige blutige Masse.

Ihre eigene Mutter stand erstarrt neben ihr. Sie konnte sie in kurzen, scharfen Zügen atmen hören. Sie klammerte sich an die kalte Hand der Mutter. Sie spürte, wie die Polizisten sie auseinanderzerrten, sie hörte ihre Mutter aufschreien und sah sie dann zu ihr zurückstürzen und mit weit aufgesprungenem Kleid, wildem Haar und verzerrtem Mund den Namen ihrer Tochter rufen. Das Mädchen versuchte, die Hand ihrer Mutter zu ergreifen, aber die Männer schubsten sie zur Seite, sodass sie auf die Knie fiel. Ihre Mutter kämpfte wie ein wildes Tier […] Plötzlich raubte ihr ein Schwall kaltes Wasser die Sicht. Prustend und nach Luft schnappend öffnete sie die Augen und sah die Männer ihre Mutter am Kragen ihres pitschnassen Kleides wegschleppen.

4. Formuliert euren Eindruck von dem Geschehen und untersucht, wie die Situation dargestellt wird.

– Notiert zunächst Handlungsschritte: *Die Polizisten fielen sie an … / Sie zerrten … / … wurden von ihren Müttern getrennt. / …*

– Beurteilt, wie die Darstellung durch die Gestaltung der Sätze (z. B. Satzgefüge, kurze Hauptsätze) unterstützt wird.

– Vergleicht die Zeitgestaltung mit der im Textausschnitt auf Seite 100, Zeilen 10 ff.

Lerninsel: Satzstrukturen S. 294

5. Die beiden Gruppen von Menschen werden genau beschrieben. Untersucht, mit welchen Mitteln der Erzähler das Geschehen bewertet. Orientiert euch an dem folgenden Beispiel.

Die Polizisten <u>fielen sie an</u> wie ein Schwarm <u>großer, dunkler</u> Vögel (Z. 1 f.).

Verb, gebraucht für Raubtiere → brutal

Vergleich

Substantiv → Übermacht

Aufzählung: Attribute → gefährlich, mächtig, unheimlich

Die Menschen sind der brutalen Aktion hilflos ausgeliefert.

Tatiana de Rosnay: Sarahs Schlüssel (2007, Ausschnitt)

Es gelingt Sarah, aus dem Lager zu fliehen und bei einem Ehepaar Unterschlupf zu finden. Unter Lebensgefahr begleiten die beiden sie nach Paris, wo sie ihren Bruder befreien will.

Sie hämmerte an die Tür der elterlichen Wohnung, schnelle, heftige Schläge mit beiden Handflächen. Keine Antwort. Sie schlug erneut, kräftiger und mit den Fäusten.
Dann hörte sie Schritte hinter der Tür. Sie wurde geöffnet. Ein Junge von etwa zwölf oder dreizehn Jahren erschien dahinter.

5 „Ja?", fragte er.
Wer war das? Was machte er in ihrer Wohnung?
„Ich komme, um meinen Bruder zu holen", stammelte sie. „Wer bist du? Wo ist Michel?"
„Deinen Bruder?", sagte der Junge langsam. „Es gibt hier keinen Michel."
Sie schubste ihn grob zur Seite […] Hinter ihr kam der Junge atemlos angerannt.

10 „Was machst du da?", keuchte er. „Was machst du in meinem Zimmer?"
Sie beachtete ihn nicht, hob den Schlüssel auf, fummelte an dem Schloss herum. Sie war zu nervös, zu ungeduldig. Sie brauchte einen Moment, um den Schlüssel in das Loch zu stecken. Endlich klickte das Schloss auf, und sie zog die Geheimtür auf […]

Sarah findet ihren Bruder tot in seinem Versteck. Die Geschichte von Sarah bricht hier ab.

6. Erklärt, warum der Leser das Gefühl hat, diese Situation unmittelbar mitzuerleben. Achtet darauf, inwieweit das Geschehen durch den Erzähler vermittelt wird.

Wissen und Können

Lerninsel: Darstellungs-weise S. 271

Darstellungsweisen untersuchen, deren Wirkung bestimmen

Der Handlungsverlauf in erzählenden Texten kann unterschiedlich dargestellt werden:

Bericht *„Sie hörte die Klagerufe (1), die gellenden Schreie (2), …"* (S. 101, Z. 7 ff.)	– Vorgänge (1), (2), … knapp hintereinander – keine ausschmückende Beschreibung – Wirkung: schneller Ablauf, hektisch
Szenische Darstellung *„Wer bist du? Wo ist Michel?" „Deinen Bruder?", sagte der Junge langsam. „Es gibt hier keinen Michel."* (S. 102, Z. 7 f.)	– Erzähler tritt in den Hintergrund – Dialog: Rede und Gegenrede – Nähe zum Drama – Wirkung: Miterleben des Lesers
Beschreibung *„Sie schaute zu den Tausenden von Kindern, <u>hungrig</u> und <u>durstig</u>, die <u>immer mehr verwilderten</u>, …"* (S. 100, Z. 19 ff.)	– anschaulich durch viele Einzelheiten – Zustandsbeschreibungen, Atmosphäre – Mittel wie z. B. Attribute, Attributsätze – Wirkung: „Film im Kopf" des Lesers

⊕ **Differenzieren**
Darstellungs-weisen
x2hn4u

7. **Zum Differenzieren** ■ ■ ■ ■

A Untersucht in dem Textausschnitt auf den Seiten 96 f. die Darstellungsweise und beschreibt ihre Wirkung.

B Formuliert Teile des Textausschnitts auf den Seiten 96 f. um, indem ihr eine andere Darstellungsweise verwendet. Vergleicht die Wirkung.

📖 S   Darstellungsweisen: Bericht, szenische Darstellung, Beschreibung

Die Komposition eines Romans untersuchen

Tatiana de Rosnay: Sarahs Schlüssel (2007, Ausschnitt)

Im weiteren Verlauf des Romans wird das Leben der amerikanischen Journalistin Julia Jarmond erzählt. Sie ist mit einem Franzosen verheiratet und soll im Jahr 2002 einen Bericht über die Judendeportationen in Paris schreiben. Julia entdeckt, dass die Wohnung der Familie ihres Mannes genau die Wohnung ist, in der Sarahs Familie gelebt hat. Ihr Schwiegervater war zu dieser Zeit ein Schuljunge.

Aber nun, da ich wusste, was hier geschehen war, so greifbar nahe, so eng verknüpft mit mir, mit meinem Leben, hatte ich das Gefühl, noch mehr herausfinden zu müssen. Meine Recherchen waren noch nicht beendet. Ich musste alles erfahren. Was war mit der jüdischen Familie passiert, die in dieser Wohnung gelebt hatte? Wie hieß sie? Hatte es Kinder
5 gegeben? War jemand von ihnen aus den Todeslagern zurückgekehrt? Oder waren sie alle tot?

1. Überlegt, wo Julia mit ihrer Recherche beginnen könnte. Achtet darauf, welche Verbindungspunkte es zwischen ihrem Leben und Sarahs Geschichte gibt.

2. Nennt Julias Beweggrund für die Spurensuche. Untersucht, wie er sich in ihrer Sprache widerspiegelt.

3. Der Leser erlebt, wie die Journalistin Sarahs Schicksal aufdeckt. Zwischen diesen beiden Teilen des Romans liegen sechzig Jahre. Erläutert, warum die Komposition des Romans mit zwei Handlungssträngen dem Thema „Spurensuche" entspricht.

Tatiana de Rosnay: Sarahs Schlüssel (2007, Ausschnitt)

Die Kapitel mit Julias Recherche und Sarahs Geschichte wechseln sich im Roman ab. Sie sind an wichtigen Stellen verknüpft, z. B. als Sarah ihren toten Bruder findet:

Erneut sank sie auf die Knie. Sie schrie aus dem tiefsten Grund ihrer Seele, schrie nach ihrer Mutter, nach ihrem Vater, schrie nach Michel.

Darauf erzählt Julias Schwiegervater – der Junge, der neben Sarah stand – das Ereignis:

„Ich kann sie noch immer schreien hören", flüsterte er. „Ich kann es nicht vergessen. Niemals."

4. Erklärt, was die Autorin mit dieser Technik der Verknüpfung beabsichtigt.

Tatiana de Rosnay: Sarahs Schlüssel (2007, Ausschnitt)

Julia findet heraus, dass Sarah nach Amerika ausgewandert und inzwischen gestorben ist. Die Journalistin trifft Sarahs Sohn, der die Geschichte seiner Mutter erst durch sie erfahren hat.

„Julia, mir wurde plötzlich klar, dass ich nicht wusste, wer meine Mutter gewesen ist. Ich meine, ich wusste, wie sie ausgesehen hat, ich kannte ihr Gesicht, ihr Lächeln, aber ich hatte keine Ahnung, wie es in ihrem Inneren ausgesehen hat. […]
Ich erinnere mich, dass sie still war, groß, schlank und sehr still", sagte William. […]

5 „Sie hat nie viel gelacht, aber sie war eine gefühlsstarke Person und eine liebende Mutter. Doch niemand hat nach ihrem Tod etwas von Selbstmord erwähnt. Niemals. Nicht mal Dad. Ich nehme an, Dad hat das Notizbuch nie gelesen. Niemand hat das. Vielleicht hat er es erst lange Zeit nach ihrem Tod gefunden. Wir haben alle geglaubt, es sei ein Unfall gewesen. Niemand wusste, wer meine Mutter war, Julia. Nicht einmal ich. Und damit zu
10 leben ist für mich noch immer ungeheuer schwer. Warum sie jenen kalten, verschneiten Tag für ihren Tod gewählt hat. Wie sie den Entschluss gefasst hat. Warum wir nie etwas über ihre Vergangenheit erfahren haben. Warum sie beschlossen hat, meinem Vater nichts zu sagen. Warum sie alles Leiden, allen Schmerz für sich behalten hat."

Bei der Recherche zu Sarahs Leben hat Julia Fragen. So fragt sie sich, wieso Menschen von
15 *den Ereignissen unberührt geblieben sind, wieso die Familie ihres Mannes in einer Wohnung leben konnte, aus der eine andere vertrieben wurde. Er hat eine Antwort:*

„Meine Großeltern hatten eine schwere Zeit während des Krieges. Das Antiquitätengeschäft lief nicht gut. Sie waren wahrscheinlich erleichtert, in eine größere, bessere Wohnung ziehen zu können. Immerhin hatten sie ein Kind. Sie waren jung. Sie waren froh,
20 ein Dach über dem Kopf zu finden. Sie haben wahrscheinlich nicht groß über die jüdische Familie nachgedacht."
„Oh Bertrand", flüsterte ich. „Wie konnten sie nicht über sie nachdenken? Wie?"

Ein Freund erklärt Julia:

„Sie dürfen nicht so hart über sie urteilen", warnte Franck Lévy. „Tatsächlich hat es ein
25 beträchtliches Maß an Gleichgültigkeit bei den Parisern gegeben, aber vergessen Sie nicht, dass Paris besetzt war. Die Menschen haben um ihr Leben gefürchtet. Das waren andere Zeiten."

Julia interviewt eine Zeitzeugin:

„Ich erinnere mich an die Polizisten, wissen Sie. Unsere eigenen guten Pariser Polizisten.
30 Unsere eigenen guten, ehrlichen Gendarmen. Schubsten die Kinder in die Busse. Schrien. Setzten Schlagstöcke ein."
Sie ließ das Kinn auf die Brust sinken. Sie murmelte etwas, das ich nicht verstand. Es klang wie: Schande über uns alle, weil wir es nicht verhindert haben.
„Sie haben es nicht gewusst", sagte ich sachte, berührt von ihren plötzlich tränennassen
35 Augen. „Was hätten Sie tun können?"
„Niemand erinnert sich an die Vél-d'Hiv-Kinder, verstehen Sie. Niemand interessiert sich für sie." […]
„Sie werden sehen. Nichts hat sich geändert. Niemand erinnert sich. Warum sollten sie auch? Das waren die schwärzesten Tage unseres Landes."

Vél d'Hiv:
die Radrenn-
Arena

5. Besprecht mögliche Gründe für Sarahs Schweigen und ihren Selbstmord.
Ihr könnt euch an den Beispielen orientieren oder eigene Gründe formulieren.
a) ihre große Schuld dem Bruder gegenüber
b) die Ohnmacht gegenüber dem Geschehen
c) die Scham vor dem eigenen Versagen

6. Stellt dar, wie die Figuren in den drei Textausschnitten ihre Verantwortung sehen.
Nehmt Stellung zu den verschiedenen Positionen.

 die Komposition untersuchen

Die Komposition eines Romans untersuchen

Romane können unterschiedlich aufgebaut (komponiert) sein:

Die Handlung wird in zeitlicher Abfolge des Geschehens (**chronologisch**) erzählt.

Der Erzähler erzählt das Geschehen zu einem späteren Zeitpunkt im **Rückblick**.

Es gibt **zwei** oder **mehrere Handlungsstränge**.

Zwei oder **mehrere Handlungsstränge** können zur gleichen oder zu unterschiedlicher Zeit spielen, von verschiedenen Erzählern dargestellt werden, müssen aber durch ein Thema (z. B. Spurensuche) verbunden sein. An entscheidenden Stellen sind beide Handlungsstränge verknüpft. Diese Verknüpfung kann durch einen **Ort**, einen **Zeitpunkt**, **Figuren**, ein **Motiv** oder ein **Thema** geschehen, das immer wieder aufgegriffen wird.

So können unterschiedliche Sichtweisen, z. B. auf das Geschehen und die Figuren, deutlich werden. Der Leser hat die Aufgabe, die Handlung selbst zusammenzusetzen, die Aussage zu erschließen und einen eigenen Standpunkt zu gewinnen.

Wissen und Können

Lerninsel:
Komposition
S. 268

7. Zum Differenzieren ■ ■ ■ ■

A Benennt die Verknüpfungen der Handlungsstränge in dem Jugendbuch „Sarahs Schlüssel". Beschreibt, wie dadurch das Thema „Spurensuche" umgesetzt wird.

B Erörtert die folgende Sichtweise in einer Rezension. Belegt mit Textstellen.

„‚Sarahs Schlüssel' zeichnet sich durch einen enormen Sog aus. Die Strukturebene ist absolut konsequent durchgehalten, die beiden Handlungsstränge wechseln zwischen 1942 und 2002. Spricht die 10-jährige Sarah, explodiert ein atemloses Stakkato von Hauptsätzen, spricht die Journalistin, dann tut sie das meist kühl reflektierend, dann allerdings auch wieder emotional extrem extrovertiert und persönlich."

8. Extra

Sucht Jugendbücher, die eine interessante Komposition aufweisen.
– Untersucht ihren Aufbau und verdeutlicht die Komposition auf einem Plakat.
– Stellt das Buch mithilfe der Grafik eurer Klasse vor.

Differenzieren
Komposition
dn5c8p

Stakkato:
in der Musik kurz gestoßene Töne

extrovertiert:
seine Gefühle deutlich zeigend

Krieg
Die Erzählhaltung untersuchen

Hörverstehen
An diesem
Dienstag
ta2dk8

Wolfgang Borchert: An diesem Dienstag (1947)

Die Woche hat einen Dienstag.
Das Jahr ein halbes Hundert.
Der Krieg hat viele Dienstage.

An diesem Dienstag
5 übten sie in der Schule die großen Buchstaben. Die Lehrerin hatte eine Brille mit
dicken Gläsern. Die hatten keinen Rand.
Sie waren so dick, dass die Augen ganz leise
aussahen.
10 Zweiundvierzig Mädchen saßen vor der
schwarzen Tafel und schrieben mit großen
Buchstaben:
DER ALTE FRITZ HATTE EINEN
TRINKBECHER AUS BLECH. DIE
15 DICKE BERTA SCHOSS BIS PARIS. IM
KRIEGE SIND ALLE VÄTER SOLDAT.
Ulla kam mit der Zungenspitze bis an die
Nase. Da stieß die Lehrerin sie an. Du hast
Krieg mit ch geschrieben, Ulla. Krieg wird
20 mit g geschrieben. G wie Grube. Wie oft
habe ich das schon gesagt. Die Lehrerin
nahm ein Buch und machte einen Haken
hinter Ullas Namen. Zu morgen schreibst
du den Satz zehnmal ab, schön sauber, ver-
25 stehst du? Ja, sagte Ulla und dachte: Die mit
ihrer Brille.
Auf dem Schulhof fraßen die Nebelkrä-
hen das weggeworfene Brot.

An diesem Dienstag
30 wurde Leutnant Ehlers zum Bataillonskom-
mandeur befohlen.
Sie müssen den roten Schal abnehmen,
Herr Ehlers.
Herr Major?
35 Doch, Ehlers. In der Zweiten ist so was
nicht beliebt.
Ich komme in die zweite Kompanie?

der Alte Fritz:
Friedrich
der Große

**die Dicke
Berta:**
Spitzname
deutscher
Geschütze im
Ersten Weltkrieg

Hölderlin:
deutscher Dich-
ter (1770–1843)

Ja, und die lieben so was nicht. Da kommen Sie nicht mit durch. Die Zweite ist an
das Korrekte gewöhnt. Mit dem roten Schal 40
lässt die Kompanie Sie glatt stehen. Hauptmann Hesse trug so was nicht.
Ist Hesse verwundet?
Nee, er hat sich krank gemeldet. Fühlte
sich nicht gut, sagte er. Seit er Hauptmann 45
ist, ist er ein bisschen flau geworden, der
Hesse. Versteh ich nicht. War sonst immer
so korrekt. Na ja, Ehlers, sehen Sie zu, dass
Sie mit der Kompanie fertig werden. Hesse
hat die Leute gut erzogen. Und den Schal 50
nehmen Sie ab, klar?
Türlich, Herr Major.
Und passen Sie auf, dass die Leute mit den
Zigaretten vorsichtig sind. Da muss ja jedem
anständigen Scharfschützen der Zeigefinger 55
jucken, wenn er diese Glühwürmchen he-
rumschwirren sieht. Vorige Woche hatten
wir fünf Kopfschüsse. Also passen Sie ein
bisschen auf, ja?
Jawohl, Herr Major. 60
Auf dem Wege zur zweiten Kompanie
nahm Leutnant Ehlers den roten Schal ab.
Er steckte eine Zigarette an. Kompaniefüh-
rer Ehlers, sagte er laut.
Da schoss es. 65

An diesem Dienstag
sagte Herr Hansen zu Fräulein Severin:
Wir müssen dem Hesse auch mal wieder
was schicken, Severinchen. Was zu rauchen,
was zu knabbern. Ein bisschen Literatur. Ein 70
Paar Handschuhe oder so was. Die Jungens
haben einen verdammt schlechten Winter
draußen. Ich kenne das. Vielen Dank.
Hölderlin vielleicht, Herr Hansen?
Unsinn, Severinchen, Unsinn. Nein, 75
ruhig ein bisschen freundlicher. Wilhelm

Busch oder so. Hesse war doch mehr für das Leichte. Lacht doch gern, das wissen Sie doch. Mein Gott, Severinchen, was kann
80 dieser Hesse lachen!

Ja, das kann er, sagte Fräulein Severin.

An diesem Dienstag
trugen sie Hauptmann Hesse auf einer Bahre in die Entlausungsanstalt. An der Tür war
85 ein Schild:
OB GENERAL, OB GRENADIER:
DIE HAARE BLEIBEN HIER.
Er wurde geschoren. Der Sanitäter hatte lange dünne Finger. Wie Spinnenbeine. An
90 den Knöcheln waren sie etwas gerötet. Sie rieben ihn mit etwas ab, das roch nach Apotheke. Dann fühlten die Spinnenbeine nach seinem Puls und schrieben in ein dickes Buch: Temperatur 41,6. Puls 116. Ohne Be-
95 sinnung. Fleckfieberverdacht. Der Sanitäter machte das dicke Buch zu. Seuchenlazarett Smolensk stand da drauf. Und darunter: Vierzehnhundert Betten.

Die Träger nahmen die Bahre hoch. Auf
100 der Treppe pendelte sein Kopf aus den Decken heraus und immer hin und her bei jeder Stufe. Und kurz geschoren. Und dabei hatte er immer über die Russen gelacht. Der eine Träger hatte Schnupfen.

105 An diesem Dienstag
klingelte Frau Hesse bei ihrer Nachbarin. Als die Tür aufging, wedelte sie mit dem Brief. Er ist Hauptmann geworden. Hauptmann und Kompaniechef, schreibt er. Und
110 sie haben über 40 Grad Kälte. Neun Tage hat der Brief gedauert. An Frau Hauptmann Hesse hat er oben drauf geschrieben.

Sie hielt den Brief hoch. Aber die Nachbarin sah nicht hin. 40 Grad Kälte, sagte sie,
115 die armen Jungs. 40 Grad Kälte.

An diesem Dienstag
fragte der Oberfeldarzt den Chefarzt des Seuchenlazarettes Smolensk: Wie viel sind es jeden Tag?

Ein halbes Dutzend. 120
Scheußlich, sagte der Oberfeldarzt.
Ja, scheußlich, sagte der Chefarzt.
Dabei sahen sie sich nicht an.

An diesem Dienstag
spielten sie die Zauberflöte. Frau Hesse hatte 125
sich die Lippen rot gemacht.

An diesem Dienstag
schrieb Schwester Elisabeth an ihre Eltern:
Ohne Gott hält man das gar nicht durch.
Aber als der Unterarzt kam, stand sie auf. Er 130
ging so krumm, als trüge er ganz Russland
durch den Saal.

Soll ich ihm noch was geben?, fragte die
Schwester. Nein, sagte der Unterarzt. Er
sagte das so leise, als ob er sich schämte. 135

Dann trugen sie Hauptmann Hesse hinaus. Draußen polterte es. Die bumsen immer so. Warum können sie die Toten nicht langsam hinlegen. Jedes Mal lassen sie sie so
auf die Erde bumsen. Das sagte einer. Und 140
sein Nachbar sang leise:

Zicke zacke juppheidi
Schneidig ist die Infanterie.

Der Unterarzt ging von Bett zu Bett. Jeden Tag. Tag und Nacht. Tagelang. Nächte 145
durch. Krumm ging er. Er trug ganz Russland durch den Saal. Draußen stolperten zwei Krankenträger mit einer leeren Bahre
davon. Nummer 4, sagte der eine. Er hatte
Schnupfen. 150

An diesem Dienstag
saß Ulla abends und malte in ihr Schreibheft
mit großen Buchstaben:
IM KRIEG SIND ALLE VÄTER SOL-
DAT. 155
IM KRIEG SIND ALLE VÄTER SOL-
DAT.
Zehnmal schrieb sie das. Mit großen Buchstaben. Und Krieg mit G. Wie Grube.

Die Zauber-
flöte:
Oper von
W. A. Mozart

Fleckfieber:
Infektion mit
Mikroorganis-
men, Über-
tragung durch
Läuse

Smolensk:
Stadt in
Russland

Lerninsel:
Merkmale
von Kurz-
geschichten
S. 270

1. Tauscht euch über eure ersten Eindrücke zu der Kurzgeschichte auf den Seiten 106 f. aus. Vergleicht sie mit anderen Kurzgeschichten, die ihr bereits kennt.

2. Bereitet mit einem Partner das Vorlesen der Kurzgeschichte (S. 106 f.) vor.
   – Teilt den Text auf und besprecht, woran ihr euch orientiert habt.
   – Tragt die Kurzgeschichte zu zweit vor und gebt einander ein Feedback.

3. Ordnet die Szenen in zwei Gruppen und bestimmt jeweils den Blickwinkel auf den Krieg. Benennt das Verhältnis, in dem die beiden Gruppen zueinander stehen.

4. Untersucht, welche Bedeutung der Krieg für die Figuren hat.
   – Beschreibt den Eindruck, den der Leser gewinnt.
   – Orientiert euch an dem Beispiel.

Hauptmann Hesse
Ohne Besinnung. Fleckfieberverdacht.
➔ *Krankheit: Tod*

Frau Hesse
Er ist Hauptmann geworden.
➔ *…*

5. „Der Unterarzt ging von Bett zu Bett. Jeden Tag. Tag und Nacht. Tagelang. Nächte durch. Krumm ging er. Er trug ganz Russland durch den Saal." (S. 107, Z. 144–147)
   – Erklärt, was mit dem letzten Satz gemeint ist.
   – Beschreibt die Einstellung des Erzählers (Erzählhaltung), die hier deutlich wird. Ergänzt die Aussage, die ihr für richtig haltet:
      a) melancholisch, weil …
      b) kritisch, weil …
      c) sachlich, weil …
   – Sucht ähnliche Textstellen, die zeigen, welche Erzählhaltung vorliegt.

Kurt Tucholsky: Kleine Begebenheit (1921)

**Strumpf-
wirker:**
Handwerker in
einer Werkstatt,
in der Strumpf-
waren hergestellt
werden

Achtung:
alte Recht-
schreibung

Der Strumpfwirker und der Bauerssohn waren in der Nacht von einem Ackergraben in den andern geklettert – warum sie es getan hatten, wußten sie nicht. Man hatte ihnen ⁵ gesagt, sie sollten es tun. Herren, die lesen und schreiben konnten, hatten es ihnen gesagt. Im andern Ackergraben hatte man sie gleich angehalten, in derselben Nacht noch, und, weil sie fremdgefärbte Kleider anhat- ¹⁰ ten, sie sehr geschlagen und in ein Haus gesperrt. Nachher saß ein Advokat hinter einem Tisch – er war so froh, hinter diesem Tisch sitzen zu dürfen! – und schrieb auf, was der Strumpfwirker und der junge Bauer ¹⁵ zu sagen wußten. Da war noch ein Gastwirt, der schlug sie, wenn sie nicht genug sagten. Ein Besucher kam zu ihnen und sagte, man würde sie töten – und zwei Leute,

ein Steinklopfer und ein junger Mensch, der noch keinen Beruf hatte und bei den Eltern ²⁰ lebte, bewachten sie von Stund an.

Vierundzwanzig Menschen wurden benötigt, um die beiden totzuschießen. Es meldeten sich, freiwillig, achtzig. Achtzig – darunter waren Verheiratete und Ledige, ²⁵ Stille und Freche, Kräftige und Schlappe – sonst brave Leute, die keinem etwas zuleide taten und die nur so gern einmal dabei sein wollten, um zu sehen, wie das wäre, wenn einer totgeschossen würde. Mehr: die ³⁰ ihn selbst totschießen wollten. Denn es war erlaubt … Befehligt wurden sie von einem Kohlenhändler.

Am Morgen dieses Tages erschien der traurige Zug auf dem ungeheuern Schnee- ³⁵ feld südlich des Dorfes. Voran der Bauer und

der Strumpfwirker, zwischen zwei Leuten
von denen, die man aus den achtzig ausge-
sucht hatte; ein Arzt aus einer großen Stadt,
40 der dergleichen noch nicht gesehen hatte
und gleichfalls begierig war, es zu sehen;
und der Kohlenhändler mit seinen Leuten.
Die beiden in dünnen Jacken zitterten vor
Kälte und Todesfurcht. Der Zug machte
45 hinter den Scheunen halt. Der Advokat, der
mitgegangen war, zeigte den beiden ein Papier; aber sie froren und konnten auch nicht
lesen. Man stellte sie an kleine schwarze
Pfähle. Der Kohlenhändler sagte zu seinen
50 Leuten, sie sollten ihre Gewehre laden. Er
sagte es sehr laut, obgleich er nahe bei ihnen stand. Er hätte gewünscht, daß ihn seine
Frau so sähe, wie er, der sonst Kohlen verkaufte, hier zwei Leute totschießen durfte.
55 Die Schüsse knallten. Die beiden fielen um
wie leere Säcke. Der Arzt aus der großen

Stadt ging hin und sah sich genau ihre Wunden an. Dann verscharrte man sie.

Ich habe vergessen zu erzählen, daß alle
verkleidet waren: die Gerichteten als serbi- 60
sche, die Henker als deutsche Soldaten.

6. Erläutert, welches Geschehen dargestellt wird. Begründet, warum der Erzähler
die „kleine Begebenheit" für erzählenswert hält.

7. Untersucht die Figurencharakterisierung und deutet sie.
  – Leitet die Einstellung des Erzählers zum Geschehen ab (Erzählhaltung).
  – Beurteilt seine Sichtweise und Bewertung.

8. Die wertende Haltung des Erzählers zeigt sich auch in der Wortwahl:
„... *erschien der <u>traurige</u> Zug*" (Z. 34 f.). Sucht ähnliche Beispiele und deutet diese.

*Wissen und
Können*

Lerninsel:
Erzählhaltung
S. 271

Die Erzählhaltung untersuchen

Die Erzählhaltung ist die **Einstellung des Erzählers**, mit der er das **Geschehen** und die
Figuren bewertet (z. B. *sachlich, humorvoll, melancholisch, kritisch, ironisch*).
Sie wird fassbar in
– der Art, wie das Geschehen dargestellt wird (z. B. Szenen im Kontrast zueinander),
– der Charakterisierung der Figuren,
– Wortwahl und Satzbau.

Sie ist ein Mittel der **Leserlenkung**, das Aufschluss über die **Absicht des Autors** geben kann.
„*Und Krieg mit G. Wie <u>Grube</u>.*" (S. 107, Z. 159) – das Kriegsgeschehen wird mit Grube
(= Massengrab) gleichgesetzt ⟶ kritische Erzählhaltung, Kritik am Krieg
„*[...] dass <u>alle verkleidet waren</u>: die Gerichteten als serbische, die Henker als deutsche
Soldaten.*" (S. 109, Z. 59 ff.) ⟶ ironische Erzählhaltung, Kritik am Krieg

☆ Das könnt ihr jetzt!

Achtung:
alte Recht-
schreibung

Max Frisch: Szene in Berlin, Sommer 1945

Jemand berichtet aus Berlin: Ein Dutzend verwahrloste Gefangene, geführt von einem russischen Soldaten, gehen durch eine Straße; vermutlich kommen sie aus einem fernen Lager, und der junge Russe muß sie irgendwohin zur Arbeit führen oder, wie man sagt, zum Einsatz. Irgendwohin; sie wissen nichts über ihre Zukunft; es sind Gespenster, wie

5 man sie allenthalben sehen kann. Plötzlich geschieht es, daß eine Frau, die zufällig aus einer Ruine kommt, aufschreit und über die Straße heranläuft, einen der Gefangenen umarmt – das Trüpplein muß stehen bleiben, und auch der Soldat begreift natürlich, was sich ereignet hat; er tritt zu dem Gefangenen, der die Schluchzende im Arm hält, und fragt:

„Deine Frau?"

10 „Ja–."

Dann fragt er die Frau:

„Dein Mann?"

„Ja–."

Dann deutet er ihnen mit der Hand:

15 „Weg – laufen, laufen – weg!"

Sie können es nicht glauben, bleiben stehen; der Russe marschiert weiter mit den elf andern, bis er, einige hundert Meter später, einem Passanten winkt und ihn mit der Maschinenpistole zwingt, einzutreten: damit das Dutzend, das der Staat von ihm verlangt, wieder voll ist.

1. Beschreibt euren Eindruck von dem Geschehen und beurteilt es.

2. Formuliert die Figurenrede (Z. 9–15) in eine andere Form um und vergleicht die Wirkung.

3. Deutet den Text. Berücksichtigt Darstellungsweise und Erzählhaltung.

Wolfdietrich Schnurre: Mutter lässt grüßen

Ausnehmend netten Menschen kennengelernt. Leider nur im Schweizer Fernsehen kürzlich: den Mann, der die Atombombe über Hiroshima ausgeklinkt hat. Drahtiger Vertreter-Typ; unangefochtenes Baseballspieler-Gesicht. Als Offizier geradlinig die vorgezeichnete Laufbahn beendet. Geht ihm blendend. Skrupel? Nicht doch. Er habe mit jenem Abwurf

Hiroshima:
japanische Ha-
fenstadt, die im
Zweiten Welt-
krieg von den
Amerikanern
bombardiert
wurde

5 sein Vaterland verteidigt, meinte er, in Geografie offenbar nicht ganz so wie im Bombenausklinken bewandert. Auf die Bombe hatte er den Namen seiner Mutter geschrieben. Diese hatte man allerdings zu interviewen vergessen.

4. Untersucht im Text von Schnurre, wie der Erzähler den Offizier darstellt. Vergleicht die Darstellungsweise mit der in dem Text von Frisch.

Lerninseln:
Umgang mit
erzählenden
Texten
S. 267 ff.

⊕ Diagnose-
bogen
Erzählende
Texte
a4a2u3

⊕ Training
interaktiv
Erzählende
Texte
fp5em4

5. Erklärt, welchen Eindruck der Leser durch die Bemerkung gewinnt, der Offizier sei „in Geografie offenbar nicht ganz so wie im Bombenausklinken bewandert" (S. 110, Z. 5 f.).
  – Benennt die Erzählhaltung.
  – Berücksichtigt auch den Titel des Textes und den letzten Satz.

István Örkény: Zu Hause

Das Mädchen war erst vier Jahre alt und sicherlich waren seine Erinnerungen verschwommen. Um ihm die bevorstehende Änderung bewusst zu machen, ging seine

5 Mutter mit ihm an den Stacheldrahtzaun und zeigte ihm von weitem den Zug. „Freust du dich gar nicht? Dieser Zug wird uns nach Hause bringen." „Und was ist dann?"

10 „Dann sind wir zu Hause." „Was ist denn zu Hause?", fragte das Kind. „Wo wir vorher gewohnt haben." „Und was ist da?"

15 „Kannst du dich noch an deinen Teddy erinnern? Vielleicht gibt es sogar noch deine Puppen." „Mama", fragte das Kind. „Gibt es zu Hause auch Wächter?" „Nein, dort gibt es keine." „Dann können wir von dort doch fliehen, nicht, Mama?", fragte das Mädchen.

6. Beschreibt die Situation und erklärt die Sehnsucht des Kindes.
  – Erklärt die Wirkung auf den Leser.
  – Untersucht, wie diese Wirkung hervorgerufen wird.

7. Stellt eine Verbindung zu dem Textausschnitt des Jugendbuchs auf Seite 100 her. Vergleicht, wie die Situation der Kinder jeweils dargestellt wird.

8. Extra

Gestaltet einen eigenen Text zum Thema „Krieg", der die folgende Aussage veranschaulicht: „Krieg ist ein Zustand, bei dem Menschen aufeinander schießen, die sich nicht kennen, auf Befehl von Menschen, die sich wohl kennen, aber nicht aufeinander schießen." (G. B. Shaw). Setzt in eurem Text Darstellungsweise und Erzählhaltung wirkungsvoll ein.

Gefährten
Erzählen im Film und im Roman untersuchen

 Das könnt ihr schon!

- Jugendbücher, Sachbücher und Autobiografien verstehen
- den Aufbau der Handlung in einem Jugendbuch untersuchen
- Möglichkeiten der Kamera und der Montage im Film
  untersuchen und deuten

Filmbild aus
„Life of Pi"

Yann Martel: Schiffbruch mit Tiger (2003, Ausschnitt)

Ich musste ihn zähmen. Das war der Augenblick, in dem ich begriff, dass es keine andere
Möglichkeit gab. Es ging nicht darum, ob er oder ich durchkam, sondern wir mussten
beide durchkommen. Wir saßen, und das nicht nur im übertragenen, sondern auch im
wahrsten Sinne des Wortes, im selben Boot. Wir mussten miteinander leben – oder mit-
5 einander sterben. […]

Richard Parker:
Name des Tigers

Aber das ist nicht alles. Ich will es nicht verschweigen. Ich will das Geheimnis verraten:
Etwas in mir war froh, dass Richard Parker da war. Etwas in mir wollte nicht, dass Richard
Parker starb, denn dann blieb ich allein zurück, allein mit meiner Verzweiflung, und das
war ein Feind, der noch unbezwingbarer war als ein Tiger. Wenn ich überhaupt noch den
10 Willen zum Leben hatte, dann verdankte ich ihn Richard Parker. Er sorgte dafür, dass ich
nicht zu viel an meine Familie dachte, an das entsetzliche Unglück, das mir widerfahren war.
Er drängte mich zum Leben. Ich hasste ihn dafür, aber zugleich war ich ihm auch dankbar.
Ich bin ihm dankbar. Die simple Wahrheit ist: Ohne Richard Parker wäre ich heute nicht
hier. Dass ich heute meine Geschichte erzählen kann, verdanke ich Richard Parker. […]

Pi Patel:
Piscine Molitor
Patel ist der
Name des
Ich-Erzählers,
der „Pi"
genannt wird.

15 Und nun ist es soweit, Applaus für PI PATELS INDO-KANADISCHEN
TRANSPAZIFISCHEN SCHWIMMENDEN ZIRKUSSSSS!!!! PRRRIIII!
PRRRIIII! PRRRIIII! PRRRIIII! PRRRIIII! PRRRIIII!

Die Wirkung auf Richard Parker blieb nicht aus. Beim ersten Ton der Trillerpfeife fuhr
er zusammen, dann fauchte er. Ha! Sollte er doch ins Wasser springen, wenn er wollte!
20 Sollte er es doch nur versuchen! […]

1. Besprecht anhand des Textausschnitts (S. 112), welche Bedeutung der Tiger für Pi hat und weshalb das so unglaublich ist.

2. Vergleicht den Textausschnitt (S. 112) mit dem Filmbild (S. 112). Achtet auf:
   - die äußere Handlung
   - das inneres Geschehen
   - die Perspektive

3. Beschreibt die Mise en scène des Filmbilds (S. 112) und die Bildwirkung.
   - Bezieht auch die Kameraperspektive und Kameraeinstellung ein.
   - Beurteilt, wie der Textausschnitt im Film umgesetzt wurde.

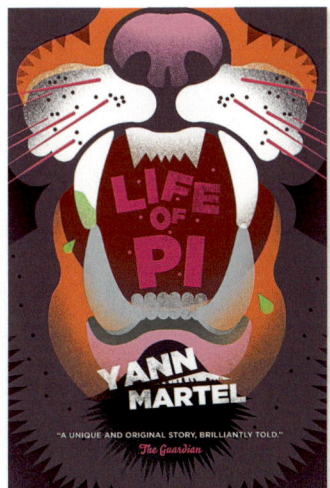

4. Vergleicht Titel und Abbildungen des Films/Romans in unterschiedlichen Ländern. Sprecht über die Wirkung der Gestaltungen.

5. Das Filmbild (S. 112) wurde als Vorlage für ein Filmplakat genutzt. Besprecht, wie das Plakat gestaltet werden könnte. Begründet eure Entscheidungen.

Das lernt ihr jetzt!

- Möglichkeiten der Perspektivierung kennenlernen
- die Komposition des Romans und des Films untersuchen
- die Fiktionalität im Roman und im Film erkennen

In einem Boot
Perspektivierung im Film untersuchen

In seiner Jugend verlassen Pi Patel, seine Eltern und sein Bruder Ravi gemeinsam mit vielen Tieren ihren Zoo in Indien. Bei der Überfahrt nach Kanada versinkt das Schiff während eines schweren Sturms. Pi, ein Tiger, eine Hyäne, ein Orang-Utan und ein Zebra können sich auf ein Boot retten. Im Überlebenskampf bleiben nur Pi und der Tiger übrig …

1. Sprecht darüber, was ihr als Zuschauer von einem solchen Film erwartet.
Nennt Möglichkeiten, wie der Film den Zuschauer in seinen Bann ziehen könnte.

Pi sieht unter der Plane des Bootes den Tiger.

Der Tiger kommt auf Pi zu, der auf dem Sitz steht.

Pi schreit seine Verzweiflung in den Sturm hinaus.

Pi versucht den Tiger zu zähmen.

2. Gebt den vier Bildern (S. 114) kurze Untertitel. Begründet eure Vorschläge und erläutert, woran ihr euch orientiert habt.

3. Ordnet die Bilder 1–4 (S. 114) auf der folgenden Skala ein.
- Bestimmt den Kamerastandort, die Perspektive und die Einstellung.
- Formuliert zu jedem Bild den Zusammenhang zwischen den filmischen Darstellungsmitteln und der Wirkung auf den Zuschauer.

Lerninsel: Kameraperspekive, Kameraeinstellung S. 284

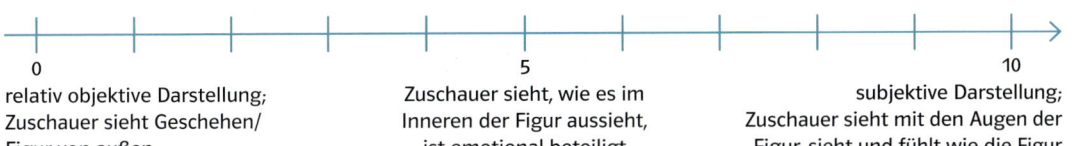

0	5	10
relativ objektive Darstellung; Zuschauer sieht Geschehen/ Figur von außen	Zuschauer sieht, wie es im Inneren der Figur aussieht, ist emotional beteiligt	subjektive Darstellung; Zuschauer sieht mit den Augen der Figur, sieht und fühlt wie die Figur

4. Verfasst zu einem Bild (S. 114) einen inneren Monolog der Figur des Pi oder einen Sprechertext aus dem Off.

Off: als Sprecher von außen zu hören; ein Erzähler, der nicht im Film beteiligt ist

5. Extra

Sucht für die Bilder 1–4 (S. 114) musikalische Unterlegungen und stellt sie in der Klasse vor. Begründet eure Auswahl.

6. Skizziert in einem Storyboard Nachfolgebilder zu Bild 1 oder 2 (S. 114).
- Begründet als Regisseur/in eure Entscheidungen zu Montagetechnik, Einstellung und Perspektive der Kamera. Ihr könnt euch an dem Beispiel orientieren.
- Bildet Vierergruppen und entscheidet, welches Storyboard euch am meisten überzeugt.
Stellt es der Klasse vor und begründet eure Auswahl.

Lerninsel: Montagetechniken S. 285

- Nah - Einstellung
leichte Aufsicht
Kamera zoom langsam
Musik: still, gedämpft

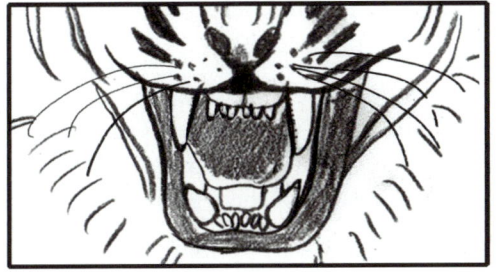

- Detail - Einstellung
leichte Untersicht
Kamera zoom sehr schnell
Musik: anschwellend, drohend

7. Verändert für Bild 5 die Perspektive, die Einstellung oder den Kamerastandort.
 – Skizziert, wie sich das Filmbild jeweils verändert.
 – Benennt die Veränderungen.
 – Besprecht, welche Einstellungen den Zuschauer
   näher an die Figur des Pi heranführen.

8. Diskutiert anhand des Filmbilds 6 die Aussage: „Um als Zuschauer in das
Geschehen hineingezogen zu werden, muss die Kamera nah am Geschehen sein."

**Jean Renoir
(1894–1979):**
frz. Filmregis-
seur, Dreh-
buchautor und
Schauspieler

„Um ein Gemälde zu lieben, muss man ein potenzieller Maler sein, sonst kann man es
nicht lieben; und um Filme zu lieben, muss man tatsächlich ein potenzieller Regisseur
sein; man muss sich sagen: aber das hätte ich so gemacht und jenes so; man muss selbst
Filme machen, vielleicht nur in der Fantasie, aber man muss sie machen, sonst ist man
nicht würdig ins Kino zu gehen." (Jean Renoir)

9. Setzt euch mithilfe eines Filmbilds (S. 114, 116) mit der Position Renoirs auseinander.

Perspektivierung im Film untersuchen

Filme erzählen eine Geschichte mit **visuellen** (Bilder) und **akustischen** Mitteln (Geräusche, Musik, Sprache). Die Erzählung ist **an die Kamera gebunden**. Manchmal berichtet eine Figur oder ein Erzähler über das Geschehene aus dem Off (nur die Stimme ist zu hören).

Die Entscheidung über die **Kameraführung und Montagetechniken** trifft der Regisseur bewusst, um bestimmte Wirkungen auf den Zuschauer zu erzielen:
– Der Zuschauer beobachtet das Geschehen von außen, relativ objektiv.
– Der Zuschauer nähert sich dem Geschehen oder der Figur stark an.
  Je näher der Zuschauer der Figur kommt, desto subjektiver empfindet er oft.
Man spricht von einer **Perspektivierung** der Filmerzählung oder auch dem **Point of View**.

Wissen und Können

Lerninsel:
Perspektivierung:
Point of View
S. 285

objektive Perspektive	subjektive Perspektive
Die **Kamera** zeigt das Geschehen oder die Figur eher von außen (*S. 114, Bild 4*). Der **Zuschauer** hat Distanz zu dem Geschehen oder zu der Figur.	Die **Kamera** nähert sich einer Figur, zeigt ihre Gefühle (*S. 114, Bild 3*). Der **Zuschauer** sieht mit den Augen der Figur (subjektive Kamera; *S. 114, Bild 2*) oder er sieht wie die Figur (z. B. *verschwommen, torkelnd*).

Für eine **Perspektivierung im Film** können **folgende Mittel** eingesetzt werden:
– Kameraeinstellung (vor allem *Groß-, Detail- und Nahaufnahmen des Gesichts*)
– Kameraperspektive (z. B. *Aufsicht, Untersicht*)
– Kamerastandort (z. B. *Kamera unmittelbar vor oder hinter der Figur, seitliche Kamera*)
– Kamerabewegung (z. B. *Zoom, Schwenk, Kamerafahrten*)
– Montagetechniken (z. B. *Schuss–Gegenschuss*)

Lerninsel:
Filmisches
Erzählen
S. 283 ff.

10. Zum Differenzieren ■ ■ ■ ■

A Erläutert mithilfe folgender Begriffe die Perspektivierung des Bilds 6 (S. 116) und benennt die Wirkung.
Kamerastandort: aus Entfernung über dem Geschehen, Kameraeinstellung: Totale, Kameraperspektive: starke Aufsicht (Vogelperspektive)

B Verändert die Perspektive des Bilds 3 (S. 114), begründet die Veränderungen und benennt die Wirkung.

C Lest den folgenden Ausschnitt aus einer Rezension und erklärt, wie durch die Perspektivierung eine solche Wirkung erreicht wird.
Erläutert weitere Mittel im Film, die diese Wirkung erzielen können.
„[Life of Pi] – Ein magisches Abenteuer, das die Augen strahlen und weinen lässt und mit der Mischung aus grandiosen Effekten und verspielter, träumerischer Erzählung zu einem unvergesslichen Filmerlebnis wird."

⊕ Differenzieren
Perspektivierung
hp38y7

Zwiegespräche
Komposition des Romans und des Films untersuchen

Yann Martel: Schiffbruch mit Tiger (2003, Anfang)

Vorbemerkung des Autors

Dieses Buch ist entstanden, weil ich hungrig war. Das muss ich erklären. Im Frühjahr 1996 kam in Kanada mein zweites Werk, ein Roman, heraus. Es war kein Erfolg. […] Es verschwand schnell
5 und in aller Stille.

Allzu viel machte mir das Fiasko nicht aus. Ich hatte schon mit einer anderen Geschichte begonnen, einem Roman, der 1939 in Portugal spielte. Aber irgendwie war ich unruhig. Und ich hatte
10 ein wenig Geld. Also flog ich nach Bombay. […] Unterwegs bekam ich immer wieder einmal zu hören: „Schriftsteller? Tatsächlich? Da habe ich eine Geschichte für Sie." Meist waren es nur kleine Anekdoten, zu wenig zum Leben und zu viel
15 zum Sterben.

Schließlich kam ich in die Stadt Pondicherry […] Ich saß im Indian Coffee House an der Nehru Street. […] Und so kam es, dass ein rüstiger alter Herr mit strahlenden Augen und schlohwei-
20 ßem Haar mich ansprach. […] Der alte Herr hieß Francis Adirubasamy. „Bitte", sagte ich, „erzählen Sie mir Ihre Geschichte." […] Er erzählte weiter: Ich machte mir Notizen, die Grundzüge der Geschichte. „Sie müssen mit ihm reden", sagte
25 er und meinte den, der die Geschichte erlebt hatte.

Pondicherry: Stadt in Südindien, an der Küste des Golfs von Bengalen

„Ich habe ihn sehr, sehr gut gekannt. Heute ist er ein erwachsener Mann. Fragen Sie ihn alles, was Sie wollen."

Später in Toronto suchte ich unter neun Spal-
30 ten von Patels im Telefonbuch den richtigen heraus, den Helden der Geschichte. Mein Herz pochte, als ich die Nummer wählte. Die Stimme, die sich meldete, klang kanadisch, mit indischem Unterton, leicht und doch unmissverständlich, wie
35 ein Hauch Weihrauch in der Luft. „Das ist schon so lange her", sagte er. Aber mit einem Treffen war er einverstanden. Es wurden viele daraus. […] Er erzählte mir, was er erlebt hatte. Und immer machte ich mir Notizen. Fast ein Jahr da-
40 rauf erhielt ich nach beträchtlichen Anstrengungen ein Tonband und einen Bericht vom japanischen Verkehrsministerium. Und als ich jenem Tonband lauschte, da stimmte ich Mr. Adirubasamy zu. Es war tatsächlich eine Geschichte, die einem den
45 Glauben an Gott geben konnte.

Ich fand es naheliegend, dass Mr. Patel sie größtenteils in der Ichform erzählt – mit seiner eigenen Stimme, durch seine eigenen Augen gesehen. Alle Fehler und Ungenauigkeiten gehen
50 jedoch zu meinen Lasten […]

1. Erläutert die Funktion der Vorbemerkung des Autors. Beachtet, dass der Autor dieser Vorbemerkung nicht Yann Martel sein muss.

Yann Martel: Schiffbruch mit Tiger (2003, Ausschnitte)

Pi Patel erzählt dem Autor, was nach dem Unglück in Kanada aus ihm wurde und wie sein Leben bis zum Unglück verlief.

aus Kapitel 1:
Ich hatte so viel gelitten, ich war ein finsterer und trauriger Mensch geworden.

Wissenschaftliche Arbeit und der Trost
5 der Religion brachten mich allmählich ins Leben zurück. […]

Kanada liebe ich. Mir fehlen die indische Hitze, das Essen, die Eidechsen an den Wänden, die Musicals im Kino, die Kühe, die durch die Straßen ziehen, das Kräch-
10 zen der Krähen, sogar die Diskussionen über Cricket – aber Kanada liebe ich. Es ist

ein wunderbares Land, wenn auch nach allen vernünftigen Maßstäben viel zu kalt, ein
15 Land bewohnt von aufrechten, klugen Menschen, die alle dringend einen besseren Fri-
seur bräuchten. Und in Pondicherry habe ich
nichts, wohin ich zurückkehren könnte.

    Richard Parker ist bei mir geblieben. Ich
20 habe ihn nie vergessen. Darf ich sagen, dass
ich ihn vermisse? Ich vermisse ihn. In meinen
Träumen erscheint er mir noch. Eigentlich
sind es Alpträume, aber Alpträume voller Liebe. So etwas gibt es, so seltsam ist das mensch-
25 liche Herz. Bis heute verstehe ich nicht, wie er
mich einfach so verlassen konnte, ohne einen
Abschiedsgruß, ja ohne einen Blick zurück.
Das ist ein Schmerz wie ein Axthieb nach
meinem Herzen.

30 aus Kapitel 2:
Er wohnt in Scarborough. Ein schmaler, klei-
ner Mann − höchstens eins fünfundsechzig groß.
Dunkles Haar, dunkle Augen. An den Schläfen
erstes Grau. Älter als vierzig kann er nicht sein.
35 *Angenehm kaffeebraune Farbe. Trotz des milden*
Herbstwetters zieht er für den Weg zum Lokal
einen dicken Winterparka mit Pelzkapuze an.
Ausdrucksvolles Gesicht. Spricht schnell, Hän-
de ständig in Bewegung. Kein Smalltalk. Immer
gleich zur Sache.
40

aus Kapitel 3:
Meinen Namen habe ich nach einem
Schwimmbad. Sehr merkwürdig, wenn man
bedenkt, wie wasserscheu meine Eltern wa-
45 ren. Einer der ersten Geschäftspartner meines
Vaters war Francis Adirubasamy. Er wurde
ein guter Freund der Familie. Ich habe ihn
immer Mamaji genannt – mama ist das tami-
lische Wort für Onkel und ji ist die Nachsil-
50 be, mit der man in Indien Respekt und Zu-
neigung ausdrückt. Als junger Mann, lange
bevor ich zur Welt kam, war Mamaji ein erfolgreicher Wettkampfschwimmer gewesen,
der Champion von ganz Südindien. [...] Er
55 mühte sich, meinen Eltern das Schwimmen
beizubringen, aber das Äußerste, was er erreichte, war, dass sie am Strand bis zu den

Knien ins Wasser gingen und groteske Ru-
derbewegungen mit den Armen machten;
[...] Erst als ich auf den Plan trat, fand Mamaji
einen willigen Schüler. 60

aus Kapitel 4:
Bevor er nach Pondicherry kam, führte mein
Vater ein großes Hotel in Madras. Aber Tiere
waren schon immer seine Leidenschaft gewe- 65
sen, und so kam er zum Zoo. Ein ganz natürlicher Schritt, könnte man denken, vom Hotelier zum Zooleiter. Aber das stimmt nicht.
Ein Zoo ist in vielem das, was für den Hotelier
der größte Alptraum ist. Man bedenke: Die 70
Gäste verlassen nie das Zimmer; alle erwarten
Vollpension; dauernd bekommen sie Besuch,
oft laut und ungezogen. [...]

    Für mich war es das Paradies auf Erden. Ich
habe an meine Kindheit im Zoo nur schöne 75
Erinnerungen. Es war ein fürstliches Leben.
Welcher Sohn eines Maharadschas hatte einen so prachtvollen Garten, in dem er spielen
konnte?

80
aus Kapitel 6:
Er ist ein ausgezeichneter Koch. Sein stets über-
heiztes Haus ist erfüllt von Essensduft. Sein Ge-
würzregal sieht aus wie ein Apothekerladen. [...]
Und noch etwas fällt mir auf: Alle Schränke sind 85
zum Bersten gefüllt. Hinter jeder Tür, auf jedem
Brett stehen säuberlich gestapelte Berge von Dosen
und Päckchen.

Madras:
Name
einer Stadt
in Südindien,
seit 1996
Chennai

Maharadscha:
indischer
Herrschertitel

Tamilen:
Volk im Süden
von Indien

Piscine (frz.):
Schwimmbad

2. Besprecht, wie ihr die Figur Pi Patel seht und ob ihr sie interessant findet.

3. Ordnet alle Informationen zu Pi Patel in der chronologischen Abfolge und besprecht die Funktion der Kapitelanordnung im Buch.

4. Erklärt die Funktion der zwei verschiedenen Schriften. Beschreibt, wie diese Komposition des Romans auf euch wirkt.

Yann Martel: Schiffbruch mit Tiger (2003, Ausschnitte)

Im zweiten Teil des Romans schildert Pi Patel die 272 Tage Überlebenskampf auf dem Meer.

aus Kapitel 37:
Das Schiff sank. Es gab einen Ton von sich wie ein riesiges metallisches Rülpsen. Sachen blubberten an der Oberfläche, dann verschwanden sie. Alles brüllte: der Wind, die See, mein Herz. Vom Rettungsboot sah ich etwas im Wasser.

„Richard Parker", rief ich, „Richard Parker, bist du das? Richard Parker! Wenn doch nur der Regen aufhören würde! Richard Parker, tatsächlich!"

Ich konnte seinen Kopf sehen. Mit aller Macht kämpfte er, um über Wasser zu bleiben.

„Jesus, Maria, Mohammed und Vishnu, was für ein Glück, dass du da bist, Richard Parker! Nicht aufgeben, bitte. Komm ins Rettungsboot. Hörst du die Trillerpfeife? *PRRRIIII! PRRRIIII! PRRRIIII!* Ja, hier bin ich. Du musst nur schwimmen. Schwimmen! Du bist doch ein guter Schwimmer. Keine dreißig Meter!"

Er hatte mich gesehen. Er war in Panik. Jetzt schwamm er auf mich zu. Rings um ihn schlugen die Wellen hoch. Er sah klein und hilflos aus. […]

Er schaffte es nicht. Er würde ertrinken. Er kam kaum noch voran und seine Bewegungen waren schlaff. Immer wieder tauchte der Kopf halb unter. Nur die Augen waren fest auf mich gerichtet.

„Was ist denn mit dir, Richard Parker? Hängst du denn gar nicht am Leben? Dann schwimm! *PRRRIIII! PRRRIIII! PRRRIIII!* Kräftig, mit den Beinen! Und stoßen! Und stoßen! Und stoßen!"

Man sah, wie er sich im Wasser einen Ruck gab und schwamm. […]

Ich warf den Rettungsring mit aller Macht. Direkt vor seiner Nase landete er im Wasser. Mit letzten Kräften reckte er sich und hielt sich daran fest.

„Halt gut fest, ich ziehe dich an Bord. Du ziehst mit den Augen, ich mit den Händen. ==Gleich sitzen wir beide im Boot. Moment mal – wir sitzen beide im selben Boot? Bin ich denn noch bei Trost?"==

Erst da begriff ich, was ich gerade tat. Ich riss an der Leine.

aus Kapitel 57:
Es war Richard Parker, durch den ich Ruhe fand. Das ist die Ironie dieser Geschichte, dass gerade der, der mich zu Anfang so sehr ängstigte, dass ich darüber fast den Verstand verlor, am Ende derjenige war, der mir innere Ruhe und Lebenssinn gab, ja ich möchte fast sagen: Harmonie.

Er sah mich forschend an. Nach einer Weile erkannte ich diesen Blick. […]

aus Kapitel 89:
Wir siechten dahin. Es ging ganz langsam, so langsam, dass es mir nicht immer bewusst war. Aber es fiel mir doch auf. Wir waren zwei ausgemergelte Säuger, vertrocknet und verhungert. Richard Parkers Fell hing matt und schlaff an Schultern und Hüfte. […]

Vishnu: altindische Gottheit

Auch ich schwand zusehends; alle Feuch-
tigkeit war aus meinem Körper gewichen,
die Knochen zeichneten sich durch die Haut
70 deutlich ab. [...]

Dies sind die letzten Seiten aus meinem
Tagebuch: [...]

*Körper und Seele am Boden zerstört. Werde
bald sterben. R. P. atmet, aber bewegt sich nicht.
Wird auch sterben. Wird mich nicht töten. [...]* 75
Ich sterbe.

Das war mein letzter Eintrag. Ich starb
dann doch nicht [...]

5. Untersucht, mit welchen sprachlichen Mitteln Martel die Beziehung zwischen Pi
und dem Tiger darstellt und wie sie sich entwickelt.

6. Deutet die markierte Textstelle (S. 120) und schreibt die Gedanken von Pi weiter.

Yann Martel: Schiffbruch mit Tiger (2003, Ausschnitte)

Nach der Rettung bekommt Pi im Krankenhaus Besuch.

aus Kapitel 96:
„Hallo Mr Patel. Darf ich mich vorstellen:
Tomohiro Okamoto. Ich komme vom ja-
panischen Verkehrsministerium, Abteilung
5 Schifffahrt. Und das ist mein Assistent,
Atsuro Chiba. Wir sind hergekommen, um
Sie zum Untergang des Schiffes Tsimtsum
zu befragen, dessen Passagier Sie waren.
Wäre es möglich, jetzt gleich mit Ihnen zu
10 sprechen?" „Aber ja. [...]"

„So, Mr Patel, und jetzt würden wir uns
wünschen, dass Sie uns so genau wie nur
möglich erzählen, was Ihnen widerfahren
ist."

15 aus Kapitel 100:
*In seinem Brief an mich erinnert sich Mr Oka-
moto an die Befragung als „schwierig und denk-*
*würdig". Piscine Molitor Patel sei ihm im Ge-
dächtnis geblieben als „sehr dünn, sehr beharrlich,
sehr klug".* 20

*Aus seinem Abschlussbericht füge ich noch die
entscheidenden Absätze an:*

[...]

*Als persönliche Bemerkung sei hinzugefügt,
dass die Geschichte des einzigen Überlebenden,* 25
*Mr Piscine Molitor Patel, indischer Staatsbürger,
von einem erstaunlichen Maß an Mut und Aus-
dauer im Angesicht außerordentlich schwieriger
und tragischer Umstände zeugt. Nach Kenntnis
des Ermittlers gibt es keinen zweiten solchen Fall* 30
*in den Annalen der Seefahrt. Nur wenige Schiff-
brüchige können von sich behaupten, dass sie so
lange auf See überlebt haben wie Mr Patel, und
keiner davon in Gesellschaft eines erwachsenen
bengalischen Tigers.* 35

7. Ergänzt mithilfe der Textausschnitte (S. 118–121) und der Zeitleiste
das Schema zum Romanaufbau und vergleicht eure Ergebnisse.

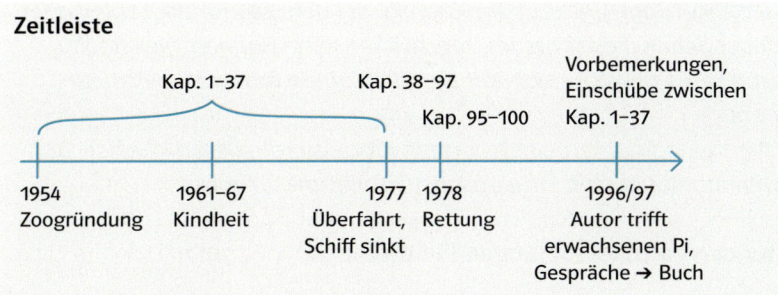

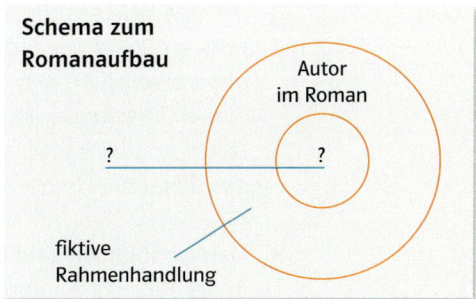

Eltern von Pi in ihrem Zoo, Zeit: 00:26:31

Pi und Richard Parker, Zeit: 1:12:53

Pi auf sinkendem Schiff, Zeit: 00:36:36

Pi und der Autor, Zeit: 00:34:09

8. Ordnet die Filmbilder den Teilen des Romans (S. 118–121) zu und überlegt,
wie im Film die unterschiedlichen Handlungsebenen verknüpft werden können.

Manila:
Hauptstadt der
Philippinen

*Im Film führt Pi Patels erwachsene Off-Stimme den Zuschauer in die Binnenhandlung ein
mit den Worten: „Es passierte vier Tage entfernt von Manila, bei dem Marianengraben, dem
tiefsten Punkt der Erde. Unser Schiff, die Tsimtsum, zog stärker seine Bahnen, gleichgültig
gegenüber dem, was es umgab. Es bewegte sich mit der langsamen massiven Selbstverständlichkeit eines Kontinents."
Blenden, Überblenden, Schnitte und Kameraeinstellungen organisieren diesen Wechsel auf
der Bildebene. In der Binnenhandlung ist Pi Patels junge Off-Stimme zu hören.*

9. Nennt mögliche Gründe für den Wechsel zur jungen Pi-Stimme
in der Binnenhandlung.

10. Benennt anhand der folgenden Bilder die filmischen Verknüpfungsmittel und bestimmt ihre Funktionen, indem ihr a)–d) zur Hilfe nehmt.
  a) Wechsel zwischen Zeitebenen, Erzählebenen, Figuren
  b) Be- oder Entschleunigung für den Zuschauer
  c) Stiften von Verwirrung
  d) Hervorrufen von Emotionen

Die Komposition eines Films untersuchen

Filmhandlungen können wie erzählende Texte unterschiedlich aufgebaut sein.
Die einzelnen Szenen werden zu **Sequenzen** (längere Erzähleinheiten) zusammengefasst.
Durch **Montage** gewinnt der Zuschauer den Eindruck von einer geschlossenen Handlung in Raum und Zeit. Der Zuschauer fügt die nicht dargestellten „Lücken" in seinem Kopf zu einer **Story** zusammen.
Wenn ihr die **Komposition eines Films** untersucht, könnt ihr von folgenden Fragen ausgehen:
– Wie ist die **Handlung** dargestellt – chronologisch oder nicht chronologisch (mit Rückblenden oder Vorausdeutungen)?
– Wie ist der **Spannungsaufbau** gestaltet?
– Steht ein **Konflikt** und **dessen Entwicklung** im Zentrum?
– Gibt es **mehrere Handlungsstränge**? Gibt es eine **Rahmen-** und **Binnenhandlung**?
– Wird die Handlung zeitdeckend, zeitdehnend oder zeitraffend erzählt?
– Hat die Komposition die **Funktion** des Spannungsaufbaus, der Überraschung oder der Lenkung des Blicks auf das Wesentliche?

Wissen und Können

Komposition
S. 105

Lerninsel:
Komposition
S. 268

11. Zum Differenzieren ■ ■ ■ ■

Nehmt Stellung zu folgenden Aussagen zum Film „Life of Pi":

A Auf die Rahmenhandlung könnte man verzichten.

B Die chronologische Anordnung der Geschehnisse wäre für den Zuschauer besser.

C Der Aufbau der Spannung entspricht einer Pyramide.

12. Extra

Schaut euch den Film an und vergleicht dessen Komposition mit dem Romanaufbau.

Differenzieren
Komposition
ub4eq4

Wer ist der Tiger?

Fiktionalität im Roman und im Film untersuchen

Merkmale von Fiktionalität erkennen

Umberto Eco: Im Wald der Fiktionen (1994, Ausschnitt)

Die Grundregel jeder Auseinandersetzung mit einem erzählenden Werk ist, dass der Leser stillschweigend einen *Fiktionsvertrag* mit dem Autor schließen muss, der das bein-
5 haltet, was Coleridge „the willing suspension of disbelief", die willentliche Aussetzung der Ungläubigkeit nannte. Der Leser muss wissen, dass das, was ihm erzählt wird, eine ausgedachte Geschichte ist, ohne darum zu
10 meinen, dass der Autor ihm Lügen erzählt. […] Beim Eintritt in den Wald der Fiktionen wird von uns erwartet, dass wir den Fiktionspakt mit dem Autor unterschreiben und uns zum Beispiel darauf gefasst machen, dass Wölfe sprechen können; wenn aber 15 Rotkäppchen dann vom bösen Wolf gefressen wird, glauben wir, dass es tot ist […]. Also müssen wir zugeben, dass wir selbst bei der unmöglichsten aller Welten, um von ihr beeindruckt, verwirrt, verstört oder berührt 20 zu sein, auf unsere Kenntnis der wirklichen Welt bauen müssen. Mit anderen Worten, auch die unmöglichste Welt muss, um eine solche zu sein, als Hintergrund immer das haben, was in der wirklichen Welt möglich 25 ist. Dies aber bedeutet: Die fiktiven Welten sind Parasiten der wirklichen Welt.

Samuel Taylor Coleridge (1772–1834): engl. Dichter, Literaturkritiker, Philosoph, stellte 1817 die Theorie auf, dass Leser sich auf Illusionen einlassen, um sich zu unterhalten

Parasit: Schmarotzer; einer, der andere ausnutzt

1. Erklärt, was mit dem Fiktionspakt zwischen Leser und Autor gemeint ist.

2. Erläutert, welche Rolle „unsere Kenntnis der wirklichen Welt" (Z. 21 f.) beim Lesen einer erfundenen (fiktiven) Geschichte spielt.

Hörverstehen Schiffbruch mit Tiger tv4k2m

Yann Martel: Schiffbruch mit Tiger (2003, Ausschnitt)

Zwischen dem Erleben dieser Situation und dem Erzählen liegen etwa ==35 Jahre.==

aus Kapitel 59:
Mit ==einem einzigen Blick erkannte ich,== dass der Ozean eine Stadt ist. Direkt unter der Wasseroberfläche und von mir bislang
5 unbemerkt gab es Schnellstraßen, Boulevards, Alleen und Kreisel, mit submarinem Verkehrsgewühl. Unten im Wasser, wo es ==wimmelte von Plankton, von Millionen durchsichtiger, leuchtender Partikelchen,==
10 ==rasten Fische wie Lastwagen und Busse und Autos und Fahrräder und Fußgänger wild durcheinander, ohne Zweifel begleitet von Hupen und Schimpfen.== Die vorherrschende Farbe war Grün. In unterschiedlichen Tie-
15 fen, so weit mein Auge reichte, gab es flüch- tige Bahnen phosphoreszierender grüner Bläschen, die Spuren dahinflitzender Fische. Sobald eine Spur sich verlor, tauchte eine neue auf. Diese Bahnen kamen von überallher und führten überallhin. Sie glichen 20 den lang belichteten Aufnahmen nächtlicher Straßen, auf denen die Rücklichter der Autos lange rote Streifen hinterlassen. Nur dass die Autos hier über- und untereinander herfuhren, als bewegten sie sich auf zehn- 25 stöckigen Straßenkreuzungen. Und hier hatten die Autos die verrücktesten Farben. Die Doraden – es müssen mehr als fünfzig davon unter dem Floß ihre Runden gedreht haben – ==stellten im Vorbeihuschen stolz ihr== 30

Dorade: Fisch

leuchtendes Gold, Blau und Grün zur Schau. Andere Fische, die ich nicht identifizieren konnte, waren gelb, braun, silbern, blau, rot, rosa, grün und weiß, in allen möglichen
35 Kombinationen, einfarbig, gestreift und gesprenkelt. Nur die Haie waren zu stur für dieses bunte Spiel. Und wie groß und farbenprächtig ein Fahrzeug auch immer sein mochte, eins blieb immer gleich: der riskan-
40 te Fahrstil. Es gab viele Zusammenstöße – immer mit Todesopfern, fürchte ich – und manche Autos gerieten völlig außer Kontrolle und prallten gegen Absperrungen, sie wurden aus dem Wasser geschleudert und fielen in leuchtenden Kaskaden klatschend 45 wieder hinein. Ich betrachtete dieses Chaos wie jemand, der vom Heißluftballon aus auf eine Stadt hinabschaut. Es war ein faszinierendes, Ehrfurcht gebietendes Schauspiel. So ungefähr musste Tokio zur Stoßzeit aus- 50 sehen.

3. Sucht Merkmale für die Fiktionalität im Text (S. 124 f.) und im Bild.
   – Nutzt die Markierungen im Text.
   – Ergänzt die folgende Tabelle.

Romanausschnitt: Schiffbruch mit Tiger	Filmbild: Life of Pi
Erzähler kennt viele Details, weiß über alles Bescheid	Existenz der Kamera, in die der Junge schaut
Erzähler nutzt besondere sprachliche Mittel	…
…	…

4. Erklärt die Aussage: „Als Leser und Zuschauer erkenne ich, dass diese Geschichte nicht wahr ist, aber ich weiß auch, dass sie im wirklichen Leben wahr sein könnte."

5. Tragt weitere Möglichkeiten zusammen, die auf die Fiktionalität im Roman und im Film verweisen können.

Das Spiel mit Fiktionalität untersuchen

Yann Martel: Schiffbruch mit Tiger (2003, Ausschnitte)

Pi schildert, was mit den anderen Tieren auf dem Boot geschah.

Orangina:
Name des
Orang-Utan-
Weibchens

aus Kapitel 46–53:
Ich zitterte am ganzen Leib und konnte nichts dagegen tun. Ich war überzeugt, dass die Hyäne sich jeden Moment auf Orangina
5 stürzen würde. […] Am Nachmittag entlud sich die Gewalt. Die Spannung war auf ein unerträgliches Maß gestiegen. Die Hyäne lachte. Orangina schnatterte und schmatzte laut. Ganz unvermittelt hoben beide die
10 Stimmen, die Laute verschmolzen zu einem. Die Hyäne machte einen Satz über das, was von dem Zebra noch übrig war, und stürzte sich auf Orangina. […]

Es war ein Anblick, den ich bis ans Ende meiner Tage nicht vergessen werde. Richard 15 Parker hatte sich erhoben und war aus seiner Höhle gekommen. Er war keine fünf Meter von mir entfernt. Liebe Güte, wie groß er war! Das letzte Stündlein der Hyäne hatte geschlagen, und meines dazu. […] Die Hy- 20 äne starb ohne Schrei und ohne Jammern und Richard Parker schlug lautlos zu.

Die Männer vom Ministerium, die Pi nach seiner Rettung befragen, hegen Zweifel.

Der Koch tötet
den Matrosen.

aus Kapitel 98:
„Mr. Patel, ein Tiger ist ein unglaublich gefährliches, wildes Tier. Wie hätten Sie denn allein mit ihm auf einem Rettungsboot
5 überleben können? Das ist doch –" […]

„Wir wollen eine Geschichte ohne Tiere, die uns erklärt, warum die *Tsimtsum* untergegangen ist." […] [Langes Schweigen]

„Dann erzähle ich Ihnen eine andere Ge-
10 schichte." […]

aus Kapitel 99:
Vier von uns überlebten. Mutter klammerte sich an ein Bananennetz und erreichte so das Rettungsboot. Der Koch war schon an Bord, der Matrose ebenfalls. […]
15

Mutter und ich aßen nichts von dem Fleisch des Matrosen, nicht einen einzigen Bissen, obwohl wir immer schwächer wurden, aber wir aßen von den Meerestieren, die der Koch fing. […] 20

Er hat sie getötet. Der Koch hat meine Mutter getötet. […] Dann kämpften wir und ich tötete ihn. Seine Miene war ausdruckslos, zeigte weder Verzweiflung noch Zorn, weder Angst noch Schmerz. Er gab auf. Er 25 wehrte sich zwar, ließ aber zu, dass ich ihn tötete. Er wusste, er war zu weit gegangen, selbst nach seinen brutalen Maßstäben. […] Er war ein so böser Mann. Schlimmer noch: Er weckte das Böse in mir – Eigennutz, Jäh- 30 zorn, Skrupellosigkeit. Damit muss ich leben. […]

1. Begründet die Zweifel der Männer vom Ministerium. Nutzt die Texte auf den Seiten 118–121.

2. Vergleicht die beiden Geschichten.

Pi fragt die Männer vom Ministerium: „In beiden Geschichten geht das Schiff unter, meine gesamte Familie kommt um und ich habe viel zu leiden. […] Welche ist die bessere Geschichte, die mit den Tieren oder die ohne Tiere?"

3. Antwortet Pi und erklärt ihm eure Meinung. Bezieht auch die markierten Zeilen (Z. 29–32) ein.

Spiel mit Fiktionalität

4. Entscheidet euch für einen der folgenden Sätze und begründet.

Die Tiergeschichte ist für Pi
a) eine notwendige Lebenslüge, um das Erlebte zu bewältigen.
b) die Wahrheit.
c) eine Lüge zur Verdeckung der eigenen Grausamkeit.
Ihr könnt auch einen eigenen Satz formulieren und begründen.

Im Film gibt es keine Bilder zu der zweiten Geschichte. Der Zuschauer hört Pi aus dem Off und sieht ihn im Krankenbett seinen Besuchern unter Tränen die zweite Geschichte erzählen.

5. Beurteilt diese Entscheidung des Regisseurs. Überlegt, was Bilder im Vergleich zu Worten beim Zuschauer bewirken können.

6. Sprecht über die Aussage eines Schülers „Keine der beiden Geschichten ist wirklich wahr!". Vergleicht mit euren eigenen Verstehensweisen.

Wissen und Können

Fiktionalität erkennen

Literarische Texte und Filme erzählen meist **erfundene**, aber **scheinbar wahre Geschichten**. Man nennt diese Eigenschaft Fiktionalität (lat. fictio/fingere: erfinden, vortäuschen).

Hinweise auf Fiktionalität	Buch	Film
Informationen auf Cover und Coverrückseite, Intro	Roman Autor ≠ Erzähler	Spielfilm Verweis auf Schauspieler, Regisseur, …
Handlung	Abweichungen von der Lebenswirklichkeit möglich	
Darstellung	Hinweise auf Künstlichkeit von Räumen, Zeiten, Figuren, …	
	Erzähler wählt aus, bewertet, kommentiert, kennt Details über Figuren, …	Kamera immer vorhanden, Musikhinterlegung, Geräusche, …

Manchmal spielen Texte oder Filme auch mit Fiktionalität. Der Leser oder Zuschauer erkennt nicht so einfach, was innerhalb der Geschichte in der Wirklichkeit möglich ist oder nicht.

7. Zum Differenzieren ■ ■ ■ ■

A Untersucht die Hinweise auf Fiktionalität in Filmbild 6 (S. 116).

B Sucht in den Vorbemerkungen des Autors (S. 118) Hinweise auf Fiktionalität.

C Erklärt an Beispielen: „Buch und Film spielen mit Fiktionalität, zeigen die Fiktion in der Fiktion."

Differenzieren
Fiktionalität
2ya3w8

☆ Das könnt ihr jetzt!

1. Bestimmt für die drei Filmbilder den Kamerastandort, die Kameraeinstellung und den Point of View. Nennt die Wirkung, die damit erzielt wird.

2. Besprecht, wie realistisch die Bilder auf euch wirken. Begründet.

3. Sucht euch ein Filmbild aus und skizziert dazu vorausgehende oder nachfolgende Bilder. Nennt Möglichkeiten, wie man diese Bilder im Film sinnvoll verknüpfen könnte.

4. Überlegt, warum der Autor einen Tiger für den Überlebenskampf seines Helden gewählt hat. Nutzt die markierte Textstelle auf Seite 126 und das Filmbild 3.

Yann Martel: Schiffbruch mit Tiger (2003, Ausschnitt)

aus Kapitel 94:
Ich war mir sicher, dass er sich nun zu mir umdrehen würde. Er würde mich ansehen. Er würde die Ohren anlegen. Er würde knurren. Etwas in dieser Art würde er tun, zum Abschluss der Zeit, die wir miteinander verbracht hatten. Aber er dachte gar nicht daran. Sein
5 Blick war starr auf den Dschungel gerichtet. Und dann verschwand Richard Parker, der Gefährte meiner langen Reise, der mächtige, angsteinflößende Tiger, der mich gerettet hatte, mit einem kleinen Sprung für immer aus meinem Leben. […]
Ich weinte wie ein Kind. Nicht weil ich überwältigt von dem Gedanken war, dass ich meine Leiden überstanden hatte. Obwohl ich auch das war. Auch nicht, weil ich wieder

Lerninsel:
Umgang mit
Medien
S. 283 ff.

Diagnose-
bogen
Filme
8i7d8u

Training
interaktiv
Filme
q4hg3t

10 meine Brüder und Schwestern um mich hatte, obwohl mich das sehr rührte. Ich weinte,
weil Richard Parker mich ohne einen Abschiedsgruß verlassen hatte. Es ist entsetzlich,
wenn man sich nicht anständig verabschieden kann. Ich bin ein Mensch, der an Formen
glaubt, an die Harmonie des geordneten Lebens. Wo immer wir können, müssen wir den
Dingen eine Gestalt geben, denn Gestalt bedeutet Sinn.

5. Sucht im Textausschnitt Hinweise auf Fiktionalität und deutet den Abschnitt ab Zeile 8.
Schreibt einen Blogbeitrag, in dem ihr auf die Enttäuschung von Pi eingeht.

von Ilka 13.01.2012, 13:26, www.forum.die-leselust.de
Hallo zusammen,
ich habe jetzt innerhalb von zwei Tagen „Schiffbruch mit Tiger" verschlungen. […] Das
Ende hat mich auch sehr verwirrt. […] am Ende wird der Leser gezwungen, selbst zu entscheiden, ob die eben erzählte Geschichte wahr ist oder ob die Katastrophenbeschreibung
5 mit Matrose, Koch und Mutter der Realität entspricht. Ein wirklich gelungenes Ende,
das mich jetzt noch hin- und herreißt, da beide Lösungen für mich zufriedenstellend
sind. Einerseits bin ich da eher realistisch eingestellt, andererseits will man das eben MIT-
ERLEBTE (so ging es mir jedenfalls) nicht einfach als reine Fiktion abtun. Und wie sagt
ein berühmter Schlagertitel doch noch: Wunder gibt es immer wieder …

6. Reagiert in einem kurzen Blogbeitrag auf den Text von Ilka.

Interview mit Ang Lee, dem Regisseur von „Life of Pi" (2012)

SPIEGEL ONLINE: In der Buchvorlage von Yann Martel geht es am Ende darum, ob die
Geschichte wahr ist oder nicht. Haben Sie je darüber nachgedacht, das für den Film zu
ändern?

LEE: Nein, und es war eine echte Herausforderung – nicht für mich, aber für das Studio!
5 Sie ließen sich nur schwer überreden, so viel Geld für ein so vieldeutiges Ende auszu-
geben. Es hieß immer: Vielleicht kriegt man das hin, dass es zumindest oberflächlich
eindeutig aussieht, dass vielleicht nur diejenigen ins Zweifeln kommen, die tiefer darüber
nachdenken. Wir müssen doch einen Film machen, den man jedem zeigen kann! Doch
es bestand für mich nie ein Zweifel: Dieses Ende, das alles in Frage stellt, ist die Essenz
10 des Stoffes. […] Meine professionelle und persönliche Intuition sagte mir aber, dass man
daraus keinen Film machen kann. Viel zu teuer, komisches Ende, und der dritte Akt ist
kein bisschen kinofreundlich. Es entzaubert ja alles, was man vorher behauptet hat, und
so etwas darf man mit dem Kinopublikum nicht machen! Weil die Zuschauer emotional involviert sind und schließlich gerade mit eigenen Augen diese realistischen Bilder
15 gesehen haben. […]

7. Extra

Führt eine Debatte zur These „Dieser Film ist eine Zumutung für den Zuschauer".

Wege und Umwege
Gedichte untersuchen und deuten

 Das könnt ihr schon!

· den Inhalt und Aufbau untersuchen
· bildliche, sprachliche, klangliche
  Besonderheiten untersuchen und deuten
· Gedichte in ihrem historischen
  und biografischen Bezug erschließen
· Gedichte produktiv umgestalten und
  eigene Gedichte schreiben

Achtung:
alte Recht-
schreibung

Wolfgang Bächler:
Wege

Ich habe die Richtung verloren.
Es gibt zuviel Wege.

Vielleicht muß ich
die Augen schließen
5 und auf dem Kopf gehen?

Vielleicht findet mich das Ziel?

Bertolt Brecht:
Der Radwechsel (1953)

Ich sitze am Straßenhang.
Der Fahrer wechselt das Rad.
Ich bin nicht gern, wo ich herkomme.
Ich bin nicht gern, wo ich hinfahre.
5 Warum sehe ich den Radwechsel
Mit Ungeduld?

1. Besprecht, welche Gedanken ihr mit dem Thema „Wege und Umwege" verbindet. Bezieht auch die Karikatur ein.

2. Erläutert, worum es in den Gedichten von Bächler und Brecht geht. Wie wird das Motiv des Weges aufgegriffen? Vergleicht mit euren eigenen Gedanken (Aufgabe 1).

3. Im Gedicht von Bächler sagt das lyrische Ich „Ich habe die Richtung verloren. / Es gibt zuviel Wege." (V. 1 f.)
   – Erklärt, wie ihr diese Aussage versteht.
   – Kennt ihr ähnliche Situationen? Tauscht euch darüber aus.

Lerninsel:
Umgang mit
Gedichte
S. 273 ff.

🌐 Eingangstest
Gedichte
65r454

4. Stellt für das Gedicht von Kunze eine Deutungshypothese auf. Begründet sie, indem ihr Besonderheiten der Sprache und Form einbezieht.

Reiner Kunze:
Sensible Wege (1966)

Sensibel
ist die erde über den quellen: kein baum darf
gefällt, keine wurzel
gerodet werden

5   Die quellen könnten
versiegen

Wie viele bäume werden
gefällt, wie viele wurzeln
gerodet

10   in uns

Albert Ostermaier:
roadmovie (1997)

immer geht es weiter voran wohin
kein ende der straße eine weite
die dir das hemd aufknöpft kein
baum kein strauch eine tankstelle
5   vorbei der horizont schiebt sich
müde voran die sonne pausiert
hinter den wolken & die nacht
füllt die reserven wenn die fahrer
wechseln das bier immer dünner
10   wird & der schnee dir an den
schuhen schmilzt du dir ein herz
fasst & den atem hältst plötzlich
das haar des mädchens vor dir in
den händen um eine haaresbreite
15   hättest du die augen geschlossen &
die liebe erfunden eine straße &
endlosigkeit die man nur zu
zweit ertragen kann ein glück
das keine zeit hat sich zu zeigen
20   doch du die zeit es zu verlieren
wenn der film & das popcorn
aus sind & ein mann seinen
weg allein geht mit sand in den
augen doch mit schnee
25   in den schuhen zum
ende

5. Sprecht über Vorstellungen, die ihr mit dem Begriff „Roadmovie" verbindet. Bezieht auch eure Erfahrungen mit Büchern und Filmen ein.

6. Bereitet in Gruppen eine Rezitation des Gedichts „roadmovie" vor.
  – Klärt die Situation und die Wahrnehmungsweisen des lyrischen Ichs. Untersucht, wie der Inhalt durch den Aufbau und die sprachliche Gestaltung gestützt wird.
  – Überlegt, worin Schwierigkeiten beim Rezitieren bestehen könnten.
  – Probiert unterschiedliche Vortragsweisen aus.
  – Tragt eure Rezitation vor und gebt einander ein Feedback.

Das lernt ihr jetzt!

· weitere sprachliche und klangliche Besonderheiten untersuchen und deuten
· lyrische Texte sprechkünstlerisch gestalten
· Gedichte nach Inhalt, Sprache und Form vergleichen

Eigene Wege
Lyrische Texte untersuchen und sprechkünstlerisch gestalten

Bas Böttcher: Freiheit im Quadrat (2009)

Ich malte über den Blockrand
und schlug über die Stränge.
Ich war umgeben von Grenzen
und sprengte die Enge.

5 Dann fand ich meine Freiheit im Quadrat.
Dann fand ich Vielfalt im Standardformat.

Man will ja keine Freiheit,
man will ja Sicherheit.
Man will bloß etwas Spielraum,
10 in dem bisschen Freiheit bleibt.

Ich hatte Multitalentose
und litt an Nonkonformie.
Ich hatte Vielseitingitis
und ne Normalallergie.

15 Dann fand ich meine Freiheit im Quadrat.
Dann fand ich Vielfalt im Standardformat.

Man will ja keine Vielfalt,
man will ja, was man kennt.
Man will bloß etwas Abwechslung,
20 die man dann Vielfalt nennt.

Anja Becher

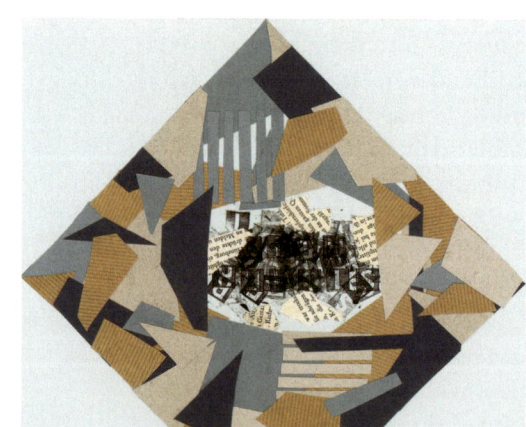

Sebastian Fechner

1. Erklärt, worin die „Freiheit" für das lyrische Ich besteht.

2. Bildet kleine Gruppen und untersucht das Gedicht genauer.
   – Analysiert den Zusammenhang von Inhalt und Aufbau.
   – Deutet den Wechsel zwischen dem Pronomen „ich" und dem unpersönlichen „man".
   – Untersucht die sprachlichen und klanglichen Mittel.
   – Schaut euch im Internet die Performance an. Beschreibt, mit welchen Mitteln das Gedicht inszeniert wird. Achtet auf Körpersprache, Mimik, Gestik und Sprechweise.

Performance:
die Präsentation
des Textes durch
den Autor/
die Autorin

3. Betrachtet die beiden Schülerarbeiten und erklärt, auf welche Weise die Schüler zum Ausdruck gebracht haben, wie sie das Gedicht verstehen. Beurteilt die künstlerischen Umsetzungen.

Tilmann Döring: Immer wenn (2009)

Immer wenn – ich ankomm' nach Reisen
in Zügen bei Nacht, auf glühenden Gleisen
der Puls im springenden Walzer rotiert
der Mund trocken – der Hals abgeschnürt
5 das Beben der Beine das Laufen verhindert
das Reden der Meisten den Glauben vermindert
das Leben sei leicht und nicht rau und verbittert
bei Sätzen wie „Ich mag dich, ehrlich, ich schwör!"
weiß ich, dass ich hier nicht hergehör'

10 Und wenn ich dann da bin, doch da auch nicht hier ist
weil hier auch nicht hier, nur alleine bei mir ist
die Sprache sich peitschend gegen mich stellt
und dem lachenden Reigen nur Regen entfällt
kann reden mit jedem, doch schweigen mit keinem
15 so steh ich auf wackligen Stelzen auf eigenen Beinen
sitz' ohne wärmende Pelze auf kaltem Gestein
bei Sätzen wie „Ich meld mich ehrlich, ich schwör!"
weiß ich, dass ich hier nicht hergehör'

[…]

20 Doch auf der Suche danach geht die Reise wohl weiter
Angst im Gepäck, dem Gefühl als mein Reisebegleiter
Es bleibt ein zielloses Tappen im Dunkeln
Ein tägliches Rappeln und Zappeln für Stunden
Und wenn ich dann ankomm' nach Reisen
25 in Zügen bei Nacht, auf glühenden Gleisen
weiß ich – ich bleib hier doch nur bis morgen
bei Sätzen wie „Komm schon, mach dir keine Sorgen!"
weiß ich, Heimat kann man nicht borgen!

Döring beim Poetry-Slam, Heidelberg

Bas Böttcher und Tilmann Döring treten mit ihren Texten bei sogenannten Poetry-Slams auf. Das sind moderierte Wettbewerbe, bei denen selbst verfasste Texte vorgetragen werden. Diese Texte sind oft nicht so streng aufgebaut und erzählen häufig eine Geschichte.

Regeln und Ablauf eines Poetry-Slam:
- Der Vortrag ist meist auf fünf Minuten begrenzt.
- Es dürfen keine Requisiten verwendet werden.
- Eine Publikumsjury von zehn Mitgliedern bewertet die Vorträge durch Hochhalten von Stimmtafeln mit Punkten von eins (schlechteste Note) bis zehn (beste Note).
  Dabei wird die Performance gleichwertig zum Inhalt bewertet.
- Die schlechteste und die beste Note des Vortrags werden gestrichen, alle restlichen zusammengezählt und so der beste Slammer ermittelt.

4. Gebt den Inhalt mit eigenen Worten wieder. Erläutert, welche Grundstimmung zum Ausdruck kommt. Belegt mit Textstellen.

5. Bereitet auf einer Kopie eine Rezitation vor:
- Kennzeichnet Sprechpausen.
- Markiert Wörter, die ihr besonders betonen wollt.
- Notiert Regieanweisungen.
- Sprecht den Text mehrmals laut und findet euren eigenen Sprechrhythmus.
- Tragt den Text vor und gebt einander ein Feedback.

6. Schaut euch im Internet Aufzeichnungen von Poetry-Slams an und erklärt, welche Bedeutung in diesem Aufführungskontext der Sprache und den sprachlichen Mitteln zukommt.

Lerninsel:
Besondere
Gestaltungs-
mittel
S. 277

7. Untersucht im Gedicht von Döring (S. 133) sprachliche Mittel und deren Wirkung. Übernehmt die folgende Tabelle und vervollständigt sie.

Textstelle (Zitat mit Versangabe)	sprachliches Mittel	Wirkung auf den Zuhörer
„der Puls" (V. 3) „der Mund" (V. 4)	Anapher	Gleichklang
„das Beben der Beine" (V. 5)	…	…
…	…	…

8. Tragt den Text von Döring (S. 133) als Poetry-Slam-Performance vor. Besprecht vorab, was sich im Vergleich zur Rezitation in Aufgabe 5 (S. 133) verändert.

9. Sucht nach einer Idee für eigene Slam-Poetry. Ihr könnt so vorgehen:
  – Führt ein Brainstorming durch und schreibt alles auf, was euch innerhalb einer Minute zum Thema „Eigene Wege" durch den Kopf geht.
  – Kreist anschließend die Aspekte ein, die euch besonders bedeutsam oder aktuell erscheinen.
  – Schreibt um die eingekreisten Aspekte clusterartig alle Assoziationen, die euch dazu einfallen. Nutzt zum Beispiel Zitate, Liedtexte, Werbetexte, die ihr verfremden könnt.

10. Verfasst mithilfe der blauen Box auf Seite 135 und der folgenden Checkliste ein eigenes Gedicht für eine Performance.

> ### Checkliste
>
> **Checkliste zum Schreiben und Vortragen von Slam-Poetry**
>
> **Schreiben**
> ✔ Ist das Thema meines Textes für die Zuhörer interessant oder aktuell?
> ✔ Ist mein Text für die Zuhörer nachvollziehbar?
> ✔ Sind inhaltliche und sprachliche Brüche gewollt und interessant?
> ✔ Sind sprachliche und klangliche Mittel wirkungsvoll eingesetzt?
>
> **Vortragen**
> ✔ Schlüpfe ich in eine andere Rolle oder trete ich als ich selbst auf?
> ✔ Welches Sprechtempo und welche Stimmlage passen zur Stimmung meines Textes?
> ✔ Habe ich Regieanweisungen für die Betonung und Vortragsweise notiert?
> ✔ Gibt es Passagen, an denen ich das Publikum einbeziehen kann?
> ✔ Wie will ich mich auf der Bühne bewegen?
> ✔ Wie kann ich meinem Lampenfieber entgegenwirken?

Lerninsel:
Mit Lam-
penfieber
umgehen
S. 229

11. Stellt euren Text als Poetry-Slam-Performance der Klasse vor.
- Nutzt zur Vorbereitung die Checkliste (S. 134).
- Beurteilt eure Beiträge nach den Slam-Regeln (S. 133) und gebt euch Hinweise für Verbesserungen.

🌐
Vorlage
Checkliste
Poetry-Slam
5g55fi

Wissen und Können

Sprachliche Mittel zur sprechkünstlerischen Darbietung nutzen

Um einen Text als Slam-Poetry zu performen, könnt ihr sprachliche Mittel wie **Alliterationen, Parallelismen, Enjambements, Anaphern** und andere gehäuft einsetzen.
Außerdem könnt ihr völlig neue Wörter (**Neologismen**) erfinden, um einen Sachverhalt besonders treffend auszudrücken.
> „Multitalentose, Nonkonformie, Vielseitingitis, Normalallergie" (S. 132, V. 11–14).

Bei einer **Assonanz** verwendet ihr einen bestimmten betonten Vokal, Diphthong oder Umlaut häufiger. Der dadurch entstehende Gleichklang unterstützt die inhaltliche Aussage.
> „kann reden mit jedem, doch schweigen mit keinem" (S. 133, V. 14).

Lerninsel:
Besondere Gestaltungsmittel
S. 276

🌐
Differenzieren
Sprachliche und klangliche Mittel
2n2544

12. **Zum Differenzieren** ■ ■ ■ ■

Führt einen Dead-or-Alive-Slam durch und kürt den besten Slammer eurer Klasse.

A Sucht euch ein Gedicht eines verstorbenen Dichters aus. Kopiert den Text und bereitet eure Performance mithilfe von Markierungen und Regieanweisungen vor. Das Blatt mit dem Gedicht und euren Notizen dürft ihr mit auf die „Bühne" nehmen.

B Verfasst einen eigenen Text für den Poetry-Slam oder überarbeitet einen Text, der in Aufgabe 10 (S. 134) entstanden ist. Bereitet eure Performance mithilfe von Markierungen und Regieanweisungen vor. Das Blatt mit dem Text und euren Notizen dürft ihr mit auf die „Bühne" nehmen.

Dead-or-Alive-Slam: Bei diesem Wettbewerb treten junge Künstler mit ihren eigenen Texten gegen verstorbene Dichter an. Dabei werden die verstorbenen Dichter durch Schauspieler repräsentiert, die die jeweiligen Texte im Stil von Slam-Poetry performen.

Plakat mit Ankündigung für Dead-or-Alive-Slam

13. **Extra**

Gestaltet ein Plakat zum Thema „Dichterwettbewerbe früher und heute" und präsentiert es eurer Klasse. Ihr könnt so vorgehen:
- Recherchiert im Internet und/oder in der Bibliothek.
- Stellt zwei bis drei Dichterwettbewerbe und bedeutende Teilnehmer/innen vor.

Aufgezwungene Wege
Gedichte vergleichen

Bertolt Brecht
(1898–1956):
- antifaschistischer
  Schriftsteller
- 1933 Flucht mit Familie
  aus Deutschland
- Stationen der Flucht:
  Prag, Wien, Schweiz
- bis 1939 Exil in
  Dänemark/Svendborg,
  später: Schweden, Finnland, USA

**Bertolt Brecht: Gedanken über die Dauer
des Exils (um 1937)**

1

Schlage keinen Nagel in die Wand!
Wirf den Rock auf den Stuhl!
Warum vorsorgen für vier Tage?
5 Du kehrst morgen zurück.

Laß den kleinen Baum ohne Wasser!
Wozu noch einen Baum pflanzen?
Bevor er so hoch wie eine Stufe ist
Gehst du froh weg von hier.

10 Zieh die Mütze ins Gesicht, wenn Leute vorbeigehn!
Wozu in einer fremden Grammatik fingern?
Die Nachricht, die dich heimruft
Ist in bekannter Sprache geschrieben.

So wie der Kalk vom Gebälk blättert
15 (Tue nichts dagegen!)
Wird der Zaun der Gewalt zermorschen
Der an der Grenze aufgerichtet ist
Gegen die Gerechtigkeit.

2

20 Sieh den Nagel in der Wand, den du eingeschlagen
hast:
Wann, glaubst du, wirst du zurückkehren?
Willst du wissen, was du im Innersten glaubst?

Tag um Tag
25 Arbeitest du für die Befreiung
Sitzend in der Kammer schreibst du:
Willst du wissen, was du von deiner Arbeit hältst?
Sieh den kleinen Kastanienbaum im Eck des Hofes
Zu dem du die Kanne voll Wasser schlepptest.

1. Grenzt die Begriffe „Exil",
„Asyl" und „Migration" voneinander ab und diskutiert
mögliche Gründe, warum
jemand ins Exil geht. Nutzt ein
Wörterbuch.

2. Lest den ersten Teil des
Gedichts und beschreibt mit
eigenen Worten,
- welche Haltung der lyrische
  Sprecher zum Exil hat und
- wie sich der lyrische Sprecher
  verhalten soll.

3. Lest den zweiten Teil des Gedichts und erläutert, was sich in der Sprechhaltung
im Vergleich zum ersten Teil verändert hat. Besprecht mögliche Gründe.

4. Das Gedicht trägt autobiografische Züge. Nutzt die Informationen
im grünen Kasten für eure Deutung des Gedichts.

Heinrich Heine: Nachtgedanken (1844)

Denk ich an Deutschland in der Nacht,
Dann bin ich um den Schlaf gebracht,
Ich kann nicht mehr die Augen schließen,
Und meine heißen Tränen fließen.

5 Die Jahre kommen und vergehn!
Seit ich die Mutter nicht gesehn,
Zwölf Jahre sind schon hingegangen;
Es wächst mein Sehnen und Verlangen.

Mein Sehnen und Verlangen wächst.
10 Die alte Frau hat mich behext,
Ich denke immer an die alte,
Die alte Frau, die Gott erhalte!

Die alte Frau hat mich so lieb,
Und in den Briefen, die sie schrieb,
15 Seh ich, wie ihre Hand gezittert,
Wie tief das Mutterherz erschüttert.

Die Mutter liegt mir stets im Sinn.
Zwölf lange Jahre flossen hin,
Zwölf lange Jahre sind verflossen,
20 Seit ich sie nicht ans Herz geschlossen.

Deutschland hat ewigen Bestand,
Es ist ein kerngesundes Land;
Mit seinen Eichen, seinen Linden,
Werd' ich es immer wiederfinden.

25 Nach Deutschland lechzt' ich nicht so sehr,
Wenn nicht die Mutter dorten wär;
Das Vaterland wird nie verderben,
Jedoch die alte Frau kann sterben.

Seit ich das Land verlassen hab,
30 So viele sanken dort ins Grab,
Die ich geliebt – wenn ich sie zähle,
So will verbluten meine Seele.

Und zählen muss ich – Mit der Zahl
Schwillt immer höher meine Qual,
35 Mir ist, als wälzten sich die Leichen,
Auf meine Brust – Gottlob! Sie weichen!

Gottlob! Durch meine Fenster bricht
Französisch heitres Tageslicht;
Es kommt mein Weib, schön wie der Morgen,
40 Und lächelt fort die deutschen Sorgen.

Mascha Kaléko: Emigranten-Monolog (1945)

Ich hatte einst ein schönes Vaterland –
So sang schon der Flüchtling Heine.
Das seine stand am Rheine,
Das meine auf märkischem Sand.

5 Wir alle hatten einst ein (siehe oben!),
Das fraß die Pest, das ist im Sturz zerstoben.
O Röslein auf der Heide,
Dich brach die Kraftdurchfreude.

Die Nachtigallen wurden stumm,
10 Sahn sich nach sicherm Wohnsitz um.
Und nur die Geier schreien
Hoch über Gräberreihen.

Das wird nie wieder, wie es war,
Wenn es auch anders wird.
15 Auch wenn das liebe Glöcklein tönt,
Auch wenn kein Schwert mehr klirrt.

Mir ist zuweilen so, als ob
Das Herz in mir zerbrach.
Ich habe manchmal Heimweh.
20 Ich weiß nur nicht, wonach …

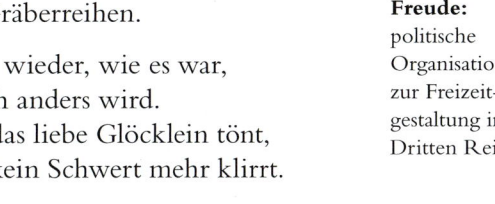

Hörtexte
Nachtgedanken, Emigranten-Monolog
v4aa8m

O Röslein auf der Heide: Vers aus Goethes Gedicht „Heidenröslein"

Kraft durch Freude: politische Organisation zur Freizeitgestaltung im Dritten Reich

Heinrich Heine (1797–1856): ab 1831 im Exil in Paris

Mascha Kaléko (1907–1975):
– in Polen geborene Jüdin, die seit ihrer Kindheit in Deutschland lebte
– 1938 Emigration in die USA

5. Rezitiert die Gedichte von Heine und Kaléko (S. 137) und beurteilt eure Vortragsweisen.

6. Verfasst kurze Inhaltsangaben zu den Gedichten von Heine und Kaléko (S. 137).

7. Vergleicht die Gedichte (S. 137). Bildet kleine Gruppen. Geht so vor:
   – Stellt zu beiden Gedichten eine Deutungshypothese auf.
   – Übernehmt die folgende Tabelle und vervollständigt sie.
   – Formuliert ein Fazit eures Vergleichs.

Vergleichs-aspekte	Heinrich Heine: Nachtgedanken	Mascha Kaléko: Emigranten-Monolog
Thema	…	…
Grundstimmung	…	*wehmütig, traurig*
lyrischer Sprecher und seine Sprechsituation	*lyrisches Ich verbindet mit Deutschland positive Erinnerungen (z.B. …), hat sich mit Exil arrangiert*	
Motiv: Heimat, Mutterliebe	…	…
Auffälligkeiten in Sprache und Form	…	*– In den letzten beiden Strophen reimen sich nur die Verse 2 und 3 → Verstärkung des zerbrochenen Herzens.* *– Symbole: Nachtigall → …* *– Enjambements (V. 11 f., V. 17 f.) → Aufbau von Spannung* *– …*

8. **Extra**

   Recherchiert weitere historische und biografische Hintergründe zu Heine und Kaléko sowie zur Entstehungszeit des jeweiligen Gedichts.

Wissen und Können

Lerninsel:
Umgang mit
Gedichten
S. 273 ff.

Gedichte vergleichen

Eine Variante des Gedichtvergleichs ist der sogenannte **aspektorientierte Vergleich**.
So könnt ihr dabei vorgehen:
1. **Vergleichsaspekte** suchen, die für beide Gedichte bedeutsam sind (z. B. *Thema, Grundstimmung, lyrischer Sprecher und seine Situation, Aufbau, Motiv(e), sprachliche Auffälligkeiten*)
2. beide Gedichte unter diesen Vergleichsaspekten untersuchen
   Ergebnisse in einer Tabelle festhalten
3. ein **Fazit** ziehen

9. Zum Differenzieren ■ ■ ■ ■

A Vergleicht die Gedichte von Biondi und Papastamatelos. Geht so vor:
– Notiert in einer Tabelle Stichpunkte zu den Vergleichsaspekten
  Thema, Grundstimmung, Situation des lyrischen Sprechers, Aufbau,
  sprachliche Auffälligkeiten und deren Deutung.
– Nutzt die Markierungen und Notizen am Gedicht von Biondi.
– Bezieht auch die Informationen in dem grünen Kasten mit ein.
– Formuliert ein schriftliches Fazit eures Vergleichs.

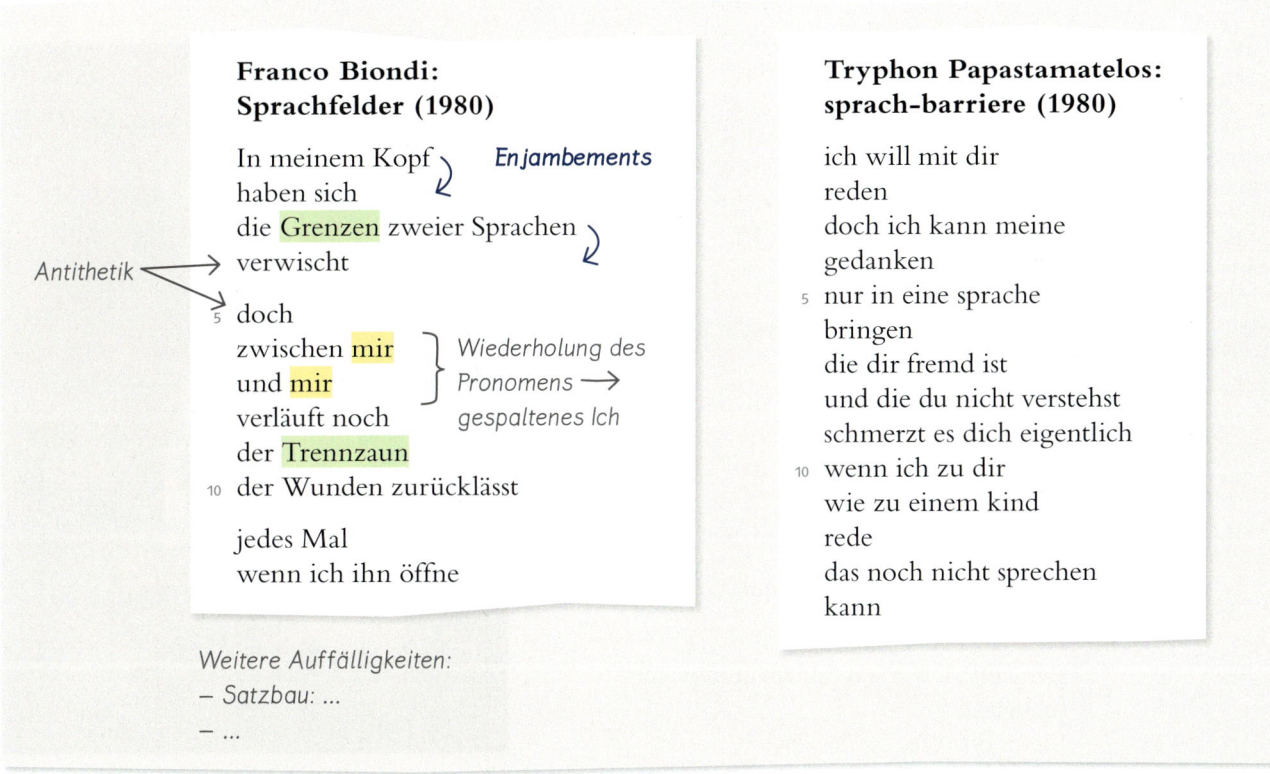

Franco Biondi (geb. 1947 in Forli, Italien) kam 1965 nach Deutschland.
Tryphon Papastamatelos ist gebürtiger Grieche und lebt seit 1966 in Deutschland.
Beide Autoren kamen als Gastarbeiter und gelten als Vertreter der sogenannten Gastarbeiter-
oder Migrantenliteratur.

B Vergleicht die Gedichte „Prometheus" (S. 73) und
„Am Turme" (S. 70) unter folgenden Aspekten:
– Thema
– Grundstimmung
– lyrischer Sprecher und seine Situation
– Aufbau
– bildliche, sprachliche und klangliche Auffälligkeiten

Das könnt ihr jetzt!

Clara Nielsen: Windwatte und Spurplattenwege (2012)

Windwatt:
Watt, das
entsteht, wenn
flache Wasser-
zonen durch
starke Winde
trockengelegt
werden, z.B.
an der Küste
Mecklenburg-
Vorpommerns

**Spurplatten-
weg:**
Weg, bei dem
nur die beiden
Fahrspuren
befestigt sind,
dazwischen
wächst Gras

Wie Windwatt warten auf Wind
auf den Zugvogel
der kommt, um nach Nahrung zu suchen,
will ich nicht
5 mehr.

Ich will auf Spurplattenwegen
neben dir her laufen,
jeder auf seinem eigenen Weg
und dazwischen wächst Gras,
10 ich sehe dich ja noch,
wenn du gleich schnell läufst wie ich
und das Gras nicht zu hoch ist.

Im Windschatten läuft es sich besser
– sagen einige,
15 aber da sieht man den Weg vor sich nicht
– sag ich
und nach Kilometer 365 mal x sehnt man
sich
sicherlich nach etwas mehr Sicht.

20 Wie Windwatte warten auf Zugvögel
will ich nicht.

Ich laufe lieber auf Spurplattenwegen
neben dir,
denn der Weg ist das Ziel
25 – das sagen sie doch auch.

Clara Nielsen bei einem Auftritt in Köln 2009

1. Erläutert, woran ihr erkennen könnt, dass es sich um einen Beitrag
   für einen Poetry-Slam handelt.
   - Geht auch auf die bildlichen, sprachlichen und klanglichen Mittel
     und deren Wirkung ein.
   - Begründet mit Textstellen.

2. Tragt den Text euren Mitschülern in Form einer Slam-Performance vor.
   Beurteilt eure Vorträge.

3. **Extra**

   Wandelt einen Zeitungstext in einen
   Slamtext um und performt ihn.

Lerninsel:
Umgang mit
Gedichte
S. 273 ff.

⊕ Diagnose-
bogen
Gedichte
n3cc8i

⊕ Training
interaktiv
Gedichte
23r7gg

Johann Wolfgang Goethe:
Glückliche Fahrt (1795)

Die Nebel zerreißen,
Der Himmel ist helle,
Und Äolus löset
Das ängstliche Band.
5 Es säuseln die Winde,
Es rührt sich der Schiffer.
Geschwinde! Geschwinde!
Es teilt sich die Welle,
Es naht sich die Ferne;
10 Schon seh' ich das Land!

Hilde Domin:
Auf Wolkenbürgschaft (1959)

(für Sabka)

Ich habe Heimweh nach einem Land,
in dem ich niemals war,
wo alle Bäume und Blumen
mich kennen,
5 in das ich niemals geh,
doch wo sich die Wolken
meiner
genau erinnern,
ein Fremder, der sich
10 in keinem Zuhause
ausweinen kann.

Ich fahre
nach Inseln ohne Hafen,
ich werfe die Schlüssel ins Meer
15 gleich bei der Ausfahrt.
Ich komme nirgends an.
Mein Segel ist wie ein Spinnweb im Wind,
aber es reißt nicht.
Und jenseits des Horizonts,
20 wo die großen Vögel
am Ende ihres Flugs
die Schwingen in der Sonne trocknen,
liegt ein Erdteil,
wo sie mich aufnehmen müssen,
25 ohne Pass,
auf Wolkenbürgschaft.

Äolus:
griechischer
Gott der Winde

4. Gebt den Inhalt beider Gedichte mit
eigenen Worten wieder.

5. Vergleicht beide Gedichte.
  – Erklärt, welche Bedeutung das
    Wege-Motiv hat.
  – Untersucht die Grundstimmung und
    verdeutlicht, durch welche bildlichen,
    klanglichen und sprachlichen Mittel
    sie jeweils gestützt wird.
  – Fasst wesentliche Ergebnisse eures
    Vergleichs in einem schriftlichen Fazit
    zusammen.

6. Beurteilt das folgende Fazit eines Schülers:

> *Für beide Gedichte ist das Wege-Motiv grundlegend. Aber während der lyrische Sprecher im
> Gedicht von Goethe zuversichtlich sein Ziel verfolgt und es findet, ist der lyrische Sprecher im
> Gedicht von Domin erfolglos und sehnt sich nach einem utopischen Ort des Exils.*

Lebensfrust und Lebenslust

Dramatische Texte untersuchen und deuten

 Das könnt ihr schon!

- die Funktion der Exposition erkennen
- die Entwicklung des Konflikts untersuchen
- Konflikte szenisch darstellen

Das Suizidforum

Jana und Mario haben sich im Internet in einem Suizidforum kennengelernt. Dort treffen sich „Gleichgesinnte". Ich war in der ersten Zeit nach dem Tod
5 unserer Kinder oft auf diesen Seiten, um zu sehen, was dort passiert. Es lief eine ständige Diskussion über die Sinnlosigkeit des Lebens und das angebliche Recht, sein Leben selbst zu beenden.
10 Einigen Teilnehmern der Suizidforen wird durch die Kontakte und die Möglichkeit des Gedankenaustausches geholfen. Aber anderen geht es durch die oft depressive Stimmung im Fo-
15 rum schlechter als zuvor. Als man im Suizidforum vom Tod unserer Kinder erfuhr, waren viele Teilnehmer völlig geschockt. Trauer und Sprachlosigkeit waren vorrangig an der Tagesordnung.
20 Als ich jedoch in die Medien gegangen bin, um die Öffentlichkeit und vor allem Eltern dafür zu sensibilisieren, wurde ich im Forum und per E-Mail massiv angegriffen. Mir wurde vorge-
25 worfen, dass ich damit „Touristen" ins Forum locke, welche die Foren kaputt machen, und dadurch denen die Rückzugsmöglichkeit nehme, die sich bis dahin dort verstanden gefühlt haben. Es
30 ging sogar so weit, dass man mir eine Mitverantwortung an eventuellen weiteren Selbstmorden anlasten wollte.

Farin Urlaub: Kein Zurück (2005, Songtext)

Du stehst am Fenster und du schaust hinaus
Und draußen scheint die Sonne, doch in dir herrscht tiefe Nacht
Wenn nicht ein letzter Rest von Zweifel in dir wäre,
5 Hättest du schon längst den letzten Schritt gemacht

Niemand da, der dich versteht
Und weiß, was in dir vor sich geht

[…]

Mit einer Waffe an der Schläfe willst du dich
10 Für alle Ewigkeit von deinem Schmerz befreien
Soll denn das Zucken deines Zeigefingers tatsächlich
Der letzte Akt in deinem Leben sein?

Die eigenen Schmerzen enden zwar
Doch mach dir bitte eines klar:

15 Du hast dein Leid nur gegen anderes eingetauscht
Nichts ist besser, nicht ein Stück
Die dich verlieren, werden den Schmerz für immer spüren
Wenn du gehst – du verstehst:
20 Es gibt kein Zurück […]

Lerninseln:
Umgang mit
dramatischen
Texten
S. 277 ff.

⊕ **Eingangstest**
Dramatische
Texte
sm9zu9

1. Lest euch den Online-Beitrag „Das Suizidforum" durch. Überlegt, wer den Text aus welchen Gründen verfasst haben könnte.

2. Diskutiert Sinn und Zweck solcher Foren.

3. Fasst die Botschaft des Songtextes von Farin Urlaub zusammen.

4. Listet auf, welche Gründe für den Selbstmordwunsch im Text genannt werden. Hört euch dazu das ganze Lied „Kein Zurück" im Internet an.

5. Erläutert, was für den Sprecher des Gedichts von Heinz Rudolf Kunze „Lebenslust" bedeutet.

6. Schreibt ein eigenes Gedicht zum Thema „Lebenslust" oder erstellt eine Liste mit Dingen, die euch persönlich Lust am Leben bereiten.

Heinz Rudolf Kunze: Lebenslust (1986)

Plötzlich wieder saugen an der Welt
wie an einer fast schon erkalteten Pfeife –
man geht auf Empfänge mit fleckigen Hosen,
und wenn du dich von mir trennst, möchte ich das mindestens
5 aus der Zeitung erfahren.
Es regnet geduldig. Man hat
keine Einwände.

Die Bomben schweigen.
Die Frauen sind allesamt ausländisch
10 und schön.
Ein Tag für lange Blicke auf Gesichter hinter Scheiben.
Zahlen! möchte man rufen, und:
Stimmt so.

Das lernt ihr jetzt!

· interpretieren mithilfe szenischer Verfahren
· Figuren untersuchen und charakterisieren
· eine Dramenszene untersuchen und deuten
· sich mit Theaterinszenierungen auseinandersetzen
· die Theaterpraxis kennenlernen

„Ist irgendwie ein schwarzer Tag heute."
Dramatische Texte szenisch gestalten

Julie und August sind die Protagonisten des Zwei-Personen-Stücks. Sie haben sich im Internet kennengelernt. Anschließend haben sie sich im realen Leben getroffen und vereinbart, gemeinsam an den Prekestolen-Felsen (dt.: Predigtstuhl) in Norwegen zu reisen.

Igor Bauersima: Norway. Today (2000, Ausschnitt)

AUGUST kriecht aus dem Zelt. Er hat die Kamera dabei und geht auf den Abgrund zu. Er bleibt stehen. Dann filmt er das Panorama, macht dann einen langsamen Schwenk in den Abgrund, schliesslich zoomt er hinunter. Dann macht er die Kamera aus. JULIE kommt
5 *auch aus dem Zelt und bleibt neben AUGUST stehen. Sie wirkt etwas übernächtigt und ist angezogen als gings zu einer Party. Sie trägt ein elegantes Kleid und Schuhe mit hohen Absätzen.*

JULIE: Ist irgendwie ein schwarzer Tag heute.

10 **AUGUST:** Heute Morgen, beim Dahindösen, da habe ich geträumt, dass ich mich am Rande des Ursprungs befinde, dass ich am Abgrund stehe, da wo alles angefangen hat, und dass ich bei der Erschaffung des Chaos zuschaue.

15 **JULIE:** Los, bringen wir's zu Ende.

AUGUST: Du zuerst.

AUGUST macht ein paar Schritte vom Abgrund weg, und richtet die Kamera auf JULIE.

20 **JULIE:** Warte. Bist du schon auf Aufnahme?

AUGUST: Ja.

JULIE: Ne. Warte. Mach das nochmal weg.

AUGUST spult zurück.

AUGUST: O.k.

25 **JULIE:** Hallo Mutter, hallo Vater … Scheisse. Das war nichts, mach das nochmal weg.

AUGUST: O.k.

Kamera läuft.

30 **JULIE:** Bereit? Hallo Mutter, hallo Vater, hallo Oma, hallo Rune. Wie ihr seht, bin ich hier an diesem Ort, wo … was denn?

AUGUST: Willst du das „bereit" mit drauf
35 haben?

JULIE: Natürlich nicht.

AUGUST: Dann nochmal. Warte.

JULIE: Du fängst erst an, nachdem ich o.k. sage. O.k.? – O.k. … Hallo Mutter, hallo Vater, hallo Oma, hallo Rune. Ja … wie 40 ihr seht, bin ich hier an diesem Ort, wo wir mal zusammen waren, als ich noch klein war, und du, Vater, hast mich da an den Füssen gehalten, damit ich runterschauen konnte, in den Abgrund, weil 45 du Angst hattest, dass ich runterfalle …

AUGUST: Was denn?

JULIE: Mach mal aus.

AUGUST: Was denn?

JULIE: Nichts. Ich … Warte, zeig mal, wie 50 sieht das aus?

AUGUST: Das Ganze?

JULIE: Nein, nur der Schluss.

AUGUST spult zurück. Auf dem Bildschirm sehen wir JULIE sagen „… Vater, hast mich da 55 an den Füssen gehalten, damit ich runterschauen konnte, in den Abgrund, weil du Angst hattest, dass ich runterfalle …"

JULIE: Ist irgendwie Scheisse.

AUGUST: Ich weiss nicht, ich fand den take 60 ganz gut.

JULIE: Ist doch völlig pathetisch. Nein?

Achtung: Rechtschreibung des Schweizer Hochdeutsch

Chaos: in der griech. Mythologie Zustand vor der Entstehung der Erde

take: Teil einer Filmaufnahme

pathetisch: theatralisch, übertrieben

AUGUST: Weiss nicht. Ist ja auch was Besonders, hier. Mach mal weiter, wir können ja ne zweite Version machen.
65

JULIE: O.k. Kannst du da weitermachen?
Nach „runterfalle"?

AUGUST: Ja, warte … o.k.

JULIE: Ich sag o.k.

70 AUGUST: O.k.

JULIE: O.k … Ich bin heute hier, weil ich das
nachholen will. Ich werde heute da run-
terspringen. Das heisst, ich bin eigentlich
tot schon. *(Sie versucht, das Lachen zu verbergen.)* In diesem Moment, wo ich das 75
zu euch sage, bin ich tot. *(Sie lacht.)* Ist
eine irre Vorstellung, das könnt ihr mir
glauben. *(Sie lacht immer mehr.)* Aber das
wisst ihr ja bereits. Weil ihr sonst dieses
Video … also … Scheisse, jetzt hab ich 80
den Faden verloren.

1. Lest den Dramenausschnitt und tauscht eure ersten Eindrücke zu dem Dialog aus.
   Fasst zusammen, wie ihr den Ausschnitt versteht.

2. Klärt, welche Textteile in die Kamera gesprochen werden und welche zum Dialog gehören.

3. Probiert für die abwechselnden Textteile verschiedene Sprechweisen aus und begründet,
   welche am besten zur Situation passen. Achtet dabei auf
   - Lautstärke,
   - Tempo,
   - Pausen,
   - Stimmhöhe,
   - Betonung.

4. Nutzt zur Unterstützung der Sprechhaltung auch Mimik und Gestik.
   Gebt einander Rückmeldungen, ob Stimme, Sprechweise, Mimik und Gestik zur Situation
   und zu den Figuren passen.

5. Ordnet den beiden Figuren in dieser Szene Adjektive zu. Wählt aus den folgenden aus.

aufgeregt   geduldig   nervös

missmutig   erwartungsvoll

ungeduldig   entschlossen   unzufrieden

feierlich

dramatisch   eigenwillig   glücklich

unsicher   ärgerlich

6. Stellt euch vor, Julies Familie und ihr Freund Rune sehen sich gemeinsam das Video an.
   - Notiert in Stichworten, welche Wirkung von dem in die Kamera
     gesprochenen Text ausgeht.
   - Schreibt einen Dialog, in dem die Betrachter des Videos ihre spontanen Eindrücke
     und Fragen austauschen. Arbeitet dazu in Vierergruppen.
   - Tragt eure Dialoge der Klasse vor.

„Wie Natalie Wood vor dem Ertrinken"
Die Figuren untersuchen und charakterisieren

Achtung:
Rechtschreibung des Schweizer Hochdeutsch

reaktionär:
hier: konservativ, spießig, angepasst

Igor Bauersima: Norway. Today (2000, Anfang)

Die Luft klingt ein wenig nach „see you in another world" von NURSE WITH WOUND und nach Stille. Weisses Rauschen. Auftritt JULIE. Sie trägt ein T-Shirt mit der Aufschrift julie@home.shirt.

JULIE: Hallo, ich bin Julie. Dies sind meine ersten Worte an diesem Ort. Wenn meine Mitteilung deshalb womöglich unpassend ist, bitte ich um Entschuldigung. Meine Nachricht ist nämlich nur für Leute bestimmt, die sich umbringen wollen. Ich bitte deshalb diejenigen, welche nicht die Absicht haben, das Leben sein zu lassen, […] diesen Chatroom vielleicht kurz mal zu verlassen.
–

JULIE: Ich werde, und das ist keine plötzliche Entscheidung, bald Selbstmord begehen. Ich habe mir das lange überlegt. Mein Entschluss ist gefasst. Auch wenn sich das für einige vielleicht ein bisschen seltsam anhört, ich möchte es mit jemandem zusammen tun. Deshalb hier meine Frage: Möchte jemand mit mir in den Tod gehen? Ihr braucht jetzt nichts zu sagen. Ich verstehe absolut, wenn sich hier keiner öffentlich dazu bekennen will, dass er die Schnauze voll hat, von allem. Womöglich sitzt ihr neben eurem Lebensabschnittspartner, und der findet es ganz o.k., noch eine Weile die Ressourcen der Erde zu plündern und zu warten, bis ihn Krebs oder sonst eine Seuche von der Erdoberfläche kratzt. […] Es gibt nicht viele Leute, die den höchsten Akt des Lebensvollzuges begreifen, also verstehen, was „sich selbst aus der Welt schaffen" heisst, für die Würde eines Menschen. […] Ich meine, die meisten sind ja in irgendwelchen sinnstiftenden, lebenserhaltenden Hirnkonstrukten gefangen. Emotionale Bindungen, Verantwortungsgefühle, ja? Erfolgswahn, Vermehrungstrieb, Genusssucht und andere reaktionäre Bedürfnisse. […]
–

[…] Es ist eine traurige Wahrheit, aber eine Wahrheit. Wenn ich mich in Gesellschaft nicht wohl befinde, so geschieht dies weniger, weil andere, als vielmehr weil ich mich selbst nicht zeige, wie ich es wünsche. Die Notwendigkeit, eine Rolle zu spielen, und ein innerer Widerwillen dagegen machen mir jede Gesellschaft lästig, und froh kann ich nur in meiner eigenen Gesellschaft sein, weil ich da ganz wahr sein darf. […]

Auftritt AUGUST. Er trägt ein T-Shirt mit der Aufschrift august@home.shirt.

AUGUST: […] … ich hab mir eigentlich nie vorstellen können, dass ich etwas mit dem Leben zu tun haben könnte. Ganz allgemein. Ich weiss nicht, ob das anderen auch so geht. Aber das meiste, was abgeht im Leben, ist ja so schräg, ist so schräg … ich meine nicht lustig, ich meine nur schräg. Es gibt schon Momente. Wenn ich alleine bin, zum Beispiel, und ich renne so vor mich hin, und ich höre meinen Atem und die Schritte, und das Blut pocht in den Ohren ziemlich laut. Aber ich renne ja auch nicht immer. Geht ja nicht, leider, immer rennen. Das Ziel ist: fast nicht da sein. […] So, fast ohne meine Anwesenheit, wäre es noch eine Weile auszuhalten. Man sagt ja auch am Leben sein, also nah dran. Und nicht im Leben. Ich meine, wenn einer „voll

im Leben steht", da kann ich Gift drauf-
nehmen, der ist irgend ein fakes Arsch-
gesicht. […]

—

[…] Vielleicht bin ich krank. Aber das
kann ich mir auch gar nicht anhören.
„Junge, du bist krank." […] Ist doch alles
die riesigste Lüge, hier. Alles Verstellung.
Alle tun so als wären sie wer, und sind
dabei wer ganz anderes nicht. Wie will
dann einer wissen, was ist. Nichts ist. […]

—

AUGUST: Dass JULIE hier sagt „ich gehe",
finde ich gut.

JULIE: Danke.

[…]

AUGUST: Sag mal, wie du aussiehst.

JULIE: Wie Natalie Wood. Wie Natalie
Wood vor dem Ertrinken.

AUGUST: Wer ist Natalie Wood?

JULIE: Ne Schauspielerin. Sie ist ertrunken.

AUGUST: Ach so.

—

AUGUST: Beschreib mal, wie die aussah.

JULIE: Dunkle Haare.

AUGUST: Das mag ich. […] Ertrinken
möchte ich aber nicht unbedingt.

JULIE: Nein. Muss nicht sein.

AUGUST: Wie willst du's denn machen?

JULIE: Zu zweit.

AUGUST: Aber wie?

JULIE: […] Alles, was ich sagen kann, ist,
dass es eine todsichere Sache ist. Einweg-
ticket.

AUGUST: Dann nimm mich mit.

JULIE: Wie alt bist du? […]

AUGUST: Neunzehn.

JULIE: Vergiss es.

AUGUST: Was denn?

JULIE: Ich will keine Anfänger mit rein-
ziehen.

AUGUST: Ich bin kein Anfänger.

JULIE: Hast du dich schon mal umgebracht?
Ich meine, hast du's schon versucht?

AUGUST: Nein. Ja. Klar.

JULIE: Und?

AUGUST: Und hat noch nicht geklappt.

JULIE: Also doch Anfänger.

AUGUST: Moment. Du lebst doch auch
noch.

JULIE: Ja. Ich hab's auch noch nicht versucht. Ich versuchs auch nicht, ich tu's.
[…]

JULIE: Ja. Hast du ein Bild von dir? […]

AUGUST: Ja.

JULIE: Zeig mal.

—

JULIE: Das bist du?

AUGUST: Ja.

JULIE: Das hab ich befürchtet.

AUGUST: Was?

JULIE: Dass du gut aussiehst.

AUGUST: So'n Quatsch. Zeig mal eins von
dir. […]

JULIE: Was?

AUGUST: Sieht ganz o.k. aus.

JULIE: Danke.

Natalie Wood: amerikanische Schauspielerin (1938–1981), ertrank unter nicht geklärten Umständen bei einer Bootsfahrt

1. Beschreibt die besondere Kommunikationssituation in einem Chatroom.

2. Charakterisiert Julie und August. Legt dazu eine Tabelle nach folgendem Vorbild an
   und tragt zusätzlich zu den Aspekten Lebensumstände, Verhalten, Inneres und Sprache
   die Merkmale für die beiden Figuren ein. Nutzt die blaue Box (S. 149).

Aspekte der Figurencharakterisierung	Julie	August
äußeres Erscheinungsbild:	…	…

3. Fasst eure Ergebnisse für jede Figur in einem Text zusammen.

Achtung:
Rechtschreibung des Schweizer Hochdeutsch

Am Ende versuchen Julie und August immer wieder, Abschiedsmonologe in die Kamera zu sprechen. Es kommen ihnen aber stets Zweifel an ihrer Glaubwürdigkeit und Überzeugungskraft. Es folgen zwei der längeren Monologe und der Schluss des Stückes.

Kamera an.

JULIE: [...] Ich wollte immer schon mit meinen Lieben sterben. Gleichzeitig. Damit ich das nicht erleben muss, wenn einer geht. [...] Ja. Jetzt geh ich schon mal vor. Das tut mir leid. Es ist nämlich so. Als du, Papa, als du mich damals gehalten hast, an den Füssen, das war ein gutes Gefühl. [...] Ihr wart so gute Eltern, das gibt's gar nicht. Weil ihr habt mich eigentlich immer an den Füssen gehalten, ihr, meine Freunde und meine Kollegen ... Ich konnte in alle Abgründe der Welt schauen, und ich brauchte mich nicht zu fürchten. [...] Und, und dafür danke ich euch, weil ich hatte ein wunderbares Leben, dank euch allen. [...] Ich hatte die grosse Liebe, mit dir, Rune, und ich liebe dich immer noch. Auch wenn du ein Gewinner geworden bist. Pass auf dich auf. Ja, jedem seine Zeit. Kurz: Ihr habt mir die Welt serviert, ich hab von allem gehabt, und ich hab auch alles wieder ausgespuckt, kaum hatte ich es im Mund. Weil das Eine die Möglichkeiten des Nächsten nie aufwiegen kann. Mein Leben ... also meine Vergangenheit, die besteht hauptsächlich aus einer Zukunft, aus der nichts geworden ist. [...] Ich hab ganz lange nicht verstanden, dass es nur einen Weg gibt, um alles zu haben: nach nichts verlangen. [...] Und ich glaube ... ich hab jetzt keinen Hunger mehr. Ich hab gehabt, und mich verlangt nach nichts. [...] Ich weiss nicht, ob ihr das versteht. Jedenfalls, keiner von euch kann mir nichts geben, das kann mir keiner geben, ausser ich. Ja, eine Sache will ich noch, ich will einen schönen Tod. Und ich wollte euch allen auf Wiedersehen sagen, und euch ganz fest halten und trösten und sagen, dass alles gut wird und ... weil ich euch doch ... weil es euch doch ... weil ich ... weil ... Mach mal aus da ...

Kamera aus.

[...]

Kamera läuft.

AUGUST: Hallo, Leute. Ich bin hier in Norwegen heute. Ich hab euch gesagt, dass ich zu Mats wohnen gehe über's Wochenende. Aber das war gelogen. [...] Julie hier hat mir den Flug bezahlt. Ja. Und es hat sich gelohnt. Ich meine, wir springen jetzt gleich hier runter ... Ich meine, das ist, warum wir hier sind. Um zu gehen. Aber es hat sich auch sonst echt gelohnt, weil die kurze Zeit hier, die war richtig gut. Ich meine, ich hab mich hier richtig lebendig gefühlt, eigentlich. Also eigentlich zum ersten Mal, vielleicht. Gestern Nacht haben wir ein Nordlicht gesehen. [...] Es hat fast den ganzen Himmel bedeckt. Und ich hab an euch gedacht, auch, warum ihr dieses Licht nicht sehen könnt, zu Hause, weil's doch so gross ist. [...] Man muss das echt erlebt haben. Ich kann euch das nur empfehlen. Julie hier hatte auch noch nie eins gesehen. Wir standen da wie die Irren. [...] Aber es soll sehr selten sein, sagt Julie. Ja. Ja und ... Julie ist ein Freund. Julie. Ich ... Sie ist ... Also ich bin ... eigentlich ... ja. Also ich wollte eigentlich ... Ich wollte euch eigentlich sagen, warum ich das tue, was ich gleich tun werde, aber ... ehrlich gesagt, ich weiss es gerade nicht mehr. Ich hab keine Ahnung. Tut mir leid.

Kamera aus.

AUGUST: Weisst du's?

JULIE: Ne.

AUGUST: Ja, dann.

JULIE: Ja.

AUGUST: Warte mal.

AUGUST packt die Kassetten alle zusammen in eine Tasche und geht damit zum Abgrund. JULIE steht neben ihm. Sie schauen sich an. AUGUST schmeisst die Tasche runter. Sie schauen ihr nach.

90 **JULIE:** Ist hängen geblieben.

AUGUST: Es könnte sein, dass wir soeben von einem Glück getroffen wurden, von dem wir uns nicht so schnell erholen werden.

95 **JULIE:** Ich will weg hier.

AUGUST: Ich auch.

Licht.

ENDE

4. Vergleicht die Anfangsszene mit den hier abgedruckten Ausschnitten und dem Schluss. Achtet auf Sprechweise und Verhalten der Figuren und sucht nach möglichen Gründen für die Entscheidung am Schluss. Diskutiert das Ende.

5. Tragt zusammen, welche Gründe Julie und August jeweils für ihren Wunsch, zu sterben, angeben. Überprüft die Glaubwürdigkeit und Stichhaltigkeit ihrer jeweiligen Begründungen.

Wissen und Können

Lerninsel: Figurencharakterisierung S. 279

Direkte und indirekte Figurencharakterisierung untersuchen

Untersucht für die Charakterisierung einer Figur folgende Aspekte:

äußeres Erscheinungsbild: Aussehen, Kleidung, Mimik, Gestik, Körperhaltung, …;

Lebensumstände: familiäre, berufliche, gesellschaftliche Rolle; Beziehungen zu anderen, …;

Sprache: Ausdrucksweise, Gesprächsverhalten, …; **Verhalten:** Tätigkeiten, Handlungsweise, Gewohnheiten, Vorlieben, …; **Inneres:** Gedanken, Gefühle, Interessen, Einstellungen, Absichten, …; **Bedeutung für die Handlung:** Haupt- oder Nebenfigur

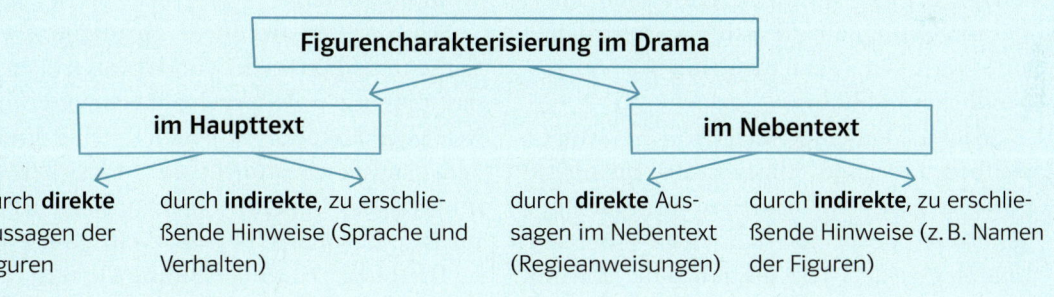

Figurencharakterisierung im Drama

im Haupttext — **im Nebentext**

durch **direkte** Aussagen der Figuren | durch **indirekte**, zu erschließende Hinweise (Sprache und Verhalten) | durch **direkte** Aussagen im Nebentext (Regieanweisungen) | durch **indirekte**, zu erschließende Hinweise (z. B. Namen der Figuren)

6. Zum Differenzieren ■ ■ ■ ■

A Da Figuren nicht immer sagen, was sie denken und fühlen, kann es hilfreich sein, einen sogenannten Subtext zu formulieren. Erstellt einen solchen Subtext für Julies und Augusts Monologe am Ende des Stücks. Studiert Original- und Subtext mit einem Partner ein und präsentiert sie vor der Klasse.

B Nehmt an, ihr würdet in einem Forum auf den Dialog (S. 146 f.) stoßen. Schreibt einen Beitrag, der dazu geeignet ist, Julie und August einen Ausweg zu zeigen.

7. Extra

Lest und diskutiert den Artikel „Let it be". Besprecht, welche Rolle das Internet und die „Todesforen" für den Selbstmord von Jugendlichen spielen.

Differenzieren Figurencharakterisierung dt973h

Subtext: Text, der die nicht ausgesprochenen inneren Vorgänge von Figuren zum Ausdruck bringt, der nicht gesprochen wird, aber „mitschwingt"

Text „Let it be" 8fe782

Das Gelingen beurteilt der Rezensent
Sich mit Theaterinszenierungen auseinandersetzen

nach: Bettina Fraschke: Lebenlernen statt Sterbenwollen (2007)

Der Theatergast wird zur Nummer. Jeder bekommt beim Betreten des Saals eine Karte mit einer Zahl darauf. Wenig später flimmern dieselben Ziffern als Projektion über
5 die Bühnenrückwand. Wo gibt es Individualität?

Die Frage stellt sich auch den Heranwachsenden Julie (Sonja Elena Schroeder) und August (Felix Frenken). Sie lernen sich
10 in der Anonymität eines Chatrooms kennen und verabreden sich zum Selbstmord. Die Darsteller stehen isoliert im kalten Bühnenlicht, und über ihre Gesichter laufen die Projektionen weiter. Ihre Haut scheint aus
15 einem Liniengitter zu bestehen. Leben im Netz. Viele Grüße aus den „Matrix"-Filmen.

Igor Bauersimas Theaterstück „norway. today", das jetzt Premiere am Jungen The-
20 ater in Göttingen hatte, schlägt ernste Töne an – vor allem, aber nicht nur für ein jugendliches Publikum.

„Meine Vergangenheit besteht hauptsächlich aus einer Zukunft, aus der nichts
25 geworden ist." So bilanziert Julie ihre Jugendjahre, bevor sie sich einen Abgrund hinunter in den Tod stürzen will. Warum leben? Wenn man doch von dem Eindruck nicht wegkommt, alle spielten einem das
30 Leben nur vor.

Intendant Andreas Döring (auch Ausstattung) inszeniert einen temporeichen, dichten 90-Minüter. Und Sonja Elena Schroeder und Felix Frenken als Julie und August
35 füllen die Bühne mit einer Energie, dass es eine Freude ist, ihnen beim Sterbenwollen und später beim Lebenlernen zuzusehen.

Aus dem Internet wechseln sie in die norwegische Felsenwelt, an einen Fjord, in den
40 sie sich stürzen wollen. Und der Schnee-

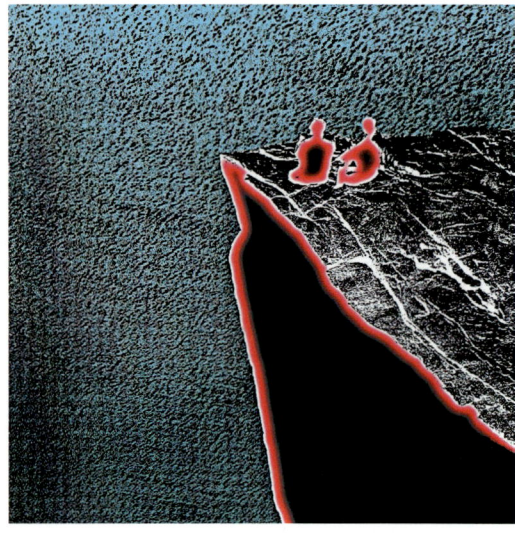

sturm, durch den sie sich kämpfen müssen, besteht immer noch aus herabstürzenden Computerpixeln.

Schroeder ist als Julie das grundgenervte Girlie in derben Stiefeln und rosa Kleidchen, 45 das mit seinem Anspruch auf echte Gefühle stets gegen Wände zu laufen scheint. Frenkens August übertüncht seine Unsicherheit mit coolen Hip-Hop-Posen und Sprüchen im Rap-Tempo. Über das weiß gestriche- 50 ne Bretterlabyrinth der Bühne klettern und hangeln sie sich mal näher zum Abgrund, mal in die sichere Ferne.

Ihre fantasierte Liebesnacht im Zelt wird zum fulminant-witzigen Höhepunkt des 55 Abends. Braucht man eigentlich ein Kondom, wenn man am nächsten Tag stirbt?

Mit einer Kamera filmen die beiden gegenseitig ihre Botschaften an die Eltern und Freunde. Und im Bilanzziehen wird ihnen 60 deutlich, dass vielleicht noch nicht Schluss sein muss. Gefühle zulassen heißt, aus den monotonen Sterbeparolen aussteigen zu können. Viel Applaus.

Matrix:
sehr populärer Science-Fiction-Film (1999)

übertünchen:
verbergen, überdecken

Peter Krüger-Lenz: Wenn Liebe und Nordlicht leuchten (2007)

Das Leben kann grässlich sein. Oder sich zumindest so anfühlen. Vor allem, wenn man jung ist und mit sich und seiner Umgebung über Kreuze liegt. Julie geht es so, und sie sucht im Internet nach Gleichgesinnten. Genauer: nach jemandem, der gemeinsam mit ihr in den Tod geht. Auf einer einschlägigen Internetseite – norway.2die – findet sie Kontakt zu August. Auch er hat die Verbindung zum Leben verloren. Sie verabreden sich, reisen nach Norwegen und wollen sich über eine Klippe stürzen.

Igor Bauersima hat das Stück „norway.today" vor allem für Jugendliche geschrieben und sich gottlob nicht angebiedert. Er hat kluge Worte gefunden und dem Stück viel Tempo mitgegeben. Regisseur Andreas Döring hat den Drive aufgenommen. Behutsam beginnt die Inszenierung mit der Verabredung zum Selbstmord im Internet. Schon hier sind Döring treffende Bilder gelungen: Auf die Bühnenrückwand ist eine endlos scheinende Zahlenkolonne projiziert, eine Internetseite wird eingeblendet. Später schafft Licht viel Atmosphäre bis hin zum beeindruckenden Nordlicht, das den Wendepunkt der Handlung markiert. Wer ein solches Naturphänomen gesehen hat, ahnt, dass Leben aufregend sein kann, lautet die Botschaft. Stärker noch: die Liebe. Die ereilt Julie und August in der norwegischen Wildnis.

Sonja Elena Schroeder und Felix Frederik Frenken spielen die beiden Jugendlichen mit viel Dynamik und Profil. Schroeder zeigt ihre Julie erst grüblerisch und hart, später dann als begeisterungsfähig. Frenkens August ist plauderig, aktiv und dabei doch überlegt. Beide ergänzen sich prächtig und steigern sich furios. Trotz aller Dramatik gelingen ihnen eine ganze Reihe überraschend vergnüglicher Momente. Ein sehr gelungener Abend.

furios: hier: ergreifend, mitreißend

1. Vergleicht die beiden Rezensionen miteinander.
- Fasst zusammen, wie die Rezensenten die Aufführung beurteilen.
- Benennt die Kriterien, welche die Rezensenten zum Maßstab ihrer Beurteilung des Stücks und der Aufführung machen.
- Vergleicht die Aspekte der Inszenierung, auf die die Rezensenten in ihrer jeweiligen Rezension eingehen.

2. Erstellt einen Kriterienkatalog für eine gelungene Theateraufführung. Ergänzt dazu folgende Vorschläge. Nehmt eine Gewichtung eurer Kriterien vor (z. B. von + bis +++).
- Verständlichkeit der Handlung
- Figurendarstellung
- Gestaltung der Bühne
- Funktion des Bühnenbildes
- Originalität der Inszenierung

3. Besucht eine Theateraufführung und verfasst anschließend eine Rezension für die Homepage eurer Schule oder für die Schülerzeitung. Orientiert euch an der blauen Box (S. 152). Vergleicht eure Rezensionen und diskutiert die unterschiedlichen Aspekte.

Wissen und Können

Lerninsel:
Rezension
S. 258 f.

Eine Theaterrezension schreiben

Theaterrezensionen sind **subjektive** journalistische Texte, die aktuelle Theaterinszenierungen **vorstellen** und **kritisch bewerten**. Theaterinszenierungen haben in der Regel eine **Textvorlage**, die der Kritiker/die Kritikerin vorher gelesen haben sollte. Handelt es sich um bekannte Bühnenstücke, muss die Handlung des Dramas nicht wiedergegeben werden.

Inhalt und Aufbau:
In einer Theaterrezension sollte eingegangen werden auf:
- das konkrete Ereignis der Aufführung (Ort, Zeit, Premiere)
- das Theaterstück und seine/n Autor/in
- die inhaltliche Aussage der Textvorlage
- die Aussageabsicht der Inszenierung (evtl. Programmheft zu Rate ziehen)
- die Umsetzung des Theaterstücks in der Inszenierung (Dramaturgie, Regie)
- die Leistung der Schauspieler
- die Konzeption von Bühnenraum, Bühnenbild und Kostümen

sprachliche Gestaltung:
- Berücksichtigt die **Adressaten** der Rezension.
- Verwendet eine treffende **Überschrift**.
- Verfasst eine **interessante Einleitung** (z. B. *Zitat, Detail der Bühne*).
- Schreibt aus **subjektiver Sicht**, ohne die Ichform zu verwenden, und versucht dabei, den Lesern eure Beurteilungskriterien zu vermitteln.
- Schreibt unterhaltsam und anschaulich, verwendet wertende Adjektive.

Differenzieren
Rezension
schreiben
d869i7

4. Zum Differenzieren ■ ■ ■ ■

A Wie beschreibt man das Spiel von Schauspielern? – Sucht aus den beiden Rezensionen (S. 150 f.) diejenigen Stellen heraus, an denen die Leistung der Darsteller gewürdigt wird. Erläutert, ob es sich um positive oder negative Urteile handelt.

B Der Berliner Schriftsteller Alfred Kerr (1867–1948) war ein berühmter Theaterkritiker und Sprachbeherrscher. Seine Kritiken waren knapp und pointiert formuliert. Erläutert folgende Passagen aus seinen Rezensionen:
- „Als ich um zehn Uhr auf die Uhr schaute, war es erst halb neun."
- „Frühlings Erwachen ist Wedekinds Erwachen."
- „Heut, am 17. Oktober 1900 bin ich mehr träumerisch als zur Abfassung von Kritiken geneigt. – Also wird man rezensieren und nicht in Stimmung sein. Auch der Autor war es ja nicht, als er dichtete."

5. Extra

Ladet den Theaterkritiker eurer lokalen Presse zu einem Interview ein oder verabredet ein Gespräch per Chat oder Telefon. Erstellt vorher einen Fragenkatalog.

„Wie einem das Herz hämmert!"
Eine Dramenszene untersuchen und deuten

Frank Wedekind: Frühlings Erwachen (1891, Uraufführung 1906)

Das Stück zeigt den Kampf von Jugendlichen gegen die „sittliche Weltordnung" ihrer Erzieher in einer deutschen Kleinstadt um 1890. Die Fragen der durchschnittlich vierzehn Jahre alten Mädchen und Jungen werden weder von den Eltern noch von den Lehrern verstanden. Statt auf die Bedürfnisse der Kinder einzugehen, strafen sie diese und üben Druck auf sie aus. So kommt es zu zahlreichen Tragödien unter den Jugendlichen: zu einer ungewollten Schwangerschaft, einer Abtreibung mit Todesfolge und einem Selbstmord.

Erster Akt. Dritte Szene

Thea, Wendla und Martha kommen Arm in Arm die Straße herauf.

MARTHA: Wie einem das Wasser ins Schuhwerk dringt!

5

WENDLA: Wie einem der Wind um die Wangen saust!

THEA: Wie einem das Herz hämmert!

WENDLA: Gehn wir zur Brücke hinaus!

10 Ilse sagte, der Fluss führe Sträucher und Bäume. Die Jungens haben ein Floß auf dem Wasser. Melchi Gabor soll gestern Abend beinah ertrunken sein.

THEA: O der kann schwimmen!

15 MARTHA: Das will ich meinen, Kind!

WENDLA: Wenn der nicht hätte schwimmen können, wäre er wohl sicher ertrunken!

THEA: Dein Zopf geht auf, Martha; dein Zopf geht auf!

20 MARTHA: Puh – lass ihn aufgehn! Er ärgert mich so Tag und Nacht. Kurze Haare tragen wie du darf ich nicht, das Haar offen tragen wie Wendla darf ich nicht, Ponyhaare tragen darf ich nicht, und zu

25 Hause muss ich mir gar die Frisur machen – alles der Tanten wegen!

WENDLA: Ich bringe morgen eine Schere mit in die Religionsstunde. Während du „Wohl dem, der nicht wandelt" rezi-

30 tierst, werd ich ihn abschneiden.

MARTHA: Um Gottes willen, Wendla! Papa schlägt mich krumm, und Mama sperrt mich drei Nächte ins Kohlenloch.

WENDLA: Womit schlägt er dich, Martha?

MARTHA: Manchmal ist es mir, es müss- 35 te ihnen doch etwas abgehen, wenn sie keinen so schlecht gearteten Balg hätten wie ich.

THEA: Aber Mädchen!

MARTHA: Hast du dir nicht auch ein him- 40 melblaues Band durch die Hemdpasse ziehen dürfen?

THEA: Rosa Atlas! Mama behauptet, Rosa stehe mir bei meinen pechschwarzen Augen. 45

MARTHA: Mir stand Blau reizend! – Mama riss mich am Zopf zum Bett heraus. So – fiel ich mit den Händen vorauf auf die Diele. – Mama betet nämlich Abend für Abend mit uns … 50

WENDLA: Ich an deiner Stelle wäre ihnen längst in die Welt hinausgelaufen.

MARTHA: … Da habe man's, worauf ich ausgehe! – Da habe man's ja! – Aber sie wolle schon sehen – o sie wolle noch se- 55 hen! – Meiner Mutter wenigstens solle ich einmal keine Vorwürfe machen können …

THEA: Hu – Hu –

MARTHA: Kannst du dir denken, Thea, 60 was Mama damit meinte?

THEA: Ich nicht. – Du, Wendla?

WENDLA: Ich hätte sie einfach gefragt.

MARTHA: Ich lag auf der Erde und schrie und heulte. Da kommt Papa. Ritsch – 65 das Hemd herunter. Ich zur Türe hinaus.

Balg:
unerzogenes Kind

Hemdpasse:
angesetztes Schulterstück an einem Hemd

Atlas:
Seidenstoff

„Wohl dem, der …":
Lied nach Psalm 1 des Alten Testaments

Da habe man's! Ich wolle nun wohl so auf die Straße hinunter …

WENDLA: Das ist doch gar nicht wahr, Martha.

MARTHA: Ich fror. Ich schloss auf. Ich habe die ganze Nacht im Sack schlafen müssen.

THEA: Ich könnte meiner Lebtag in keinem Sack schlafen!

WENDLA: Ich möchte ganz gern mal für dich in deinem Sack schlafen.

MARTHA: Wenn man nur nicht geschlagen wird.

THEA: Aber man erstickt doch darin!

MARTHA: Der Kopf bleibt frei. Unter dem Kinn wird zugebunden.

THEA: Und dann schlagen sie dich?

MARTHA: Nein. Nur wenn etwas Besonderes vorliegt.

WENDLA: Womit schlägt man dich, Martha?

MARTHA: Ach was – mit allerhand. – Hält es deine Mutter auch für unanständig, im Bett ein Stück Brot zu essen?

WENDLA: Nein, nein.

MARTHA: Ich glaube immer, sie haben doch ihre Freude – wenn sie auch nichts davon sagen. – Wenn ich einmal Kinder habe, ich lasse sie aufwachsen wie das Unkraut in unserem Blumengarten. Um das kümmert sich niemand, und es steht so hoch, so dicht – während die Rosen in den Beeten an ihren Stöcken mit jedem Sommer kümmerlicher blühn.

THEA: Wenn ich Kinder habe, kleid ich sie ganz in Rosa. Rosahüte, Rosakleidchen, Rosaschuhe. Nur die Strümpfe – die Strümpfe schwarz wie die Nacht! Wenn ich dann spazierengehe, lass ich sie vor mir hermarschieren. – Und du, Wendla?

WENDLA: Wisst ihr denn, ob ihr welche bekommt?

THEA: Warum sollten wir keine bekommen?

MARTHA: Tante Euphemia hat allerdings auch keine.

THEA: Gänschen! – weil sie nicht verheiratet ist.

WENDLA: Tante Bauer war dreimal verheiratet und hat nicht ein einziges.

MARTHA: Wenn du welche bekommst, Wendla, was möchtest du lieber, Knaben oder Mädchen?

WENDLA: Jungens! Jungens!

THEA: Ich auch Jungens!

MARTHA: Ich auch. Lieber zwanzig Jungens als drei Mädchen.

THEA: Mädchen sind langweilig!

MARTHA: Wenn ich nicht schon ein Mädchen geworden wäre, ich würde es heute gewiss nicht mehr.

WENDLA: Das ist, glaube ich, Geschmacksache, Martha! Ich freue mich jeden Tag, dass ich Mädchen bin. Glaub mir, ich wollte mit keinem Königssohn tauschen. – Darum möchte ich aber doch nur Buben!

MARTHA: Das ist doch Unsinn, lauter Unsinn, Wendla!

WENDLA: Aber ich bitte dich, Kind, es muss doch tausendmal erhebender sein, von einem Manne geliebt zu werden als von einem Mädchen!

[…]

MARTHA: Bist du nicht stolz auf dich, Wendla?

WENDLA: Das wäre doch einfältig.

MARTHA: Wie wollt ich stolz sein an deiner Stelle.

THEA: Sieh doch nur, wie sie die Füße setzt – wie sie geradeaus schaut – wie sie sich hält, Martha! – Wenn das nicht Stolz ist!

WENDLA: Wozu nur?! Ich bin so glücklich, Mädchen zu sein; wenn ich kein Mädchen wär, bräch ich mich um, um das nächste Mal …

(Melchior geht vorüber und grüßt.)

THEA: Er hat einen wundervollen Kopf.

MARTHA: So denke ich mir den jungen Alexander, als er zu Aristoteles in die Schule ging.

THEA: Du lieber Gott, die griechische Geschichte! Ich weiß nur noch, wie Sokrates in der Tonne lag, als ihm Alexander den Eselsschatten verkaufte.

WENDLA: Er soll der Drittbeste in seiner Klasse sein.

THEA: Professor Knochenbruch sagt, wenn er wollte, könnte er Primus sein.

MARTHA: Er hat eine schöne Stirne, aber sein Freund hat einen seelenvolleren Blick.

THEA: Moritz Stiefel? – Ist das eine Schlafmütze!

MARTHA: Ich habe mich immer ganz gut mit ihm unterhalten.

THEA: Er blamiert einen, wo man ihn trifft. Auf dem Kinderball bei Rilows bot er mir Pralinés an. Denke dir, Wendla, die waren weich und warm. Ist das nicht …? – Er sagte, er habe sie zu lang in der Hosentasche gehabt.

WENDLA: Denke dir, Melchi Gabor sagte mir damals, er glaube an nichts – nicht an Gott, nicht an ein Jenseits – an gar nichts mehr in dieser Welt.

Thea bringt hier einiges durcheinander: Der Philosoph in der Tonne z.B. war Diogenes.

Primus: der Klassenbeste

1. Gebt den Inhalt des Gesprächs mit eigenen Worten wieder. Schreibt Textstellen, die zeigen, dass das Stück aus einer anderen Zeit stammt, nach euren heutigen Vorstellungen und eurer Ausdrucksweise um.

   Z. 155 ff.: „So denke ich mir den jungen Alexander, als er zu Aristoteles in die Schule ging." – *heute: „Er sieht so perfekt aus wie Til Schweiger."*

2. Benennt die Themen und Konflikte, um die es in der Szene geht.

3. Charakterisiert die Figuren.
   - Beschreibt Erscheinungsbild, Verhalten, Lebensumstände, Einstellungen und Sprechweise für jede Figur (vgl. blaue Box, S. 149).
   - Belegt am Text Unterschiede zwischen den drei Mädchen.
   - Welche Unterschiede im Charakter werden deutlich, als die Sprache auf die Jungen kommt?

Lerninsel: Figurencharakterisierung S. 279

4. Untersucht die Gestaltung des Dialogs unter folgenden Gesichtspunkten:
   - Ist das Gesprächsverhalten „auf Augenhöhe" und gleichberechtigt oder gibt es Figuren, die sich dominanter bzw. nachgiebiger verhalten?
   - An welchen Stellen gehen die Mädchen freundlich miteinander um, wo werden Meinungsverschiedenheiten deutlich?
   - Wie werden die Meinungsverschiedenheiten ausgetragen?
   - Wie reagieren Thea und Wendla auf Marthas Erzählung?

Frank Wedekind: Frühlings Erwachen (1891)

Erster Akt. Vierte Szene

Parkanlagen vor dem Gymnasium. – Melchior, Otto, Georg, Robert, Hänschen Rilow, Lämmermeier.

MELCHIOR: Kann mir einer von euch sagen, wo Moritz Stiefel steckt?

GEORG: Dem kann's schlecht gehn! O dem kann's schlecht gehn!

OTTO: Der treibt's so lange, bis er noch mal ganz gehörig reinfliegt!

LÄMMERMEIER: Weiß der Kuckuck, ich möchte in diesem Moment nicht in seiner Haut stecken!

ROBERT: Eine Frechheit! – Eine Unverschämtheit!

MELCHIOR: Wa – wa – was wisst ihr denn! […]

Dietrich:
Drahthaken zum Öffnen von Türschlössern

Sonntagnachmittag:
gemeint ist Nachsitzen

provisorisch:
auf Probe

promoviert:
in die nächste Klasse versetzt

Prahlhans:
Angeber

Hasenfuß:
Feigling

ROBERT: Kurz und gut, Moritz Stiefel ist ins Konferenzzimmer gedrungen.

20 **MELCHIOR:** Ins Konferenzzimmer …?

OTTO: Ins Konferenzzimmer! – Gleich nach Schluss der Lateinstunde.

GEORG: Er war der Letzte; er blieb absichtlich zurück.

25 **LÄMMERMEIER:** Als ich um die Korridorecke bog, sah ich ihn die Tür öffnen.

MELCHIOR: Hol dich der …!

LÄMMERMEIER: Wenn nur ihn nicht der Teufel holt!

30 **GEORG:** Vermutlich hatte das Rektorat den Schlüssel nicht abgezogen.

ROBERT: Oder Moritz Stiefel führt einen Dietrich.

OTTO: Ihm wäre das zuzutrauen.

35 **LÄMMERMEIER:** Wenn's gut geht, bekommt er einen Sonntagnachmittag.

ROBERT: Nebst einer Bemerkung ins Zeugnis!

[…]

40 **HÄNSCHEN RILOW:** Da ist er!

MELCHIOR: Blass wie ein Handtuch.

(Moritz kommt in äußerster Aufregung.)

LÄMMERMEIER: Moritz, Moritz, was du getan hast!

45 **MORITZ:** –– Nichts –– nichts ––

ROBERT: Du fieberst!

MORITZ: – vor Glück – vor Seligkeit – vor Herzensjubel –

OTTO: Du bist erwischt worden?!

50 **MORITZ:** Ich bin promoviert! – Melchior, ich bin promoviert: – O jetzt kann die Welt untergehn! – Ich bin promoviert! – Wer hätte geglaubt, dass ich promoviert werde! – Ich fass es noch nicht!

55 – Zwanzigmal hab ich's gelesen! – Ich kann's nicht glauben – du großer Gott, es blieb! Es blieb! Ich bin promoviert! – *(Lächelnd.)* Ich weiß nicht – so sonderbar ist mir – der Boden dreht sich … Mel

60 chior, Melchior, wüsstest du, was ich durchgemacht!

HÄNSCHEN RILOW: Ich gratuliere, Moritz. – Sei nur froh, dass du so weggekommen!

MORITZ: Du weißt nicht, Hänschen, du 65 ahnst nicht, was auf dem Spiel stand. Seit drei Wochen schleiche ich an der Tür vorbei wie am Höllenschlund. Da sehe ich heute, sie ist angelehnt. Ich glaube, wenn man mir eine Million geboten 70 hätte – nichts, o nichts hätte mich zu halten vermocht! – Ich stehe mitten im Zimmer – ich schlage das Protokoll auf – blättere – finde – […]

MELCHIOR: … während all der Zeit? 75

MORITZ: Während all der Zeit steht die Tür hinter mir sperrangelweit offen. – Wie ich heraus … wie ich die Treppe heruntergekommen, weiß ich nicht.

HÄNSCHEN RILOW: – Wird Ernst Röbel 80 auch promoviert?

MORITZ: O gewiss, Hänschen, gewiss! – Ernst Röbel wird gleichfalls promoviert.

ROBERT: Dann musst du schon nicht richtig gelesen haben. Die Eselsbank abgerech 85 net zählen wir mit dir und Röbel zusammen einundsechzig, während oben das Klassenzimmer mehr als sechzig nicht fassen kann.

MORITZ: Ich habe vollkommen richtig ge 90 lesen. Ernst Röbel wird so gut versetzt wie ich – beide allerdings vorläufig nur provisorisch. Während des ersten Quartals soll es sich dann herausstellen, wer dem andern Platz zu machen hat. – Ar 95 mer Röbel! – Weiß der Himmel, mir ist um mich nicht mehr bange. Dazu habe ich diesmal zu tief hinuntergeblickt.

OTTO: Ich wette fünf Mark, dass du Platz machst. 100

MORITZ: Du hast ja nichts. Ich will dich nicht ausrauben. – Herrgott, werd ich büffeln von heute an! – Jetzt kann ich's ja sagen – mögt ihr daran glauben oder nicht – jetzt ist ja alles gleichgültig – ich 105 – ich weiß, wie wahr es ist: Wenn ich nicht promoviert worden wäre, hätte ich mich erschossen.

ROBERT: Prahlhans!

GEORG: Der Hasenfuß! 110

OTTO: Dich hätte ich schießen sehen mögen!

LÄMMERMEIER: Eine Maulschelle drauf!

MELCHIOR: *(gibt ihm eine)* —— Komm,
115   Moritz. Gehen wir zum Försterhaus!

GEORG: Glaubst du vielleicht an den
    Schnack?

MELCHIOR: Schert dich das? —— Lass sie
    schwatzen, Moritz! Fort nur fort, zur
    Stadt hinaus!   120

Schnack:
(norddt.) Gerede

Maulschelle:
Ohrfeige

5. Untersucht und deutet die Dramenszene mithilfe der blauen Box.
- Erfasst zunächst die Situation und das Thema des Gesprächs.
- Charakterisiert das Verhalten von Moritz und der anderen Figuren.
- Klärt, welche unterschiedlichen Einstellungen gegenüber Moritz deutlich werden.
- Beschreibt den Gesprächsverlauf.

6. Stellt eure Ergebnisse in Kleingruppen vor. Diskutiert und korrigiert sie gegebenenfalls.

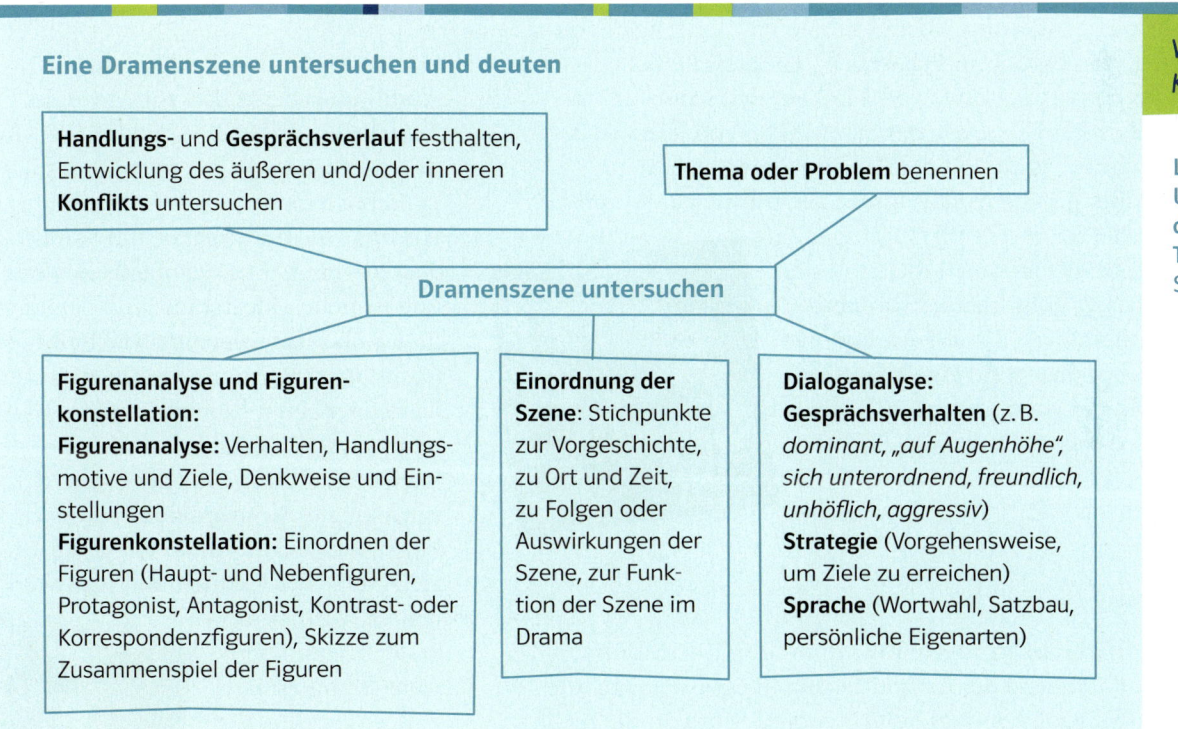

Eine Dramenszene untersuchen und deuten

Wissen und Können

Handlungs- und **Gesprächsverlauf** festhalten, Entwicklung des äußeren und/oder inneren **Konflikts** untersuchen

Thema oder Problem benennen

Dramenszene untersuchen

Figurenanalyse und Figuren-konstellation:
Figurenanalyse: Verhalten, Handlungsmotive und Ziele, Denkweise und Einstellungen
Figurenkonstellation: Einordnen der Figuren (Haupt- und Nebenfiguren, Protagonist, Antagonist, Kontrast- oder Korrespondenzfiguren), Skizze zum Zusammenspiel der Figuren

Einordnung der Szene: Stichpunkte zur Vorgeschichte, zu Ort und Zeit, zu Folgen oder Auswirkungen der Szene, zur Funktion der Szene im Drama

Dialoganalyse:
Gesprächsverhalten (z. B. *dominant, „auf Augenhöhe", sich unterordnend, freundlich, unhöflich, aggressiv*)
Strategie (Vorgehensweise, um Ziele zu erreichen)
Sprache (Wortwahl, Satzbau, persönliche Eigenarten)

Lerninsel:
Umgang mit dramatischen Texte
S. 277 ff.

7. Zum Differenzieren ■ ■ ■ ■

A Vergleicht das Gesprächsverhalten der Jungen im Stück mit dem der Mädchen und vertauscht die Situationen: Schreibt einen Dialog der Mädchen über ihre Schulprobleme und einen der Jungen über ihre Konflikte im Elternhaus. Besprecht die Auswirkungen auf den Verlauf des Dialogs.

B Vergleicht die Sprache der Figuren in „Frühlings Erwachen" mit der in „Norway. Today". Haltet in einer Tabelle die wichtigsten Unterschiede fest. Geht dabei auf Wortwahl, Satzbau, Verständlichkeit und persönliche Eigenarten ein.

Differenzieren
Dramenszene untersuchen
4h74ny

Hinter den Kulissen
Das Theater kennen und nutzen

Berufe am Theater kennenlernen

Meist kennt man im Theater nur die Schauspielerinnen, Schauspieler und Regisseure; oft auch die Intendanten sowie Theaterpädagogen und Dramaturgen, weil sie mit den Schulen kooperieren. Daneben gibt es aber noch zahlreiche weitere Berufe am Theater, die nie oder kaum im Rampenlicht stehen.

Maskenbildner/in

Das Arbeitsgebiet des Maskenbildners umfasst alle Tätigkeiten der Maskengestaltung. Hierzu zählen das Anfertigen von Entwürfen, von Perücken, Haarteilen, Toupets, Gesichts- und Körperbehaarung sowie von Masken, das Schön-, Charakter-, Altschminken sowie das Schminken von Tier- und Fantasiegestalten. Während der Aufführungen steht der Maskenbildner gegebenenfalls hinter der Bühne bereit, um dem Darsteller bei raschen Änderungen zu helfen. Der Maskenbildner arbeitet in der Regel nach den Vorgaben des Bühnen- und Kostümbildners. Für die Ausbildung zum Maskenbildner wird eine abgeschlossene Ausbildung vorausgesetzt, z. B. als Friseur/in oder Kosmetiker/in.

Modist/in

Hutmacher/in ist ein eher seltener Ausbildungsberuf. Bis zur Mitte des 20. Jahrhunderts gab es zahlreiche Modisten, noch bis in die 60er Jahre ging schließlich kaum jemand ohne Hut vor die Tür. Im Theater sind Kopfbedeckungen nicht wegzudenken. Vom traditionellen Herrenhut und dem Zylinder über fantasievolle, hauchdünne Damenhutkreationen bis hin zu feinen, handgefertigten Blüten für einen Blumenhaarkranz müssen Modisten in der Lage sein, alles anzufertigen, was der Entwurf des Kostümbildners vorsieht. Für diesen Beruf sollten ein gewisses zeichnerisches Können und handwerkliches Geschick vorhanden sein. Die Ausbildung erfolgt in der Regel in der Hutmacherwerkstatt an einem Opern- oder Schauspielhaus und dauert drei Jahre.

Requisiteur/in

Der Requisiteur arbeitet in enger Abstimmung mit dem Bühnenbildner. Er erstellt anhand des Textbuchs eine Requisitenliste, die alle für die Aufführung benötigten Gegenstände enthält, die nicht direkter Bestandteil der Dekoration oder des Kostüms sind (Stöcke, Blumen, Lampen, Schirme usw.). Der Requisiteur beschafft die Requisiten entweder aus dem Theatermagazin oder kauft und entleiht sie. Er muss in der Lage sein, in gewissem Umfang Requisiten und Spezialeffekte zu erfinden und selbst herzustellen. Er trägt dafür Sorge, dass am Ende der Aufführung keine Requisiten fehlen. Requisiteure haben meist eine abgeschlossene Ausbildung als Tischler, Dekorateur oder Raumausstatter.

Bühnenmaler/in und Bühnenplastiker/in

Ihre Aufgabe ist es, Entwürfe der Bühnenbildner in zeichnerischer, malerischer und plastischer Weise umzusetzen. Für den Bühnenmaler steht das Malen von Dekorationen und Prospekten im Vordergrund, für den Bühnenplastiker die Anfertigung plastischer Arbeiten (Säulen, Figuren, Tiere, Möbel, Reliefs u. a.) aus unterschiedlichen Materialien (Styropor, Ton, Gips, Stein, Kunststoffe u. a.). Bühnenmaler/-plastiker arbeiten zunehmend auch mit digitalen Medien. Die Ausbildung dauert drei Jahre.

Inspizient/in

Der Inspizient ist als Bindeglied zwischen Kunst und Technik für den organisatorischen Ablauf einer Vorstellung verantwortlich. Seitlich der Bühne steht das Inspizientenpult, von dem aus er den Verlauf der Aufführung steuert. Vor Beginn der Vorstellung gibt er drei Zeichen, welche einen pünktlichen Anfang bei allen Mitwirkenden bewirken. Im Verlauf des Abends veranlasst der Inspizient alle im Probenbuch genau auf das Stichwort vermerkten Lichtwechsel, Toneinspielungen und szenischen Verwandlungen inklusive des Öffnens und Schließens des Vorhangs. Darüber hinaus werden von ihm die Künstler zum Auftritt gerufen und mit den notwendigen Requisiten versehen. Trotz der großen Bedeutung dieser Position gibt es keinen eigenen Ausbildungsgang für Inspizienten. Fast ausschließlich kommen sie als ehemalige Sänger, Tänzer oder Schauspieler aus dem Theater.

Fachkraft für Veranstaltungstechnik

Der Veranstaltungstechniker kümmert sich um die technischen Aspekte auf der Bühne. Dieser noch junge Beruf bündelt im Wesentlichen die Tätigkeiten von Bühnentechnikern, Beleuchtern und Tontechnikern. Er wurde ins Leben gerufen, um den Erfordernissen moderner technischer Anlagen, wie sie heute bei Veranstaltungen üblich sind, Rechnung zu tragen. Wer als Veranstaltungstechniker am Theater arbeiten möchte, muss sich den künstlerischen Ideen und Entwürfen von Regisseuren und Bühnenbildnern gegenüber aufgeschlossen zeigen und mit ihnen gemeinsam nach der besten Lösung suchen, ohne dabei die technischen und finanziellen Grenzen aus den Augen zu verlieren. Die Ausbildung zur Fachkraft für Veranstaltungstechnik dauert drei Jahre und umfasst die Bereiche Konzeption und Kalkulation von Veranstaltungen, Sicherheit, Bedienung bühnentechnischer Anlagen, Energieversorgung, Licht-, Ton- und Beschallungsanlagen.

1. Stellt die Stationen einer Stückproduktion am Theater zusammen. Überlegt, an welcher Station welcher Beruf besonders gebraucht wird, um mit seinen speziellen Fähigkeiten zur Aufführung beizutragen.

2. Gestaltet für eine jüngere Klasse einen Galeriegang in eurem Klassenzimmer über Räume und Berufe am Theater. Informiert euch über zusätzliche Berufe auf der Website des Deutschen Bühnenvereins.

3. Organisiert eine Theaterführung an einem Stadttheater. Nehmt Stift und Papier mit und haltet die wichtigsten Informationen als Text oder Zeichnung fest.

Verschiedene Gestaltungsweisen des Bühnenraums kennenlernen

Die meisten dramatischen Texte sind für die Aufführung in einem Theater geschrieben. Die Gestaltung des Bühnenraums trägt wesentlich dazu bei, wie der Zuschauer das Stück und seinen Inhalt versteht.

Bühnenbauer und -techniker besprechen mit dem Regisseur eines Stückes, wie die Inszenierungsidee zu einer Aufführung am wirkungsvollsten umgesetzt werden kann. Dabei können sie den Bühnenraum weit oder eng machen, sie können ihn nah an den Zuschauer heranführen oder von ihm entfernen. Auf einer Drehbühne können verschiedene Räume aufgebaut werden, die im Stück abwechselnd genutzt werden. Die Bühne kann realistisch angelegt sein (der Zuschauer kennt Räume und Gegenstände aus seinem Alltag) oder symbolisch (der Zuschauer muss die Bedeutung des Bühnenaufbaus erst entschlüsseln). Mit Farben, verschiedenen Materialien und der Ausleuchtung werden gezielt Effekte erreicht.

Die am meisten genutzte Bühnenform ist bis heute die sogenannte **Guckkastenbühne**. Sie entstand bereits im Barockzeitalter (17. Jahrhundert). Ihre Entwicklung ist eng mit dem Beginn von Theateraufführungen in geschlossenen Räumen bei künstlichem Licht und unter Verwendung von Kulissen im europäischen Hoftheater verbunden: Die Bühne, durch Rampe und Bühnenportal mit Vorhang vom Zuschauerraum getrennt, präsentiert sich als dreiseitig abgeschlossener

Kasten, dessen vierte Seite (die imaginäre „vierte Wand") dem Zuschauer den Blick auf das Bühnengeschehen in seiner ganzen Breite erlaubt und ihm die Illusion vermittelt, an einem realen Geschehen teilzunehmen.

1. Betrachtet die Abbildungen auf dieser Doppelseite zu verschiedenen Inszenierungen von „Norway. Today" und von „Frühlings Erwachen". Macht euch klar, wo die Zuschauer sitzen, und beschreibt die unterschiedlichen Gestaltungen des Bühnenbilds.

2. Diskutiert die verschiedenen Wirkungen der gezeigten Bühnenbilder.

Norway. Today, Schauspielhaus Bochum

Norway. Today, Modell für ein Bühnenbild

Norway. Today, Bühne der Kulturen Köln

Norway. Today, Theater Aachen

Frühlings Erwachen, Berliner Ensemble

Frühlings Erwachen, Deutsches Schauspielhaus Hamburg

Frühlings Erwachen, Deutsches Theater Berlin

3. Lasst euch von einem Theater in eurer Nähe Probenfotos zu verschiedenen Inszenierungen geben. Betrachtet und beschreibt dabei genau die unterschiedliche Wirkung des jeweiligen Bühnenraums.

4. Extra

Fragt an eurer Schule nach aktuellen Produktionen der Darstellendes-Spiel-Kurse oder Theater-AGs. Besucht die Proben, sprecht mit den Darstellern und Spielleitern und erstellt ein Programmheft oder ein Plakat zu einer ausgewählten Inszenierung.

Igor Bauersima: Norway. Today (2000, Ausschnitt)

JULIE: [...] Los wir springen!

AUGUST: Nein!

JULIE: Los!

AUGUST: Lass mich!

5 *JULIE greift nach AUGUSTs Hand. Es kommt zum Kampf. Die beiden ringen miteinander. Während des Kampfes fallen beide mehrere Male beinahe runter.*

AUGUST: Lass das!

10 **JULIE:** Feigling!

AUGUST: Lass das! Du lässt mich jetzt los.

JULIE: Nein.

AUGUST: Lass los!

JULIE: Wir haben eine Abmachung.

15 **AUGUST:** Lass los, verdammt! Wir fallen runter.

JULIE: Ja.

AUGUST: Das war nicht so abgemacht!

JULIE: Das war so abgemacht.

20 **AUGUST:** Lass mich los!

JULIE: Wenn du nicht springst, helf ich dir.

AUGUST: Lass los!

JULIE: Nein.

AUGUST: Wenn ich da runterfalle, hängst du für Mord.

25

JULIE: Ich spring dir nach, du Depp.

AUGUST: Ich will nicht.

JULIE: Was?

AUGUST: Ich will nicht!

30 **JULIE:** Du kommst mit ...

AUGUST: Wenn du nicht aufhörst ...

JULIE: Was? Was?

AUGUST: Ich bring dich um, verdammt.

JULIE: Super!

35 *JULIE stolpert und fällt. Sie kann sich gerade noch mit einer Hand an der überhängenden Felskante festhalten. Sie baumelt über dem Abgrund.*

JULIE: Ich komm nicht hoch. Hilf mir.

AUGUST: *(OFF)* Du bist ... du bist voll

40 krank! Ich hätte da runterfallen können!

JULIE: Ja, und? War doch lustig. Hilf mir hoch!

AUGUST: *(OFF)* Warte mal. Ich hab ein Lied für dich dabei!

JULIE: Hilf mir. Verdammt. Ich ... es tut 45 mir leid. Ich war blöd, eben.

AUGUST: *(OFF)* Moment, kommt gleich!

JULIE: Ich hab nur Spass gemacht. Ich hätte dich nie da runtergeworfen. Echt. Hilf mir, verdammt. Stell dir vor, ich fall da 50 runter, verdammt. Was machst du dann? Ich kann mich nicht mehr halten. Hilfe! Verdammt.

AUGUST kommt mit einem Ghettoblaster wieder vor und versucht ihn anzumachen. 55

AUGUST: Hör mal. Kennst du das? Ist ne Scheibe von meinem Bruder.

JULIE: Hilf mir hoch, du Freak.

AUGUST: Sch! Warte. Wie geht das Ding los? 60

JULIE: Wenn du mir nicht hoch hilfst, fall ich runter.

AUGUST: Und?

JULIE: Und ... du hast mich auf dem Gewissen. Das willst du nicht. 65

AUGUST: Geht nicht, das Ding.

JULIE: Hilfe!

AUGUST: Wie lange sind wir eigentlich gefahren, mit dem Taxi?

JULIE: Hilf mir. 70

[...]

AUGUST: Du könntest hier rumschreien, wie du wolltest, es würde dich niemand hören.

JULIE: Genau. 75

AUGUST: Mach mal.

JULIE: Was?

AUGUST: Schrei mal.

JULIE: Hilf mir.

AUGUST: Lauter. 80

Lerninseln:
Umgang mit
dramati-
schen Texten
S. 277 ff.

⊕ Diagnose-
bogen
Dramatische
Texte

z3m8qf

⊕ Training
interaktiv
Dramatische
Texte

gs9r8r

JULIE: Schrei doch selber, du Freak.

AUGUST: Ich hab gerade keinen Grund dafür.

JULIE: Ich hab auch keinen Grund.

85 AUGUST: Nein?

JULIE: Nein.

AUGUST: Ich würde mich ein wenig fürchten, an deiner Stelle.

JULIE: Warum.

90 AUGUST: Weil du mich nicht kennst.

JULIE: Ja und?

AUGUST: Und weil du nicht weißt, wer
ich bin. Ich bin vielleicht völlig übergeschnappt. Warte, das Lied geht etwa

95 so: Tumtumtum, tumtum, tumtumtum,
tumtum …

JULIE: Huh. Böser böser Onkel.

AUGUST: Sag mir, was ich davon habe,
wenn ich dich nicht fallen lasse. Was hab

100 ich davon, wenn ich es nicht tue?

JULIE: Weiss nicht. Zieh mich hoch. Ich
kann nicht mehr.

AUGUST: Was hab ich davon?

JULIE: Hilf mir hoch, verdammt!

AUGUST: Was hab ich davon? 105

JULIE: Was du willst.

AUGUST: Was ich will?

JULIE: Ja.

AUGUST: Und wenn ich nichts will?

JULIE: Wenn du nichts willst, kriegst du 110
nichts. Zieh schon.

*AUGUST zieht JULIE hoch. Sie setzen sich
erschöpft auf die Felskante.*

AUGUST: Du wolltest mich umbringen.

–

AUGUST: Stimmt doch. 115

JULIE: Du hast einen Knall, hast du.

AUGUST: Du wolltest mich da runterfallen
sehen.

*Sie schauen beide in den Abgrund. JULIE greift
langsam nach AUGUSTs Hand. […]* 120

1. Stellt die Situation in einem Standbild dar.
Positioniert hinter Julie und August je eine zweite Person, die als zweites Ich sagt,
was die jeweilige Standbildfigur denkt und empfindet.

Lerninsel:
Standbild
S. 232

2. Analysiert den Dialog.
   – Erläutert die jeweilige Absicht der beiden Figuren in dieser Szene.
   – Beschreibt das Gesprächsverhalten von Julie und August.

3. Vergleicht das Verhalten von Julie und
August mit ihren Einstellungen zu Beginn
des Stückes, als sie sich zum ersten Mal im
Chatroom begegneten (S. 146 f.).
Beschreibt die Veränderung.

4. Besprecht, warum diese Szene als Höhepunkt des Dramas gesehen werden kann.

5. Betrachtet das Bühnenbild auf dem Foto.
Erläutert, wie hier der Höhepunkt
des Stückes in Szene gesetzt wird.

Schauspielhaus Bochum, 2011

Das könnt ihr schon!

- Textsorten einer Tageszeitung unterscheiden
- Kommentare schreiben
- die Bedeutung der Presse beurteilen

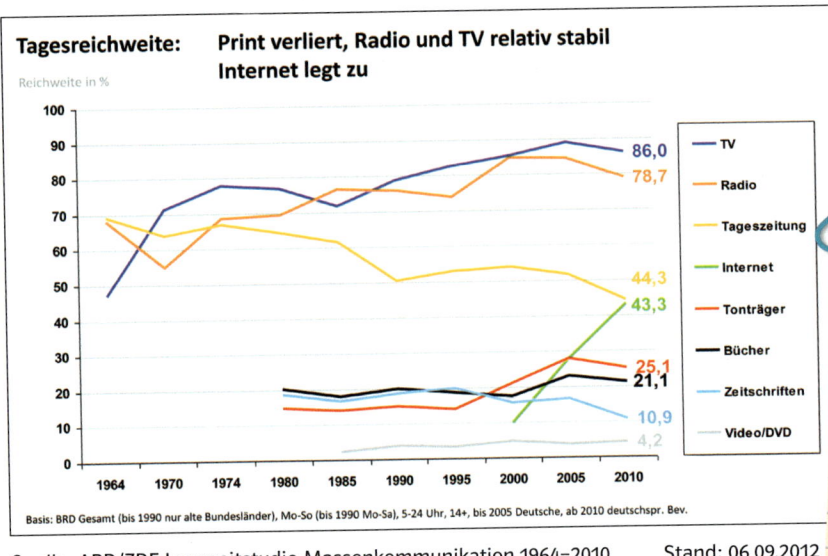

Tagesreichweite: **Print verliert, Radio und TV relativ stabil Internet legt zu**

Reichweite in %

- TV — 86,0
- Radio — 78,7
- Tageszeitung — 44,3
- Internet — 43,3
- Tonträger — 25,1
- Bücher — 21,1
- Zeitschriften — 10,9
- Video/DVD — 4,2

Basis: BRD Gesamt (bis 1990 nur alte Bundesländer), Mo-So (bis 1990 Mo-Sa), 5-24 Uhr, 14+, bis 2005 Deutsche, ab 2010 deutschspr. Bev.

Quelle: ARD/ZDF-Langzeitstudie Massenkommunikation 1964–2010   Stand: 06.09.2012

1. Unsere heutige Gesellschaft wird oft als „Informationsgesellschaft" oder „Mediengesellschaft" bezeichnet. Erklärt dies mithilfe des Diagramms.

2. Beschreibt die Entwicklung einzelner Medien genauer, z. B. Zeitung, Internet, TV. Erklärt die Veränderungen.

Katastrophe von Duisburg 2010: Love-Parade-Betroffene klagen auf Schadenersatz (2014)

Love-Parade: großer Umzug mit Techno-Musik in den 1990er und 2000er Jahren mit hunderttausenden Partygästen

21 Menschen starben bei der Love-Parade-Katastrophe in Duisburg vor vier Jahren. Juristisch ist das Unglück noch immer nicht aufgearbeitet. Jetzt wollen 30 Betroffene auf
5 Schadenersatz klagen – es geht um Hunderttausende Euro.

Bochum/Duisburg – Vier Jahre nach der Love-Parade-Katastrophe von Duisburg ziehen 30 Betroffene vor Gericht: Über ein
10 zivilrechtliches Verfahren wollten sie beim Landgericht Duisburg Schadenersatz einklagen, sagte die Bochumer Opferanwältin Bärbel Schönhof. Die Klage richtet sich demnach gegen die Stadt Duisburg, den Veranstalter Rainer Schaller und seine Fir- 15 ma Lopavent sowie gegen das Land NRW als Dienstherren der Polizei.

„Sie alle haben die Leute sehenden Auges in die Katastrophe gehen lassen", sagte Schönhof. Sie wolle, dass ihre Mandanten 20 nicht erst auf den Ausgang eines möglichen Strafverfahrens warten müssen. Es könne noch Jahre dauern, bis ein strafrechtliches Urteil erfolge. […]

Werden die Verantwortlichen zur Rechenschaft gezogen? (2014)

Die körperlichen Wunden mögen in vielen Fällen verheilt sein, doch die schrecklichen Bilder, die sie damals sahen, die Schreie, die sie hörten, verfolgen alle, die dabei wa-
5 ren. Die Opfer empfinden die heute vorgestellte Anklage der Staatsanwaltschaft als vollkommen unzureichend. Einer ihrer Anwälte sagte: „Die Opfer haben den Eindruck, dass man die Großen laufen lässt und
10 die Kleinen hängt."

Ich kann dieses Gefühl sehr gut verstehen. Aber mit den Instrumenten des Strafrechts lässt sich die moralische Schuld, die die Verantwortlichen auf sich geladen
15 haben, nicht bewältigen. Die Staatsanwälte hatten keine andere Chance, als zu prüfen, wer hat die Veranstaltung so geplant und wer hat sie mit seiner Unterschrift so genehmigt. Großmannssucht und Arroganz,
20 ein unvorstellbarer Leichtsinn und der

fehlende Mut, sich Vorgesetzen zu widersetzen, führten zu der Katastrophe. Doch strafrechtlich können nur diejenigen zur Verantwortung gezogen werden, die die Veranstaltung planten, und diejenigen, die 25 sie genehmigten. Auch die Polizei hat an dem Tag der Katastrophe Fehler gemacht. […]

Willkommen bei den Grimaldis
In diese blaublütige Sippe werden Charlènes Zwillinge hineingeboren. »

Wie gefährlich sind K.o.-Tropfen?
Der „Tatort" im Check: So wirkt die Droge tatsächlich. »

Comeback für die Hooligan-Szene?
Fan-Verband befürchtet nach Krawallen neue Gewaltexzesse. »

3. Ordnet die beiden Artikel einer journalistischen Textsorte zu. Begründet eure Zuordnung anhand konkreter Textstellen.

die „Grimaldis": Fürstenfamilie in Monaco

4. Beurteilt den Informationswert der drei abgedruckten Meldungen auf der Startseite eines E-Mail-Portals.

5. Klickt die aktuellen Nachrichten auf der Start- oder Abschlussseite eines E-Mail-Portals durch. Notiert, welche Meldungen eurer Ansicht nach wichtige Informationen vermitteln und welche nicht.

Das lernt ihr jetzt!

· Informationsvermittlung in verschiedenen Medien vergleichen
· Bilder und Texte kritisch untersuchen
· medienkritische Positionen verstehen und sich mit ihnen auseinandersetzen

Schwarz auf weiß
Informationsvermittlung in verschiedenen Medien untersuchen

1. Beschreibt die Wirkung der Fotos. Würdet ihr gerne bei einem solchen Event mitmachen? Begründet eure Antwort.

Als die Love-Parade laufen lernte (2014)

Das Motto des Umzugs, der als politische Demonstration angemeldet war: „Friede, Freude, Eierkuchen". Feierwütige mit Blumen und Smileys auf der Kleidung zogen
5 am 1. Juli 1989 tanzend bei Nieselregen über den Ku'damm. Der Fotograf Erik-Jan Ouwerkerk war dabei, weil ihn die mit Herzen dekorierten Plakate unter den Yorckbrücken neugierig gemacht hatten.
10 […]

„Mit Technomusik und Clubs hatte ich selbst gar nichts am Hut", erzählt der Fotograf, der aus den Niederlanden stammt. „Ich fand es aber interessant, die Leute
15 dieser Szene, die sonst nachts in den Clubs versteckt waren, mal tagsüber auf der Straße zu sehen. Sie waren offen und freundlich, es herrschte eine befreiende, geradezu mitreißende Stimmung." Die freiheitliche
20 Stimmung vier Monate vor dem Mauerfall spiegelte sich auch in der Kleidung der zuckenden und wippenden Menschen: enge Klamotten aus der Schwulenszene, weite von den Hippies, grelle Aufdrucke und
25 Sonnenblumen, das Symbol der House-Bewegung. […] „‚Friede, Freude, Eierkuchen' klingt wie ein alberner Sponti-Spruch, passte aber in die damalige Zeit. Es lag etwas in der Luft. Vielleicht hatten

wir Clubgänger die Antennen dafür, dass 30 die Geschichte sich dreht", sagt Birkelbach, der heute 52 Jahre alt ist. Die anderen Demonstranten, von denen fast täglich einige durch Berlin zogen, seien immer gegen etwas gewesen, gegen Ausländerfeindlichkeit 35 oder Krieg.

„Wir hingegen traten für etwas ein: für eine weltoffene, tolerante Gesellschaft." Ein Tresen aus Bierkisten mit einer Holzplatte darüber, ein DJ-Pult und etwas Nebel: Das 40 sei damals eine Technoparty gewesen, erzählt Birkelbach. […]

Etwa 500 Leute seien damals in den Clubs unterwegs gewesen, 150 von ihnen trauten sich, bei Tageslicht auf der Straße 45 zu tanzen. „Wir kannten uns alle, waren eine Family. Eine Stimmung wie bei einem Kindergeburtstag." Mit Staunen hätten die Passanten reagiert, „cool" die Polizisten, und ein paar Touristen seien sogar spon- 50 tan mitspaziert. Danach feierte die Gruppe im Ufo-Club weiter, in dem auch Love-Parade-Gründer DJ Motte damals auflegte. Beim Durchhalten hätten ihnen vor allem Cola und Kaffee geholfen, erzählt Birkel- 55 bach. Drogen seien damals noch kein fester Bestandteil der Szene gewesen.

Ku'damm:
eigentlich „Kurfürstendamm", belebte Geschäftsstraße im Zentrum von Berlin

Sponti-Spruch:
als Spontis galten in den 1970er und 1980er Jahren linksgerichtete Aktivisten, die die „Spontanität der Massen" als riesiges Potenzial ansahen. Sie prägten eine Reihe von Sprüchen, z.B. *Macht kaputt, was euch kaputt macht* oder *Stell dir vor, es ist Krieg und keiner geht hin.*

Die kleine Feier war der Beginn eines globalen Phänomens. Schon 1991 kamen 6000 Technofans aus ganz Deutschland, um die dritte Love-Parade zu feiern. Die Millionenmarke war 1997 rund um die Siegessäule erreicht, als der Ku'damm zu eng geworden war. […] Von 2007 an fand die Love-Parade in verschiedenen deutschen Städten statt.

Mit dem Unglück in Duisburg im Jahr 2010 endete die Partyreihe, die schon in den Jahren zuvor vor allem mit Müll, Drogen und Verletzten Aufsehen erregt hatte. Helge Birkelbach hatte schon bei der letzten Love-Parade am Ku'damm mit einer halben Million Teilnehmern genug. Aber an die erste Love-Parade erinnert er sich trotzdem gern.

FAZ 30.6.2014

2. Notiert die Informationen, die der Zeitungsartikel gibt. Untersucht, wie Aussagen von Teilnehmern der ersten Love-Parade eingebunden werden.

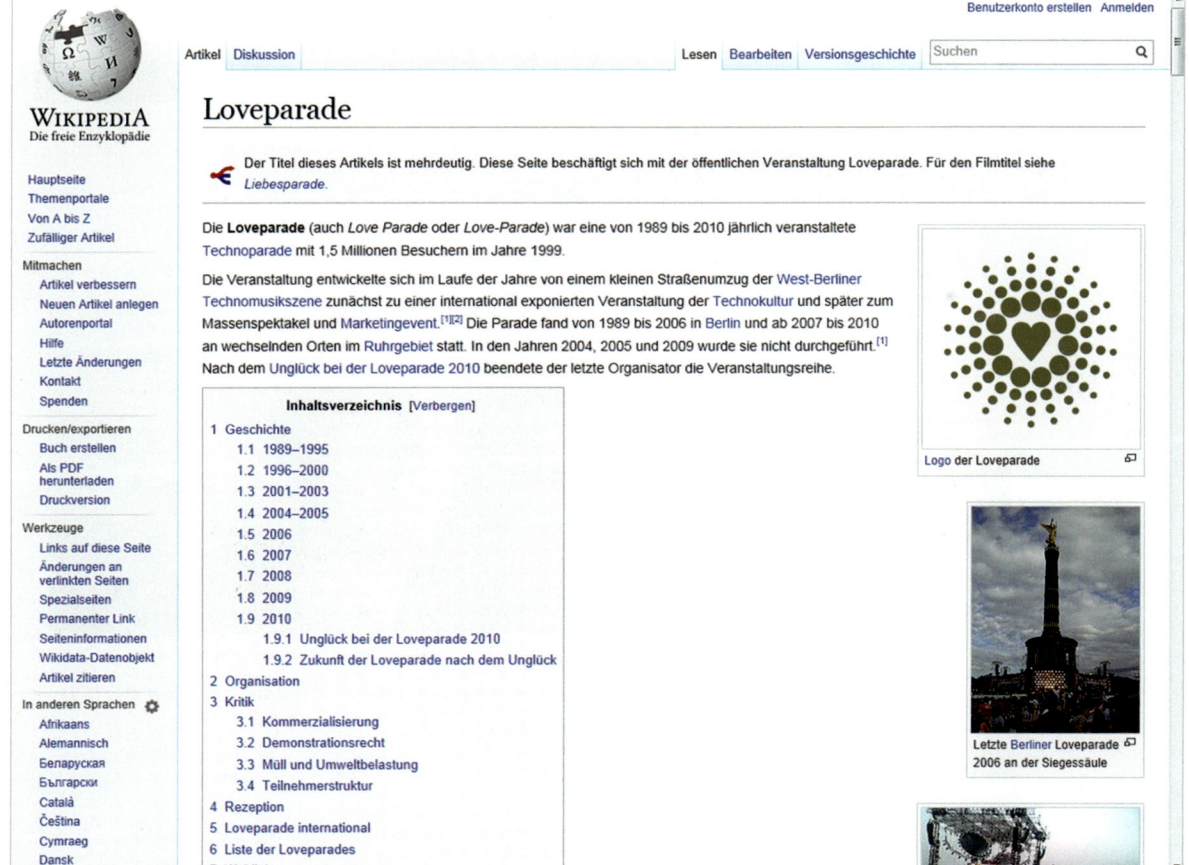

3. Zeigt Unterschiede in der Gestaltung der Artikel in der Zeitung und im Internet-Lexikon auf. Achtet zum Beispiel auf die Menge der Informationen (vom Internet-Artikel ist nur ein Ausschnitt abgebildet) und auf zusätzliche Elemente.

4. Beschreibt, welche Anreize zum Weiterlesen die Anfänge der beiden Artikel bieten.

5. Findet Erklärungen für die Unterschiede (Aufgaben 3 und 4):
– Welche Unterschiede lassen sich durch das jeweils andere
   Medium – Zeitung bzw. Internetseite – erklären?
– Welche anderen Besonderheiten weisen die Texte jeweils auf?

facebook

E-Mail oder Telefon	Passwort	
		Anmelden
☐ Angemeldet bleiben	Passwort vergessen?	

**loveparade
ist bei Facebook.**

Um dich mit loveparade zu verbinden, registriere dich noch heute für Facebook.

Registrieren   Anmelden

loveparade
Gemeinschaftsseite zu Loveparade

Chronik   Info   Fotos   „Gefällt mir"-Angaben   Videos

PERSONEN   >

8.773 „Gefällt mir"-Angaben

INFO   >

◯ http://de.wikipedia.org/wiki/Loveparade

FOTOS   >

loveparade hat Dr. Mottes Foto geteilt.
20. April um 09:17 · 🔗

Are you ready? 🙂
Übersetzung anzeigen

6. Vergleicht die Seite aus dem sozialen Netzwerk mit der aus dem Internet-Lexikon (S. 167):
– Welche Informationen über die Love-Parade findet ihr?
– Welche Funktion hat die jeweilige Seite?

7. Klärt, wie verlässlich eine Information in den folgenden Medien ist. Beachtet dabei,
welche Korrekturen bzw. Kontrollen eine Information durchläuft, bevor sie
im jeweiligen Medium veröffentlicht wird. Nutzt die blaue Box (S. 169).
– Sachbuch
– Zeitung oder Zeitschrift
– Internet-Lexikon
– soziales Netzwerk
– Homepage

8. Beschreibt die Vor- und Nachteile der beiden genannten Vorgehensweisen bei den Recherchen für ein Referat.

Lerninsel:
Sich und andere informieren
S. 237 ff.

Ayla:
Für ein Referat informiere ich mich nur in Sachbüchern und Lexika. Nur da sind die Informationen verlässlich.

Simon:
Ich nutze nur das Internet. Das geht viel schneller. Außerdem bekomme ich viel mehr Informationen und die Informationen sind immer auf dem neuesten Stand.

Informationsgehalt von Texten in verschiedenen Medien beurteilen

Wissen und Können

- **Zeitungen, Zeitschriften und Bücher:** Die Informationen werden von ausgebildeten **Journalisten** recherchiert und vor der Veröffentlichung von der **Redaktion** kontrolliert bzw. überarbeitet.

- **Internet-Lexika:** Internet-Lexika enthalten oft ungeprüfte Informationen. Beim größten Internet-Lexikon Wikipedia **darf jeder mitschreiben**. Wikipedia gibt aber **Richtlinien** vor. Andere Nutzer sind die Kontrolleure der Artikel. Änderungen in einem Artikel kann man über die **Versionsgeschichte** einsehen.

- **Soziale Netzwerke:** Hier darf jeder Nutzer Informationen einstellen. Nur bei **konkreten Beschwerden** werden Einträge gelöscht.

- **Homepages:** Die Informationsqualität von Homepages hängt davon ab, **wer sie veröffentlicht.** Homepages von Einzelpersonen können verlässliche Informationen bieten, wenn der Autor/die Autorin **Experte oder Expertin** auf einem Gebiet ist. Häufig finden sich auf privaten Homepages jedoch ungenaue und ungesicherte Informationen.

Lerninsel:
Umgang mit Medien
S. 283 ff.

9. Zum Differenzieren ▪ ▪ ▪ ▪

A Vergleicht einen Artikel aus einer Tageszeitung mit dessen Onlineversion auf der Internetseite der gleichen Zeitung. Stellt eure Ergebnisse vor.

B Erläutert, welche Vor- und Nachteile es haben kann, wenn ein Artikel auf einer Internetseite mit vielen anderen Artikeln verlinkt ist.

C Erstellt eine Checkliste, mit der man die Verlässlichkeit von Informationen im Internet überprüfen kann.

Differenzieren
Informationsgehalt beurteilen
9vg5ug

Überall Nachrichten

Formen der Nachrichtenpräsentation untersuchen

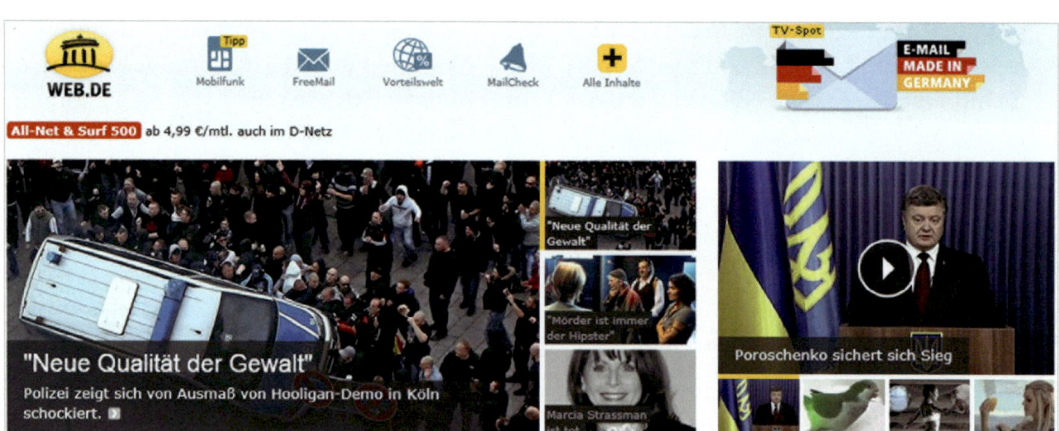

1. Stellt zusammen, wo euch im Alltag Nachrichten begegnen. Tauscht euch darüber aus, welche Nachrichtenpräsentationen ihr ignoriert und welche ihr weiterlest bzw. weiterschaut.

2. Vergleicht die Nachrichtensendungen von öffentlich-rechtlichen und privaten Fernsehsendern (z. B. „Tagesschau" und „Pro7 News") und stellt begründete Vermutungen zu den Zielgruppen an.

Stern.de

Auf STERN.DE finden Sie aktuelle Nachrichten, spannende News und Hintergründe sowie bildstarke Reportagen aus allen Bereichen: von Politik und Wirtschaft bis Kultur und Wissenschaft.

BRISANT

BRISANT ist auf den Laufstegen von Paris ebenso zu Hause wie in Europas Königshäusern. Hier finden Sie Artikel, Galerien und Videos zu …

WDR.de

WDR.de bietet die wichtigsten Nachrichten aus und für NRW multimedial aufbereitet, begleitende Informationen zu Fernsehsendungen und Radioprogrammen sowie zahlreiche Audios und Videos auf Abruf.

Radio Z: Nachrichten

Nachrichten sind in der Informationsgesellschaft ein kostbares Gut, das gehandelt, verkauft und um dessen Aktualität gekämpft wird. Doch was steht hinter den Schlagzeilen? Kritische Einschätzungen, die Meinungen von Minderheiten und die „Stimmen der Ungehörten" aus der Nachrichtenflut herauszufiltern, das haben wir uns zur Aufgabe gemacht. Wir berichten aus den globalen sozialen Bewegungen und über lokale Proteste. Die internationalistische Perspektive ist uns dabei genauso wichtig. Nachrichten bei Radio Z bringen stündlich das Neueste vom Tage aus einem anderen Blickwinkel.

11freunde.de

Das Magazin für Fußballkultur digital: alles, was auf und neben dem Platz wichtig ist. Unter anderem mit dem Liveticker zu allen wichtigen Partien …

3. Untersucht die Selbstaussagen zu den Nachrichtenseiten bzw. Sendungen:
– Welche Zielgruppen werden angesprochen?
– Welche Themen kann man erwarten?

Nils:
In unserer heutigen Informationsgesellschaft wissen die Menschen mehr über wichtige aktuelle Themen als die Menschen in früheren Zeiten.

Lena:
Die Unmenge an Nachrichten führt heutzutage dazu, dass alle Nachrichten nur oberflächlich wahrgenommen und schnell wieder vergessen werden.

4. Erläutert die beiden Aussagen oben durch Beispiele. Welche Position entspricht am ehesten eurer Meinung? Begründet.

Tagesschau in 100 Sekunden: die Beiträge der Sendung dauern etwa 100 Sekunden

Alle drei Diagramme beziehen sich auf die entsprechenden Sendungen vom 04.11.2014.

Tagesschau in 100 Sekunden (Dauer: ca. 100 Sekunden)

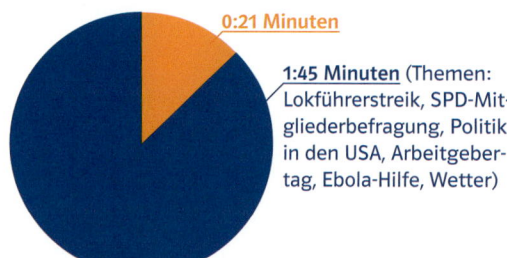

0:21 Minuten

1:45 Minuten (Themen: Lokführerstreik, SPD-Mitgliederbefragung, Politik in den USA, Arbeitgebertag, Ebola-Hilfe, Wetter)

Tagesschau um 20 Uhr (Dauer: ca. 15 Minuten)

0:51 Minuten
1:04 Minuten
1:03 Minuten
2:09 Minuten

11:04 Minuten (Themen: Lokführerstreik, SPD-Mitgliederbefragung, Politik in den USA, Arbeitgebertag, Ebola-Hilfe, Flüchtlinge in der EU, Überflutungen in Frankreich, Wetter)

Tagesthemen um 22.15 Uhr (Dauer: ca. 30 Minuten)

1:31 Minuten
1:21 Minuten
2:29 Minuten
1:38 Minuten
3:25 Minuten

19:08 Minuten (Themen: Lokführerstreik, SPD-Mitgliederbefragung, Politik in den USA, Personalnot durch Rente mit 63, Ebola-Hilfe, Überflutungen in Frankreich, Fußball, Wetter)

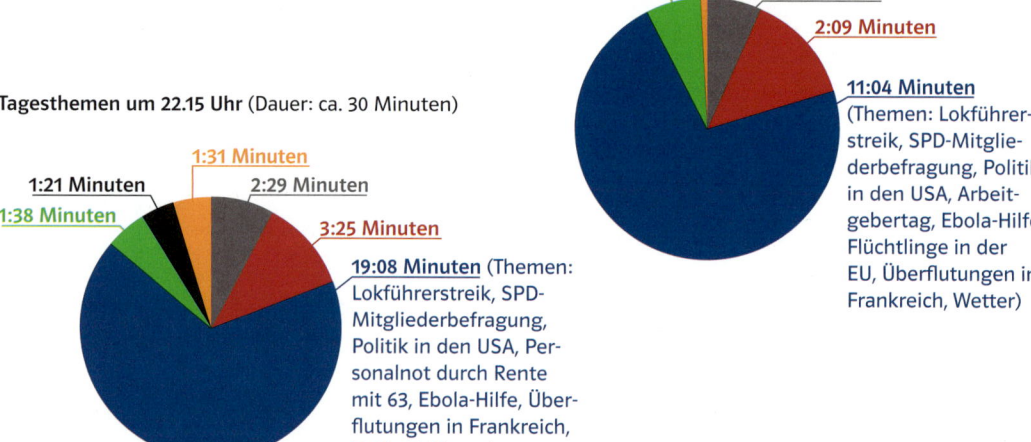

- ■ Filmbeiträge
- ■ Sonstiges (Vor- und Abspann, Begrüßung)
- ■ Nachrichten aus dem Studio (gelesen)
- ■ Live-Schaltung
- ■ Kommentar
- ■ Anmoderationen/Vorinformationen für Filmbeiträge

5. Vergleicht die Diagramme zu den Nachrichtensendungen der ARD.
  - Welche Bestandteile haben alle Sendungen? Welche gibt es nur vereinzelt?
  - Welche Nachrichtenteile haben jeweils einen besonders großen Zeitanteil?

MAZ: Kurzwort für **M**agnet**a**ufzeichnung (einen kurzen Filmbeitrag)

6. Die MAZ zum Lokführerstreik dauert unterschiedlich lange:
  - Tagesschau in 100 Sekunden: 0:18 Minuten,
  - Tagesschau um 20 Uhr: 1:54 Minuten,
  - Tagesthemen: 3:54 Minuten (zwei Beiträge – Gründe und Folgen des Streiks).
Besprecht ausgehend von diesem Beispiel, welche Vor- und Nachteile die verschiedenen Sendeformate haben.

7. Welche Form der Nachrichtennutzung erscheint euch am sinnvollsten: eine überregionale Tageszeitung lesen, eine Nachrichtensendung im Fernsehen schauen, sich durch die Nachrichten im Internet klicken? Begründet aus Sicht dreier Nutzertypen.
  a) Nutzertyp 1 wünscht sich umfassende Informationen zu verschiedenen Themen.
  b) Nutzertyp 2 interessiert sich nur für das Spiel seines Lieblingsvereins.
  c) Nutzertyp 3 möchte sich vorstellen können, wie es vor Ort aussieht.

Formen der Nachrichtenpräsentation gezielt nutzen

Zu den **Nachrichten des Tages** könnt ihr euch auf **verschiedene Weise** informieren: in Tageszeitungen, in Nachrichtensendungen im Fernsehen, im Radio oder im Internet. Manchmal werden Nachrichten auch unterbrochen, z. B. durch **Werbung**.
Die **sinnvolle Nutzung** der Nachrichtenformen hängt von eurem **Interesse** ab: Möchtet ihr euch allgemein informieren oder sucht ihr Nachrichten zu einem bestimmten Thema?

Den **Informationsgehalt** von Nachrichten und ihren Wert für die **Meinungsbildung** könnt ihr z. B. folgendermaßen prüfen:
– Werden **verschiedene Positionen** zu einer Nachricht genannt oder nur eine einzige?
– Werden Zusammenhänge durch **Hintergrundinformationen** erläutert?
– Kommen **betroffene Personen** selbst zu Wort oder werden ihre Aussagen zusammenfassend wiedergegeben?
– Werden die **Informationen** nur präsentiert oder auch **kommentiert**?

Lerninsel:
Umgang mit Medien
S. 283 ff.

Internet vor Fernsehen und Radio als Nachrichtenquelle

Berlin, 26. Juni 2014. – Das Internet ist für Jugendliche im Alter von 16 bis 18 Jahren das wichtigste Medium, um sich über aktuelle Nachrichten auf dem Laufenden zu
5 halten: 85 Prozent informieren sich in dieser Altersgruppe im Web über das Tagesgeschehen. Das hat eine repräsentative Umfrage unter 688 Kindern und Jugendlichen im Alter von 10 bis 18 Jahren im Auftrag
10 des Hightech-Verbands BITKOM ergeben. Danach ist bei den 16- bis 18-Jährigen das Internet inzwischen als Informationsquelle wichtiger als das Fernsehen, das 81 Prozent nutzen. 60 Prozent hören tagesaktuelle
15 Nachrichten im Radio und 55 Prozent lesen gedruckte Zeitungen bzw. Zeitschriften. […]

Im Internet sind wiederum soziale Netzwerke die wichtigste Nachrichtenquelle für
20 die Jugendlichen. Laut Umfrage informieren sich fast zwei Drittel (63 Prozent) der 16- bis 18-Jährigen über soziale Netzwerke wie Facebook, Google+ oder Twitter. […] Immerhin 54 Prozent der befragten Jugendlichen informieren sich direkt auf 25 den Online-Seiten von Medien oder anderen Nachrichtenanbietern. Gut ein Fünftel (21 Prozent) nutzt Video- bzw. TV-Angebote im Netz und ebenso viele informieren sich in Foren oder Blogs. 16 Prozent infor- 30 mieren sich per Webradio oder Podcasts.

Die Umfrage hat auch gezeigt, dass der Einstieg in die Nachrichtenwelt über die klassischen Medien erfolgt. Von den 10- bis 11-Jährigen informieren sich 76 Prozent im 35 Fernsehen, 55 Prozent im Radio, 42 Prozent in Zeitungen bzw. Zeitschriften und nur 17 Prozent im Internet. Weitere 17 Prozent informieren sich in dieser Altersgruppe gar nicht über das Tagesgeschehen. […] 40

BITKOM: Bundesverband Informationswirtschaft, Telekommunikation und neue Medien e.V.

8. Zum Differenzieren ■ ■ ■ ■

A Führt in der Klasse eine Umfrage durch, welche Medien ihr nutzt, um euch über Nachrichten zu informieren. Vergleicht euer Verhalten mit dem Ergebnis der Umfrage von BITKOM.

B Die Information durch Nachrichtensendungen unterliegt einer Entwicklung. Erstellt aufgrund der Ergebnisse aus der Umfrage von BITKOM eine grafische Übersicht, die diese Entwicklung deutlich macht.

Differenzieren
Formen der Nachrichtenpräsentation
4t6m6x

Die Macht der Bilder
Bilder und Texte kritisch untersuchen

Originalfoto: Tempel im ägyptischen Luxor

Das Schweizer Boulevard-Blatt „Blick" bildete im November 1997 das rechte Foto ab. Am Tempel in Luxor hatte einen Tag zuvor ein Massaker stattgefunden. Die harmlose Wasserpfütze wurde durch die Bildredaktion rot eingefärbt.

DAS MASSAKER VON LUXOR 3

Blutspur des Grauens: Der Platz vor dem Tempel der Hatschepsut ist geräumt, Spuren des Massakers aber sind noch deutlich zu sehen.

Ein Land wie im Krieg

LUXOR – Der Tag nach dem Attentat: Luxor, die Traumdestination am Nil, ist her-

Zeitungsausschnitt aus „Blick"

1. Beschreibt die Wirkung des Zeitungsausschnitts. Beachtet die Veränderung des Originalbildes und die Wortwahl.

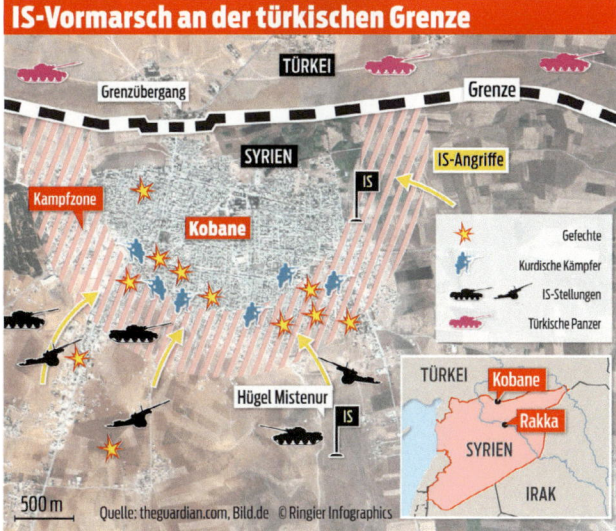

IS-Vormarsch an der türkischen Grenze

Die vier Abbildungen stehen im Zusammenhang mit dem Angriff der Terrormiliz IS (Islamischer Staat) auf die syrische Stadt Kobane im Oktober 2014.

2. Beschreibt die Wirkung der vier Abbildungen und überlegt, in welcher journalistischen Darstellungsform (Bericht, Reportage, Kommentar, …) sie nutzbar sind.

3. Diskutiert die Unterschiede zwischen der Manipulation durch Texte und der durch Bilder.

4. „Bildmanipulationen sind nur die Spitze des Eisberges. Denn es ist schon Manipulation, ein bestimmtes Foto auszuwählen, auch wenn man es korrekt abdruckt."
Nehmt Stellung zu dieser Aussage.

links das Originalbild (aufgenommen nahe der syrischen Stadt Aleppo),
rechts die Montage in der „Kronen Zeitung" vom 28. Juli 2012

Kronen Zeitung:
auflagenstärkste
österreichische
Boulevard-
Tageszeitung

Das Originalbild in der Mitte zeigt einen irakischen Soldaten umgeben von US-Soldaten während
des Irak-Kriegs 2003. Alle drei Fotos wurden – in verschiedenen Zeitungen – veröffentlicht.

**Lerninsel:
Umgang mit
Medien
S. 283 ff.**

5. Beschreibt die Bilder und ihre Wirkungen.

6. Erläutert, wie sich die Aussage der Bilder durch den
jeweiligen Eingriff verändert.

7. Sammelt Gründe, warum sich die Zeitungsredaktionen beim Foto
aus dem Irak-Krieg jeweils für die Veröffentlichung des linken, mittleren
oder rechten Bildausschnitts entschieden haben könnten.

8. Noam Chomsky hat sich oft kritisch zu den Militäreinsätzen der USA geäußert. Erklärt, worin die Manipulation von Chomskys Verlag besteht, der das Zitat des *New York Times Book Review* zu Werbezwecken verwendet.

> Aussage des *New York Times Book Review:*
> „Noam Chomsky ist der wichtigste Intellektuelle der Gegenwart. Wenn dies der Fall ist, wie kann er dann solchen Unsinn über die amerikanische Außenpolitik schreiben?"

> Werbung des Verlags für Chomskys Bücher:
> Noam Chomsky ist laut *New York Times Book Review* der „wichtigste Intellektuelle der Gegenwart".

Noam Chomsky: amerikanischer Sprachwissenschaftler und Gesellschaftskritiker

Wissen und Können

Bilder und Texte in den Medien kritisch betrachten

Medien sind wichtig, um **Informationen** zu **erhalten** und sich eine eigene **Meinung** zu **bilden**. In seriösen Medien werden die Informationen gründlich recherchiert und wahrheitsgetreu dargeboten.
Man sollte sich aber bewusst sein, dass **Bilder** und **Texte** manipuliert sein können und damit selbst manipulieren.

Prüft zum Beispiel:
- Manipuliert eine Zeitung durch die Art und die Aufmachung der **Schlagzeile**?
- Wird die Wirkung eines Textes durch ein **Bild** beeinflusst?
- Gibt es Hinweise darauf, dass Informationen **bewusst weggelassen** oder aus dem **Zusammenhang gerissen** wurden?
- Werden die Zusammenhänge durch **Hintergrundinformationen** erläutert?

9. Zum Differenzieren ■ ■ ■ ■

A Die Seiten 174–176 zeigen verschiedene Bildmanipulationen. Schreibt an die jeweilige Zeitung einen Leserbrief, in dem ihr zu der Manipulation Stellung nehmt.

B „Der Fotoredakteur braucht zusätzliche Informationen über sein potenzielles Publikum, will er eine fundierte Entscheidung für oder gegen die Bearbeitung eines Bildes treffen." (Dr. Klaus Forster, Kommunikationswissenschaftler)
Nehmt Stellung zu dieser Aussage.

C Erklärt, was Chomsky meint. Stellt mögliche Unterrichtsinhalte für einen solchen Selbstverteidigungskurs zusammen.

> Eigentlich sollte jeder Selbstverteidigungskurse gegen Manipulation und Kontrolle besuchen.
> *Noam Chomsky*

⊕
Differenzieren
Texte und Bilder kritisch betrachten
ub3x2g

Lerninsel: Leserbrief S. 257

10. Extra

Recherchiert einen aktuellen Fall, in dem das Zitat einer prominenten Person (z. B. Politikerin, Fußballtrainer) verfälscht wiedergegeben oder aus dem Zusammenhang gerissen wurde. Erklärt, worin genau die Manipulation besteht.

Unfug? Chance? Gefahr?
Sich mit medienkritischen Positionen auseinandersetzen

Mediale Phänomene kritisch beurteilen

200 Menschen in Boston (im Vordergrund der Bürgermeister)

Barbara Schöneberger und TV Moderator Günther Jauch

Microsoft-Gründer Bill Gates

Sängerin Rihanna

ein anderer Blick auf das Phänomen

mediale Phänomene bewusst wahrnehmen

Ice Bucket Challenge lässt Obama kalt

22.08.2014 – Edgartown – George W. Bush machte nur unfreiwillig mit, und auch sein Nachfolger als US-Präsident hat keine Lust auf kaltes Wasser: Barack Obama beteiligt
5 sich nicht an der Ice Bucket Challenge, dem derzeitigen Netzhype. Die ungewöhnliche Wohltätigkeitsaktion zielt darauf, dass sich möglichst viele Prominente mit eiskaltem Wasser übergießen, um dann möglichst
10 viele Videos davon im Netz zu verbreiten – und so neue Spender für eine Stiftung zur Bekämpfung der Krankheit Amyotrophe Lateralsklerose (ALS) zu rekrutieren.

Obama ließ sich zumindest auf diesen
15 Teil der Aktion ein: Er will der Stiftung eine Summe zukommen lassen, meldet die Nachrichtenagentur AP. Dass Obama überhaupt in die Kampagne geriet, verdankt er Ethel Kennedy: Die 86-Jährige aus dem
20 ruhmreichen Kennedy-Clan hat Obama für die Teilnahme an dem Kontest nominiert – nachdem sie sich selbst vor der Kamera mit eiskaltem Wasser begossen hatte.

Denn das ist Teil der Regeln der Wohl-
25 tätigkeitsaktion, die sich seit mehr als zwei Wochen in den sozialen Netzwerken verbreitet: Ein Herausgeforderter leert einen Eimer mit Eiswasser über sich und darf dann weitere Menschen nominieren, die binnen
30 eines Tages dasselbe tun müssen. Wer sich weigert, soll 100 Dollar an die ALS-Stiftung spenden. Bislang sollen so schon 40 Millionen Dollar zusammengekommen sein.

Ganz überraschend kam Obamas Absa-
35 ge allerdings nicht, denn hohe US-Beamte

etwa dürfen an der Aktion auch nicht teilnehmen: Das Außenministerium hat laut der Nachrichtenagentur AP Botschaftern und hochrangigen Vertretern der USA im Ausland ein Mitmachverbot auferlegt. Das 40 öffentliche Amt dürfe nicht für private Anliegen genutzt werden, teilte die Behörde mit – „unabhängig davon, wie sehr es die Sache wert wäre".

Andere Prominente haben sich indes in 45 Scharen an der Aktion beteiligt: Fußballprofi Marco Reus nominierte etwa Schlagersängerin Helene Fischer, und auch Microsoft-Pionier Bill Gates und Popstar Lady Gaga haben sich beteiligt. In Deutschland be- 50 gossen sich zudem unter anderem Matthias Schweighöfer und Natascha Ochsenknecht mit Eiswasser. Von Bundeskanzlerin Angela Merkel ist hingegen nicht bekannt, ob sie in irgendeiner Form die Aktion unterstützt: 55 „Ich bitte um Verständnis, dass wir grundsätzlich nicht darüber berichten, wem die Bundeskanzlerin persönlich Geld spendet", schrieb Regierungssprecher Steffen Seibert auf Twitter. 60

rekrutieren: zur Mitarbeit gewinnen

Matthias Schweighöfer, Natascha Ochsenknecht: deutsche Schauspieler

---

1. Fasst zusammen, was die Ice Bucket Challenge ist. Nennt andere Netzhypes.

2. Sammelt Gründe, die für und gegen eine Teilnahme folgender Personengruppen sprechen: a) Prominente; b) Politiker/Politikerinnen.

3. Nehmt Stellung zur Äußerung des deutschen Regierungssprechers (Z. 56 ff.).

4. Der Regierungssprecher hat seine Äußerung auf Twitter veröffentlicht. Erläutert, was das über die Bedeutung sozialer Netzwerke aussagt.

5. Erklärt, inwiefern der Cartoon (S. 178) eine Kritik an der Ice Bucket Challenge darstellt.

6. Hättet ihr bei der Aktion mitgemacht, wenn euch jemand nominiert hätte? Begründet eure Entscheidung.

Gerald Reischl: Warum die Ice-Bucket-Challenge nervt (2014)

Es geht vielen schon längst nicht mehr darum, auf ALS aufmerksam zu machen, sondern darum, ein möglichst ausgefallenes Kurzvideo online zu stellen, das von
5 der Community viele „Likes" erhält. Wer auf Facebook ist, wird regelrecht zugemüllt […], es gibt leider keinen Filter, mit dem man diese Filmchen aufhalten kann. Und ein Video in meiner „Timeline" hat
10 mir schließlich gereicht: Statt einen Kübel mit Wasser und Eis zu verwenden, schüttete sich der Nominierte geschmolzenes Vanille-Speiseeis über den Kopf. Wenn er wenigstens geschmolzenes Schokoladeneis
15 genommen hätte – das hätte optisch gleich ausgedrückt, was ich von Selbstdarstellern mittlerweile halte … […]

Ich behaupte mal, dass nach wie vor die wenigsten wissen, wofür ALS steht – näm-
20 lich für Amyotrophe Lateralsklerose, und das ist eine degenerative Erkrankung des motorischen Nervensystems. Es werden jene Nervenzellen irreversibel geschädigt, die für die Bewegung des Muskelapparats
25 verantwortlich sind. Der wohl „berühmteste" Patient ist Stephen Hawking, auch der verstorbene deutsche Maler Jörg Immendorff litt an ALS.

Grundsätzlich ist ja nichts dagegen einzu-
30 wenden, dass auf ein Problem aufmerksam gemacht wird, wenn eine Aktion innerhalb weniger Monate eine globale Reichweite schafft […]. Ich habe aber etwas gegen Selbstdarstellungsversuche und eine „Wer-
35 schüttet-sich-den-Eiskübel-am-coolsten-

über-den-Schädel"-Challenge. Es geht den meisten nur noch darum, das lustigste, schrägste und abnormalste Video zu präsentieren. Ich habe mittlerweile vor allen
40 Respekt, die sich ohne einen Kübel Eiswasser über den Schädel zu schütten, spenden. Die grundsätzlichen Spielregeln lauten ja Eis über den Kopf *oder* spenden. Das „oder" ist mir bei weitem sympathischer und macht mehr Sinn.
45

Die Zahl derer, die sich […] genervt fühlen, wächst, und mit jeder Stunde steigt die Gefahr, dass das Ziel – auf ALS aufmerksam zu machen – in weite Ferne rückt. ALS ist
50 nur eine von vielen Krankheiten, in deren Heilung Medizin und Pharmaindustrie viel Geld stecken sollten […]. Zudem gibt es nicht nur todbringende Krankheiten auf dieser Welt, sondern generell viel Not und Leiden […].
55

Stimmt schon, die ALSA hätte nie so viel Spendengelder zusammengebracht, wäre der Hype nicht von berühmten US-Bürgern wie Mark Zuckerberg oder Bill Gates verbreitet worden. Angeblich wurde
60 heuer um das Fünfzigfache (angeblich bereits 75 Millionen Dollar) mehr gespendet als im Vergleichszeitraum des Vorjahres, damals waren es 1,7 Millionen Dollar. Die Befürworter der Challenge bzw. Kritiker der
65 Challenge-Kritiker vergessen aber, dass die wenigsten der Herausgeforderten tatsächlich auch spenden und dass denen wirklich die Heilung von ALS am Herzen liegt.

degenerativ:
auf Degeneration (körperlichem oder geistigen Verfall, Rückbildung von Organen) beruhend

irreversibel:
nicht umkehrbar

ALSA:
ALS-Association; Organisation, die die Erforschung der Krankheit ALS und die Unterstützung Betroffener fördert

heuer:
derzeit; in diesem Jahr

7. Erläutert, wie der Autor seine Kritik an der Aktion begründet.

8. Ordnet beide Zeitungsartikel (S. 179, 180) einer Textsorte zu, z. B. *Reportage, Bericht, Meldung, Kommentar, Glosse, Interview*. Begründet mithilfe konkreter Textbelege.

   mediale Phänomene kritisch untersuchen

Medienkritische Positionen kennenlernen

Umberto Eco: Der Verlust der Privatsphäre (Ausschnitt, 2007)

[…] Was mir Sorgen macht, ist die Tatsache, dass der durch seinen Auftritt im Fernsehen glorifizierte Tor zu einem universalen Vorbild wird. Er hat sich zur Schau gestellt, also
5 kann jeder andere das auch. Die Zurschaustellung des Toren bringt das Publikum zu der Überzeugung, dass nichts, nicht einmal das schändlichste aller Missgeschicke, das Recht hat, privat zu bleiben. […]

10 Ein ähnliches Phänomen spielt sich im In-ternet ab. Die Durchsicht vieler Homepages zeigt, dass die Erstellung einer Website oft dazu dient, die eigene schale Normalität zur Schau zu stellen, wenn es sich nicht
15 um Abnormität handelt. Vor einigen Jahren fand ich die Homepage eines Herrn, der ein Foto seines Grimmdarms präsentierte (und viel-leicht noch immer präsentiert). […] Das Problem ist, dass die Grimmdärme aller
20 Menschen (außer in Fällen von Tumor im Endstadium) einander gleichen. Daher kann man sich in gewisser Weise für das Foto des eigenen Grimmdarms interessieren, aber der Anblick des Grimmdarms anderer lässt
25 einen kalt. Dennoch hat der Herr, von dem ich spreche, sich die Mühe gemacht, eine Homepage zu installieren, um aller Welt das Foto seines Grimmdarms zu zeigen. Es han-

Umberto Eco, italienischer Schriftsteller

delt sich offensichtlich um jemanden, dem das Leben nichts geschenkt hat, keine Er- 30 ben, an die er seinen Namen weitergeben kann, keine Partner, die sich für sein Gesicht interessieren, keine Freunde, denen er seine Urlaubsfotos zeigen könnte, sodass er zu dieser letzten verzweifelten Möglichkeit 35 gegriffen hat, um ein Minimum an Sichtbarkeit zu ergattern. […]

glorifizierter Tor: Mensch, der für dumme Handlungen Aufmerksamkeit und Lob erhält

Grimmdarm: mittlerer Abschnitt des Dickdarms

1. Sammelt aktuelle Beispiele für „glorifizierte Toren", die ihr aus dem Fernsehen oder aus anderen Medien kennt. Erklärt, wie ihr zu diesem Phänomen steht.

2. Formuliert Ecos Aussagen zur Grimmdarm-Homepage allgemeiner, sodass sie für alle Menschen gilt, die viel von sich im Internet preisgeben.

Erich Ribolits: Neue Medien und das Bildungsideal (politischer) Mündigkeit (2001, Auszug)

Eine funktionierende Demokratie setzt mündige Individuen voraus; Menschen also, die in der Lage und willens sind, selbstbewusst und verantwortungsvoll in die Ge-
5 staltung der Gesellschaft einzugreifen. Und um diese Fähigkeiten zu entwickeln, reicht ein unbeschränkter Zugang zu „allen Informationen dieser Welt" – wie er durch die neuen Medien versprochen wird – allerdings beileibe nicht aus. Dazu ist es zualler- 10 erst einmal erforderlich, die im Übermaß vorhandenen Informationen einzuordnen,

Apologet:
(griech.)
„Verteidiger"

verknüpfen, strukturieren, bewerten, kurz: sie sich relevant machen zu können. Denn – auch wenn die Apologeten des Internet uns das vielfach glauben machen wollen – mit dem problemlosen Zugang zu Informationen geht keineswegs schon ein „Verstehen der Dinge" einher. […]

Wissen ist wesentlich mehr als bloße Informationsanhäufung; es wird erst über den Weg des Stellung-Nehmens zu neuen Informationen generiert, was allerdings wieder voraussetzt […] einen fundierten und definierten Standpunkt zu haben. […] Jeder Erwerb von Wissen kann ja als ein Versuch gesehen werden, das eigene „Verhältnis zur Welt" ein wenig mehr zu klären und damit dem eigenen Leben Sinn zu verleihen. […] Dementsprechend stellt ein ungehinderter Informationszugang auch noch lange keine ausreichende Voraussetzung für Wissen – das „Verstehen der Dinge" – dar. […]

3. Fasst den Text mit eigenen Worten zusammen. Beurteilt die These, dass der leichte Zugang zu Informationen im Internet noch keine „Mündigkeit" der Nutzer bedeutet.

4. Erich Ribolits schreibt über die Eigenverantwortung bei der Aneignung von Wissen über das Internet.
Diskutiert diese Forderung im Hinblick auf das Bedürfnis, unterhalten zu werden.

Kester Schlenz und Hannes Ross: „DSDS" – Die Kandidaten im verbalen Nacktscanner (2010)

Wer bei „Deutschland sucht den Superstar" mitsingen will, bekommt einen Fragebogen vorgelegt: In mehr als 100 Fragen werden intime Details abgefragt.

Was darf eine Produktionsfirma die Kandidaten eines Casting-Wettbewerbs fragen? Alle 120 Kandidaten, die die erste Runde von „Deutschland sucht den Superstar" überstanden haben, werden mit über 130 zum Teil sehr intimen Fragen konfrontiert, auf insgesamt 17 Seiten. Die Kölner Fernsehproduktionsfirma Grundy Light Entertainment, die „DSDS" im Auftrag von RTL produziert, kundschaftet so aus, was man höchstens der besten Freundin anvertraut. Hier die pikantesten Fragen im Überblick:

– Warst du in den letzten fünf Jahren wegen einer schweren körperlichen oder psychischen Krankheit in Behandlung? Falls ja, bitte detaillierte Angaben.

– Hast du jemals Schönheitsoperationen in Betracht gezogen? Was findest du sexy?

– Hast du schon einmal Nacktfotos machen lassen? Wer hat die Abzüge/Negative? Gibt es ungewöhnliche Videoaufnahmen von dir?

– Gibt es Personen, mit denen du ernsthaft zerstritten bist oder die mit dir noch eine Rechnung zu begleichen haben?

– Wie lange hat deine letzte Beziehung gedauert und warum ist sie gescheitert?

– Bist du deines Wissens nach derzeit schwanger? Falls ja, in welchem Monat?

– Wurdest du jemals aufgrund einer Straftat verurteilt (Vorstrafen)?

– Gefällt dir dein Körper? Bitte detaillierte Begründung.

– Falls du Kinder hast, nenn bitte den Namen und die Anschrift der Mutter/des Vaters deiner Kinder.

– Gab oder gibt es Konflikte? Wenn ja, in welcher Form?

– Gibt es Personen oder Bereiche deines Lebens, die du nicht der Öffentlichkeit preisgeben willst? Bitte detaillierte Erklärungen.

Muss das sein? Warum fragt eine Produktionsfirma so sensible Daten ab? Das sagen die Produktionsfirma Grundy und RTL:

medienkritische Positionen nachvollziehen

Simone Lenzen, Pressesprecherin der Firma Grundy Light Entertainment erklärt hierzu:

„Das Konzept DSDS ist u. a. deshalb so erfolgreich, weil die Zuschauer und Fans in der Sendung nicht nur die oder den Musiker oder Sänger kennenlernen – sondern in sogenannten Einspielern auch den Menschen dahinter. […] Nach Krankheiten oder gesundheitlichen Gefährdungen müssen wir fragen, um eventuellen Bedarf an ärztlicher Versorgung sicherzustellen. […] Bei den über 100 Fragen nach allen möglichen Themen fragen wir auch und gerade nach kritischen Themen wie den o. g., weil wir wissen, dass nicht nur die Boulevardpresse genau danach suchen und recherchieren wird – und sich die Kandidaten so besser darauf vorbereiten können. Sie müssen sich dessen bewusst sein, dass Details aus ihrem Leben an die Öffentlichkeit kommen."

Für den Sender RTL, der nach eigenen Angaben den Fragebogen bis vor kurzem nicht in Gänze kannte, erklärt die **Pressesprecherin Anke Eickmeyer**:

„Natürlich interviewt eine Produktion Kandidaten zu ihrer Person. Davon wissen wir, wenn auch nicht im Detail. […] Aber je weiter die Kandidaten kommen, desto unwahrscheinlicher ist es, dass Privates wirklich privat bleibt. Wer Woche für Woche vor sieben Millionen Zuschauern auftritt, wird interessant, auch für die Berichterstattung in der Presse. […] Nachbarn und Behörden werden zu einfachen Informationsquellen für Journalisten. Auch über Internetforen gelangen Informationen an die Öffentlichkeit. Darauf bereiten wir die Kandidaten vor."

5. Beurteilt die Fragen, die den Kandidaten gestellt werden, und nehmt Stellung zu den Rechtfertigungen der Pressesprecherinnen.

Medienkritische Positionen verstehen

Die Medienkritik setzt sich **mit positiven und negativen Aspekten** der Medien und den Auswirkungen auf **den Einzelnen** und **die Gesellschaft** auseinander. Medienkritiker kommen aus verschiedenen wissenschaftlichen Disziplinen wie z.B. Medienwissenschaften, Philosophie oder Pädagogik. Beim Verstehen der Position können euch folgende Leitfragen helfen:

- Welche medialen **Phänomene** werden erörtert?
- Welche **Beispiele** oder **Fakten** belegen die Schlussfolgerungen des Autors/ der Autorin?
- Stehen die Chancen oder die Probleme des Mediums im **Vordergrund**?
- Wird klar **Stellung bezogen** oder bleiben die Schlussfolgerungen offen?

Wissen und Können

Lerninsel:
Umgang mit Medien
S. 283 ff.

Sachtext-
analyse
S. 22

6. Zum Differenzieren ■ ■ ■ ■

A Prominente beklagen häufig den Verlust ihrer Privatsphäre. Schreibt in einer Stellungnahme, wie das Verhältnis zwischen dem Recht auf Privatsphäre und dem Recht auf Berichterstattung geregelt werden sollte.

B Sammelt Tipps für junge Mediennutzer, die helfen, Manipulationen zu erkennen.

C Privatsender sind in erster Linie Wirtschaftsunternehmen und damit kundenorientiert. Nehmt kritisch Stellung zur Rolle des Zuschauers bei der Programmgestaltung.

Differenzieren
Medienkritik
as6xm7

☆ Das könnt ihr jetzt!

1. Erläutert mit eigenen Worten, welche positiven und negativen Aspekte im Bezug auf die Medien in den beiden Zitaten angesprochen werden.

2. Nehmt zu einem der Zitate ausführlich Stellung.

Roland Kirbach: Zum Abschuss freigegeben (Ausschnitt, 2005)

Entdeckt, zur Schau gestellt, fallen gelassen: Wie nie zuvor setzen Fernsehen und Zeitungen auf Menschen, Schicksale, Emotionen und hinterlassen jede Menge Opfer.

Der Tag, an dem ihre Tochter eingeschult wurde, sollte ein ganz besonderer Tag für
5 die Deutsch-Türkin Nil Schaller werden. Es war der 31. August vergangenen Jahres, das Fernseh-Regionalmagazin vom Hessischen Rundfunk war in die Kirchner-Grundschule im Frankfurter Stadtteil Bornheim gekom-
10 men, um über den Ehrentag der Erstklässler zu berichten. Doch dann nahm das Verhängnis seinen Lauf. Für einen kurzen Moment nahm Nil Schaller die Schultüte ihrer Tochter in die Hand, weil die Kleine sich die Schuhe
15 zubinden sollte. In diesem Augenblick filmten die Leute die stolze Mutter. Sechs Tage später lief die kurze Passage aus dem hessischen Lokalfernsehen erneut über den Bildschirm – diesmal bundesweit, auf ProSieben.
20 Nil Schaller war Stefan Raab und seinem Team in die Hände gefallen. „Mir ist eine Erstklässlerin aufgefallen, die meines Erachtens nach vielleicht ein bisschen zu alt dafür ist", sagte Raab grinsend. Im Bild erschien
25 Nil Schaller, die Schultüte im Arm. „Unfassbar, oder?", kommentierte Raab dazu. „Die Dealer tarnen sich immer besser."

Ein harmloser Scherz? 1,13 Millionen Menschen sahen Raabs Sendung. Was das bedeutet, hat Nil Schaller in den folgenden 30 Tagen und Wochen erlebt. Von fremden Menschen sei sie auf der Straße gefragt worden, ob sie ihnen „Stoff" verkaufen könne, berichtet ihr Essener Anwalt Frank Roeser. Zu dem Imbiss, in dem sie als Bedienung 35 arbeitete, seien die Menschen gepilgert, um sich über die „Drogendealerin" lustig zu machen. Bis es dem Inhaber zu dumm geworden sei und er die Frau entlassen habe. Nil Schaller ist eine einfache Frau. Dem 40 Wirbel nach Raabs Sendung stand sie hilflos gegenüber. [...]

Ein Volk von Voyeuren ist so herangezogen worden, das vor allem eines sehen will: Sieger und Verlierer. Und ein Heer 45 von Exhibitionisten stellt sich nur zu gern zur Verfügung. Geltungsbedürfnis, der Wunsch, wenigstens für einige Momente prominent zu sein, drängten den „kleinen Mann" vor die Kamera – und sei es als Loser 50 oder Taugenichts, [so] der Zürcher Psychologe Gmür.

→ Lerninseln:
Umgang mit
Medien
S. 283 ff.

⊕ Diagnose-
bogen
Medien
9mn6uh

„Sich über jemanden lustig zu machen ist legitim", meint Jörg Grabosch, der Brainpool-Chef. „Wir nehmen ja nie Leute, die noch nie im Fernsehen waren. Wir zeigen sie im besten Fall in einem neuen Kontext." […] Dabei kann der „neue Kontext", in den Raab seine Opfer stellt, ein völlig anderer sein und, wie im Fall Lisa Loch, zum Albtraum werden.

Für die damalige Schülerin wurde zum Verhängnis, dass sie vor drei Jahren in Köln an einer Miss-Wahl teilnahm und einem Team von RTL Explosiv den schlichten Satz in die Kamera sprach: „Guten Tag, mein Name ist Lisa Loch, und ich bin 16 Jahre alt." Zwei Tage später zeigt Raab die kurze Sequenz, kündigt sie an mit den Worten: „Es geht um die Kandidatinnen einer Miss-Wahl, und … eine hat einen sehr interessanten Namen, schauen Sie mal." Auf dem Bildschirm erscheint Lisa mit ihrem Satz. Ins Gelächter des Studiopublikums hinein fährt Raab fort: „Ja, die Lisa Loch, meine Damen und Herren! Man muss doch heute nicht Lisa Loch heißen! So was kann man doch heutzutage notariell ändern lassen, zum Beispiel Lotti Loch, oder vielleicht war Lisa Loch ihr Künstlername, und die heißt nämlich Petra Pussy." Das Publikum lacht, Raab ist nicht mehr zu bremsen: „Toller Name, auch wenn man ins Pornogeschäft einsteigen will. Der neue Film von Lisa Loch. Hallöchen!"

Auch an den folgenden zwei Tagen gefällt es Raab, seine Sendung mit Späßen über den Namen des Mädchens zu bestreiten. Sie habe sich schon gar nicht mehr getraut, den Fernseher einzuschalten, sagt ihr Anwalt Frank Roeser, der auch sie schon gegen Raab vertrat. Wohin seine Mandantin auch gekommen sei, in die Schule, auf Feiern oder zu Freunden – jeder Gang sei für sie zu einem Spießrutenlauf geworden. Bei ihr zu Hause in Essen meldeten sich anonyme Anrufer mit „Hey, Petra Pussy!" und legten auf. […]

Der Zürcher Therapeut Gmür vergleicht Medienopfer mit Traumaopfern – nur dass sie nicht „körperliche Todesangst", sondern „soziale Todesangst" litten. Sie fühlten sich tatsächlich als Sündenbock. Sie fürchteten, Job, Ansehen, Freunde zu verlieren – ihre ganze Existenz. Und die Angst höre nie auf: „Bei den körperlichen Bedrohungen ist das äußere Trauma einmal beendet und wird in verinnerlichter Form als Erinnerung weitergelebt", sagt Gmür. Beim Medienopfer dagegen bestehe die Bedrohung fort, denn die einmal in die Welt gesetzten Behauptungen und Schmähungen könnten nicht wieder gelöscht werden. Die Angst vor einer Wiederkehr des traumatischen Erlebnisses äußere sich in Überempfindlichkeit, Schamgefühlen und Verfolgungswahn. […]

Brainpool:
Fernseh-Produktions-firma der Sendung von Raab

---

3. Erläutert, welche Entwicklungstendenz der Medien im Text kritisiert wird.

4. Schreibt einen Leserbrief und greift argumentativ auf eigene TV-Erfahrungen zurück.

5. Überprüft aktuelle Sendungen dahingehend, ob die Würde der Kandidatinnen und Kandidaten kaum oder gar nicht geachtet wird. Erörtert mit Bezug auf Artikel 1 des Grundgesetzes, ob der Staat gegen solche Sendungen vorgehen sollte.

Lerninsel:
Leserbrief
S. 257

> Die Würde des Menschen ist unantastbar. Sie zu achten und zu schützen ist Verpflichtung aller staatlichen Gewalt.
>
> *Artikel 1, Grundgesetz*

Europa. Einheit und Vielfalt

Sprache betrachten

☆ Das könnt ihr schon!

- regionale, soziale und fachsprachliche Varietäten der deutschen Sprache unterscheiden
- die Verwendung von Dialekt, Jugendsprache und Fachsprache beurteilen
- Wortbedeutungen erschließen

2. Vergleicht die Sprachen miteinander.
- Tragt einige Wörter (z. B. Mutter) aus Sprachen zusammen, die ihr kennt. Welche Sprachen ähneln sich?
- Äußert Vermutungen, warum in der Karte verschiedene Sprachen mit derselben Farbe unterlegt sind. Nennt die Sprachen, die sich keiner Farbgruppe zuordnen lassen.

1. Betrachtet die Karte und tauscht euch darüber aus, welche der Sprachen ihr kennt. Welche Sprachen werden in eurer Klasse gesprochen? Welche Sprachen habt ihr schon einmal gehört?

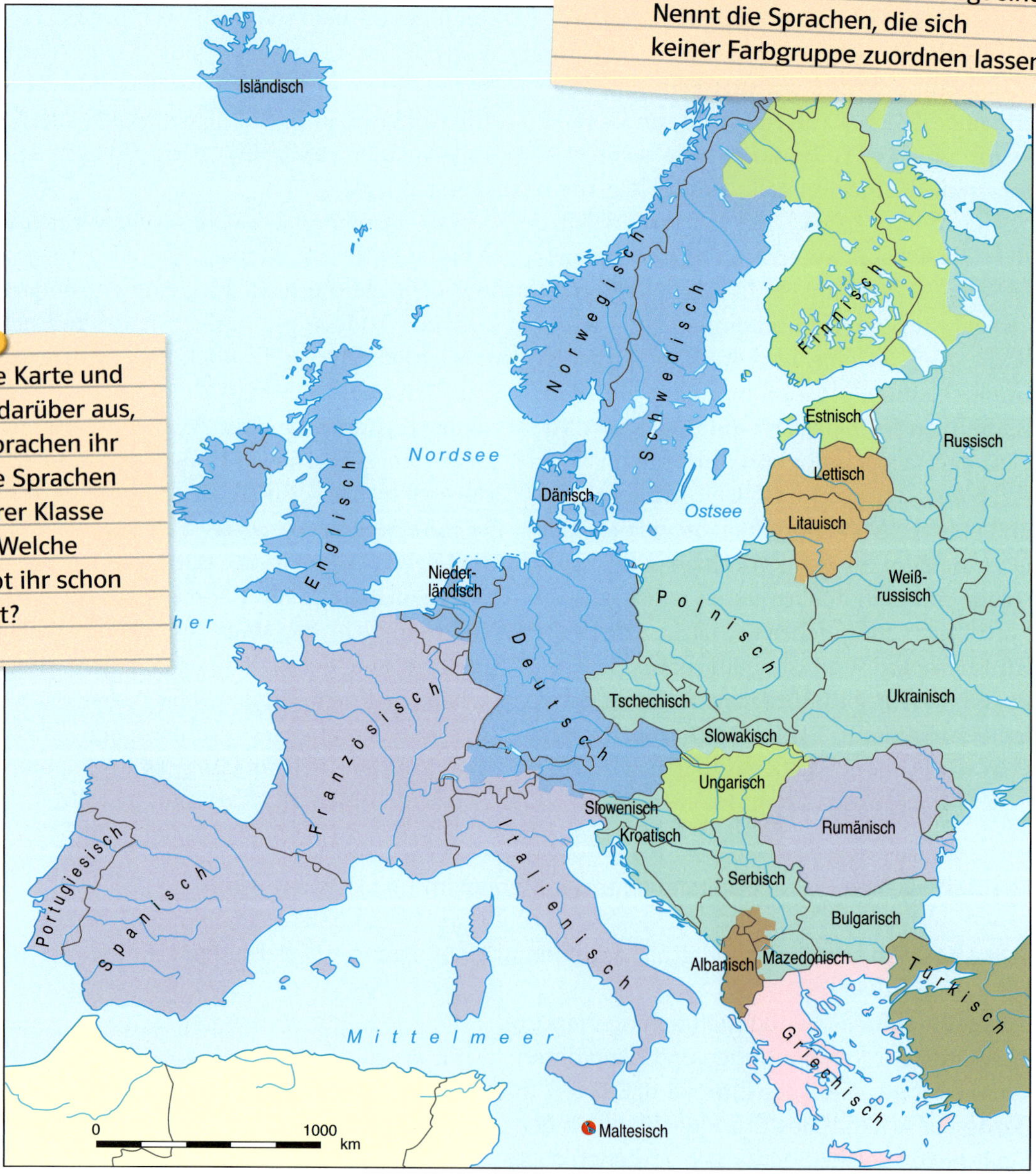
Isländisch
Norwegisch
Schwedisch
Finnisch
Estnisch
Russisch
Lettisch
Litauisch
Dänisch
Nordsee
Ostsee
Englisch
Nieder-ländisch
Polnisch
Weiß-russisch
Deutsch
Tschechisch
Slowakisch
Ukrainisch
Französisch
Ungarisch
Slowenisch
Kroatisch
Rumänisch
Serbisch
Bulgarisch
Portugiesisch
Spanisch
Italienisch
Albanisch
Mazedonisch
Türkisch
Griechisch
Mittelmeer
Maltesisch
0
1000
km

Lerninsel:
Sprache
betrachten
S. 288 ff.

⊕ Eingangstest
Sprache
betrachten
g9ie5u

Eva Neuland: Jugendsprache(n) in Europa

Ein vergleichender Blick über die Grenzen unserer Natio-
nalsprache hinaus führt rasch zu der Erkenntnis, dass
Jugendliche auch in den skandinavischen Ländern […],
in Frankreich, Spanien und Italien sowie in anderen,
5 zum Teil noch weniger gut untersuchten Ländern einen
besonderen, von der jeweiligen Standardsprache unterschiedlichen Sprachgebrauch ausgebildet haben.

Kontrastive Analysen haben ähnliche Strukturmerkmale
von Jugendsprachen verschiedener Nationen herausgear-
10 beitet, darunter: die Bildung von Abkürzungen und neu-
artigen Zusammensetzungen, Prozesse von Bedeutungs-
veränderungen sowie Entlehnungen. Dabei zeigt sich,
dass der Einfluss des Englischen auch in anderen National-
sprachen nachzuweisen ist (frz. *se shooter;* span. *shootear;*
15 frz./engl./dt. *cool, trip*). Auch die Vorliebe für bildliche
Ausdrucksweisen, witzige Redensarten und Sprachspiele
[…] scheint sich als ein generelles Generationsspezifikum
im Sprachgebrauch Jugendlicher zu erweisen. Ebenso
wird deutlich, dass Jugendliche aus den verschiedenen Län-
20 dern in vergleichbaren Gegenstandsfeldern (z. B. Musik,
Freizeit, Sozialkontakte) differenzierte Wortschatzregister
ausgebildet haben. […]

3. Weist nach, dass es sich um einen fachsprachlichen Text handelt. Begründet mit Textstellen.

4. Erklärt einem Partner mit eigenen Worten, inwiefern Jugendsprache als ein internationales Phänomen bezeichnet werden kann.
– Erschließt dazu die Bedeutung der unterstrichenen Wörter aus dem Kontext.
– Klärt die Bedeutung euch unbekannter Wörter mithilfe eines Wörterbuchs.

fabelhaft, knorke, tadellos, … | dufte, wonnig, flott, … | bombastisch, hip, top, … | fett, endgeil, läuft bei dir, …

1900 — 1930 — 1960 — 1970 — 1980 — 1990 — 2000

delicat, splendid, famos, … | oberaffengeil, astrein, galaktisch, … | ultrakrass, verschärft, …

5. Der Zeitstrahl stellt die Entwicklung des Begriffs „sehr gut" innerhalb der Jugendsprache dar.
– Ergänzt eigene Beispiele aus eurem aktuellen Sprachgebrauch.
– Diskutiert, warum sich Sprache im Allgemeinen und Jugendsprache im Besonderen verändern.

Das lernt ihr jetzt!

· Beziehungen zwischen germanischen, romanischen und slawischen Sprachen erkennen
· den Einfluss von Mehrsprachigkeit kennenlernen
· Entwicklungstendenzen der deutschen Gegenwartssprache beschreiben

Eine Familie?

Sprachverwandtschaft in Europa untersuchen

Amtssprache:
Sprache, in der
EU-Verträge,
Dokumente
u.Ä. verfasst
werden

**Minderheiten-
sprache:**
von der Amts-
sprache abwei-
chende Sprache
einer Bevölke-
rungsgruppe

**24 EU-Amts-
sprachen:**

bg Bulgarisch
cs Tschechisch
da Dänisch
de Deutsch
el Griechisch
en Englisch
es Spanisch
et Estnisch
fi Finnisch
fr Französisch
ga Irisch
hr Kroatisch
hu Ungarisch
it Italienisch
lt Litauisch
lv Lettisch
mt Maltesisch
nl Niederlän-
    disch
pl Polnisch
pt Portugie-
    sisch
ro Rumänisch
sk Slowakisch
sl Slowenisch
sv Schwedisch

*In der Europäischen Union gibt es 24 Amtssprachen (Stand 2014). Hinzu kommen über
60 Minderheitensprachen, zum Beispiel Sorbisch, Friesisch und Romanes.*

	Offizielle Website der Europäischen Union	Bitte <u>wählen</u> Sie <u>eine</u> Sprache
bg	Oficialen uebsajt na Evropejskija s'jus	Molja, <u>izberete ezik</u>
cs	Oficiální internetové stránky Evropské unie	<u>výběr jazyka</u>
da	Den Europæiske Unions officielle websted	<u>Vælg sprog</u>
es	Web oficial de la Unión Europea	Elija <u>una lengua</u>
et	Euroopa Liidu ametlik veebisait	Valige palun keel
fi	EU:n virallinen verkkosivusto	Valitse kieli
fr	Site web officiel de l'Union européenne	Veuillez choisir <u>une langue</u>
hr	Službene web-stranice Europske unije	Odaberite <u>jezik</u>
hu	Az Európai Unió hivatalos honlapja	Válasszon nyelvet
it	Sito ufficiale dell'Unione europea	Scegli <u>una lingua</u>
pl	Oficjalny portal Unii Europejskiej	Proszę <u>wybrać język</u>
pt	Sítio Web oficial da União Europeia	Escolha <u>uma língua</u>
ro	Site-ul oficial al Uniunii Europene	Selectați <u>limba</u>
sk	Oficiálna webová lokalita Európskej únie	<u>Výber jazyka</u>
sl	Uradno spletišče Evropske unije	<u>Izberite jezik</u>
sv	Officiell EU-webbplats	vänligen <u>välj språk</u>

1. Sucht in der linken Tabellenspalte unter „Offizielle Website der Europäischen Union"
nach Wörtern, die sich ähneln.
- – Benennt Themenbereiche, in die sich diese Wörter einordnen lassen.
- – Sucht mögliche Gründe, warum diese Wörter in vielen Sprachen ähnlich sind.

2. Vergleicht die unterstrichenen Wörter in der rechten Tabellenspalte und
ordnet ähnliche Wörter zu Gruppen.
- – Überprüft euer Ergebnis anhand der Karte auf Seite 186.
- – Übernehmt die folgende Tabelle und vervollständigt sie.

germanische Sprachen	slawische Sprachen	romanische Sprachen
Englisch, Deutsch, …	*Tschechisch, …*	*Französisch, …*

3. Diskutiert, inwiefern Ähnlichkeiten zwischen Sprachen beim Lernen einer Fremdsprache
nützlich sein können. Geht in eurer Diskussion auch auf folgende Beispiele ein:

englisch: *become* (werden)

niederländisch: *doof* (taub)

dänisch: *blød* (weich, sanft)

Sprachverwandtschaften in Europa untersuchen

Viele europäische Sprachen weisen **Ähnlichkeiten** im Wortschatz, im Lautbestand und in der Grammatik auf. Man geht heute davon aus, dass diese Sprachen einen **gemeinsamen Ursprung** haben. Sie bilden die **indoeuropäische Sprachfamilie**. Nicht zur indoeuropäischen Sprachfamilie zählen Ungarisch, Estnisch, Finnisch, Maltesisch und Türkisch.

Lerninsel:
Sprach-
verwandt-
schaften
S. 288

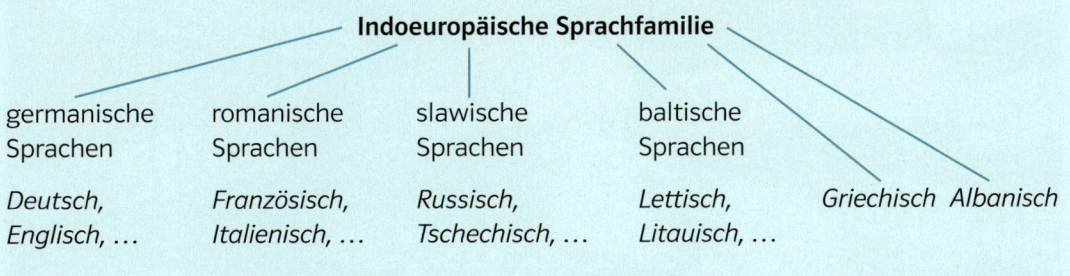

Indoeuropäische Sprachfamilie

germanische Sprachen	romanische Sprachen	slawische Sprachen	baltische Sprachen	Griechisch Albanisch
Deutsch, Englisch, …	*Französisch, Italienisch, …*	*Russisch, Tschechisch, …*	*Lettisch, Litauisch, …*	

Unabhängig von der Sprachverwandtschaft sind **Internationalismen** wie *Website*, *Hotel* oder *Europa* oft über die Grenzen von Sprachfamilien weit verbreitet.

4. Zum Differenzieren ■ ■ ■ ■

Differenzieren
Sprach-
verwandt-
schaften
c54iw3

A Vergleicht die folgenden Wörter und ergänzt jeweils die deutsche Bezeichnung. Beschreibt Gemeinsamkeiten und Unterschiede zwischen den Sprachen.

Italienisch	*gatta*	*madre*	*nuovo*	*rosa*	*sette*
Tschechisch	*kočka*	*matka*	*nový*	*růže*	*sedm*
Englisch	*cat*	*mother*	*new*	*rose*	*seven*
Polnisch	*kotka*	*matka*	*nowy*	*róża*	*siedem*
Niederländisch	*kat*	*moeder*	*nieuw*	*roos*	*zeven*

B Ordnet die folgenden Wörter in einer Tabelle. Ergänzt die deutschen Bezeichnungen.
- Beschreibt Gemeinsamkeiten und Unterschiede in der Lautgestalt der Wörter.
- Begründet, warum sich ungarisch *nap* (Sonne) und finnisch *jö* (Nacht) nicht einordnen lassen.

englisch: *night*   tschechisch: *tři*   englisch: *wolf*   russisch: *солнце (solnze)*

tschechisch: *noc*   französisch: *soleil*   niederländisch: *drie*   kroatisch: *vuk*

polnisch: *trzy*   italienisch: *notte*   niederländisch: *wolf*   tschechisch: *slunce*

italienisch: *tre*   tschechisch: *vlk*   englisch: *sun*   dänisch: *nat*   spanisch: *tres*

englisch: *three*   italienisch: *sole*   niederländisch: *zon*   russisch: *ночь (notsch')*

„Meine, deine, unsere Sprache"
Den Einfluss von Mehrsprachigkeit kennenlernen

Danielle Bengsch: Mehrsprachigkeit verschafft geistigen Vorsprung (2011)

Johan Vandewalle sammelt Sprachen. Er weiß nicht genau, wie viele er nun schon gelernt hat. Im Jahr 1987 gewann er einen Wettbewerb, der ihn zum polyglottesten
5 Menschen Flanderns kürte. Schon damals sprach er 31 Sprachen, darunter so exotische wie Aserbaidschanisch, Tadschikisch und Swahili.

Außerdem noch neun tote Sprachen. Sei-
10 ne Begeisterung für Vokabeln und Grammatik begann bereits im Kindesalter, als Vandewalle in die Schule kam. Dort lernte der im Jahr 1960 in Brügge geborene Belgier neben seiner Muttersprache Flämisch
15 bald Französisch. Im Gymnasium kamen Deutsch und Englisch, später Griechisch und Latein hinzu.

Mit 13 Jahren wollte die Familie in den Urlaub nach Rumänien reisen, doch der
20 Flug war ausgebucht. Also flogen die Van-

dewalles nach Istanbul. Dort lernte er die ersten Brocken Türkisch. Das ist bis heute seine liebste Sprache. „Sie ist so mathematisch. Es gibt keine Ausnahmen", sagt er. Ob sein Gehirn besonders ist, hat er nie un- 25 tersuchen lassen. Doch das Lernen fiel ihm mit jeder neuen Sprache immer leichter. Fremdsprachen sind zu seinem Lebensinhalt geworden. An der Universität Gent leitet Vandewalle den Fachbereich für türkische 30 Linguistik.

Vandewalle ist ein Extrem. Doch wer auch nur eine oder zwei fremde Sprachen spricht, hat einen Vorteil − und zwar ein Leben lang. In jedem Alter sind Mehrspra- 35 chige ihren monolingualen Mitmenschen um einen Schritt voraus. Das bestätigen Erkenntnisse aus dem relativ neuen Feld der „Neurowissenschaft des Multilingualismus": Demnach profitieren schon Babys 40 und Kleinkinder in ihrer Entwicklung vom Erwerb einer zweiten Sprache. Kinder und Jugendliche erlernen ohne größere Mühe weitere Sprachen, wenn sie schon eine Fremdsprache in petto haben.

In der Geschäftswelt gilt Englisch als Grundvoraussetzung, jede weitere Sprache als Zusatzqualifikation. Selbst für die geistige Fitness im Alter sorgen Sprachen besser als so manches Medikament. Am besten also, man beginnt schon früh mit dem Vokabelpauken und hört damit bis zum endgültigen Verstummen nicht auf. Denn auch wer erst im Alter anfängt, kann in einer späteren Lebensphase die kognitiven Vorteile der Multilingualität genießen. […]

Dieses Training der grauen Zellen lohnt sich. Mehrsprachige Kinder sind oft aufmerksamer als ihre einsprachigen Altersgenossen. Zu diesem Ergebnis kamen kanadische Forscher von der Concordia University in Montreal. […]

Dabei nutzen Mehrsprachige dieselben Gehirnareale wie einsprachige Menschen. Tatsächlich sind die Sprachregionen bei multilingualen Menschen aber besser ausgebildet. Das trifft insbesondere auf den anterioren zingulären Kortex zu, einen Teil des Brocaschen Sprachzentrums in der Großhirnrinde.

Dieses Areal steuert unter anderem Entscheidungsprozesse. So nutzen mehrsprachige Menschen dieses Areal häufig, weil sie bei jedem Wort auswählen müssen, in welcher Sprache es gesprochen werden soll. Deswegen fällt es ihrem Gehirn auch leichter, sich zu entscheiden, ob es sich auf wichtige Informationen oder unwichtige Ablenkungsmanöver konzentrieren soll. Zwei oder über 30 Sprachen, wie bei Vandewalle, machen jede Wortwahl zu einer komplexen Aufgabe. Dabei gilt jedoch: „Je besser ich die Sprachen spreche, desto besser ist auch meine kognitive Kontrolle", sagt der Neurologe Abutalebi. […]

„Ein polyglotter Mensch hat eine positive Herangehensweise. Er gibt nicht auf", sagt Vandewalle. Wenn der Polyglott eine neue Sprache in Angriff nimmt, hat er meist ein konkretes Ziel. So eignete er sich für einen Urlaub auf Malta das auf Arabisch basierende Maltesisch an. Für eine Reise nach Ägypten beschäftigte er sich mit Hieroglyphen. „Es war ein Erfolgserlebnis, als ich einige der Zeichen bei einem Pyramidenbesuch entziffern konnte", sagt Vandewalle. Mit jeder neuen Sprache werde der Lernprozess leichter. „Man ist mit den allgemeinen Strukturen vertraut, weiß etwa, dass dekliniert und konjugiert werden muss." […]

[…] Vandewalle hat seine Kinder nicht bilingual erzogen, sondern mit ihnen in seiner Muttersprache Flämisch gesprochen. Doch im Alter von sieben Jahren äußerte sein Sohn Alexandre den Wunsch, Arabisch zu lernen. So drückte er mit Erwachsenen in einem Sprachzentrum, das von seinem Vater geleitet wird, die Schulbank.

Einige Jahre darauf war es dann Chinesisch. Heimlich begann Alexandre sich Isländisch anzueignen. Als er seine Mutter bat, ihm ein Lehrbuch zu bestellen, flog die Sache auf. „Es scheint erblich zu sein", sagt Vandewalle. Nun lernt der 51-jährige Vandewalle mit seinem 17-jährigen Sohn eine Sprache, die außer ihnen nur rund 300.000 Menschen weltweit sprechen.

Brocasches Sprachzentrum: Gehirnregion

1. Lest den Text und fasst zusammen, was ihr über Johan Vandewalle erfahrt.

2. Überlegt, welche Fragen ihr Vandewalle zum Thema Mehrsprachigkeit stellen würdet, und entwerft ein Interview mit ihm.

3. Verfasst einen informierenden Text zu den Vorteilen von Mehrsprachigkeit. Ihr könnt auch weitere Materialien zum Thema recherchieren.

Regina Pantos: Mehrsprachigkeit – Glücksfall oder Stolperstein für den Bildungserfolg? (2011)

Meine, deine, unsere Sprache – Mehrsprachigkeit hat viele Gesichter

Pieter Bruegel: Turmbau zu Babel (1563)

Vor zehn Jahren war „Sprachen öffnen Türen" das Motto der Europäischen Union für eine Kampagne, in der dazu aufgerufen wurde, dass möglichst alle jungen Men-
5 schen in Europa außer ihrer Muttersprache noch zwei weitere Sprachen sprechen sollten. Dass Sprachen Türöffner sind, ist keine neue Erkenntnis. Bereits im 18. Jahrhundert sagte der französische Philosoph Voltaire:
10 „Kennst du viele Sprachen – hast du viele Schlüssel für ein Schloss." Und der Orientalist Friedrich Rückert, der sich angeblich mit 44 alten Sprachen befasste, formulierte es im 19. Jahrhundert so: „Mit jeder Sprache,
15 die du erlernst, befreist du einen bis daher in dir gebundenen Geist." Für die Gebildeten in Europa ist die Beherrschung mehrerer Sprachen seit Jahrhunderten ein wichtiges Bildungsziel. Die Sprachen wurden durch
20 Kindermädchen, Hauslehrer oder in entsprechenden Schulen gezielt vermittelt.

Dass Kinder aber mit mehreren Familiensprachen und einer zusätzlichen Umgebungssprache aufwachsen, ist in Deutsch-
25 land ein relativ neues Phänomen. Es ist die Folge der Einwanderung von Menschen aus aller Welt, die heute in Deutschland leben. Ein Teil von ihnen kam als Flüchtling nach Deutschland. Die meisten kamen jedoch im
30 Rahmen der Anwerbung von Gastarbeitern aus Italien, Spanien, Portugal, Griechenland und der Türkei. Das erste Anwerbeabkommen mit der Türkei wurde 1961, also vor 50 Jahren, geschlossen. [...] Das Bundes-
35 amt für Migration und Flüchtlinge weist in seiner Statistik von 2007 folgende Zahlen aus: Von den 82 Millionen Einwohnern in Deutschland verfügen ca. 15 Millionen bzw. 18,7 % über einen Migrationshintergrund,
40 Tendenz steigend. In all diesen Familien taucht irgendwann die Frage auf: Wie verfahren wir mit der sprachlichen Erziehung unserer Kinder? Und da es die unterschied-

lichsten Familienkonstellationen gibt, stellt sich auch die Sprachenfrage entsprechend: 45 Oft sind bereits die Eltern zweisprachig, z. B. türkisch und kurdisch, oder sie kommen aus verschiedenen Ländern. Dann gibt es eine Muttersprache, eine Vatersprache, eine Familiensprache und die Umgebungs- 50 sprache Deutsch in Form von Hochdeutsch und Dialekt sowie die geschriebene formale Sprache in der Schule. Hieraus muss kein Stolperstein werden, eine solche Konstellation kann auch ein Glücksfall sein. 55

Dafür gibt es viele Beispiele. Die Eltern müssen jedoch wissen, wie es am besten geht, und Kindergarten und Schule müssen die entsprechenden Rahmenbedingungen bereitstellen. Dazu gehört, dass alle Sprachen 60 anerkannt werden, dass mehrsprachige Erziehung möglichst früh einsetzen sollte und dass Kinder nichtdeutscher Herkunftssprache ausreichende Möglichkeiten bekommen, mit Kindern deutscher Muttersprache 65 – z. B. im Kindergarten – zu kommunizieren und dass ihnen die Erwachsenen in allen Sprachen gute Sprachvorbilder sind.

Aber in der Gesellschaft gibt es große Informationsdefizite bezüglich der Sprach- 70 entwicklung von Kindern und des Erwerbs einer Zweitsprache. Die Umsetzung in die Praxis ist mühsam für alle Beteiligten. Daher wählen Eltern und die Politik oft den einfachen Weg und schieben sich gegenseitig den Schwarzen Peter zu, wenn mehrsprachige Erziehung nicht gelingt und die sprachliche Kompetenz der Kinder zu wünschen übrig lässt, sodass der Bildungserfolg ausbleibt. […]

Sprache ist aber nicht nur Kommunikationsmittel, sondern auch Teil der kulturellen Identität. In der Kinderrechtskonvention der UN, die Deutschland 1992 unterschrieben hat, heißt es in Artikel 29 unter der Überschrift „Bildungsziele":

„Die Vertragsstaaten stimmen darin überein, dass die Bildung des Kindes darauf gerichtet sein muss, dem Kind Achtung vor seinen Eltern, seiner kulturellen Identität, seiner Sprache und seinen kulturellen Werten, den nationalen Werten des Landes, in dem es lebt, und gegebenenfalls des Landes, aus dem es stammt, sowie vor anderen Kulturen als der eigenen zu vermitteln." […]

Mehrsprachige Erziehung gelingt aber nicht in der Retorte. Sie muss von der ganzen Gesellschaft akzeptiert sein und im Miteinander der Kinder unterschiedlicher Herkunft realisiert werden. Da die Struktur in den Wohngebieten der Städte aber sehr unterschiedlich ist, gibt es z. B. in Berlin und anderen Ballungsgebieten mit einem hohen Anteil von Migranten Kindergartengruppen und Grundschulklassen, in denen kein einziges Kind mit der Muttersprache Deutsch ist. Hier ist eine gute mehrsprachige Erziehung praktisch chancenlos. […]

Eine bessere Chance, Eltern frühzeitig zu erreichen und für das Thema zu sensibilisieren, könnte das Projekt „Lesestart" bieten, das als „Bookstart" in England seit 20 Jahren erfolgreich ist und dort Eltern in 27 Herkunftssprachen anspricht und mehrsprachige Bücher für Kinder in mehr als 30 Sprachen anbietet. In Deutschland wird es in Hamburg als „Buchstart" und von der Stiftung Lesen bundesweit als „Lesestart" in den nächsten Jahren realisiert. […]

Schließen möchte ich mit einem slowakischen Sprichwort: „Je mehr Sprachen du sprichst, je mehr bist du Mensch." Und darauf kommt es schließlich an.

4. Untersucht, welche Aspekte des Themas Mehrsprachigkeit im Text angesprochen werden. Tragt die Informationen in einer Tabelle zusammen.

Mehrsprachigkeit früher	…	…
– wichtiges Bildungsziel	…	…
– Türöffner	…	…
…	…	…

5. Recherchiert aktuelle Zahlen zur Mehrsprachigkeit in der Bundesrepublik, beispielsweise beim Statistischen Bundesamt oder dem entsprechenden Statistischen Landesamt.

6. Führt eine Umfrage in der Klasse zum Thema Mehrsprachigkeit durch. Dokumentiert die Anzahl der Sprachen, die von euren Mitschülerinnen und Mitschülern gesprochen und/oder verstanden werden.

7. Extra

Recherchiert Hintergründe zur biblischen Erzählung vom „Turmbau zu Babel". Diskutiert darüber, ob die beschriebene Sprachverwirrung ein „Fluch" oder ein „Segen" ist.

Ist das noch Deutsch?
Entwicklungstendenzen der Gegenwartssprache beschreiben

„Schreibt bitte bald!"

Othmar Schoeck (1886–1957): Schweizer Komponist und Dirigent

Am 7. April 1907 kommt der junge Schweizer Othmar Schoeck nach Leipzig, um am Leipziger Konservatorium Musik zu studieren. Den folgenden Brief schreibt er noch am Ankunftstag an seine Eltern.

Leipzig, den 7. April 1907
[...]

Liebste Eltern!
Heute früh ½ 8 Uhr kam ich hier in ziemlich schlaftrunkenem Zustand an. Mein
erstes war eine Tasse heisser Thee. Es ist ein eigenes Gefühl um das Ankommen
5 in einer wildfremden Stadt, um eine Zeit wo noch der grösste Teil der Bevölkerung das Gestern verträumt. Ich trank also meinen Thee, hauptsächlich aus
dem Grunde, um nicht zu früh die Leute zu stören, zu welchen ich zu gehen die
Absicht hatte. Nun frug ich mich bis zur Dresdnerstrasse 24 glücklich durch und
wurde hier von 2 alten Damen, bei denen mich Freund Frey aus Zürich in so
10 liebenswürdiger Weise empfohlen, aufs herzlichste empfangen. Ich scheine einen
guten Eindruck auf die beiden gemacht zu haben, denn sie waren sofort bereit, ein
Zimmer für mich herzurichten, das sie sonst jedenfalls nicht vermieten. Es ist ein
grosses Eckzimmer mit Erker und 3 grossen Fenstern etc. direkt wundervoll! Und
das Schönste bei der ganzen Herrlichkeit ist, dass das Zimmer incl. Frühstück und
15 anderen Notwendigkeiten für die leibliche Wohlfahrt genau so viel kostet wie das
bedeutend einfachere Zimmer meines freundlichen Vorgängers und Empfehlers:
26 Mark pro Monat. Klavierspielen darf ich auch nach Herzenslust, die Entfernung
vom Conservatorium ist nicht zu nah und nicht zu weit, ich denke, mein glühen-
der Wunsch an einem ordentlichen Ort unterzukommen ist hier in idealer Weise
20 erfüllt. [...] Dies war also mein erstes Unternehmen. Das zweite war die Anschaf-
fung eines neuen Hutes, weil ich mich im alten wirklich nicht mehr sehen lassen
durfte. Als drittes folgte das Mittagessen in einem sehr hübschen Restaurant zum
„Goldenen Einhorn". Diner à 1 Mk, mit Abonement: 10 Tischmarken à 9 Mk,
25 also 90 Pf. das Essen: Suppe, 2 Gänge mit Fleisch und Gemüse oder Fisch, zudem
noch süssen Nachtisch oder Kaffee, dies alles sehr gut zubereitet. Als viertes und
wichtigstes Unternehmen folgte mein Besuch bei Reger. Er war sehr freundlich
zu mir, erkundigte sich nach meinen Geldverhältnissen, frug ob ich die 360 Mk
Conservatoriumsgeld bezahlen könne, was ich bejate. Ferner besprachen wir die
30 von mir zu nehmenden Lehrfächer. Bei ihm selbst Composition, dann bei anderen
Herren Dirigieren, Partiturspielen und Klavierspiel. [...]
Nun ist all das Schöne vorbei und ich sitze [hier] und geniere mich heimzuschrei-
ben dass ich Heimweh habe. Wenn ich aber das Gegenteil behaupten wollte so

Max Reger (1873–1916): deutscher Komponist, Pianist und Dirigent

wäre dies halt eben auch nicht wahr. – Viele, viele Grüße alle Lieben, besonders
35 aber an Euch von Euerem dankbaren Sohne. Schreibt bitte bald!
Othmar

*Johanna nimmt an einem dreimonatigen Schüleraustausch in Frankreich teil. Gleich nach
ihrer Ankunft in Paris schreibt sie die folgende E-Mail an ihre Eltern.*

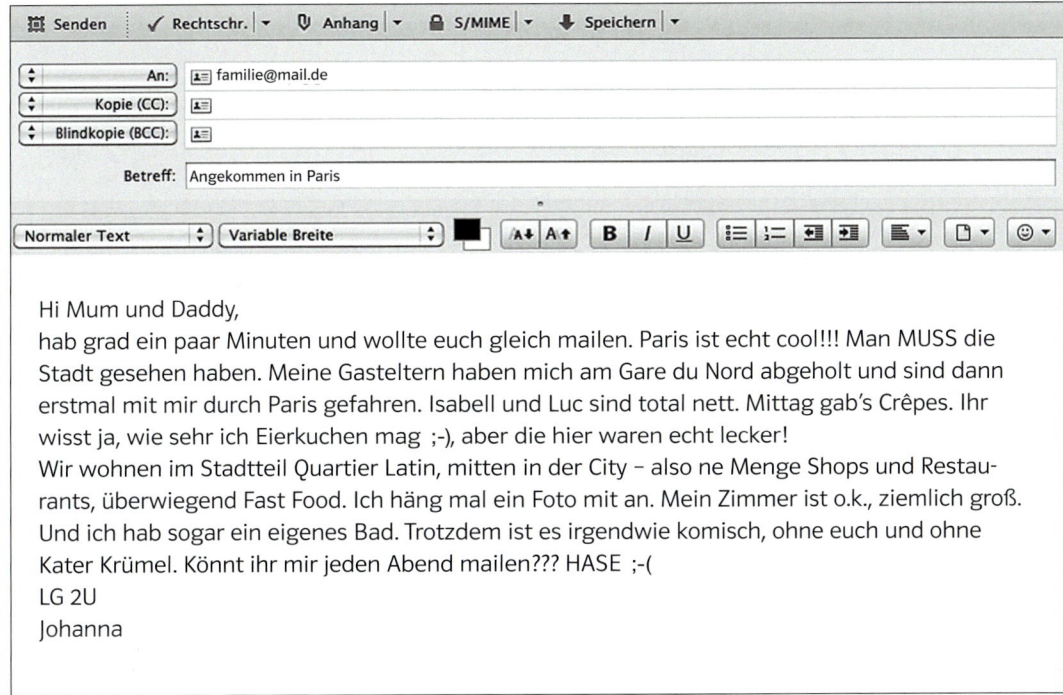

Hi Mum und Daddy,
hab grad ein paar Minuten und wollte euch gleich mailen. Paris ist echt cool!!! Man MUSS die
Stadt gesehen haben. Meine Gasteltern haben mich am Gare du Nord abgeholt und sind dann
erstmal mit mir durch Paris gefahren. Isabell und Luc sind total nett. Mittag gab's Crêpes. Ihr
5   wisst ja, wie sehr ich Eierkuchen mag ;-), aber die hier waren echt lecker!
Wir wohnen im Stadtteil Quartier Latin, mitten in der City – also ne Menge Shops und Restau-
rants, überwiegend Fast Food. Ich häng mal ein Foto mit an. Mein Zimmer ist o.k., ziemlich groß.
Und ich hab sogar ein eigenes Bad. Trotzdem ist es irgendwie komisch, ohne euch und ohne
Kater Krümel. Könnt ihr mir jeden Abend mailen??? HASE ;-(
10 LG 2U
Johanna

1. Welche Kommunikationsformen verwendet ihr, um euren Eltern
oder Freunden aus der Ferne, zum Beispiel aus dem Urlaub, zu schreiben:
Karte, E-Mail, SMS, …?
Begründet, warum ihr gerade diese Kommunikationsform(en) bevorzugt.

2. Obwohl beide Texte (S. 194, 195) geschriebene Texte sind, hat einer der beiden
eher Merkmale einer mündlichen Äußerung.
– Stellt fest, auf welchen Text das zutrifft.
– Belegt eure Feststellung durch Textbeispiele.

3. Nennt weitere Kommunikationssituationen, in denen Texte geschrieben werden,
die stilistisch eher einer mündlichen Äußerung ähneln. Erläutert, warum diese Texte
so gestaltet werden.

4. Beschreibt, was die beiden Smileys in der E-Mail ausdrücken.
– Welche Smileys benutzt ihr am häufigsten?
– Erklärt, welche Funktion Smileys in geschriebenen Texten haben.

5. Untersucht die Sprache der beiden Texte (S. 194, 195) genauer.
Übernehmt die folgende Tabelle und vervollständigt sie.

	Brief von 1907	E-Mail von 2014
Wortschatz	– gehobene Sprache (*bei der ganzen Herrlichkeit, …*) – …	– Abkürzungen und Kurzwörter (*LG*), zum Teil spielerische Formen (*2U*) – Wörter aus dem Englischen (*Mum, Daddy, cool, …*) – …
Satzbau	…	…
Formenbildung	– Dativ-e (*aus dem Grunde, …*) – …	– Wegfall von Endungen (…) – …
sonstige Auffälligkeiten	…	– Hervorhebung durch Groß-buchstaben (…) – …

6. Welche Entwicklungstendenzen der deutschen Gegenwartssprache
lassen sich aus der Tabelle (Aufgabe 5) ablesen? Sucht mögliche Gründe
für diese Veränderungen.

7. Äußert anhand der folgenden Beispiele Vermutungen:
– In welchen Wortschatzbereichen ist der Einfluss des Englischen besonders groß?
– Ist der Einfluss des Englischen ein deutsches oder ein internationales Phänomen?

tschechisch: *emailovat* (e-mailen)

russisch: *сейл (sejl)* für *распродажа* (Schlussverkauf)

niederländisch: *de ball stoppen* für *de bal tegenhouden*

portugiesisch: *shopping centre* für *centro de compras*

russisch: *компьютер (kompjuter)*

slowenisch: *drink* für *(alkoholna) pijača* (alkoholisches Getränk)

schwedisch: *skateboard*

französisch: *internet*

italienisch: *laptop* für *computer portatile* (tragbarer Computer)

slowakisch: *downloadovat* (downloaden)

tschechisch: *surfovat* (surfen)

polnisch: *faulować* (foulen)

ungarisch: *szupermarkt* für *ABC-áruház*

8. Ergänzt zu den in Aufgabe 7 ermittelten Wortschatzbereichen weitere Anglizismen
der deutschen Gegenwartssprache. Nennt mögliche Gründe für die Entlehnung
dieser Wörter.

Entwicklungstendenzen der deutschen Gegenwartssprache beschreiben

Eine lebendige Sprache ist niemals „fertig", sie entwickelt sich stets weiter.
Die vielfältigen Veränderungen, die das Deutsche in jüngster Zeit geprägt haben,
lassen sich im Wesentlichen **drei allgemeinen Entwicklungstendenzen** zuordnen:

- **Ausgleich** (Einebnen von Unterschieden), z. B.
  - zwischen Schriftlichkeit und Mündlichkeit
  - zwischen Stilebenen
- **Ökonomisierung** (Vereinfachung und Kürzung), z. B.
  - Kurzwortbildung: *LG, Info*
  - Vereinfachung der Formenbildung: *er triefte* (statt: *er troff*),
    auf dem Land (statt: *auf dem Lande*)
  - Telegrammstil: *Habe gerade ein paar Minuten.*
- **Internationalisierung**, z. B.
  - Entlehnungen aus dem Englischen (Anglizismen): *E-Mail, Shop*

Lerninsel:
Entwicklungs-
tendenzen
S. 290

9. Zum Differenzieren ■ ■ ■ ■

Differenzieren
Entwicklungs-
tendenzen
hz7hx2

A Untersucht die Werbeslogans und prüft, welche aktuellen Entwicklungstendenzen
der deutschen Sprache sich in ihnen widerspiegeln. Ordnet die Slogans dazu in die
folgende Tabelle ein. Manche Slogans lassen sich mehrfach zuordnen.

Bekloppt, wer online ohne shoppt! (Payback)

Die behalt' ich gleich an. (Reno)

Design your life (Samsung)

Einmal hin. Alles drin. (real)

Ich seh was Besseres (Sky)

Schrei vor Glück! (Zalando)

Ohne Schnickschnack. Ohne teuer. (real)

Simply clever (Škoda)

Ausgleich	Ökonomisierung	Internationalisierung
Einmal hin. Alles <u>drin</u>. (Umgangssprache)	…	…

B Notiert aktuelle Werbeslogans, aus denen sich Entwicklungstendenzen
der deutschen Gegenwartssprache ablesen lassen. Tragt sie in eine
dreispaltige Tabelle wie in Aufgabe A ein.

C *„Bewunderung ein Schuh erregt, der ständig mit Eg-Gü gepflegt"* (um 1920)
- Vergleicht die Sprache des Werbeslogans der Schuhcreme-Firma Eg-Gü
  mit der Sprache aktueller Werbeslogans.
- Haltet Gemeinsamkeiten und Unterschiede in einer Tabelle fest.

Guy Deutscher: Sprache im Wandel – Genug gebellt (2010)

Anglizismen, Abkürzungen, Aussprache: Der Verfall der deutschen Sprache wird von allen Seiten kritisiert – neu ist das aber nicht.

Alle unglücklichen Sprachkritiker gleichen sich. Jeder glaubt, seine Sprache sei auf ihre besondere Art unglücklich. In der aktuellen Debatte um den Zustand der deutschen Sprache
5 herrscht allerdings eine krasse Uneinigkeit darüber, welche ihre eigentlichen Gebrechen seien. Jürgen Trabant zufolge leidet die Sprache heutzutage vor allem an dem überwältigenden Einfluss des Englischen. Laut Peter Eisenberg kommt die deutsche Sprache mit ihren Anglizismen gut klar, nur leidet sie … an den Sprachkritikern. Deren „destruktiver Diskurs" beschreibe ihre Zukunft so trostlos, dass man von jedem Verbesserungsversuch
10 abgebracht werde. […]

„Wider die Engländerei in der deutschen Sprache"

[…] Im Jahr 1899 hatte der Allgemeine Deutsche Sprachverein Anlass zu der folgenden Erklärung gesehen: „Mit dem immer wachsenden Einfluss englischen Wesens mehrt sich neuerdings in bedenklicher Weise die Zahl der aus dem Englischen stammenden Fremd-
15 wörter. Auch in dieser Spracherscheinung treten die alten Erbfehler des deutschen Volkes wieder hervor: Überschätzung des Fremden, Mangel an Selbstgefühl, Missachtung der eigenen Sprache."
Diese Erklärung war eine Reaktion auf eine Vorlesung von Hermann Dunger, der unter dem Titel „Wider die Engländerei in der deutschen Sprache" Hunderte Beispiele junger
20 Lehnwörter aus dem Englischen versammelt hatte. Nur wenige Generationen früher, meinte Dunger, habe das Deutsche kaum englische Lehnwörter besessen.
Waren die Sprachhüter der früheren Generationen also zufriedener? Natürlich nicht. Ihnen missfiel der französische Einfluss ebenso wie die um sich greifende Tendenz zur Vereinfachung, Verkürzung oder Verlängerung. In den fünfziger Jahren des neunzehnten
25 Jahrhunderts sah Arthur Schopenhauer die deutsche Sprache vorangegangener Generationen „der Willkür und Laune und dem stupiden Unverstande höchst unwissender Sudler, Zeitungsschreiber, Buchhändlerlöhnlinge und geldbedürftiger Bücherfabrikanten jeder Art" preisgegeben. Das Deutsche habe eine Schändung zu erdulden, „zu der keine andre Nation ein Analogon aufzuweisen" habe.

30 Zeuge zur Verteidigung: die deutsche Sprache selbst

Und es sei schon einmal besser gewesen: kurz vor dem Ansturm der „seit einigen Jahren methodisch betriebenen Verhunzung der deutschen Sprache". Wann das gewesen sein soll? „Zur Zeit, als es noch gute Schriftsteller in Deutschland gab", im goldenen Zeitalter Schillers und Goethes. Tatsächlich? Im Jahre 1819 - noch zu Goethes Lebzeiten – verglich
35 Jacob Grimm das Deutsche seiner Tage mit der Sprache früherer Jahrhunderte: „Vor sechshundert Jahren hat jeder gemeine Bauer Vollkommenheiten und Feinheiten der deutschen Sprache gewusst, d. h. täglich ausgeübt, von denen sich die besten heutigen Sprachlehrer nichts mehr träumen lassen."

Lerninseln:
Sprache
betrachten
S. 288 ff.

⊕ Diagnose-
bogen
Sprache
betrachten
h4yn5r

⊕ Training
interaktiv
Sprache
betrachten
99a2mf

Haben alle diese Veränderungen und ins-
40 besondere der gewaltige Einfluss anderer
Sprachen dem Deutschen über die Epo-
chen hinweg geschadet? Lassen Sie uns
einen ehrwürdigen Zeugen zur Verteidigung rufen: die deutsche Sprache selbst.
45 Wie lautet die Anklage? „Der massive
Einfluss des Englischen auf das Deutsche,
die Anglisierung der Universitäten, der
Statusverlust, der Rückzug des Deutschen
aus prestigereichen Diskursen." […]

50 *Sind denn wenigstens die Engländer
glücklich?*

Heute sind genau dieselben Klagen über
die Flut der Anglizismen überall in Europa
und darüber hinaus zu hören. Nur sind

55 sich in jedem Land die Klageführer einig, dass ihre Sprache besonders gefährdet sei, mehr
als andere Sprachen. Einer Sprache, so könnte man meinen, sollten diese Gefahren jedoch
erspart bleiben: Das Englische muss doch in einem besseren Zustand sein. Nach Ansicht
englischer Sprachhüter trifft das leider nicht zu. Der bekannte BBC-Journalist und Sprachkritiker John Humphries hat in einem Buch über „Die Verstümmelung und Manipulation
60 der englischen Sprache" (2004) behauptet, das englische Englisch sei heutzutage besonders
gefährdet, weil es sich wegen seiner unmittelbaren Verwandtschaft mit dem amerikanischen Englisch nicht vor dessen Einfluss schützen könne: „Es ist leichter, das englische
Englisch zu beschädigen als das französische Französisch."
Zumindest eine Sprache, denkt man sich nun, müsse also glücklich sein: das amerikani-
65 sche Englisch. Glauben Sie? In Amerika fühlt man sich unter anderem durch den massiven
Einfluss des Spanischen bedroht. Man beschwert sich über das „Spanglish" und die zunehmende Zweisprachigkeit. Und überhaupt: über den Sprachverfall.

1. Lest den Text und fasst die Haltung des Autors mit eigenen Worten zusammen.

2. Sammelt Beispielwörter, die aus dem Englischen stammen und die euch im Alltag
begegnen. Überlegt, ob es dafür auch deutsche Entsprechungen gibt.

3. Gebt einen Überblick über die sprachlichen Veränderungen des Deutschen
in der Gegenwart. Recherchiert dazu eigenständig weitere Informationen.
Bezieht auch die Folgen von Einwanderung in eure Überlegungen ein.

4. Verfasst einen eigenen Artikel zur zukünftigen Entwicklung der deutschen Sprache
für die Schüler- oder Jugendseite einer überregionalen Tageszeitung.

Verbrechen mit „Stil"
Zusammenhänge zwischen Grammatik und Stil erkennen

☆ **Das könnt ihr schon!**

- Wortarten und Satzglieder bestimmen
- Satzglieder umstellen
- die Wirkung grammatischer Formen in Texten beurteilen

1. Nennt bekannte Detektive aus Literatur, Film oder Fernsehen und erläutert, worauf sich die Beliebtheit dieser Figuren zurückführen lässt.

2. Bestimmt für den Filmtipp (**1**) und den Lexikonartikel (**2**) die zentralen Textfunktionen (informieren, argumentieren, appellieren).

3. Beschreibt, wie die Textfunktionen (Aufgabe 2) durch Grammatik und Wortwahl unterstützt werden. Untersucht zum Beispiel Wortarten, Tempusformen, Satzbau und Satzarten.

Filmbild aus „Sherlock"

1

Marc Hippler:
Rolls-Royce mit iPhone-Anschluss

Wäre Sherlock Holmes ein Automodell, sagen wir von Rolls-Royce, er hätte bis zum vergangenen Sommer nur noch historischen Wert für mich gehabt. So nach dem Motto: Gut zu wissen, dass man sich früher beim
5 Herstellen mal so viel Mühe mit präziser Technik und elegantem Design gegeben hat. Aber zeitgemäß war das ja wohl schon lange nicht mehr. Doch dann setzte die BBC […] einen derart modernen Schlitten auf die Straße, dass man sich ans alte Modell gar nicht mehr
10 erinnern musste, um fasziniert zu sein. Wer trotzdem die Aura von damals entdeckt, hat vermutlich noch ein bisschen mehr davon. Dieser Sherlock ist der richtige Detektiv fürs 21. Jahrhundert: schnell, cool und blitzgescheit. […] Ein Rolls-Royce mit Brennstoffzelle
15 und iPhone-Anschluss. Ungefähr das ist „Sherlock".
Unbedingt ansehen!

2

Sherlock Holmes   [ˈʃəːlɔk ˈhəʊmz]
fiktive literarische Figur, geschaffen vom britischen Autor Sir Arthur Conan Doyle (1859–1930). Als Privatdetektiv ist Holmes die zentrale Figur zahlreicher
5 Romane und Kurzgeschichten. Besondere Bedeutung – nicht nur für die englischsprachige Kriminalliteratur – erlangt er durch sein für das ausgehende 19. Jhd. neuartiges analytisches Vorge-
10 hen, welches ausschließlich auf exakter Beobachtung, rationalem Denken und logischer Schlussfolgerung beruht. Von der Popularität der Figur zeugen zahlreiche literarische Nachahmungen, Ver-
15 filmungen und Hörspielfassungen.

Lerninsel:
Grammatik
S. 291 ff.

⊕ Eingangstest
Grammatik
h92i4d

erfolgreiche Krimiserie der BBC

Produktion der ersten Staffel: 2010

Sherlock: Detektiv mit herausragenden Fähigkeiten, der mit dem ehemaligen Militärarzt Dr. John Watson eine WG in der Londoner Baker Street 221b gründet

Erfolg der Serie: zahlreiche Preise, z. B. Prix Europa 2011, Emmy 2014 für das beste Drehbuch sowie die beste Haupt- und Nebenrolle

Idee: Steven Moffat und Mark Gatiss

4. Schreibt für ein Filmlexikon einen kurzen Lexikonartikel zur Fernsehserie „Sherlock".
   – Nutzt die Stichpunkte links und die Informationen aus Text **1** (S. 208).
   – Beachtet bei der Wortwahl, den grammatischen Formen und dem Satzbau die Textsorte.

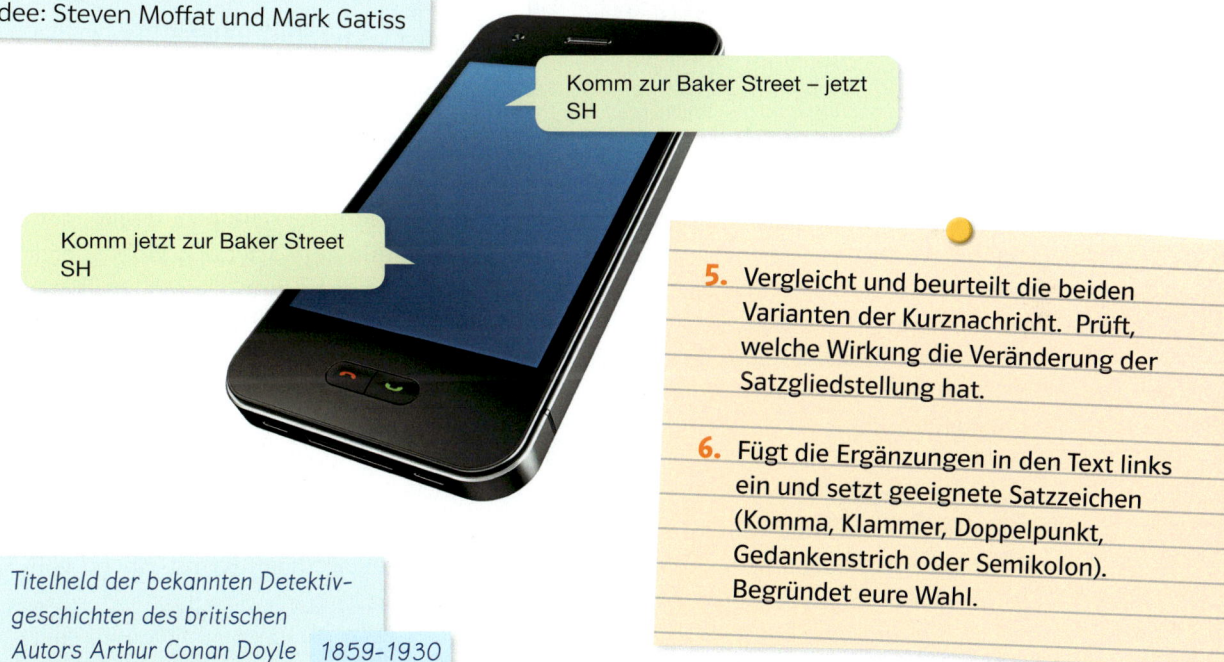

Komm zur Baker Street – jetzt SH

Komm jetzt zur Baker Street SH

5. Vergleicht und beurteilt die beiden Varianten der Kurznachricht. Prüft, welche Wirkung die Veränderung der Satzgliedstellung hat.

6. Fügt die Ergänzungen in den Text links ein und setzt geeignete Satzzeichen (Komma, Klammer, Doppelpunkt, Gedankenstrich oder Semikolon). Begründet eure Wahl.

Titelheld der bekannten Detektiv- geschichten des britischen Autors Arthur Conan Doyle 1859–1930

Sherlock Holmes ▮ *war schon immer ein moderner Mann es ist die Welt um ihn herum die alt geworden ist. Jetzt ist Sherlock Holmes zurück* ▮ .

mit Smartphone, Tablet und Skype

Das lernt ihr jetzt!

- Verknüpfungen in Texten erkennen und herstellen
- Wissen über Wortfamilien und Wortfelder für die Textgestaltung nutzen
- Satzstrukturen und ihre Wirkung untersuchen sowie gezielt verändern
- den Konjunktiv richtig verwenden

Mord à la carte
Verknüpfungen in Texten erkennen und herstellen

Menükarte für Krimi-Dinner

Geeiste Melone
mit Parmaschinken

★★★★★

Tomatensuppe mit
Kräuter-Sahne-Häubchen

★★★★★

Schweinelendchen auf Apfelspalten
in Calvados-Rahmsauce
mit Herzoginkartoffeln

★★★★★

Vanillemousse mit
karamellisiertem Lavendel
und Vanille-Krokant-Eis

3 Wer schon immer einmal in die Rolle eines Sherlock Holmes schlüpfen wollte, der ist bei diesem Dinner genau richtig! Denn beim Krimi-Dinner erwartet den Hobbydetektiv Gaumenschmaus und Gänsehaut – und <u>womöglich</u> eine Leiche zum Dessert. Im Verlauf des exklusiven Vier-Gänge-Menüs im Kaminzimmer des altehrwürdigen Schlosses wird
5 den Gästen einiges aufgetischt – Delikates wie Dubioses: Lady Miller, die Schlossherrin, ist verstorben. Doch starb die alte Lady tatsächlich eines natürlichen Todes oder hat <u>möglicherweise</u> einer der Gäste irgendetwas mit dem plötzlichen Tod zu tun? Bevor der Fall beim abschließenden Dessert schließlich auf Eis gelegt wird, haben sich die miträtseln-den und mitspielenden Gäste <u>vielleicht</u> selbst noch verdächtig gemacht, haben sich in die
10 Irre führen lassen und <u>wahrscheinlich</u> die eine oder andere Leiche in den Keller getragen. Aber <u>sicherlich</u> haben sie vor allem eines erlebt: einen kurzweiligen Krimi-Abend voll gefährlich-guter Unterhaltung.

1. Erläutert, wie sich die Materialien **1** – **3** hinsichtlich der Verwendung von Sprache unterscheiden.

2. Untersucht in Material **3**, durch welche sprachlichen Mittel die einzelnen Sätze zu einem zusammenhängenden Text verknüpft werden. Achtet besonders auf
   - Konjunktionen und Pronomen,
   - Wiederholungen.

Lerninsel:
Alliteration
S. 276

3. Sucht die Alliterationen im Text **3** heraus und überlegt, welche Funktion diese haben.

4. Sammelt textverknüpfende Konjunktionen und Adverbien. Ordnet sie nach ihrer inhaltlichen Funktion. Übernehmt dazu die folgende Tabelle.

Inhalt	Konjunktionen	Adverbien
Gegensatz	*aber, …*	*dagegen, …*
Zeit	*als, bevor, …*	*…*
Ursache	*…*	*deshalb, …*
Einschränkung	*obgleich, …*	*allerdings, …*
Bedingung	*wenn, …*	*…*
Hinzufügung	*und, …*	*ferner, …*
. . .		

5. Sucht in den Kapiteln „Palmen an der Nordsee?" (ab S. 8), „Die Jugend von heute …!" (ab S. 38) und „Wege und Umwege" (ab S. 130) nach Texten mit besonders vielen oder wenigen Konjunktionen und Adverbien. Überlegt, wie die Verwendung dieser Wortarten mit der Textsorte und der Textfunktion zusammenhängt.

6. Sucht aus Text **3** (S. 202) sinnverwandte und stammverwandte Wörter heraus und ordnet sie zu Wortfeldern und Wortfamilien. Erklärt, welche Funktion diese für die Textverknüpfung haben.

Beispiel: Wortfeld „Schloss"

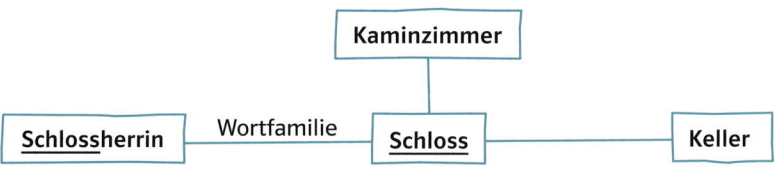

7. Prüft im Text **3** (S. 202), welche Wortfelder besonders stark ausgebaut sind. Welche Bedeutung haben diese für das Textthema?

8. Die in Text **3** (S. 202) unterstrichenen Wörter bezeichnet man als Modalwörter.
– Beschreibt, was mit ihnen ausgedrückt wird.
– Erklärt, warum in diesem Text so viele Modalwörter vorkommen.
– Sucht weitere sprachliche Mittel, die diese Funktion unterstützen. Überprüft dazu zum Beispiel die Pronomen.

Lerninsel:
Modalwörter
S. 292

9. Äußert Vermutungen darüber, wie das Krimi-Dinner ablaufen könnte. Benutzt Modalwörter.

10. Schreibt einen kurzen Werbetext für ein Krimi-Event, z. B. eine Krimi-Stadtrallye oder eine Krimi-Lesenacht. Verwendet geeignete Mittel der Textverknüpfung.

Wissen und Können

Lerninsel:
Text-
verknüpfung
S. 292

Verknüpfungen in Texten erkennen und herstellen

Um einen **zusammenhängenden Text** zu produzieren, müsst ihr die einzelnen Sätze miteinander **verknüpfen**. Nutzt dazu zum Beispiel:
- Konjunktionen (*denn, aber, nachdem, …*)
- Pronomen (*diese, jener, ihre, …*)
- Adverbien (*deshalb, infolgedessen, außerdem, …*)

Die **Art der Verknüpfung** hängt auch von der **Textsorte** und der **Textfunktion** ab.

Argumentierende Texte enthalten zum Beispiel viele textverknüpfende Konjunktionen und Adverbien.

Das Textthema entfaltet sich vor allem durch die Verwendung von Wörtern, die zu einem **gemeinsamen Wortfeld** und/oder zu einer **Wortfamilie** gehören. Achtet darauf, wenn ihr Haupt- oder Teilthemen eines Textes ermitteln wollt.

Differenzieren
Textver-
knüpfung
ff52py

11. Zum Differenzieren ■ ■ ■ ■

A Zeigt am Text **1** auf Seite 200, wie mithilfe von Verknüpfungen ein zusammenhängender Text entsteht. Überlegt, ob die Textsorte und die Textfunktion Auswirkungen auf die Art der Verknüpfung haben.

B Überarbeitet den folgenden Fernsehtipp so, dass der Textzusammenhang deutlicher wird.
- Berichtigt die Bezugsfehler.
- Verwendet geeignete Mittel der Textverknüpfung.

ARD-Tatort: Unbedingte Empfehlung. Weil er gut ist! (Sonntag 20:15 Uhr)

„Weil sie böse sind" ist ein Film aus der Tatort-Reihe. Er spielt in Frankfurt. Rolf H., ein alleinerziehender Vater, hat einen autistischen Sohn. Er weiß finanziell nicht mehr weiter, braucht Geld für die Therapie seines Sohnes. Rolf H. wendet sich an die Familie Staupen, eine der vermögendsten Familien in Frankfurt. Rolfs Hobby ist die Ah-
5 nenforschung. Er will herausgefunden haben, dass die Familie Staupen seine Vorfahren im Mittelalter um ihr ganzes Geld gebracht hat. Heute sind die Staupens so wohlhabend. Er bittet um eine finanzielle Unterstützung. Der alte Staupen lacht ihn aus. Rolf H. erschlägt ihn im Affekt. Staupen ist sofort tot. Die Katastrophe ist perfekt. Er packt seinen Koffer für das Gefängnis. Es kommt alles anders. Der alte Staupen ist nicht das einzige Opfer …
10 Mehr wird hier nicht verraten.
„Weil sie böse sind" ist ein hervorragend inszenierter Film mit hervorragenden Schauspielern, allen voran Milan Peschel und Matthias Schweighöfer. Er erhielt 2010 den Deutschen Fernsehpreis als bester Fernsehfilm. Zu Recht. Weil er gut ist!

autistisch:
psychische Störung, vor allem Beeinträchtigung der sozialen Kontaktfähigkeit

C Schreibt zu einem Fernsehkrimi eine Empfehlung. Achtet auf Verknüpfungen und verwendet geeignete Modalwörter.

Mit kriminalistischer Genauigkeit
Satzstrukturen und ihre Wirkung untersuchen

Harry Kemelman: Der Neun–Meilen–Marsch (Ausschnitt)

Nicholas Welt, genannt Nicky, ist Professor für englische Sprache, betätigt sich aber bisweilen als Hobbydetektiv. Bei einem gemeinsamen Frühstück im „Blue Moon" fordert er den Ich-Erzähler, einen befreundeten Staatsanwalt, zu einer Wette heraus. Er will mit dieser Wette beweisen, dass man durch logische Folgerungen nicht unbedingt die Wahrheit herausfinden muss. Der Freund solle ihm einen Satz mit zehn bis zwölf Wörtern nennen und Nicky werde daraus eine Kette von Folgerungen ableiten, an die der Freund bei der Bildung des Satzes im Traum nicht gedacht habe. Während Nicky seine Rechnung bezahlt, wartet der Freund, da neue Gäste hereinkommen, vor dem Restaurant. Als der Professor schließlich aus dem Restaurant tritt, sagt der Freund unvermittelt: „Ein Fußmarsch von neun Meilen ist kein Vergnügen, besonders im Regen."

„Das kann ich mir vorstellen", erwiderte er geistesabwesend. Dann blieb er plötzlich stehen und blickte mich scharf an. „Was, zum Teufel, meinst du eigentlich damit?" […]

5 „Du sagtest vorhin, ich solle dir einen Satz mit zehn oder zwölf Wörtern nennen …"

„Ach so." Misstrauisch blickte er mich an. „Woher hast du den Satz?"

„Er ist mir gerade eingefallen. Aber los 10 jetzt – ich möchte deine Folgerung hören." […] „Schon gut." Seine Stimme wurde lebhaft, während er das Problem in Gedanken umkreiste. „Erste Folgerung: Der Sprecher ist gekränkt."

15 „Einverstanden", sagte ich, „obwohl es kaum eine Folgerung sein dürfte. Es liegt bereits in der Feststellung selbst."

Er nickte ungeduldig. „Nächste Folgerung: Der Regen kam unerwartet, denn 20 sonst hätte er wohl gesagt: ‚Ein Neun–Meilen–Marsch im Regen ist kein Vergnügen'. So aber gebrauchte er das Wort ‚besonders' als eine Art Hintergedanken."

„Einverstanden", sagte ich, „obwohl auch das ziemlich klar ist." 25

„Die ersten Folgerungen sollten immer klar sein", sagte Nicky bissig. Ich beließ es dabei. Er schien noch im Dunkeln zu tappen, und ich wollte ihn nicht unnötig reizen. 30

„Nächste Folgerung: Der Sprecher ist kein Sportler und auch kein Mensch, der viel im Freien ist."

1. Äußert Vermutungen darüber, wie Nicky auf die dritte Folgerung (Z. 31 ff.) kommt.

2. In dem ersten markierten Satz wird „besonders im Regen" als Adverbialbestimmung, in dem zweiten markierten Satz „im Regen" als Attribut gebraucht.
  – Prüft, inwiefern Art und Anordnung der Satzglieder die inhaltliche Aussage beeinflussen.
  – Erklärt Nickys Folgerungen.

Der Professor wird am Ende entgegen seiner Wette durch logisches Denken und durch die genaue Analyse des Satzes einen echten Mord aufklären.

3. Probiert aus, wie sich der Schwerpunkt der Aussage dieses Satzes durch das Umstellen der Satzglieder verändert.
– Lest den Satz jeweils betont vor.
– Findet heraus, in welcher Position ein Satzglied besonders hervorgehoben wird.

4. Bestimmt die Satzgliedfunktion der unterstrichenen Satzglieder und beschreibt, welche Wirkung die Stellung dieser Satzglieder im Nachfeld hat. Wendet die Umstellprobe an und vergleicht die so entstandenen Sätze mit den Ausgangssätzen. Nutzt die blaue Box auf Seite 209.

Nachfeld:
nach der rechten Satzklammer stehendes Satzglied

In seinen Detektivgeschichten lässt Harry Kemelman den Leser aktiv teilnehmen an der Aufklärung eines Verbrechens. Und ein solches Verbrechen klärt der Held der Erzählung „Der Neun-Meilen-Marsch" am Ende auf – durch die genaue sprachliche Analyse eines Satzes. Wie sein berühmter Vorgänger Sherlock Holmes greift auch Nicholas Welt bei der Lösung seiner Fälle zurück auf logisches Denken.

Harry Kemelman: Der Neun-Meilen-Marsch (Ausschnitt)

Der Professor leitet aus dem Satz weitere Folgerungen ab: Der Marsch müsse nach Mitternacht stattgefunden haben, da der Sprecher andernfalls in der dicht besiedelten Gegend auf eine Ortschaft gestoßen wäre, von der Bahn oder Busse fahren. Der Sprecher habe ferner zu einem bestimmten Zeitpunkt am Bestimmungsort eintreffen müssen, sonst hätte er vermutlich auf den ersten Bus gewartet, der um fünf Uhr dreißig fährt. Und er sei wahrscheinlich aufgehalten worden oder habe noch irgendein Zeichen, vielleicht einen Anruf, abwarten müssen, da er sonst den letzten Bus um halb eins genommen und am Zielort gewartet hätte, statt vier Stunden lang durch den Regen zu laufen.

An der Wand hing eine große Karte der Gegend, und ich ging hinüber und betrachtete sie. „Du hast Recht, Nicky", sagte ich, ohne mich umzudrehen. „In einem Umkreis von
5 neun Meilen gibt es nicht einen Ort, an dem man nicht vorüberkäme. Fairfield liegt genau in der Mitte einer Gruppe kleinerer Städte."

Er trat ebenfalls an die Karte. „Du weißt,
10 dass es nicht unbedingt Fairfield zu sein braucht", sagte er ruhig. „Wahrscheinlich musste er zu einer der weiter entfernten Städte. Versuche es mal mit Hadley."

„Wieso Hadley? Was soll man denn um
15 fünf Uhr morgens in Hadley?"

„Um diese Zeit hält dort der Washington Flyer und übernimmt Wasser", sagte er ruhig.

„übernimmt Wasser":
Eine Dampflok benötigt für die Dampferzeugung große Mengen Wasser, das unterwegs wieder aufgefüllt wird.

Hadley ◉
9 Meilen
OLd Sumter Inn

„Das stimmt allerdings", sagte ich. „Ich habe den Zug schon mehr als einmal gehört, wenn ich nicht schlafen konnte. Ich konnte genau hören, wie er hielt, und wenig später schlug dann die Uhr der Methodistenkirche fünf."

Ich ging an meinen Schreibtisch und holte den Fahrplan heraus. „Der Flyer verlässt Washington um null Uhr siebenundvierzig und ist morgens um acht in Boston."

Nicky stand immer noch vor der Karte und maß die Entfernungen mit einem Bleistift. „Genau neun Meilen von Hadley entfernt liegt das Old Sumter Inn", verkündete er.

„Old Sumter Inn", wiederholte ich. „Aber das wirft doch die ganze Theorie über den Haufen. Dort findet man doch genauso leicht eine Fahrgelegenheit wie in einer Stadt!"

Er schüttelte den Kopf. „Die Wagen stehen auf einem bewachten Parkplatz, und um ihn zu betreten, muss man an einem Wächter vorbei. Dieser Wächter erinnert sich bestimmt an jeden, der seinen Wagen zu ungewöhnlicher Zeit abholt. Es geht dort ziemlich konservativ zu. Möglich ist allerdings, dass der Mann auf seinem Zimmer wartete, bis er aus Washington einen Anruf wegen irgendeines Mannes im Zug bekam – vielleicht die Nummer des Wagens und des Schlafwagenabteils. Dann konnte er heimlich das Hotel verlassen und zu Fuß nach Hadley gehen." Hypnotisiert starrte ich ihn an.

„Während der Zug Wasser übernimmt, dürfte es nicht schwer sein, in irgendeinen Wagen zu steigen, und wenn er die Nummer des Wagens und des Abteils kannte …"

„Nicky", sagte ich in böser Ahnung, „als District Attorney, der von der Reform Party gestellt wird und für Sparsamkeit eintritt, werde ich jetzt das Geld der Steuerzahler zum Fenster hinauswerfen und ein Ferngespräch nach Boston anmelden. Es ist lächerlich, es ist blödsinnig – aber ich telefoniere mit Boston!"

Seine kleinen blauen Augen funkelten, und mit der Zungenspitze feuchtete er seine Lippen an. „Dann tu's doch!", sagte er heiser.

Ich legte den Hörer wieder auf die Gabel. „Nicky", sagte ich, „das ist wahrscheinlich der merkwürdigste Zufall in der Geschichte der Kriminalistik: In dem Zug, der um null Uhr siebenundvierzig aus Washington abfuhr, wurde heute Nacht ein Mann in seinem Schlafwagenabteil ermordet. Er war seit etwa drei Stunden tot – und das stimmt genau mit dem Aufenthalt in Hadley überein."

„Ich hatte mir schon irgendetwas Ähnliches gedacht", sagte Nicky. „Aber wegen des merkwürdigen Zufalls befindest du dich in einem Irrtum. Das kann es nicht sein. Wo hattest du diesen Satz her?"

„Woher soll ich denn das wissen? Er ist mir einfach eingefallen."

„Das ist völlig unmöglich! Das war kein Satz der einem plötzlich einfällt. Wenn du so lange Satzbau unterrichtet hättest wie ich wüsstest du dass man auf die Frage nach einem Satz mit ungefähr zehn Wörtern ganz allgemeine Feststellungen zu hören bekommt ,Ich trinke gern Milch.' Und mit den restlichen Wörtern wird dann irgendeine Art von Nebensatz gebildet weil es gut für meine Gesundheit ist. Der Satz den du nanntest bezog sich dagegen auf eine ganz besondere Situation."

„Aber wenn ich dir sage dass ich heute Morgen noch mit niemandem gesprochen habe! Und im Blue Moon war ich nur mit dir zusammen."

„Aber nicht die ganze Zeit als ich meine Rechnung bezahlte" sagte er scharf. „Bist du irgendjemandem begegnet als du draußen auf dem Bürgersteig wartetest?"

Ich schüttelte den Kopf. „Ich habe höchstens eine Minute gewartet, bis du dann ebenfalls herauskamst. Als du dein Kleingeld zusammensuchtest, kamen nämlich zwei Männer herein, und einer der beiden rempelte mich an, als ich gerade überlegte, ich könnte schließlich …"

„Kanntest du sie?" […]

Methodisten:
im 18. Jh. in England entstandene kirchliche Bewegung

Old Sumter Inn (engl.): Name eines Gasthauses

District Attorney (engl.): Staatsanwalt eines Bundeslandes in den USA

Reform Party (engl.): politische Partei in den USA, die u.a. für einen massiven Abbau der Staatsschulden eintritt

5. „Ich hatte mir schon so etwas Ähnliches gedacht." (S. 207, Z. 78 f.)
- Weist an den Textausschnitten (S. 205–207) nach, dass der Professor, schon bevor er von dem Mordfall erfährt, mehr weiß, als sein Freund ahnt.
- Überlegt, wer der oder die Täter sein könnte(n). Begründet.

6. Untersucht in dem gelb markierten Dialog (S. 206 f.) die Stellung der Satzglieder.
- Beachtet vor allem, welches Satzglied jeweils die erste Position im Satz einnimmt.
- Erklärt, welche Funktion dies für den Textzusammenhang hat.

Beispiel: „Was soll man denn um fünf Uhr morgens in Hadley?"
„Um diese Zeit hält dort der Washington-Flyer und übernimmt Wasser."

Vorfeld:
vor der linken Satzklammer stehendes Satzglied

7. Überarbeitet den folgenden Text, indem ihr Vor- und Nachfeld bewusst gestaltet.
- Achtet auf die Herstellung des Textzusammenhangs und auf die Hervorhebung bestimmter Satzglieder im Vor- oder Nachfeld. Nutzt die blaue Box auf Seite 209.
- Begründet anschließend, warum ihr euch für diese Satzgliedstellung entschieden habt.

Wir waren am Stadthaus, in dem mein Büro lag, angekommen. Jedes Streitgespräch, das im Blue Moon begonnen hatte, endete normalerweise am Eingang dieses Gebäudes. Nickys Beweisführung interessierte mich heute jedoch. Ich machte ihm deshalb den Vorschlag, er solle noch auf ein paar Minuten in mein Büro kommen. Er nickte schweigend und nachdenklich. Ich hatte aus irgendeinem merkwürdigen Grund, den ich nicht erklären kann, das Gefühl, seine Überlegungen nicht stören zu dürfen.

8. Begründet in den Abschnitten auf Seite 206, Zeile 1–6, und Seite 207, Zeile 105–111, die Kommas.
Prüft, welche Kommas weggelassen werden könnten.

**Lerninsel:
Regeln der Kommasetzung
S. 295f.**

9. Setzt im grün markierten Abschnitt (S. 207) die fehlenden Kommas und begründet eure Entscheidung. Bestimmt die Satzgliedfunktion der Nebensätze.

10. Diktiert euch den Text auf Seite 205 wechselseitig als Partnerdiktat, ohne dabei die Satzzeichen anzusagen. Besprecht anschließend, an welchen Stellen nach den Regeln der deutschen Rechtschreibung auch eine andere Zeichensetzung möglich gewesen wäre.

11. Schreibt den Text (S. 207) weiter bis zur Ergreifung der Täter. Achtet darauf, dass die Satzgliedstellung die Aussageabsicht des Textes stützt. Nutzt dazu die Tabelle:

Vor-feld	linke Satz-klam-mer	Mittelfeld	rechte Satz-klammer	Nachfeld
Nicky	*sah*	*mich*	*an*	*mit forschendem Blick.*
„Ich	*habe*	*sie hier in der Gegend noch nie*	*gesehen."*	

Die Stellung der Satzglieder untersuchen und gezielt verändern

Die Änderung der Stellung der Satzglieder macht einen Text nicht nur abwechslungsreicher, sondern kann auch die **Aussageabsicht verstärken**.

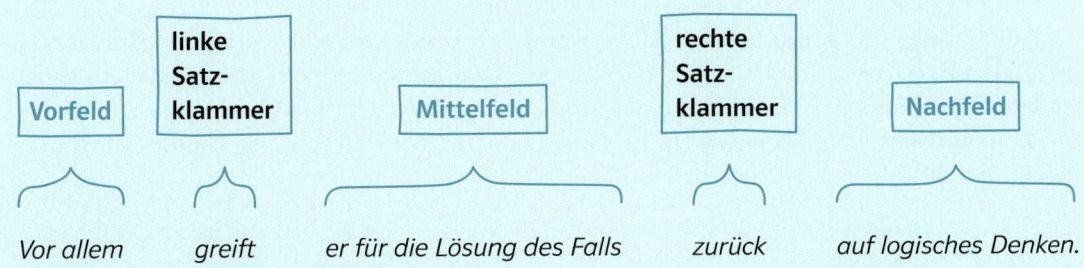

| Vorfeld | linke Satz-klammer | Mittelfeld | rechte Satz-klammer | Nachfeld |

Vor allem   greift   er für die Lösung des Falls   zurück   auf logisches Denken.

Im **Vor-** oder **Nachfeld** wird ein Satzglied in der Regel besonders **hervorgehoben**. Zudem haben Vor- und Nachfeld eine **wichtige Funktion** bei der **Textgestaltung**:
- Im **Vorfeld** stehen oft Satzglieder, die bereits **Bekanntes** bezeichnen oder die eine **Verknüpfung zum vorangegangenen Satz** herstellen sollen.
- Das **Nachfeld** muss nicht immer besetzt sein. Ist es besetzt, kann damit eine **Verknüpfung zum folgenden Satz** hergestellt werden. Dies wird in der Literatur vielfach stilistisch genutzt.
- Durch die **Verschiebung** eines Satzglieds **ins Nachfeld** wird mitunter die Satzstruktur **überschaubarer**, was die Verständlichkeit erleichtern kann. Daher stehen häufig **Nebensätze** im Nachfeld.

12. Zum Differenzieren ■ ■ ■ ■

A Untersucht im Abschnitt auf Seite 207, Zeile 39–53, die Besetzung von Vorfeld und Nachfeld. Beschreibt die Wirkung, die dadurch entsteht.

B Der Schluss der Erzählung ist dem Übersetzer nicht gelungen. Überarbeitet den folgenden Text, indem ihr die Satzgliedstellung verändert.

Ich fragte gespannt: „Glaubst du etwa, dass sie es waren?" Schmal wurden Nickys Augen. „Es ist möglich." Und er fuhr fort nach einem Blick auf die Uhr: „Im Blue Moon sind sie vielleicht noch. Ziemlich langsam ist die Bedienung dort."
Nach dem Telefon griff ich. „Sofort rufen Sie mich an, wenn Sie jemanden verhaften",
5 beendete ich das Telefonat schließlich und legte den Hörer auf. Wir warteten dann. Ein Wort sprach keiner von uns. Das Telefon läutete endlich. Den Hörer nahm ich ab und lauschte gespannt. Ich sagte „o.k." und wandte mich an Nicky: „Durch die Küche hat einer versucht zu entwischen. Aber geschnappt haben sie ihn." „Eine Art von Beweis scheint das ja zu sein", entgegnete Nicky lächelnd. Zustimmend nickte ich.

C Bildet selbst einen Satz mit 10–12 Wörtern.
- Verändert die Position der Satzglieder und beschreibt, wie sich dadurch der Schwerpunkt der Aussage ändert.
- Entwickelt aus diesem Satz Ideen für eine Detektivgeschichte.

Wissen und Können

Lerninsel: Satzstrukturen bewusst gestalten S. 294

Differenzieren Satzstrukturen 5ey9sn

Detektivarbeit
Den Konjunktiv richtig verwenden

Schnüffler vom Dienst

Schlapphutträger in schummrigen Bars – wer sich Privatdetektive so vorstellt, sollte (soll, solle) den Beruf besser nicht ergreifen. In der Realität zählen (zählten, würden zählen) ganz andere Qualifikationen. Fremdgeher, Blaumacher oder Versicherungsbetrüger – ihnen allen könnte (kann, würde können) ein Privatdetektiv auf der Spur sein. Alexander Schrumpf
5 hat (habe, hätte) sich auf Wirtschaft spezialisiert.

Der Detektiv Schrumpf aus Wiesbaden ermittelt unter anderem für Firmen. Die interessiert zum Beispiel, ob ein vermeintlich zahlungsunfähiger Kunde ein Segelboot am Mittelmeer hat. Oder es geht um das Enttarnen eines Vertreters, der für konkurrierende Firmen reist – ohne dass diese voneinander wissen. Und auch wenn Immobilien überteuert
10 an den Mann gebracht werden, kann ein Privatermittler nützlich sein.

Detektive könnten so mitunter helfen, Millionen Euro zu sparen, sagt Schrumpf. […] Privatdetektive lägen keineswegs permanent auf der Lauer, wie es Fernsehserien nahelegten. Sie würden lesen, analysierten und verglichen viel. Dafür sei ein scharfer Blick nötig, denn das genaue Beschreiben von Leuten und Situationen sei eine Kunst. Gute Sprachkennt-
15 nisse seien wichtiger, als eine Waffe zu besitzen. Ein Ermittler müsse etwas suchen und es finden. […]

Auf der Lauer: Privatdetektive bekommen die meisten Aufträge aus der Wirtschaft.

1. Tragt zusammen, was ihr über die Bildung des Konjunktivs I und des Konjunktivs II wisst.

2. Untersucht die markierten Verbformen im ersten Textabschnitt. Vergleicht mit den in Klammern angegebenen Alternativen und begründet, warum Indikativ oder Konjunktiv verwendet wurde.

3. Benennt jeweils den Modus der markierten Verbformen im dritten Textabschnitt (S. 210) und erläutert die Funktion im Text.

4. Formuliert den folgenden Abschnitt des Textes unter Verwendung des Konjunktivs I um.

Der Job könne ziemlich einsam sein: …

Der Job kann ziemlich einsam sein: Detektive schlagen sich oft Nächte oder Feiertage um die Ohren – nicht eben zur Freude der Familie, falls sie eine haben. Viele Ermittlungs-methoden kann jeder nutzen. Amtsgerichte oder Kfz-Meldestellen geben mehr Auskünfte,
20 als man allgemein erwartet. Um Gewicht vor Gericht zu haben, müssen Beweise immer auf legalem Weg beschafft worden sein. Das Abhören von Räumen, Aufnahmegeräte in Zigarettenschachteln und konspirative Treffen an verruchten Orten finden vor allem in der Fantasie von Drehbuch-Autoren statt – das echte Leben sieht anders aus. […]
Einen guten Detektiv erkennt man nicht gleich. Da es kein geschützter Beruf ist, kann sich
25 jeder Privatdetektiv nennen. Um ein entsprechendes Gewerbe anzumelden, braucht man lediglich ein Führungszeugnis. Ob eine Detektei seriös ist, zeigt sich am besten bei einem Besuch. „Sie können sehen, ob der Detektiv nicht von seinem Schlafzimmer aus arbeitet", erklärt Heim. Gerhard Weitschal vom Deutschen Detektivverband (DDV) warnt zudem vor Büros mit greller Werbung und empfiehlt, nach der Mitgliedschaft in einem Berufs-
30 verband zu fragen.

Andreas Heim: Geschäftsführer der Zentralstelle für die Ausbildung im Detektivgewerbe

4. Setzt den Arbeitsbericht eines Detektivs zu dem folgenden Fall fort:

„Ein Zeitungsbote hat seine Zeitungen nicht ausgetragen."

Der Bericht soll die wichtigsten Beobachtungen und Informationen des Detektivs enthalten. Verwendet den Konjunktiv I.

Der Zeitungsausträger behauptete nach der Befragung, er habe die Zeitungsstapel an diesem Morgen nicht gefunden. Die Zeitungen seien nicht geliefert worden. Die zuständige Firma entgegnete jedoch, sie würden an jedem Morgen den Stapel noch im Dunklen auf die Bank neben dem Trafohäuschen stellen. So sei es auch an diesem Morgen gewesen. Der Anwohner des Hauses gegenüber aber...

E. T. A. Hoffmann: Das Fräulein von Scuderi (1819/21, Klappentext)

Paris im Jahre 1680. Die Stadt wird von einer rätselhaften Mordserie erschüttert. Die Morde werden alle von ein und demselben Täter verübt. Sie folgen alle dem gleichen
5 Muster: Die Opfer sind adlige junge Männer. Sie haben bei dem berühmten Goldschmied René Cardillac kostbaren Schmuck anfertigen lassen. Sie werden auf dem Weg zur Geliebten nachts des Schmucks beraubt
10 und ermordet. Das 73-jährige Fräulein von Scuderi, Hofdichterin König Ludwigs XIV., gerät durch Zufall (oder Schicksal?) in den Strudel dieser Verbrechen. Sie findet sich schon bald in der Rolle der Ermittlerin wie-
15 der …
E. T. A. Hoffmanns Novelle „Das Fräulein von Scuderi" ist eine der berühmtesten Kriminalgeschichten der Weltliteratur. Sie vermag den Leser zu faszinieren – bis zum
20 heutigen Tag.

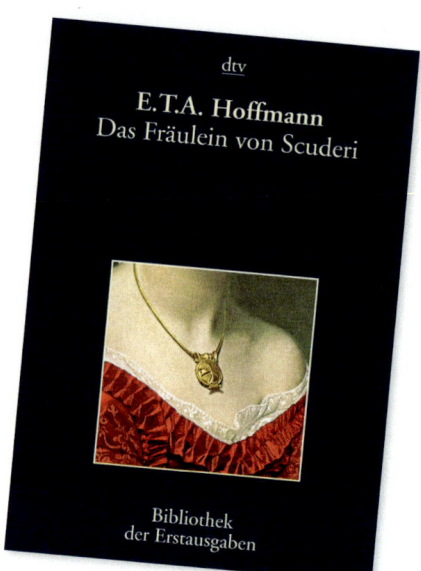

1. Die Abbildung auf dem Cover stellt den kostbaren Schmuck in den Mittelpunkt.
   – Prüft, wie sich dieses Thema im Klappentext entfaltet.
   – Welches Motiv könnte auch für das Cover gewählt werden? Begründet.

2. Überarbeitet den Klappentext. Achtet auf Verknüpfungen und fügt an geeigneten Stellen Modalwörter ein.

3. Bestimmt die Satzglieder des letzten Satzes (Z. 18 ff.). Untersucht die Stellung der Satzglieder und beschreibt die Wirkung, die dadurch erzeugt wird.

E. T. A. Hoffmann: Das Fräulein von Scuderi (1819/21, Anfang)

In der Straße St. Honoré war das kleine Haus gelegen, welches Magdaleine von Scuderi, bekannt durch ihre anmutigen Verse, durch die Gunst Ludwig des XIV. und der
5 Maintenon, bewohnte.
Spät um Mitternacht – es mochte im Herbste des Jahres 1680 sein – wurde an dieses Haus hart und heftig angeschlagen, dass es im ganzen Flur laut widerhallte. – Baptiste, der in des Fräuleins kleinem 10 Haushalt Koch, Bedienten und Türsteher zugleich vorstellte, war mit Erlaubnis seiner Herrschaft über Land gegangen zur Hochzeit seiner Schwester, und so kam es, dass

Maintenon:
Mätresse, Geliebte Ludwigs XIV.

Lerninsel: Grammatik S. 291 ff.

⊕ Diagnose-bogen Grammatik t268uj

⊕ Training interaktiv Grammatik 9xu9f4

die Martiniere, des Fräuleins Kammerfrau, allein im Hause noch wachte. Sie hörte die wiederholten Schläge, es fiel ihr ein, dass Baptiste fortgegangen und sie mit dem Fräulein ohne weitern Schutz im Hause geblieben sei [...]. Unterdessen donnerten die Schläge immer fort, und es war ihr, als rufe eine Stimme dazwischen: „So macht doch nur auf um Christus willen, so macht doch nur auf!" Endlich in steigender Angst ergriff die Martiniere schnell den Leuchter mit der brennenden Kerze und rannte hinaus auf den Flur; da vernahm sie ganz deutlich die Stimme des Anpochenden: „Um Christus willen, so macht doch nur auf!" In der Tat, dachte die Martiniere, „so spricht doch wohl kein Räuber; wer weiß, ob nicht gar ein Verfolgter Zuflucht sucht bei meiner Herrschaft, die ja geneigt ist zu jeder Wohltat. Aber lasst uns vorsichtig sein!" – Sie öffnete ein Fenster und rief hinab, wer denn da unten in später Nacht so an der Haustür tobe und alles aus dem Schlafe wecke, indem sie ihrer tiefen Stimme so viel Männliches zu geben sich bemühte als nur möglich. In dem Schimmer der Mondesstrahlen, die eben durch die finstern Wolken brachen, gewahrte sie eine lange, in einen hellgrauen Mantel gewickelte Gestalt, die den breiten Hut tief in die Augen gedrückt hatte. Sie rief nun mit lauter Stimme, so, dass es der unten vernehmen konnte: Baptiste, Claude, Pierre, steht auf und seht einmal zu, welcher Taugenichts uns das Haus einschlagen will! Da sprach es aber mit sanfter, beinahe klagender Stimme von unten herauf: „Ach! la Martiniere, ich weiß ja, dass Ihr es seid, liebe Frau, so sehr Ihr Eure Stimme zu verstellen trachtet, ich weiß ja, dass Baptiste über Land gegangen ist und Ihr mit Eurer Herrschaft allein im Hause seid. Macht mir nur getrost auf, befürchtet nichts. Ich muss durchaus mit Eurem Fräulein sprechen, noch in dieser Minute. [...] Öffnet mir die Türe, fürchtet doch nur nichts von einem Elenden, der schutzlos, verlassen von aller Welt, verfolgt, bedrängt von einem ungeheuern Geschick, Euer Fräulein um Rettung anflehen will aus drohender Gefahr!" Die Martiniere vernahm, wie der Untenstehende bei diesen Worten vor tiefem Schmerz stöhnte und schluchzte [...]. Sie fühlte sich im Innersten bewegt, ohne sich weiter lange zu besinnen, holte sie die Schlüssel herbei.

So wie sie die Türe kaum geöffnet, drängte sich ungestüm die im Mantel gehüllte Gestalt hinein und rief, der Martiniere vorbeischreitend in den Flur, mit wilder Stimme: „Führt mich zu Euerm Fräulein!" Erschrocken hob die Martiniere den Leuchter in die Höhe, und der Kerzenschimmer fiel in ein todbleiches, furchtbar entstelltes Jünglingsantlitz. [...]

4. Besprecht, wie der Beginn der Novelle auf euch wirkt.
   – Wodurch wird diese Wirkung erzielt?
   – Untersucht im letzten Absatz (Z. 69–77) genauer, durch welche grammatischen Mittel die Wirkung unterstützt wird.

5. Untersucht die Besetzung des Vor- und Nachfeldes in den gelb markierten Sätzen. Beschreibt die Wirkung, die dadurch entsteht.

Aushängeschilder

Regeln und Verfahren der Rechtschreibung anwenden

Das könnt ihr schon!

- Eigennamen richtig schreiben
- Abkürzungen und Kurzwörter verstehen und richtig schreiben
- Fehlerschwerpunkte erkennen und eigene Texte korrigieren

Hotel sucht Hofnarren

Spa:
belgischer Badeort; Oberbegriff für Gesundheits- und Wellness-Einrichtungen

Ein Wellnesshotel in Österreich sucht Personal: einen Koch, einen Spa-Mitarbeiter […] und einen Hofnarren. Letzterer soll redegewandt sein, musikalisches Talent mitbringen und eine kommunikative Ader haben. Ihm winken eine Vollzeitbeschäftigung „mit geregelten Arbeitszeiten" und 1400 Euro Bruttogehalt. Sein Arbeitsplatz: das Gelände des Hotels.

Online-Magazin: Frau Franke, wollen Sie Ihre Kunden mit Ihrer Stellenanzeige zum Narren halten?

Franke: Nein, das meinen wir ernst. Wir wollen einen Hofnarren einstellen, der unsere Gäste empfängt. Seit eineinhalb Jahren planen wir, diese Stelle zu besetzen.
5   Wir haben schon eine wunderschöne Berufskleidung entwerfen lassen.

Online-Magazin: Wie lautet die Jobbeschreibung für Ihren Hofnarren?

Franke: Er wird den Gästen bei der Ankunft ihre Fragen beantworten und sie auf das einstimmen, was sie erwartet. Er wird sie über das Restaurant-, Spa- und Sportangebot informieren und erklären, warum die Gebäude bei uns so bunt sind.
10   Viele unserer Gäste haben uns zu verstehen gegeben, dass sie auf unserem 42 Hektar großen Gelände die Orientierung verlieren − zwischen all den Arkaden, Dachgärten und Wasserflächen passiert das schon mal.

Online-Magazin: Warum muss diese Person ein buntes Kostüm tragen?

Franke: Es muss jemand sein, der auffällt und eine fröhliche Stimmung verbreitet.
15   Wir hätten theoretisch auch einen Pagen, einen Portier oder einen Sicherheitsdienst an den Eingang des Geländes stellen können. Aber so jemand würde untergehen.

Online-Magazin: Wie viel Prestige wird der Hofnarr bei Ihnen genießen?

Franke: Seine Aufgabe ist wichtiger als die, die ich als Hoteldirektorin habe. Denn der Hofnarr steht mit meinem Gast als Erster in Kontakt − das ist der ent-
20   scheidende Moment für den gesamten Aufenthalt.

Online-Magazin: Was muss jemand mitbringen, der sich bei Ihnen bewerben möchte?

Franke: Ausstrahlung und Herzlichkeit. Unser Hofnarr sollte Spaß daran haben, auf Menschen zuzugehen und sich mit ihnen zu unterhalten. Welches Instrument er spielt, ist zweitrangig − es könnte eine Flöte, Gitarre, eine kleine Trommel oder
25   ein Dudelsack sein. Hauptsache, es passt zu ihm und ist authentisch. […]

Lerninsel:
Recht-
schreibung
S. 297 ff.

⊕ Eingangstest
Recht-
schreibung
g7q5pp

1. Sprecht darüber, wie ihr das Stellen-
angebot findet und ob ihr den „Hofnarren"
für einen Traumjob haltet. Begründet eure
Meinung.

2. Im Text auf Seite 214 sind einige Wörter
farbig markiert. Klärt mithilfe eines
Wörterbuchs, ob diese Wörter korrekt
geschrieben sind und was sie bedeuten.

3. Verfasst eine Stellenanzeige, in der
ihr für das Hotel einen Hofnarren sucht.
Achtet auf die Orthografie.

4. Beurteilt das sogenannte Motivations-
schreiben, das als „dritte Seite" einer
Bewerbung auf die Stellenanzeige
beigelegt wurde. Diskutiert, ob ihr den
Bewerber als Hofnarren einstellen würdet.

5. Entscheidet, ob die gekennzeichneten
Wörter im Text (S. 215) jeweils groß-
oder klein-, getrennt oder zusammengeschrieben werden müssen. Begründet
die jeweilige Schreibweise.

Die große Stärke der Narren ist es, dass sie keine Angst haben, Dummheiten zu sagen.
(Jean Cocteau)

… und ganz in diesem Sinne fasse ich den Mut, mich auf (i/Ihre) Anzeige hin zu bewerben.
Denn glauben (s/S)ie mir: Ich bin genau der (r/R)ichtige für (i/I)hr Hotel!

Mein Mundwerk hat mich schon in manch schwierige Situationen gebracht – aber
genau/so schnell bin ich auch wieder heraus/gekommen. Ich rede gern und viel – und sollte
niemand zum (z/Z)uhören da/sein, rede ich eben mit mir selbst. Darüber/hinaus kann ich
singen (in allen gewünschten Schräg- und Schieflagen), tanzen und musizieren. Meine In-
strumente sind die Ukulele und die Sackpfeife. Auch die Maultrommel ist für mich einfach
zu/hand/haben … und ganz nebenbei: Im Narrenkostüm sehe ich wirklich umwerfend aus!
Wie (s/S)ie vielleicht schon ahnen, ist es mir ein Anliegen, meine Mitmenschen zum
(l/L)achen (oder wenigstens zum (s/S)chmunzeln) zu bringen, selbst/redend ohne (s/S)ie dabei bloß/zu/stellen. Das dafür nötige schauspielerische Talent wird mir zumindest nach/gesagt.

Am (b/B)esten überzeugen (s/S)ie sich selbst von meinen Qualitäten.

(i/I)hr künftiger Hofnarr

Konstantin Lustmann

Das lernt ihr jetzt!

· Nachschlagewerke und den Computer zur
  Kontrolle und Korrektur der Orthografie nutzen
· individuelle Rechtschreibfehler erkennen
  und vermeiden

Wissen heißt: wissen, wo etwas steht
Nachschlagewerke und PC zur Kontrolle und Korrektur nutzen

Mit dem folgenden Aushang möchte sich eine Schülerin
den Eltern im Kindergarten als Praktikantin vorstellen.

HALLO,

mein Name ist Johanna Ziegler; ich bin
15 Jahre alt und besuche die 9. Klasse der
Cäcilienschule Oldenburg.
Ich freue mich darüber, dass ich in den
nächsten zwei Wochen hier im Kindergarten ein Praktikum absolvieren werde
und Zeit mit Ihren Kindern verbringen
kann. Dabei werde ich hoffentlich mit
den k/Kleinen beim gemeinsamen s/Spie-
len viel Spass haben. Wir werden zusammen viel i/Interessantes unternehmen
und natürlich auch etwas n/Neues lernen.
Ich bin schon aufs ä/Äußerste gespannt,
wie die Kinder auf mich reagiren werden.

Wenn Sie noch Fragen an mich haben,
sprechen Sie mich am b/Besten direkt an.

Johanna Ziegler

1. Beurteilt den Aushang.

2. Die Schülerin hat den Aushang am Computer geschrieben.
Das Rechtschreibprogramm hat zwei Wörter rot unterstrichen.
Erklärt, wie man die Orthografie dieser Wörter am Computer
überprüfen und korrigieren kann.

3. Erläutert, welche Art von Fehlern das Rechtschreibprogramm erkennt
und welche nicht. Leitet daraus Möglichkeiten und Grenzen eines solchen
Programms ab.

4. Die Schülerin ist bei der Groß- oder Kleinschreibung der markierten Wörter
unsicher. Nutzt die Ausschnitte aus dem Nachschlagewerk auf Seite 217 oben,
um die Schreibweise der Wortgruppe *„viel i/Interessantes"* zu klären.

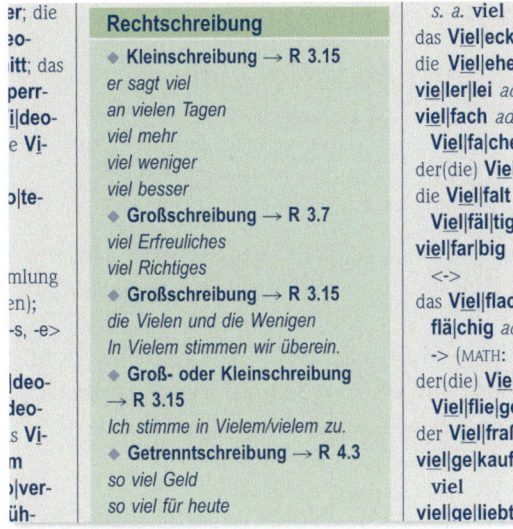

Rechtschreibung

◆ Kleinschreibung → R 3.15
er sagt viel
an vielen Tagen
viel mehr
viel weniger
viel besser
◆ Großschreibung → R 3.7
viel Erfreuliches
viel Richtiges
◆ Großschreibung → R 3.15
die Vielen und die Wenigen
In Vielem stimmen wir überein.
◆ Groß- oder Kleinschreibung
→ R 3.15
Ich stimme in Vielem/vielem zu.
◆ Getrenntschreibung → R 4.3
so viel Geld
so viel für heute

s. a. **viel**
das **Viel**|**eck**
die **Viel**|**ehe**
viel|**ler**|**lei** *ad*
viel|**fach** *ad*
Viel|**fa**|**che**
der(die) **Viel**
die **Viel**|**falt**
Viel|**fäl**|**tig**
viel|**far**|**big**
<->
das **Viel**|**flac**
flä|**chig** *ac*
-> (MATH:
der(die) **Viel**
Viel|**flie**|**ge**
der **Viel**|**fraß**
viel|**ge**|**kauf**
viel
viel|**ge**|**liebt**

3.2.4 Besonderheiten der Substantivierung bei Adjektiven, adjektivisch gebrauchten Partizipien und Zahladjektiven

R 3.7 **Substantivierte Adjektive, Partizipien und Zahladjektive werden großgeschrieben.**
der Kleine, die Schreiende, der Dritte, im Allgemeinen, im Einzelnen, das Folgende,
ein Fest für Junge und Alte, am Ersten des Monats, der Nächste, bitte!

Sie werden häufig auch von **unbestimmten Zahl- oder Mengenangaben** begleitet; der Zusatz einer solchen Angabe kann als **Probe** dienen.
alles Übrige, *etwas* Schwieriges, *manches* Gute,
wenig Interessantes, *viel* Erfreuliches
Der Geehrte hat *viel/etwas* Hervorragendes geleistet.

5. Klärt, bei welchem anderen Wort in dem Aushang (S. 216) diese Regel angewendet werden kann. Begründet.

6. Benutzt das Wörterbuch, um auch die anderen Rechtschreibunsicherheiten zu klären. Begründet jeweils mithilfe der Regeln.

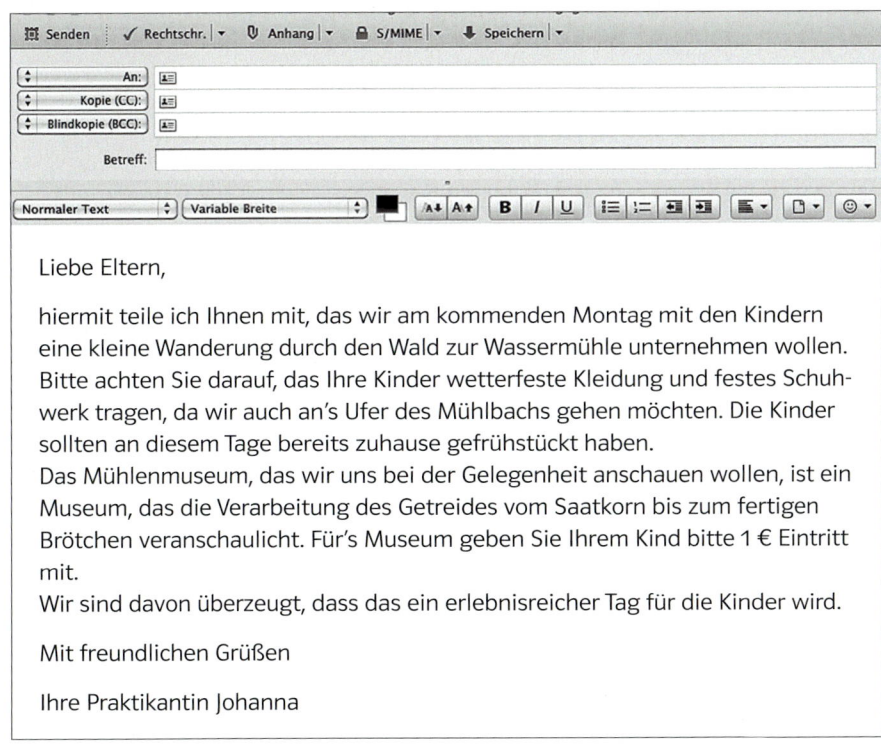

Liebe Eltern,

hiermit teile ich Ihnen mit, das wir am kommenden Montag mit den Kindern eine kleine Wanderung durch den Wald zur Wassermühle unternehmen wollen. Bitte achten Sie darauf, das Ihre Kinder wetterfeste Kleidung und festes Schuhwerk tragen, da wir auch an's Ufer des Mühlbachs gehen möchten. Die Kinder sollten an diesem Tage bereits zuhause gefrühstückt haben.
Das Mühlenmuseum, das wir uns bei der Gelegenheit anschauen wollen, ist ein Museum, das die Verarbeitung des Getreides vom Saatkorn bis zum fertigen Brötchen veranschaulicht. Für's Museum geben Sie Ihrem Kind bitte 1 € Eintritt mit.
Wir sind davon überzeugt, dass das ein erlebnisreicher Tag für die Kinder wird.

Mit freundlichen Grüßen

Ihre Praktikantin Johanna

7. Überarbeitet und korrigiert die E-Mail. Begründet eure Korrekturen mithilfe eines Nachschlagewerks.

Übung macht den Meister
Individuelle Rechtschreibfehler erkennen und vermeiden

Fehlerschwerpunkt: Fremdwörter

⊕
Differenzieren
Fremdwörter
5x3kg5

„Da gehe ich mit Ihnen ganz chloroform."

„Ich habe ihn nur ganz leicht retuschiert."

„Die Sanitäter haben mir gleich eine Invasion gelegt."

1. Besprecht, warum die Äußerungen aus der Welt des Fußballs zum Schmunzeln anregen. Wählt aus den folgenden Fremdwörtern inhaltlich passende aus und schreibt die Zitate korrekt auf. Benutzt ein Wörterbuch.

toupieren   akkurat   konform   touchieren   Indikation

torpedieren   Infusion   kontrastiv   Induktion

2. Bildet durch Ableitung und/oder Zusammensetzung Wortverwandte zu folgenden Fremdwörtern. Orientiert euch an dem Beispiel: *Konfession, konfessionslos, …*

Konfession   innovativ   akribisch   Optimierung   Option   aktuell

kontrastiv   euphorisch   Innovation   Sympathie   pragmatisch

3. Viele Bereiche unserer heutigen Lebenswelt kommen ohne Fremd- und Fachwörter nicht aus, zum Beispiel die Medien, Kunst und Technik. Sucht möglichst viele Fremdwörter, die einem dieser Bereiche zuzuordnen sind. Schreibt sie korrekt auf und erklärt einem Partner ihre Bedeutung.

4. Ordnet den Sätzen der linken Tabellenspalte die entsprechende Erklärung in der rechten Spalte zu. Begründet eure Zuordnung.

A Ballistische Experimente mit kristallinem H_2O auf dem Areal der pädagogischen Institution unterliegen strengster Prohibition!	**1** Liebe macht blind.
B Populanten von transparenten Domizilen sollen mit fester Materie keine transzendenten Bewegungen durchführen.	**2** Schneeballwerfen auf dem Schulhof ist verboten!
C Die Struktur ambivalenter Beziehungen beeinträchtigt das visuelle und kognitive Wahrnehmungsvermögen extrem.	**3** Wer im Glashaus sitzt, sollte nicht mit Steinen werfen.

5. Diskutiert, wann der Gebrauch von Fremdwörtern angemessen ist und wann nicht.

Fehlerschwerpunkt: Groß- und Kleinschreibung

Differenzieren
Groß- und
Kleinschreibung
s583ep

Fußballclub Bollingen 07 - Home

Unsere Sportgruppen:
➤ Fußball
➤ Judo
➤ Volleyball
➤ Turnen

Unsere Partner
Kontakt
Bilder
Gästebuch

Willkommen
auf der Homepage des

FCB

Herzlich Willkommen bei einem der Ältesten Sportvereine der Region. Auf dieser Seite können sie sich über unsere vielfältigen Angebote für jung und alt informieren. Wir haben ihnen viel abwechslungsreiches zu bieten. Vielleicht kommen sie demnächst einfach persönlich vorbei? Wir freuen uns auf sie!

In dieser Sparte bieten unsere ehrenamtlichen Trainer und Trainerinnen das turnen an Geräten und rhythmische Sportgymnastik an. Das Training findet in der örtlichen Schulsporthalle statt und richtet sich an interessierte im Alter von 6 bis 99 Jahren. Regelmäßig messen wir unser können bei Wettkämpfen mit Anderen.

Der Nachwuchssport liegt uns sehr am Herzen. Daher freuen wir uns, dass wir derzeit neben der Herrenmannschaft auch Jugendmannschaften der Alterskategorien von D–B anbieten können.

Trainingszeiten:
D-Junioren: dienstags und Donnerstags
von 16.30–18.00 Uhr

C-Junioren: jeden Dienstag und Freitagsnachmittags
von 16.30–18.30 Uhr

B-Junioren: wöchentlich am Montag und am Mittwoch
von 16.30 – ca. 18.00 Uhr

Hinweise zum Start der Halbsaison: Am 05.03. beginnt die Rückrunde der Spielsaison 2014/15. Die Herrenmannschaft trifft sich gleich samstag früh, um alle Vorbereitungen zu treffen.

1. Markiert auf einer Kopie alle orthografischen Fehler. Korrigiert sie und begründet mithilfe der entsprechenden Regeln.

2. Verwendet die folgenden Wortgruppen in sinnvollen Sätzen und überprüft die Schreibweise mithilfe des Wörterbuchs.

a/Angst und b/Bange werden   s/Schuld sein   r/Recht haben   im e/Entferntesten

im b/Besonderen   die e/Eine   der a/Andere   die m/Meisten

es ist g/Gang und g/Gäbe   des w/Weiteren   die b/Beiden

zum e/Einen und zum a/Anderen   im w/Wesentlichen   im a/Allgemeinen

Fehlerschwerpunkt: Getrennt- und Zusammenschreibung

Differenzieren
Getrennt- und
Zusammen-
schreibung
iv2g7x

Martin
27. Juli 2014

Erster Tag in Mexiko und direkt mal die heimische Fauna <u>kennengelernt</u>. Stachelrochen sind keine angenehmen Zeitgenossen, wenn man auf sie <u>drauf tritt</u>. Der Rochen gewinnt ganz klar durch K.o. Resultat: zwei Löcher im Fußgelenk, stundenlang höllische Schmerzen, inklusive Atemnot und vier Spritzen in einem kleinen mexikanischen Inselkrankenhaus. Da musste ich mich ganz schön <u>zusammen nehmen</u>. Urlaub schützt eben auch nicht vorm <u>Krankwerden</u>.

Martin
27. Juli 2014

Mit einem von dieser Art bin ich <u>zusammen gestoßen</u>. Der wurde gestern von Fischern aus dem Wasser geholt, aber wieder <u>zurück geworfen</u>. Da ein Rochen, wenn er auf dem Rücken liegt, nicht mehr ins Meer kommt, hab ich ihn umgedreht und zum Dank hat er sich mit Stachel fotografieren lassen. Man beachte die schönen Augen … und den Stachel!

1. In den Einträgen sind Wörter unterstrichen.
   Überprüft ihre Schreibweise mit einem Nachschlagewerk.

2. Ordnet die unterstrichenen Wörter in folgende Tabelle ein.
   Formuliert eine Regel für jede Tabellenspalte.

Adjektiv + Verb		Verb + Verb	Substantiv + Verb	Adverb + Verb
krank werden	wahrnehmen	spazieren gehen	Rad fahren	hinauswerfen
…	…	…	…	…

3. Ergänzt alle Spalten der Tabelle mit mindestens zwei weiteren Beispielen.

4. Klärt die Schreibung folgender Wörter und Wortgruppen mithilfe eines Nachschlagewerks.
   Verwendet diese Wörter oder Wortgruppen in Sätzen.

   jederzeit – … jeder Zeit, seinerzeit – … seiner Zeit, zurzeit – zur Zeit … – zu der Zeit,
   derzeit – … der Zeit; einmal – ein … Mal, vielmal – viele Male, hundertmal – hundert Mal,
   wievielmal – wie viel Mal; dabei sein – dabeibleiben – dabeisitzen

5. Verfasst einen Beitrag für die Online-Ausgabe einer Jugendzeitung über ein Urlaubserlebnis.
   Verwendet Verbindungen mit Verben, die mit anderen Wörtern zusammen- oder getrennt geschrieben werden.

Fehlerschwerpunkt: gleich- und ähnlich klingende Laute, *das/dass*

Arbeitsgemeinschaften stellen sich zum Tag der offenen Tür vor:

Ansta __ en __los vieler Worte, hier kurz und prägnant:

Nach den Gra __wanderungen und
En __täuschungen der letzten Jahre hat
unsere Schule en __lich wieder
eine Theater-AG!
Sei __ Kurzem kooperieren wir mit dem
Theater unserer Sta __. Kommt doch
aufs Gera __ewohl bei uns vorbei. Ihr
sei __ herzlich willkommen!

Aufführungen:
10.00 Uhr und 12.00 Uhr in Raum 124.

AG Natur- und Artenschutz

Niemand wird uns wi __dersprechen: Es ist
wichti __ und unbedingt nöti __, dass wir uns
um die Erhaltung unserer Natur kümmern!
Immer wi __der sehen wir uns mit den negativen Folgen unseres unachtsamen Handelns
konfrontiert. Das kann keiner wi __derlegen.
Noch ist die Natur an vielen Stellen herrli __
und prächti __ anzusehen, der Pflanzenwuchs
ist üppi __ und die Flüsse sind klar, doch
schon bald werden wir selbst unsere nähere
Umgebung nicht mehr wi __dererkennen.
Noch zu viele Bürger wi __dersetzen sich
den Bestimmungen des Umweltschutzes oder
halten diese gar für überflüssi __!

Damit muss Schluss sein!
Naturschutz ist wichti __!

Alle Interessenten sind zu unserer
Informationsveranstaltung um 13.00 Uhr
in Raum 38 eingeladen.

Differenzieren
das/dass;
gleich- und
ähnlich
klingende
Laute
va2682

Bei uns ist da __ Bauen von Robotern nicht länger Zukunftsmusik!

Es ist bekannt, da __ heute schon Roboter Staub saugen,
Rasen mähen oder Autos lackieren. Könnt ihr euch vorstellen,
da __ ihr selbst einen Roboter zum Leben erweckt?
Da __ ist in unserer AG tatsächlich möglich! Wer schon immer
ein Faible für Technik hatte, ist hier genau richtig! Da __ da __
Bauen von Robotern aus ganz unterschiedlichen Materialien
seinen Reiz hat, da __ erlebt ihr in unserer AG. Am besten
zeigen wir euch da __, wenn ihr bei uns vorbeikommt:
AG Technik, Raum 65

1. Ergänzt die fehlenden Buchstaben auf den Plakaten.
  – Tragt zusammen, welche Rechtschreibstrategien ihr kennt.
  – Wendet die Verfahren an, die euch bei diesem Fehlerschwerpunkt helfen.

2. Gestaltet selbst einen Aushang zu einer AG oder einem Verein.
  Verwendet dabei Wörter aus diesem Fehlerschwerpunkt.

Fehlerschwerpunkt: Infinitiv mit *zu*

Differenzieren
Infinitiv mit zu
3s75mk

Gasrätsel auf dem Mars
nach Christopher Schrader

17. Dezember 2014

Der Methangehalt in der Marsatmosphäre schwankt stark. Das gibt Physikern große Rätsel auf und stellt ihre Modelle infrage.

Neue Messungen vom Marsrover *Curiosity*
5 dürften hinter etliche Erklärungsversuche, was in der Atmosphäre des Roten Planeten passiert, ein großes Fragezeichen schreiben. Konkret geht es um den Gehalt von Methan, der demnach einerseits sehr niedrig liegt, an-
10 dererseits stark schwankt.

Das Gas mit der chemischen Formel CH_4 kann sowohl durch geologische wie durch biologische Prozesse entstehen; es genau zu vermessen, könnte also Hinweise auf Lebe-
15 wesen geben. Bisher war es vor allem indirekt vom Erdboden oder aus dem Orbit um den Mars bestimmt worden. *Curiosity*, der im Gale-Krater herumfährt, hat aber ein Instrument, um den Methangehalt direkt zu

Marsrover „Curiosity"

erfassen. In zwei Jahren Einsatz hat der Ro- 20
ver 13 Messungen gemacht.

Als das Forscherteam um Christopher Webster vor gut einem Jahr die erste Auswertung vorstellte, musste es noch berichten, im Rahmen der Messgenauigkeit überhaupt kein 25
Methan gefunden zu haben.

**Lerninsel:
Komma-
setzung
S. 295 f.**

1. Schreibt alle Sätze, die einen Infinitiv mit *zu* enthalten, aus dem Textausschnitt (oben) heraus. Begründet die Kommasetzung.

2. Nennt Unterscheidungsmerkmale von einfachen und satzwertigen Infinitiven.

3. Bildet eigene Beispiele für die wichtigsten Regeln zur Kommasetzung bei Infinitiven mit *zu*.

Eine genauere Analyse erbringt nun Ergebnisse die kaum weniger rätselhaft sind.
Den Forschern zufolge ist eine Art Grundzustand anzunehmen in dem der Methange-
5 halt der Marsatmosphäre unerklärbar niedrig ist (*Science*, online). Konkret liegt der ermittelte Wert bei 0,7 ppb also Milliardstel. Allein die Zersetzung von Staub durch UV-Licht sollte das Dreifache an Methan liefern.
10 Daneben beschreiben die Forscher aber eine Periode von 60 Marstagen an denen der Me-

thangehalt zehnmal so hoch bei sieben ppb lag. *Curiosity* müsse in eine Art Freisetzung von gespeichertem Gas aus dem Untergrund geraten sein vermutet das Team. Die Daten 15
bleiben so weiterhin geeignet vielen Marsforschern Rätsel aufzugeben. Die Messwerte sind den von Websters Team definierten unterschiedlichen Phasen schließlich keineswegs offensichtlich zuzuordnen. 20

Quelle: Süddeutsche Zeitung vom 17.12.2014

Lerninsel:
Komma-
setzung
S. 295 f.

4. In dem zweiten Textabschnitt (S. 222, unten) fehlen die Kommas. Ergänzt sie auf einer Kopie des Textabschnittes und begründet eure Entscheidungen.

5. Übertragt die folgenden Sätze in euer Heft, setzt alle fehlenden Kommas und begründet, warum ihr sie gesetzt habt.

Bilder vom Mars zu erhalten ist für die Forscher von großem Interesse.

Die Menschheit hat den Wunsch Bilder von diesem weit entfernten Planeten zu sehen.

Es ist weit verbreitet über ein Leben außerhalb der Erde nachzudenken.

Dabei bleibt der Traum der Menschheit verwandte Wesen im Weltall zu entdecken immer noch unerfüllt.

Die Neugier alles zu erkunden ist ein inneres Bedürfnis der Menschen.

Zur Zeit ist es noch nicht vorstellbar auf einem anderen Planeten als der Erde zu leben.

6. Lest und vergleicht die beiden folgenden Textabschnitte aufmerksam.

1 Auch ohne direkte Verwertung der Daten und Bilder vom Mars übt das Thema eine große Faszination auf uns Menschen aus. Vorstellungen von einem Leben in weiter Ferne regen bei vielen die Fantasie an. Schriftsteller zum Beispiel nutzen diese Vorstellungen zum Verfassen spannender Fantasyromane. Kennt ihr welche?

2 Auch ohne die Daten und Bilder vom Mars direkt zu verwerten, übt das Thema eine große Faszination auf uns Menschen aus. Sich ein Leben in weiter Ferne vorzustellen, regt bei vielen die Fantasie an. Schriftsteller zum Beispiel nutzen diese Vorstellungen, um spannende Fantasyromane zu verfassen. Kennt ihr welche?

7. Beschreibt die Unterschiede und die Wirkung beider Texte.
Welche Variante findet ihr gelungener? Begründet.

8. Erklärt die Kommasetzung in Text **2**.

9. Verfasst eine Leseempfehlung für Fantasyliteratur. Verwendet dabei möglichst viele satzwertige Infinitive mit *zu*. Orientiert euch an der Liste.

> *um zu ...*
> *statt zu ...*
> *ohne zu ...*
> *als zu ...*
> *anstatt zu ...*
> *außer zu ...*

Diktatmeister gesucht!

In Frankfurt stellen sich jedes Jahr Teams aus Gymnasien, der Eltern- und Lehrerschaft, aber auch der städtischen Prominenz einer ganz besonderen Herausforderung:
Bei dem Wettbewerb „Frankfurt schreibt. Der große Diktatwettbewerb" küren sie die Rechtschreibasse.
Nachfolgend ist das Finaldiktat von 2014 abgedruckt.

Constanze Angermann liest „Frankfurt schreibt"

Mühseliger Konsens

Teil I:

In puncto Abschlussfahrt war man übereingekommen, nicht zu Stätten wie dem renommierten Schiefen Turm von Pisa, den libyschen Felsmalereien oder gar in die abu-dhabische Welt des ungenierten Glamours zu reisen, sondern einen Trip in die Frankfurter Peripherie zu favorisieren.
Ein sechsköpfiges Schülerkomitee sollte unentgeltlich ein alles in allem hochinteressantes Programm zusammenstellen und für die drittletzte Stunde des Mittwochvormittags eine dreiviertelstündige Konferenz arrangieren. Um verpönte Ad-hoc-Entscheidungen zu vermeiden, wurde ein Exposé/Exposee bis aufs i-Tüpfelchen mit brillanten Tipps präpariert. Aber zum Termin des Sichentscheidens geschah der Super-GAU: Die Delegierten hatten das Traktat verschusselt und nicht prophylaktisch an ein Duplikat gedacht. Statt den Fauxpas zuzugeben, bluffen sie aus Angst vor dem Bloßgestelltwerden, als ob sie aus dem Stegreif etwas Vorzeigbares in petto hätten.

Fehlerschwerpunkte erkennen

¹⁵ **Teil II:**

Für eine Fahrt ins Grüne wollte sich
dann ein wettergegerbter Biker aus
dem Lehrerkollegium starkmachen.
„Die mäandrierenden Auen der Nidda,
²⁰ in denen Lärchen wachsen, offerieren
ein pittoreskes Lokalkolorit, wenn-
gleich sie auch nicht mit spektakulären
Geysiren verblüffen", dozierte der be-
redte Pädagoge, der ein augenfälliges
²⁵ Faible für Sakkos mit extrabreitem Re-
vers und Fleecejacken in Beige hatte.
Andere widersprachen oder wollten
sich krummlachen, und es setzte ein

Nidda:
Fluss in Hessen

ekstatisches Gegröle ein. Anstelle/An Stelle eines kultivierten Disputs hatte ein ohrenbe-
³⁰ täubendes Tohuwabohu überhandgenommen. „Herrjemine, das ist ja zum Haareraufen!
Nun mal Schluss mit diesen hanebüchenen Fisimatenten, sonst ziehen wir andere Seiten
auf", rief jemand griesgrämig.
Zu guter Letzt gab es kein Fifty-fifty-Ergebnis, sondern schwarz auf weiß eine numeri-
sche Mehrheit für eine Stippvisite zum Römerkastell der Saalburg. Die Triumphierenden
³⁵ waren infolgedessen quietschfidel, wohingegen die Überstimmten todtraurig ihre Misere
ertrugen.

10. Zum Differenzieren ■ ■ ■ ■

A Erklärt die Schreibung der zehn markierten Wörter mithilfe von Regeln und Verfahren
der Rechtschreibung.

B Diktiert euch die beiden Teile des Textes als Partnerdiktat und wertet es aus.
– Geht in Sinnabschnitten vor.
– Tauscht eure geschriebenen Texte aus und korrigiert sie.

C Erklärt mithilfe von Rechtschreibregeln die Schreibweise von Wörtern, die beim Diktat für
euch besonders schwer zu schreiben waren. Ordnet diese Wörter nach Fehlerbereichen und
prägt sie euch ein.

D Wortgruppen wie „hanebüchene Fisimatenten" werden nicht täglich
benutzt. Recherchiert die Herkunft dieser beiden Wörter.
Erläutert euer Vorgehen, wenn ihr solche Wörter schreiben sollt.

11. Extra

Erstellt eine Liste von weiteren schwierigen Wörtern, die euch in Büchern,
Zeitschriften oder im Internet begegnet sind. Formuliert anhand der Liste
vollständige Sätze für eigene Minidiktate und führt selbst einen Diktatwettbewerb in der Klasse durch.

Differenzieren
Diktat
548qm6

Die Gewinner bei „Frankfurt
schreibt" 2014 (Teile I und II,
insgesamt 255 geschriebene
Wörter):

Gruppe	Fehlerzahl
Schüler	22
Eltern	8
Lehrer	3

☆ Das könnt ihr jetzt!

1. Wertet die drei Säulendiagramme aus und formuliert die Ergebnisse in einem informierenden Text. Achtet auf die Rechtschreibung.

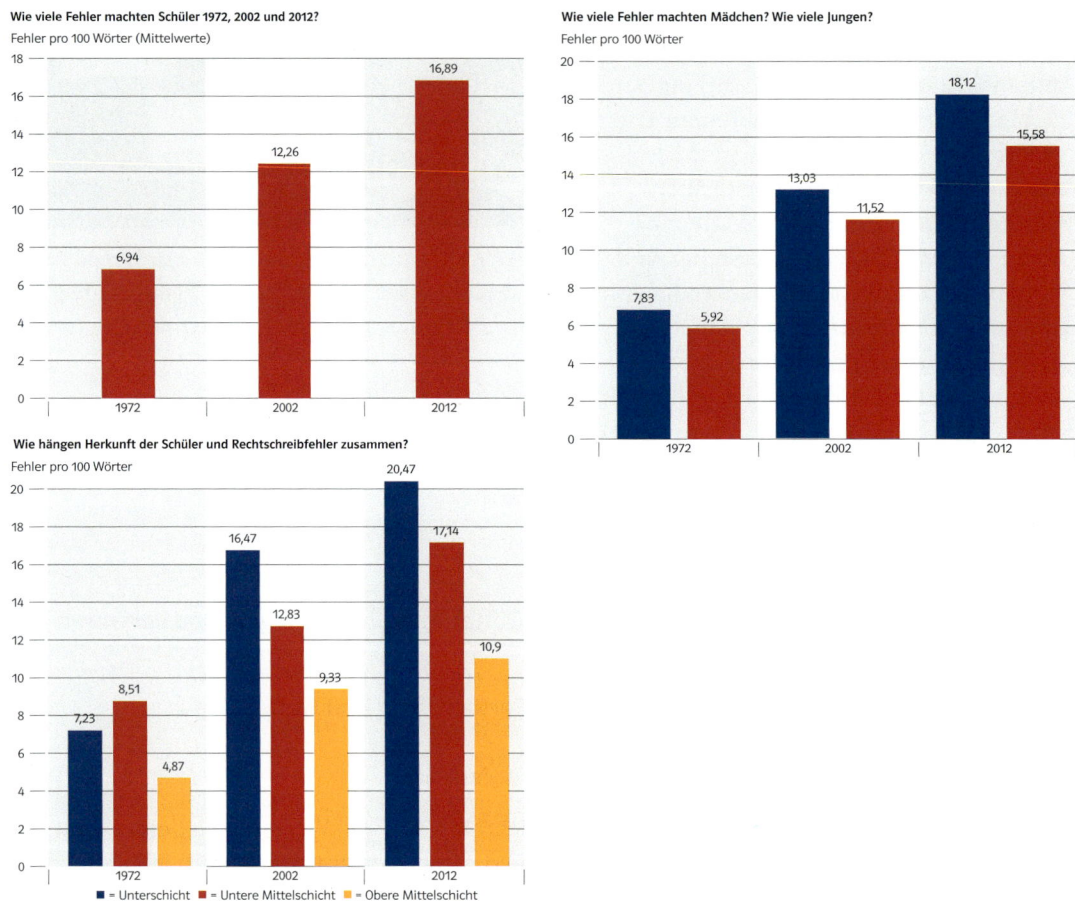

Wie viele Fehler machten Schüler 1972, 2002 und 2012?
Fehler pro 100 Wörter (Mittelwerte)

1972: 6,94 · 2002: 12,26 · 2012: 16,89

Wie viele Fehler machten Mädchen? Wie viele Jungen?
Fehler pro 100 Wörter

1972: 7,83 / 5,92 · 2002: 13,03 / 11,52 · 2012: 18,12 / 15,58

Wie hängen Herkunft der Schüler und Rechtschreibfehler zusammen?
Fehler pro 100 Wörter

1972: 7,23 / 8,51 / 4,87 · 2002: 16,47 / 12,83 / 9,33 · 2012: 20,47 / 17,14 / 10,9

■ = Unterschicht ■ = Untere Mittelschicht ■ = Obere Mittelschicht

Frauke Lüpke-Narberhaus: Rechtschreibung bei Schülern (2013)

Früher war alles besser – auch die Rechtschreibung? Um das herauszufinden, verglich der Germa-nistik-Professor Wolfgang Steinig Schulaufsätze aus drei Jahrzehnten. Das Ergebnis: Ja, die Kinder machen mehr Fehler. Sie schreiben aber auch viel kreativer.

Sie tippen LOL, wenn sie etwas lustig, und OMG, wenn sie etwas furchtbar finden. Sie
5 schreiben beim Chatten konsequent klein, und Kommas kosten auch nur Zeit. Die Pessi-misten nörgeln schon lange, dass die Jugend von heute kaum noch etwas kann – Recht-schreibung sowieso nicht. Stimmt das?
Um dieser Frage nachzugehen, hat Wolfgang Steinig, Professor für Germanistik an der Uni Siegen, Schulaufsätze aus drei Jahrzehnten miteinander verglichen. Das Fazit: Schüler
10 machen heute mehr als doppelt so viele Rechtschreibfehler wie vor vierzig Jahren. „Die Ergebnisse sind dramatisch", sagt er.

Lerninsel:
Recht-
schreibung
S. 297 ff.

⊕ Diagnose-
bogen
Recht-
schreibung
b88f24

⊕ Training
interaktiv
Recht-
schreibung
g7jk33

2. Begründet jedes gesetzte Komma im ersten und zweiten Absatz (S. 226).
Gebt die entsprechenden Regeln an.

3. Im folgenden Textabschnitt müssen alle Kommas gesetzt werden.
Ergänzt sie auf einer Kopie des Textes und begründet.

Vor vierzig Jahren damals studierte er noch hatte Steinig einen Film mit einer Super-
8-Kamera für einen Unterrichtsversuch gedreht. Drei Jungen nehmen einem Mädchen die
Puppe weg werfen sie sich gegenseitig zu eine Frau mischt sich ein und rügt die „Lümmel". Das ist die Geschichte etwa zwei Minuten dauert sie.
15 Dreimal hat Steinig diesen Film Viertklässlern zeigen lassen 1972 2002 und 2012. Jedes
Mal hatten die Schüler danach eine Schulstunde Zeit darüber zu schreiben. Inhaltlich sollten die Lehrer keine Vorgaben machen ob sie sich daran gehalten haben konnten Steinig
und sein Team nicht überprüfen; denn sie selbst haben das Klassenzimmer nie betreten um
20 die Schüler nicht zu irritieren sie hätten dann vielleicht die Ergebnisse verfälscht.

4. Begründet die Schreibung der Wörter „Super-8-Kamera" und „Viertklässler".
Warum wird einmal der Bindestrich verwendet, warum das andere Wort
zusammengeschrieben?

5. Folgende Schülerbeispiele stammen aus den Experimenten von Steinig.
Korrigiert in den beiden Texten die Rechtschreibung und die Zeichensetzung.

Da waren drei Jungen, einer von denen hat gesagt so ein mißt, heute ist nichts los. Da haben
die Jungen ein Mädchen mit einem Puppenwagen gesehen. Die Jungen sind ihr natürlich nach-
geschliechen. Das Mädchen hat sich anugslos auf eine Bank gesetzt. Ein Junge hat ihr dann die
Puppe weggenommen. Die Puppe haben sie dann von ein zum anderen geworfen. Da kam eine
Frau des Weges und hat gesagt ihr Lümmels. Das Mädchen hat ihre Puppe im Puppenwagen
getan und ist wahrscheinlich wieder nach Hause gefahren.   1972

Drei gegen einen
Es war einmal ein Mädchen mit einer gelben Jacke, die mit ihrer Puppe im Park spazieren ist.
Aber es wer kein gewönlicher spaziergang. Sie setzte sich auf eine Bank und legte ihre Puppe
neben sich. Plötzlich schlichen sich drei Jungen von hinten an die Puppe heran und schnapten
sie sich. Sie sprang sofort auf und versuchte sie wieder zu holen. Aber sie kam nicht an die
Puppe heran weil sie warfen die Puppe im Dreieck herum. Dann kam endlich eine Frau sie
kam an die sie heran und bestrafte die bösen Jungen. Dann bekam auch das Mädchen mit der
geben Jacke ihre Puppe wieder.   2002

Lern- und Arbeitstechniken

Lerninsel: Was du wissen und können musst

Lern- und Arbeitstechniken helfen dir dabei, erfolgreich zu lernen. Auf den folgenden Seiten sowie in den anderen Lerninseln kannst du wichtige Lern- und Arbeitstechniken nachschlagen. Übrigens: Viele dieser Arbeitstechniken helfen dir auch in anderen Unterrichtsfächern.

Einen Vortrag halten

Mit Lampenfieber umgehen

Lampenfieber ist eine ganz normale Stressreaktion des Körpers.
Selbst große Künstler, die oft auftreten, haben Lampenfieber.
Folgende Tipps können dir helfen:

- Bereite dich so gut vor, dass du dich sicher fühlst. Wenn du mehr weißt, als du vorträgst, gibt dir das **Selbstvertrauen**.
- Halte dein Referat als **Generalprobe** vor einem Freund/einer Freundin und lass dir ein Feedback geben.
- Mach dir **Mut**: Die anderen bekommen viel weniger von deiner Aufregung mit, als du glaubst.

Sicher auftreten

Das hilft dir, Sicherheit zu gewinnen:

- Trage **bequeme Kleidung**, in der du dich wohlfühlst.
- Stehe möglichst **entspannt** vor der Klasse.
- Baue Spannungen ab, indem du einmal tief **ein-** und **ausatmest**.
- Achte auf deine **Körperhaltung** und bewege deine Arme und Hände bewusst.
- Am **Anfang des Vortrags** ist die Aufregung meist am größten. Stelle dich darauf ein, indem du zum Beispiel die ersten Sätze auswendig lernst.
- Bemühe dich, betont **ruhig** und **langsam** zu sprechen.
- Achte auf deine **Stimme**:
  Sie sollte weder leiser noch höher werden.
  Du solltest nicht nuscheln oder leiern.
  Bei Aufregung neigen viele Menschen dazu, immer schneller zu sprechen. Mache **bewusst Pausen**.

Pannen (ein)planen

So kannst du Pannen vorbeugen:

- Überlege, welche **Fragen** deine Mitschüler stellen könnten.
- Überlege, welche technischen Möglichkeiten deine Schule hat (Dateiformate!) und wie du darauf reagieren könntest, wenn die Technik ausfällt („**Plan B**").
- **Probiere** vor deinem Vortrag rechtzeitig die **Technik** aus.
- Wenn du einmal „den Faden verloren" hast, dann **gewinne Zeit**: Lege eine Pause ein, wiederhole den letzten Punkt oder stelle eine Frage.
- Wenn eine Frage auftaucht, die du nicht beantworten kannst, dann gib das zu.

Das ist eine wirklich interessante Frage, über die ich selbst noch einmal nachdenken muss. Die Antwort reiche ich nächste Woche nach.

Sprechen und Zuhören

Fishbowl-Diskussion

- Arbeitstechnik für Gruppen
- Bildet mit euren Stühlen einen kleinen Innenkreis und einen größeren Außenkreis. Im Innenkreis bleibt ein Stuhl frei. Die Diskussion findet nur im Innenkreis statt.
- Alle im Außenkreis beobachten die Diskussion. Möchte sich jemand aus dem Außenkreis am Streitgespräch beteiligen, setzt er sich auf den freien Platz im Innenkreis. Nach seinem Beitrag kehrt er wieder in den Außenkreis zurück.
- Nach der Diskussion geben die Beobachter den Diskutierenden ein Feedback über ihr Diskussionsverhalten.

Interviews vorbereiten und führen

- Interviews müsst ihr gut vorbereiten. Überlegt euch zuvor:
  - Worüber kann der Interviewte Auskunft geben? Worüber nicht?
  - Was interessiert die Zuhörer oder Leser?
  - Welche Ziele sollen mit dem Interview erreicht werden?
  Notiert Stichpunkte.

- Im Interview könnt ihr verschiedene Fragetechniken einsetzen:
  - Offene Fragen bringen den Gesprächspartner dazu, aus seiner Sicht zu antworten. Die Antwort kann Zeit kosten.
    - Erlebnisfrage: *Erzählen Sie, wie haben Sie … erlebt?*
    - Motivationsfrage: *Sie als erfahrener Trainer, was … ?*
    - Prognosefrage: *Angenommen, Sie … ?*
  - Halbgeschlossene Fragen führen eher zu präzisen und knappen Antworten.
    - Bestätigungsfrage: *Habe ich Sie richtig verstanden, dass … ?*
    - Konkretisierungsfrage: *Sehen Sie eher … oder … ?*
    - Suggestivfrage: *Ist nicht der Fahrradfahrer an … schuld?*
      (Achtung: Suggestivfragen geben eine Meinung vor.)
  - Geschlossene Fragen dürft ihr nur sehr selten einsetzen.
    - Entscheidungsfrage: *Sind Sie für das Verbot?*

Placemat

- Arbeitstechnik für Gruppen
- Nehmt ein großes Blatt Papier und teilt es zum Beispiel in vier gleich große Bereiche auf (für eine Vierergruppe). In der Mitte lasst ihr ein Feld frei.
- Jeder schreibt drei Antworten zur gestellten Frage in sein Feld.
- Lest euch die Antworten der anderen durch.
- Diskutiert alle Antworten und notiert das Ergebnis im Zentrum des Placemats.

Ein Feedback geben

Arbeitstechnik
S. 87

- Formuliere das Feedback sachlich und konstruktiv. Gib Tipps, anstatt nur Kritik zu üben.
- Wende die Sandwich-Methode an. Beginne und ende mit einem positiven Aspekt.
- Verwende Ich-Botschaften. Verdeutliche, dass es sich um deine Meinung handelt.
- Nutze eine Checkliste mit genauen Kriterien für die Rückmeldung und Beurteilung.
- Unterbreite konkrete Verbesserungsvorschläge.

Schreiben

Eigene Texte überprüfen

- Überprüfe nacheinander Inhalt, Ausdruck, Rechtschreibung und Zeichensetzung.
- Lies deinen Text mit zeitlichem Abstand Korrektur.
- Verwende ein Wörterbuch.

Mindmap

So geht's
Mindmap
7y8f9n

- Notiere alle wichtigen Wörter zu einem Thema. Ordne diese dann verschiedenen Bereichen zu und suche weitere Begriffe, die passen.
- Schreibe das Thema in die Mitte. Ziehe davon Äste und beschrifte sie mit Oberbegriffen. Die Äste verzweigen sich dann mit den verschiedenen Unterbegriffen.

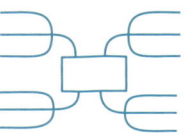

Schreibkonferenz

- Damit könnt ihr in Gruppen selbstgeschriebene Texte besprechen und überarbeiten.
- Nehmt für die Beurteilung Checklisten mit Gesichtspunkten zu Hilfe, zum Beispiel: Inhalt, Aufbau, Ausdruck (Satzanfänge, Satzverknüpfungen, Wortwahl), Rechtschreibung, Zeichensetzung, Grammatik.

Textlupe

- Untersuche und verändere deinen Text nacheinander unter einzelnen Gesichtspunkten (z. B. Inhalt, Aufbau, Ausdruck, Grammatik, Rechtschreibung, Zeichensetzung).

Zitieren

Arbeitstechnik
S. 78

- Mit Textzitaten kannst du deine Aussagen belegen und bekräftigen.
- Wörtliche Zitate stehen in Anführungszeichen. Sie werden originalgetreu, d. h. ohne Änderungen übernommen.
- Die Fundstelle wird in Klammern durch genaue Seiten- und Zeilen- bzw. Versangaben nachgewiesen (Abkürzungen: S., Z., V.). Bei Gedichten müssen Versende (/) und Strophenende (//) durch Schrägstriche kenntlich gemacht werden.
- Zitate sollten angemessen (z. B. nicht zu lang) und aussagekräftig sein sowie in den eigenen Text integriert werden.
- Auslassungen müssen durch eckige Klammern kenntlich gemacht werden.
- Grammatische Änderungen müssen in eckige Klammern gesetzt werden.
- Es ist auch möglich, Textpassagen nur sinngemäß wiederzugeben (zu paraphrasieren) und auf die Fundstelle in Klammern zu verweisen.

Lesen und Verstehen

Beziehungen zwischen Figuren skizzieren

$A \longleftrightarrow B$

- Nutze Pfeile, Linien und andere Zeichen, um Beziehungen zwischen Figuren darzustellen.

Ein Standbild bauen und auswerten

1. Bestimmt den Standbildbauer, die Darsteller und die Beobachter.
2. Der **Standbildbauer** spricht nicht, sondern formt und gruppiert die Darsteller wie Puppen, bis sie seiner Deutung der Szene entsprechen. Er achtet dabei auf die Anordnung, Gestik, Mimik, Blickrichtung und Körperhaltung der Darsteller.
3. Die **Beobachter** betrachten das Standbild unter folgenden Aspekten:
   - Wer steht/sitzt/liegt wo?
   - Wer sieht wen an?
   - Welchen Abstand haben die Figuren zueinander?
   - Durch welche Gestik, Mimik und Körperhaltung werden die Beziehungen der Figuren und die Situation ausgedrückt?
4. Danach werden Veränderungen am Standbild vorgenommen, bis die beste Lösung gefunden ist.

Rollenbiografie

- Denke dir interessante Fragen an eine Figur aus der jeweiligen Geschichte aus. Viele Antworten findest du direkt im Text. Notiere die Antworten in Stichpunkten.
- Schreibe aus deinen Antworten einen Text in der Ich-Form.

Fünf-Gang-Lesemethode

Die Fünf-Gang-Lesemethode vereint verschiedene Lesetechniken.

So geht's
Fünf-Gang-
Lesemethode
5bq3yp

1. Überfliege den Text! → 2. Stelle Fragen! → 3. Lies gründlich! → 4. Fasse Wichtiges zusammen! → 5. Wiederhole!

Flussdiagramm

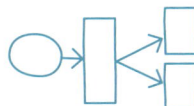

- Um eine Kette von Vorgängen und Ereignissen zu veranschaulichen, schreibe sie in der Reihenfolge auf, in der sie ablaufen. Verbinde sie mit Pfeilen.
- Bei gleichzeitigen Ereignissen können sich Flussdiagramme auch verzweigen.

Informationen darstellen (Tabelle, Zeitleiste, Diagramm)

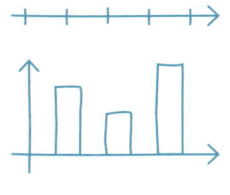

- Eine Zeitleiste sorgt für einen schnellen zeitlichen Überblick über Ereignisse.
- Eine Tabelle ist eine geordnete Zusammenstellung von Daten und Texten.
- Ein Diagramm ist eine grafische Darstellung von Daten. Du kannst damit Zusammenhänge verdeutlichen. Es gibt zum Beispiel Säulen-, Kurven- und Kreisdiagramme.

Lesestrategien und Lesetechniken
Lerninsel: Was du wissen und können musst

Sachtexte musst du in vielen Situationen lesen und verstehen, zum Beispiel beim Kauf eines Produkts, beim Lernen oder wenn du im Internet nach Informationen suchst. Hier bekommst du einen Überblick über verschiedene Lesestrategien und Lesetechniken. Wichtig ist immer, dass du die passende Strategie auswählst. Diese hängt davon ab, welchen Zweck der Text für dich hat und wofür du die Informationen benötigst.

Fortlaufend geschriebene Sachtexte bezeichnet man als kontinuierliche Texte; Diagramme, Tabellen, Schaubilder und andere schematische Darstellungen als diskontinuierliche Texte. Deren Funktion ist es, Informationen grafisch und besonders anschaulich darzustellen. In dieser Lerninsel wiederholst du auch, solche diskontinuierlichen Texte auszuwerten.

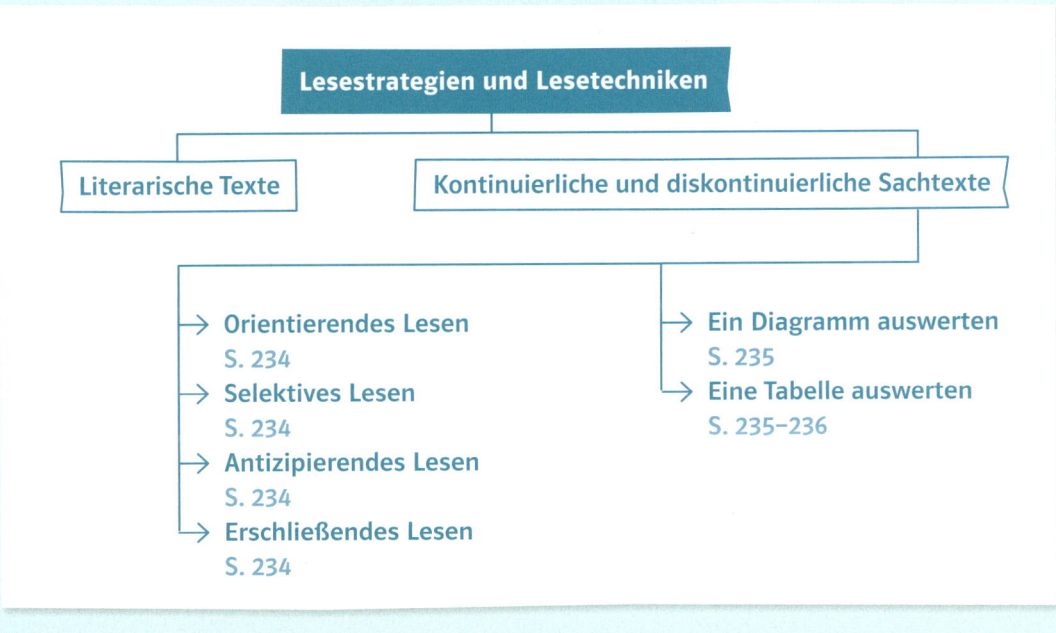

Lesestrategien und Lesetechniken

Literarische Texte

Kontinuierliche und diskontinuierliche Sachtexte

→ **Orientierendes Lesen**
S. 234
→ **Selektives Lesen**
S. 234
→ **Antizipierendes Lesen**
S. 234
→ **Erschließendes Lesen**
S. 234

→ **Ein Diagramm auswerten**
S. 235
→ **Eine Tabelle auswerten**
S. 235–236

Orientierendes Lesen

Jetzt habe ich für mein Referat so viele Texte. Ich muss sie erst einmal orientierend lesen, um die wirklich geeigneten Texte zu finden.

Beim orientierenden oder überfliegenden Lesen willst du dir in kürzester Zeit einen **Überblick über den gesamten Text** verschaffen. Dabei liest du den Text **nicht Wort für Wort**. Vielmehr suchst du nach **Überschriften** sowie nützlich erscheinenden und auffallenden Informationen (zum Beispiel **Name des Autors, Zwischenüberschriften, Hervorhebungen, Abbildungen**). Mithilfe des orientierenden Lesens kannst du entscheiden, ob und wie du dich anschließend näher mit dem Text beschäftigen willst.

Selektives Lesen

⊕
So geht's
Selektives
Lesen
fk6k26

Selektives Lesen ist eine wichtige Strategie, wenn du **nur nach bestimmten Informationen suchst**. Das heißt, du hast eine ganz bestimmte Frage und suchst Antworten darauf im Text. Denke deshalb beim Lesen immer an deine Frage.

Antizipierendes Lesen

Beim antizipierenden Lesen stellst du mithilfe von Hinweisen aus einem Textabschnitt **Vermutungen** an, worum es im **weiteren Verlauf** gehen könnte. Dazu ist es notwendig, den Text **Abschnitt für Abschnitt** zu lesen.

- Formuliere nach jedem Abschnitt kurz Vermutungen, wie der Text weitergehen könnte.
- Markiere nach der Bearbeitung des gesamten Textes alle Hinweise auf den thematischen und gedanklichen Verlauf im Text.
- Lies deine Vermutungen noch einmal.
- Besprich mit einem Partner, warum ihr bestimmte Hinweise aus dem Text beim ersten Lesen genutzt oder nicht genutzt habt.

⊕
So geht's
Erschließendes Lesen
2hx8fp

Erschließendes Lesen

Beim erschließenden Lesen möchtest du **den gesamten Text lesen und verstehen** und dich mit seinen Einzelheiten auseinandersetzen. Dabei helfen dir verschiedene Lesetechniken:

- unbekannte Wörter klären: ableiten, kontextuieren, nachschlagen
- Fragen an den Text stellen
- Schlüsselwörter markieren
- Überschriften für Textabschnitte formulieren
- Sachverhalte paraphrasieren
- den Sachtext zusammenfassen

⊕
So geht's
Sachtext
zusammen-
fassen
x85q4n

Ein Diagramm auswerten

1. Überblick verschaffen

- Um welches Thema geht es?
- Welche Diagrammart wurde gewählt? Woher stammen die Daten?
- Welche Beschriftungen und Maßeinheiten wurden verwendet?

2. Diagramm beschreiben

- Welche Werte kannst du ablesen? Welche Einzelaussagen kannst du treffen?
- Welche Entwicklungen kannst du erkennen?

3. Diagramm erklären und Schlussfolgerungen ziehen

- Welche Schlussfolgerungen kannst du ableiten?
- Wie sind die Aussagen zu erklären? Welche Fragen lässt das Diagramm offen?
- Wie bewertest du das Diagramm?

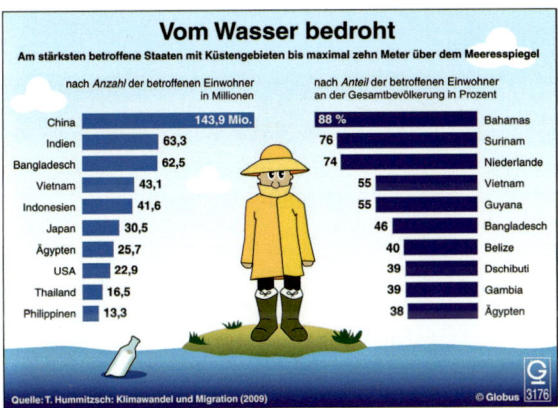

So geht's

Diagrammart, Quelle, Thema:
Balkendiagramm, Anzahl der betroffenen Einwohner in den verschiedenen Staaten, Anteil der betroffenen Bevölkerung an der Gesamtbevölkerung, ...
Einzelaussagen, Werte:
Viele Menschen sind bedroht von ...
Staaten mit Küstengebieten sind besonders betroffen ...
offene Fragen: *Das Diagramm beantwortet nicht die Frage, bei welcher Höhe ...*

Eine Tabelle auswerten

Gefährdete Küsten bei einem Meeresspiegelanstieg von 1 Meter in ausgewählten europäischen Ländern

	gefährdete Fläche in km²	Anteil an der gesamten Staatsfläche in %	gefährdete Bevölkerung in Mio.
Niederlande	20.277	48,4	5,14
Dänemark	3.177	7,4	0,16
Deutschland	13.910	4	1,57
...	...	...	...

Quelle: http://de.statista.com/statistik/daten/studie/157921/umfrage/gefaehrdete-kuesten-durch-den-meeresspiegelanstieg-beim-klimawandel/

1. Überblick verschaffen

- Welche Daten werden erhoben?
- Woher stammen die Daten?
- Welches Thema wird dargestellt?
- Welche Spalten und Maßeinheiten wurden verwendet?

2. Tabelle beschreiben

- Welche Werte kannst du ablesen?
- Welche Einzelaussagen kannst du treffen?
- Welche Entwicklungen kannst du erkennen?

3. Tabelle erklären und Schlussfolgerungen ziehen

- Welche Schlussfolgerungen kannst du ableiten?
- Wie sind die Aussagen zu erklären?
- Welche Fragen lassen die statistischen Daten offen?
- Wie bewertest du die Aussagen der Tabelle?

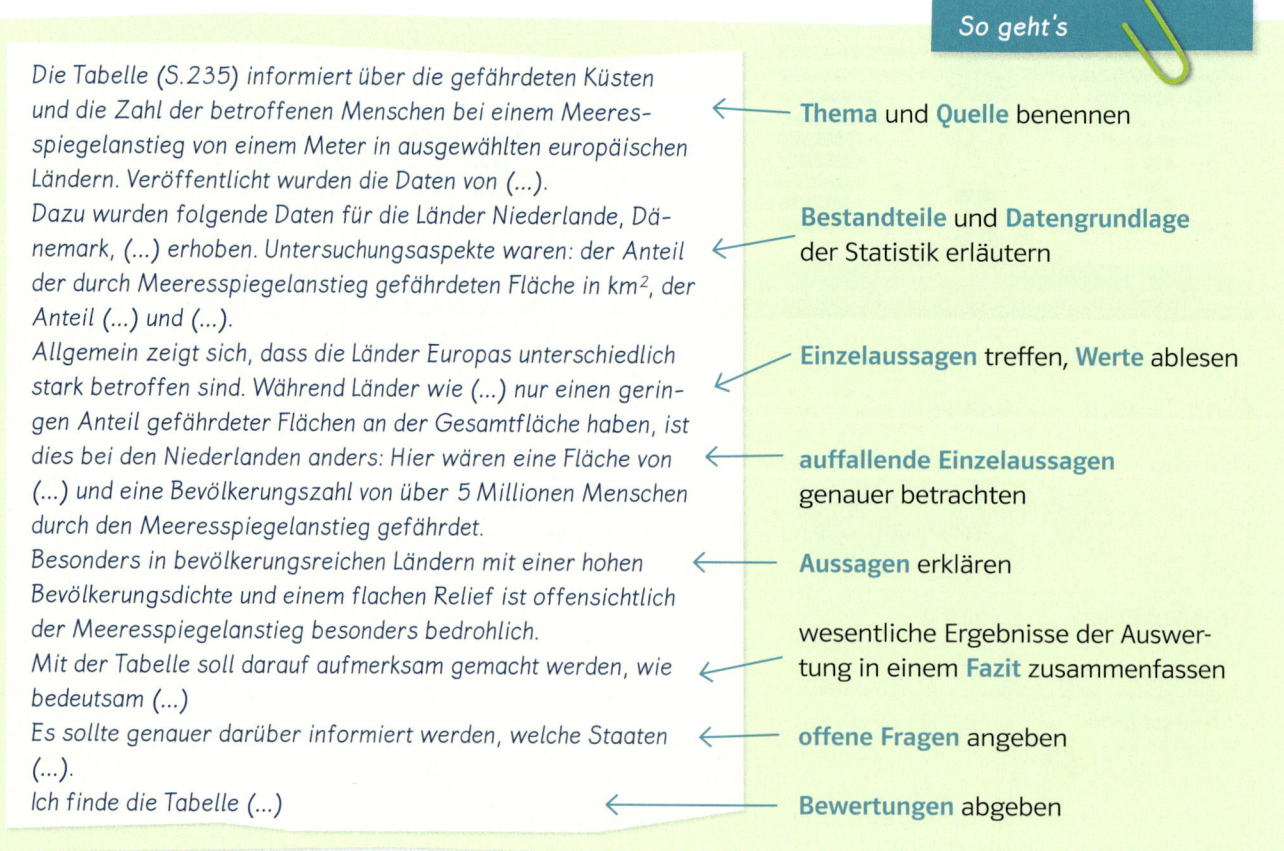

So geht's

Die Tabelle (S. 235) informiert über die gefährdeten Küsten und die Zahl der betroffenen Menschen bei einem Meeresspiegelanstieg von einem Meter in ausgewählten europäischen Ländern. Veröffentlicht wurden die Daten von (...).
→ **Thema** und **Quelle** benennen

Dazu wurden folgende Daten für die Länder Niederlande, Dänemark, (...) erhoben. Untersuchungsaspekte waren: der Anteil der durch Meeresspiegelanstieg gefährdeten Fläche in km², der Anteil (...) und (...).
→ **Bestandteile** und **Datengrundlage** der Statistik erläutern

Allgemein zeigt sich, dass die Länder Europas unterschiedlich stark betroffen sind. Während Länder wie (...) nur einen geringen Anteil gefährdeter Flächen an der Gesamtfläche haben, ist
→ **Einzelaussagen** treffen, **Werte** ablesen

dies bei den Niederlanden anders: Hier wären eine Fläche von (...) und eine Bevölkerungszahl von über 5 Millionen Menschen durch den Meeresspiegelanstieg gefährdet.
→ **auffallende Einzelaussagen** genauer betrachten

Besonders in bevölkerungsreichen Ländern mit einer hohen Bevölkerungsdichte und einem flachen Relief ist offensichtlich der Meeresspiegelanstieg besonders bedrohlich.
→ **Aussagen** erklären

Mit der Tabelle soll darauf aufmerksam gemacht werden, wie bedeutsam (...)
→ wesentliche Ergebnisse der Auswertung in einem **Fazit** zusammenfassen

Es sollte genauer darüber informiert werden, welche Staaten (...).
→ **offene Fragen** angeben

Ich finde die Tabelle (...)
→ **Bewertungen** abgeben

Sich und andere informieren

Lerninsel: Was du wissen und können musst

Um Fragen zu einem bestimmten Thema beantworten zu können oder dich auf ein Referat im Unterricht vorzubereiten, musst du wissen, wo und wie du dich informieren, wie du diese Informationen auswerten und weitergeben kannst. Diese Lerninsel hilft dir dabei.

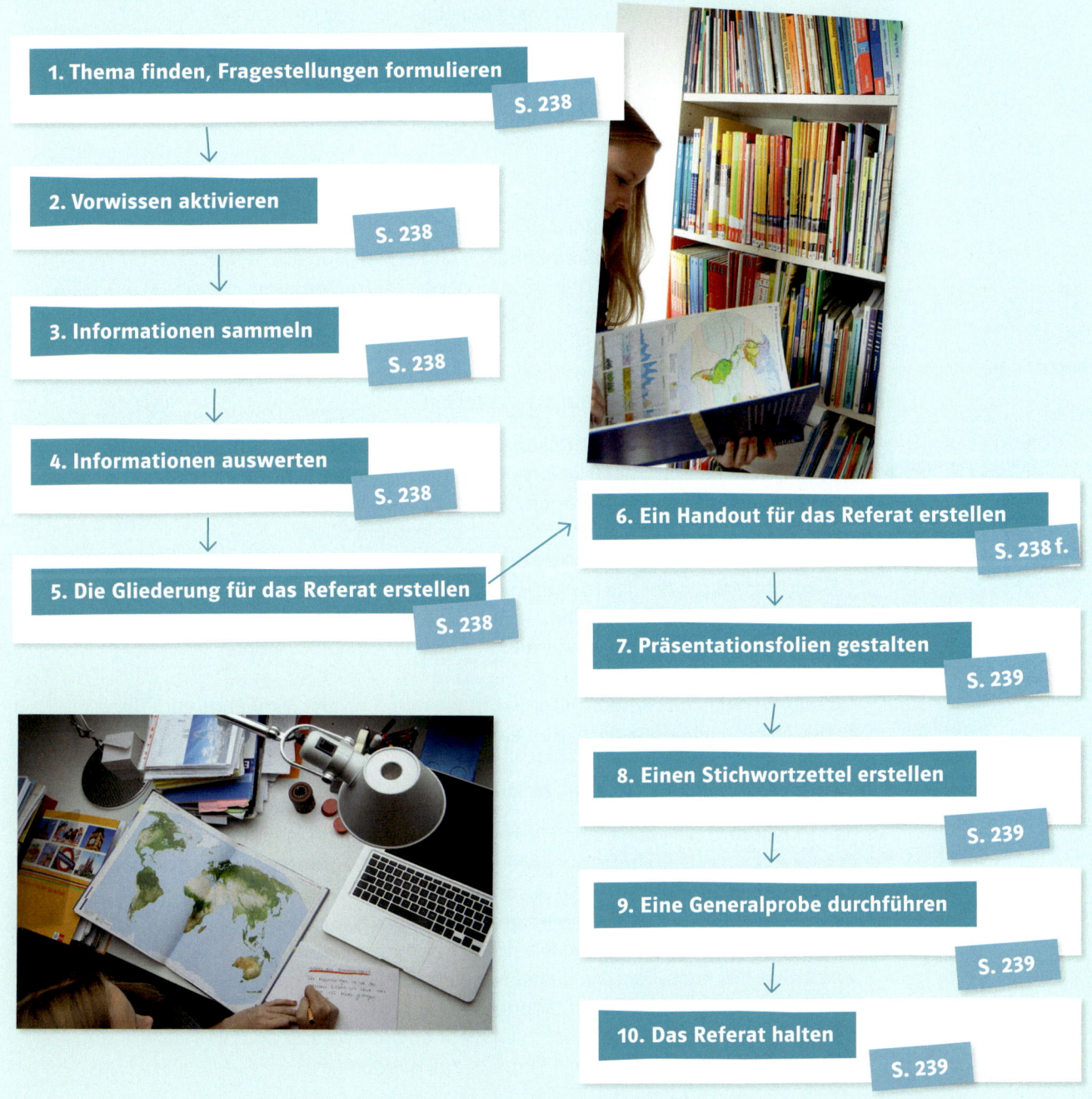

1. Thema finden, Fragestellungen formulieren
S. 238

2. Vorwissen aktivieren
S. 238

3. Informationen sammeln
S. 238

4. Informationen auswerten
S. 238

5. Die Gliederung für das Referat erstellen
S. 238

6. Ein Handout für das Referat erstellen
S. 238 f.

7. Präsentationsfolien gestalten
S. 239

8. Einen Stichwortzettel erstellen
S. 239

9. Eine Generalprobe durchführen
S. 239

10. Das Referat halten
S. 239

1. Thema finden, Fragestellungen formulieren

- Grenze das Thema deines Referats ein und formuliere genaue Fragestellungen.
- Nutze die W-Fragen oder eine Mindmap.

2. Vorwissen aktivieren und Informationen sammeln

- Überlege und stelle zusammen, was du bereits zu dem Thema weißt.
- Informiere dich zu deinen Fragen zum Beispiel in **Lexika**, **Sachbüchern** und **Zeitschriftenartikeln**.
- Recherchiere in **Bibliothekskatalogen (auch online)** und im **Internet**.
- Notiere zu den gefundenen Informationen immer die **Quelle** (Autor/in, Titel, Erscheinungsjahr, Ort, Seitenangabe im Buch bzw. Internetadresse, Datum des Zugriffs).

3. Informationen auswerten

- Verwende für die **Auswertung** die Lesestrategien und Lesetechniken (S. 233–236).
- Lies die Materialien **orientierend** und prüfe, ob sie sich **eignen**. Entscheide dich für Materialien, die **verständlich** sind.
- Arbeite **Auffälligkeiten**, **Zusammenhänge** und **Entwicklungen** heraus.
- Ordne die Materialien nach den verschiedenen **Teilfragen**.
- Notiere die wichtigsten Informationen in Stichpunkten, z. B. in einem **Exzerpt**. Halte wichtige Textstellen in Form von Zitaten fest.

So geht's
Exzerpt
a92rr7

4. Die Gliederung für das Referat erstellen

- Ordne die Informationen. Achte auf eine **nachvollziehbare Reihenfolge** (roter Faden).
- Gliedere dein Referat immer in Einleitung, Hauptteil und Schluss.
  - Beginne mit einem interessanten **Einstieg**, der das Interesse deiner Zuhörer weckt. Nenne das Thema deines Referats und stelle deine Gliederung vor.
  - Im **Hauptteil** trägst du geordnet die Informationen vor. Gliedere nach wichtigen Gesichtspunkten des Themas bzw. nach deinen Teilfragen. Achte auf Überleitungen zwischen den einzelnen Teilen.
  - Der **Schluss** enthält eine Zusammenfassung, einen Ausblick oder deine eigene Meinung.
- Überlege, wie du das Referat **interessant gestalten** kannst. Verwende zum Beispiel Bilder, Musik, Filmausschnitte oder ein Tafelbild.

So geht's
Interessanter
Einstieg
wd397y

5. Ein Handout für das Referat erstellen

Als Handout bezeichnet man einen Handzettel mit den wichtigsten Informationen. Es wird bei Referaten an die Teilnehmer ausgegeben. Du kannst ein Handout **begleitend** zu deinem Referat einsetzen oder **nachträglich** austeilen.

- **begleitender Einsatz:** Die Reihenfolge des Inhalts muss der Gliederung des Referats folgen. Vorteil: Die Zuhörer können sich Notizen machen.
- **nachträgliches Austeilen:** Die Reihenfolge des Inhalts kann von der Gliederung des Referats abweichen; Informationen können zusammengefasst werden. Vorteil: das Publikum konzentriert sich mehr auf den Vortrag und die Visualisierungen. Kündige aber am Anfang deines Referats das Handout an.

Achte auf eine **übersichtliche** und
einheitliche Gestaltung:

- Arbeite mit dem Computer.
- Gliedere durch Absätze und Teil-
  überschriften.
- Überfrachte das Handout nicht (nicht
  zu viele Schriftgrößen, Markierungen,
  Farben, Symbole verwenden).
- Achte darauf, dass dein Handout auch
  nach dem Kopieren gut lesbar ist
  (helle Farben sind zum Beispiel
  schlecht erkennbar).

Friedrich-Schiller-Schule, Kl. 9a   **15.10.2015**
Fachlehrer: Herr Henken
Referentin: Andrea Hupe

Der Meeresspiegelanstieg – eine unausweichliche Bedrohung

Einleitung: Anstieg des Meeresspiegels:
„Fakt ist: Der Meeresspiegel ist von der letzten Eiszeit bis heute um etwa 125 Meter gestiegen. Das hat auch natürliche Ursachen. Der durch den Menschen verursachte Treibhauseffekt aber verstärkt diesen Prozess. Wesentliche Folgen sind die Wärmeausdehnung des Wassers und das Abschmelzen von Gletschern. Dadurch könnte der Meeresspiegel in nur 300 Jahren um weitere 5 Meter steigen. Was bedeutet dies für uns Menschen auf der Erde?"

Ursachen des Meeresspiegelanstiegs:
- *Eustatischer Anstieg:* Abschmelzen von Gletschern und den Abfluss dieser Wassermassen ins Meer
- *Isostatischer Anstieg:* Tektonische Bewegungen wie etwa das Heben und Senken von Erdkrustenplatten.
- *Thermische Expansion:* Ausdehnung des Meerwassers aufgrund der Erderwärmung

Prognosen für den zukünftigen

Ausschnitt aus
einem Handout

6. Präsentationsfolien gestalten

Präsentationsfolien fassen wichtige Informationen zusammen.
Sie helfen deinem Zuhörerkreis auch, dem Referat besser zu folgen.

- Gestalte sie **strukturiert**, **übersichtlich** und **verständlich**.
- Bekannte Computerprogramme zur Erstellung von Präsentationsfolien sind
  PowerPoint oder **Prezi**. Setze diese Programme überlegt ein und übe
  vor dem Referat ihren Einsatz gründlich.

⊕
So geht's
Präsenta-
tionsfolien
gestalten
2e79ag

7. Einen Stichwortzettel erstellen

Der Stichwortzettel dient dir beim Vortragen als **Wegweiser** und **Gedächtnisstütze**.

- Gestalte den Stichwortzettel übersichtlich und gut lesbar.
- Du kannst Karteikarten verwenden,
  die du nummerierst.
- Notiere Regieanweisungen für dich
  in einer anderen Farbe.
- Hebe Zusammenhänge und Gelenk-
  stellen mit Unterstreichungen oder
  Markierungen hervor.

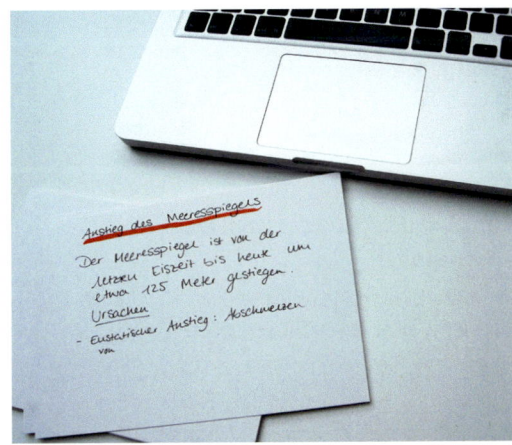

8. Eine Generalprobe durchführen, 9. Das Referat halten

- Lies nicht einfach nur die Texte vor, sondern **sprich** beim Referat **frei**.
  Ein guter **Stichwortzettel** hilft dir dabei. So kannst du auch **Blickkontakt**
  zu deinen Zuhörern halten.
- **Sprich laut** und **deutlich**, sodass dich jeder im Raum gut verstehen kann.
- Überlege, welche **Fragen die Zuhörer/innen** haben könnten, und
  bereite dich auf die Antworten vor.
- Gehe am Ende auf **Rückfragen** und **Diskussionsbeiträge** ein.

Lerninsel:
Einen Vortrag
halten
S. 229

Schreiben

Lerninsel: Was du wissen und können musst

Schreiben dient vor allem dazu, anderen etwas mitzuteilen. Es kann dir aber auch dabei helfen, schwierige Texte und Themen besser zu verstehen.

Schreiben

Schreiben für andere

→ Materialgestütztes Schreiben eines informierenden Textes S. 253
→ Materialgestütztes Schreiben eines argumentierenden Textes S. 254
→ Einen Kommentar schreiben S. 255
→ Einen offiziellen Brief schreiben S. 256
→ Einen Leserbrief schreiben S. 257
→ Eine Rezension schreiben S. 258 f.
→ Eine offizielle E-Mail schreiben S. 260
→ Ein Protokoll schreiben S. 261
→ Ein Bewerbungsschreiben verfassen S. 262
→ Einen Lebenslauf verfassen S. 263

Schreiben, um etwas besser zu verstehen

→ Einen literarischen Text schriftlich interpretieren S. 241 ff.
  - Einen erzählenden Text schriftlich interpretieren S. 241 ff.
  - Ein Gedicht schriftlich interpretieren S. 244 ff.
→ Einen Sachtext schriftlich analysieren S. 247 ff.
→ Ein Thema schriftlich erörtern S. 250–252
  - Eine antithetische Erörterung schreiben S. 251 f.

Kommentar
S. 255

Unglücklich? Du hast wohl nicht aufgepasst!
„Mama, ich brauche Nachhilfe in Glück, sonst werde ich nicht versetzt!" (...)

offizieller Brief
S. 256

Sehr geehrte Damen und Herren,
von einem Freund, der das letzte Jahr an einer Highschool in Alberta/Kanada verbringen durfte, (...)

Bewerbungs-schreiben, Lebenslauf
S. 262 f.

LEBENSLAUF

Persönliche Daten

Name: Nicola Böhringer
Geburtsdatum/-ort: 07.09.1998/Celle

Kontaktdaten

Anschrift: Am Französischen Garten 2
               29221 Celle

Wer kennt das nicht: Man sitzt in einer Mathestunde und träumt sich an einen sommerlichen Badesee. Von einem Tagtraum der ganz anderen Art erzählt Katrin Hinrichs in ihrer Kurzgeschichte „Blaue Nacht", in der es (...)

Inter-pretation
S. 241 ff.

Der Text „Mobilität im Wandel: Umweltschonend in die Zukunft", erschienen am (...) auf (...), hat die Funktion (...)

Sachtext-analyse
S. 247 ff.

„Willst du etwa auch ein Schuljahr im Ausland verbringen?" Fragen wie diese höre ich derzeit immer wieder: Soll ich nach der 10. Klasse diesen Schritt wagen? Klar ist: (...)

antithetische Erörterung
S. 251 f.

Einen literarischen Text schriftlich interpretieren

Einen erzählenden Text schriftlich interpretieren

| 1. ersten Eindruck formulieren | → | 2. Text aspekt-orientiert untersuchen | → | 3. Unter-suchungs-ergebnisse ordnen | → | 4. Glie-derung erstellen | → | 5. Inter-pretation schreiben | → | 6. Inter-pretation über-arbeiten |

Eine Interpretation vorbereiten

1. **Formuliere erste Eindrücke zum Text.**
   Thema, Auffälligkeiten, Deutungshypothese, …
2. **Untersuche den Text nach ausgewählten Aspekten.**
   – **Inhalt:** innere und äußere Handlung, zentraler Konflikt, Figuren/Figurenkonstellation, Ort und Zeit, zentrale Motive, …
   – **Form/Gestaltung:** Textsorte, Aufbau, Erzählweise, …
   – **Sprache:** Satzbau, Wortschatz, Sprachbilder, …

> *Mein erster Eindruck: Den Winter scheint sich die Frau nur einzubilden.*

Katrin Hinrichs: Blaue Nacht (Ausschnitt)

Dieser Tag zählte seine Stunden durch und verschwand in der Dunkelheit. So vieles gesehen, so vieles hinter sich gelassen und bedeckt. Lang ausgestreckt lag ich im Wohnzimmer auf den harten Dielen und träumte mich in den Winter hinein, um wenigstens
5 für einen Moment einen klaren Gedanken zu fassen. Die Laterne vor dem kleinen Fenster zur Ostseite flackerte leise im Takt meiner Gedanken. Eis zog sich über den Schreibtisch, Schnee bedeckte den Wohnzimmerboden, und Eisblumen sonnten sich am Fenster und plapperten aufgeregt durcheinander. Ich atmete tief die schwere,
10 klare Kälte und beobachtete, wie sich ganz langsam die Gänsehaut meinen Körper eroberte und besetzte. Kleine Siegesfahnen auf meiner linken Hand, am Bauchnabel und dem rechten Zeh flatterten still. […]
Mein Rivale erschien in der Tür. „Liebling. Der Kaffee ist fertig."
15 Das Licht ging an, der Schnee war schon längst getaut, die Eisblumen waren verschwunden, als wären sie nie dagewesen. Trotzdem hatte ich das Gefühl, ich hörte sie weiterreden, sich beschweren über den plötzlichen Einbruch des Frühlings.
„Kommst du nun?" Ich stand auf, es schien, als wären alle meine
20 Gelenke eingefroren.
„Meine Güte, ist das eine Hitze hier, hast du die Heizung schon wieder voll aufgedreht?" Verwundert starrte ich ihn an, zog mir einen dicken Pulli über und wischte vorsichtig den letzten Schnee von meinen Füßen.

> **So geht's**

Inhalt:
Ort: Wohnzimmer
Zeit: später Nachmittag, Frühlingsbeginn
Handlung: während des Ausruhens, Frau träumt sich „in den Winter hinein", möchte Klarheit, Ruhe, in ihrer Traumwelt bleiben, wird durch Partner und Alltagsrealität (Außenwelt) gestört
Konflikt:
Innenwelt ↔ Außenwelt

Form/Gestaltung:
Erzählweise: personaler Ich-Erzähler, Wechsel von Innen- und Außensicht
Textsorte: Kurzgeschichte, offenes Ende

Sprache:
Gegensätze: Kälte und Hitze
Sprachbilder: Personifikationen (*Eisblumen „plapperten"*), Metapher (*„Siegesfahnen"*)

3. **Ordne die Ergebnisse deiner Textuntersuchung.**
   Stelle die Ergebnisse deiner Untersuchung in einen Zusammenhang mit deiner Deutungshypothese und überarbeite diese gegebenenfalls.

4. **Erstelle eine Gliederung (Schreibplan).**
   Notiere Stichpunkte zu:
   – Einleitung:
     · Wähle einen möglichst **interessanten Einstieg**.
     · Nenne **T**extsorte, **A**utor/in, **T**itel, **T**hema/Gegenstand (**TATT**)
       und ggf. Erscheinungsjahr.
     · Führe zu deiner **Deutungshypothese** hin.
   – Hauptteil:
     · Informiere kurz über den **Inhalt**.
     · Beschreibe **wesentliche inhaltliche** und **gestalterische Merkmale**,
       erkläre ihre Wirkung und begründe damit deine Deutungshypothese.
     · Stütze deine Aussagen durch nachvollziehbare Argumente und **Textbelege**.
   – Schluss:
     · Fasse **wesentliche Ergebnisse** deiner Deutung zusammen.
     · Beziehe dich auf deine Einleitung.
     · Bewerte den **Bedeutungsgehalt** (z. B. *für das eigene Leseinteresse*).
     · Bewerte evtl. den erzählenden Text (z. B. *Erzählweise, Leseerlebnis*).

*Tagträume können
eine Flucht vor dem
Alltag sein.*

So geht's

Einleitung:
– *interessanter Einstieg: ein eigener Tagtraum*
– *Informationen über den Text, TATT*
– *Hinführung zur Deutungshypothese: „(...) träumte mich in den Winter hinein" (Z. 4)* → *Tagtraum*

Hauptteil:
– *Handlung*
– *innerer Konflikt: Wunsch nach Ruhe, Klarheit (über die eigene Situation, die eigenen Wünsche, ...)* ↔
  Forderungen der Alltagsrealität (des Partners, Berufs, ...)
– *äußerer Konflikt: Ende des Tagtraums durch die Alltagswirklichkeit (Licht, Partner, Kaffeetrinken)*
– *Gestaltungsweise*
  · *Sprachbilder: Personifikationen (Eisblumen „plapperten", Z. 9); Metaphern („Siegesfahnen", Z. 11)*
  · *semantische Gegensätze (Wortfelder „Kälte" ↔ „Hitze")*
– *offene Fragen: Warum „dicker Pulli", warum „vorsichtig"? (Z. 23)*

Schluss:
– *Bedeutungsgehalt: Tagträume als Möglichkeit, das eigene Innere vor der Realität zu schützen;
  aber auch: Gefahr der Flucht*
– *Bewertung: typische Kurzgeschichte, viele Leerstellen* → *geheimnisvoll*

Eine Interpretation schreiben und überarbeiten

Es fehlen Aussagen zur Gestaltungsweise. Das muss ich noch ergänzen.

So geht's

Wer kennt das nicht: Man sitzt in einer Mathestunde und träumt sich an einen sommerlichen Badesee. Von einem Tagtraum der ganz anderen Art erzählt Katrin Hinrichs in ihrer Kurzgeschichte „Blaue Nacht", in der es heißt: „und träumte mich in den Winter hinein".
Erzählt wird von einer Frau, die zu Beginn des Frühlings in ihrem Wohnzimmer auf dem Bo-
5 den liegt und sich „in den Winter hinein" (Z. 4) träumt. Sie folgt damit ihrem Wunsch, „einen klaren Gedanken zu fassen" (Z. 5). An der Art, wie hier aus der Innenperspektive eines personalen Ich-Erzählers das verschneite Wohnzimmer beschrieben wird, ist zu erkennen, dass für die Frau der Winter mit Klarheit („klare Kälte", Z. 10) und Ruhe (Laterne, die „leise im Takt meiner Gedanken" flackert, Z. 6 f.) verbunden ist. Es scheint die ruhige und klare Stimmung
10 einer sternklaren Nacht zu sein, nach der sie sich sehnt. Sie steht dabei in einem Konflikt mit ihrer Umwelt: Die Haare, die sich aufgrund der Kälte aufstellen, werden als „Siegesfahnen" (Z. 11) und ihr Partner als „Rivale" (Z. 14) bezeichnet.

         dessen   *tatsächliche*
Mit ~~seinem~~ Erscheinen kommt die ~~langweilige~~ Umgebung der Frau in
               Frühling
15 den Blick: Es ist ~~Früling~~ und im Raum herrscht Hitze. Die Frau steht zwar auf, dennoch bleibt ihr Verhalten merkwürdig: Trotz Hitze zieht sie sich einen dicken Pulli über und wischt „vorsichtig den letzten Schnee" (Z. 23) von ihren Füßen.
Dies erinnert mich an die Verwirrung, wenn ich etwas benommen aus meinen Tagträumen erwache. Noch erfüllt von der Stimmung eines Badesees kehrt man zurück in die Eintönigkeit
20 des Alltags. (...)

Einleitung:
- interessanten Einstieg gewählt ✔
- TATT genannt ✔
- Überleitung vorhanden ✔

Hauptteil:
- Handlungsverlauf erfasst ✔
- Untersuchungsergebnisse mit Deutung verbunden ✔
- Textbelege genutzt ✔

Schluss:
- Bedeutungsgehalt für mich gezeigt ✔
- Deutung zusammengefasst

Ein Gedicht schriftlich interpretieren

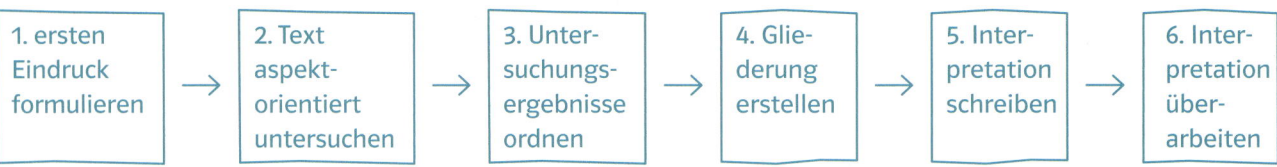

| 1. ersten Eindruck formulieren | → | 2. Text aspektorientiert untersuchen | → | 3. Untersuchungsergebnisse ordnen | → | 4. Gliederung erstellen | → | 5. Interpretation schreiben | → | 6. Interpretation überarbeiten |

Eine Interpretation vorbereiten

Die beiden Strophen zeigen den Kontrast zwischen dem schrecklichen Geschehen und dem normalen Leben, das der Pilot führt.

1. **Formuliere erste Eindrücke zum Text.**
   Thema, Auffälligkeiten, Bilder, …

2. **Untersuche den Text nach ausgewählten Aspekten.**
   – **Inhalt:** Thema, zentrale Vorgänge, Bilder oder Gedanken, Sprecher, Grundstimmung, …
   – **Form/Gestaltung:** Vers- und Strophenbau, Reim, Metrum, …
   – **Sprache:** Satzbau (z. B. Parallelismen, Inversion), sprachliche Bilder/Bildfiguren, Klangfiguren (z. B. Alliteration, Anapher), …

> Paul Tibbets war der Pilot des Bombers, aus dem am 6.8.1945 die Atombombe über Hiroshima abgeworfen wurde. Durch den Einsatz kamen samt Spätfolgen zwischen 70.000 und 166.000 Menschen ums Leben. Paul Tibbets wurde später mit vielen Auszeichnungen geehrt.

So geht's

Marie Luise Kaschnitz: Hiroshima (1957)

Der den Tod auf Hiroshima warf
Ging ins Kloster, läutete dort die Glocken.
Der den Tod auf Hiroshima warf
Sprang vom Stuhl in die Schlinge, erwürgte sich.
5 Der den Tod auf Hiroshima warf
Fiel in Wahnsinn, wehrte Gespenster ab.
Hunderttausend, die ihn angehen nächtlich
Auferstandene aus Staub für ihn.

Nichts von alledem ist wahr.
10 Erst vor kurzem sah ich ihn
Im Garten seines Hauses vor der Stadt.
Die Hecken waren noch jung und die Rosenbüsche zierlich.
Das wächst nicht so schnell, daß sich einer verbergen könnte
Im Wald des Vergessens. Gut zu sehen war
15 Das nackte Vorstadthaus, die junge Frau
Die neben ihm stand im Blumenkleid
Das kleine Mädchen an ihrer Hand
Der Knabe der auf seinem Rücken saß
Und über seinem Kopf die Peitsche schwang.
20 Sehr gut erkennbar war er selbst
Vierbeinig auf dem Grasplatz, das Gesicht
Verzerrt vor Lachen, weil der Photograph
Hinter der Hecke stand, das Auge der Welt.

Achtung: alte Rechtschreibung

Inhalt:
1. Strophe: Erwartungen, dass Pilot Schuldgefühle haben müsste
2. Strophe: Pilot zeigt keine Schuldgefühle, führt normales Leben, Vorstadtidylle, aber Gegensatz zwischen dem Versuch, sich hinter einer scheinbar unbeschwerten Familienidylle zu verstecken („verzerrtes Lachen") und dem Blick der „Welt" auf den Schuldigen

Form/Gestaltung/Sprache:
– Aufbau: V. 9 verbindet Strophen, 2. Strophe z.T. Enjambements
– 1. Strophe: auffälliger Satzbau, Anapher
– 2. Strophe: Wortfelder: jung, Garten/Natur, erkennbar (Steigerung von „sah" zu „sehr gut erkennbar"), Sprachbild: „Auge der Welt"

3. **Ordne die Ergebnisse deiner Textuntersuchung.**
   Stelle die Ergebnisse deiner Untersuchung in einen Zusammenhang mit deiner
   Deutungshypothese und überarbeite diese gegebenenfalls. Beziehe eventuell
   zusätzliche Informationen (z. B. historische oder biografische) ein.

4. **Erstelle eine Gliederung (Schreibplan).**
   Notiere Stichpunkte zu:

   – **Einleitung:**
   - Wähle einen möglichst **interessanten Einstieg**.
   - Nenne **T**extsorte, **A**utor/in, Titel, **T**hema/Gegenstand (**TATT**)
     und ggf. Entstehungsjahr.
   - Führe zu deiner **Deutungshypothese** hin.

   – **Hauptteil:**
   - Informiere kurz über das **Thema**, die **dargestellte Situation**,
     zentrale Vorgänge, **Bilder** oder **Gedanken** des Gedichts.
   - Beschreibe **wesentliche inhaltliche** und **gestalterische Merkmale**,
     erkläre ihre Wirkung und begründe damit deine Deutungshypothese.
   - Stütze deine Aussagen durch nachvollziehbare Argumente und **Textbelege**.

   – **Schluss:**
   - Fasse **wesentliche Ergebnisse** deiner Deutung zusammen.
   - Beziehe dich auf deine Einleitung.
   - Bewerte den **Bedeutungsgehalt** (z. B. *für das eigene Leseinteresse*).
   - Bewerte evtl. das Gedicht (z. B. *Leseerlebnis, persönliche Bedeutung*).

P. Tibbets am 6.8.1945

Einleitung:
– *interessanter Einstieg: aufzeigen, wie sehr mich das Gedicht betroffen macht*
– *Informationen über den Text, TATT*
– *Hinführung zur Deutungshypothese: Empörung über die Art, wie der Pilot mit seiner Schuld umgeht*

Hauptteil:
1. Strophe:
– *Vorstellungen, wie der Pilot mit der Schwere seiner Schuld umgehen müsste*
– *eindringlicher Ton durch Wiederholung (V. 1, 3, 5) bzw. beängstigendes Bild (V. 6 ff.)*
2. Strophe:
– *V. 9: knappe Aussage, die alles bisher Gesagte als falsch bezeichnet*
– *V. 11– 23: Fotobeschreibung (Pilot mit Familie im Garten) → erschreckend normal*
– *Aufbau: Gegensatz zwischen Familienidylle und Schuld in den Augen der Öffentlichkeit*
  (Wortfelder: „jung", „Garten/Natur", „sehen")
– *Sprache: rhythmische Prosa (ohne Reim, keine Klangmittel), Wiederholung des Satzbaus in der 1. Strophe,*
  Metapher in 2. Strophe („Auge der Welt", V. 23)
– *textüberschreitender Aspekt: Hinweis auf P. Tibbets (evtl. seine öffentliche Auszeichnung)*
– *Empörung, dass P. Tibbets öffentlich keine Schuldgefühle zeigt/zu zeigen braucht*

Schluss:
Zusammenfassung: Gegenüberstellung von Erwartungen und Wirklichkeit → Empörung
Bedeutungsgehalt: Kann man, wenn man so viel Leid verursacht hat, normal leben?

Eine Interpretation schreiben und überarbeiten

Checkliste

Überarbeite deinen Text in drei **Kontrollschritten**:

1. Inhalt überprüfen

✔ Bezieht sich meine Deutung auf das Thema/den Sinngehalt des ganzen Textes oder nur auf einen Teilaspekt?

✔ Habe ich meine Deutung durch nachvollziehbare Textstellen belegt und entsprechend erläutert?

✔ Habe ich die wesentlichen inhaltlichen und gestalterischen Auffälligkeiten (z. B. *Sprecher, Vers- und Strophenbau, sprachliche Bilder, Klangfiguren*) berücksichtigt?

✔ Endet meine Interpretation in klar formulierten Aussagen zum Bedeutungsgehalt?

2. Ausdruck überprüfen

✔ Ist ein roter Faden erkennbar (Überleitungen und Schlussfolgerungen)?

✔ Habe ich unnötige Wiederholungen vermieden?

✔ Habe ich Fachbegriffe richtig verwendet?

✔ Habe ich die Sätze mithilfe von Scharnierwörtern sinnvoll verknüpft?

3. Rechtschreibung und Zeichensetzung überprüfen

So geht's

Selten hat mich ein Gedicht so betroffen gemacht wie „Hiroshima" von Marie Luise Kaschnitz, in dem (…). Aus dem Gedicht spricht große Empörung über das Fehlen eines Schuldbewusstseins, es klagt an.

In der ersten Strophe geht es um Erwartungen, wie der Hiroshima-Pilot mit seiner Schuld
5 *umgehen könnte. Die Bilder, die dabei entstehen, sind erschreckend und weisen auf die Größe der Schuld hin, die der Pilot auf sich geladen hat. Da sich die Aussagen zum Teil gegenseitig ausschließen, ahnt man schon, dass (…).*

Es folgt eine längere Beschreibung eines Fotos, auf dem (…). Diese Vorstadtidylle ist angesichts der Bilder vom Anfang des Gedichts erschreckend normal. Auffällig ist neben diesem
10 *Kontrast die Steigerung von „sah"(V. 10) über „gut zu sehen" (V. 14) hin zu „sehr gut erkennbar" (V. 20). (…) Die Erwartung, genährt durch die erste Strophe, der Pilot würde an seinem Militäreinsatz leiden, wird hier alles andere als erfüllt. (…). Diese Empörung lässt sich auf den US-Soldaten Paul Tibbets beziehen, der (…). Ein Bild von ihm in seinem Bomber zeigt, dass auch er nicht unter seiner Tat gelitten zu haben scheint, sondern dass er dafür auch noch*
15 *öffentliche Anerkennung erhielt.*

einer nachgestellten Metapher („Auge der Welt", V. 23). √noch einmal,[1]
Das Gedicht endet mit ~~einem Bild~~. Hervorgehoben wird dadurch ~~dass der~~
          öffentlich
~~Mann sich nicht nur so verhalten hat, sondern es auch öffendlich geduldet wird~~.

Ich kann die Empörung des lyrischen Ichs über eine derartige Gleichgültigkeit verstehen und frage mich, ob man, wenn man so viel Leid mitverursacht hat, normal leben kann. (…)

20 *Anm. 1: dass der Pilot zwar offiziell für seine Tat gelobt wird, in den Augen der Welt aber moralisch als Schuldiger dasteht.*

Einleitung:
– interessanten Einstieg gewählt ✓
– TATT genannt ✓
– Überleitung vorhanden ✓

Hauptteil:
– Inhalt erfasst ✓
– Untersuchungsergebnisse mit Deutung verbunden ✓
– Textbelege genutzt ✓

Schluss:
– Deutung zusammengefasst ✓
– Bedeutungsgehalt für mich gezeigt ✓
– Gedicht bewertet ✓

Einen Sachtext schriftlich analysieren

Eine Sachtextanalyse vorbereiten

Du kannst die ersten vier Schritte der Fünf-Gang-Lesemethode anwenden.
Inhalt verstehen, Ziele und Absichten entschlüsseln (Funktion der einzelnen Abschnitte und Zielgruppe bestimmen), sprachliche Gestaltung untersuchen

Lerninsel:
Fünf-Gang-
Lesemethode
S. 232

So geht's

Mobilität im Wandel: Umweltschonend in die Zukunft

Die Mobilitätsgewohnheiten der Europäer haben sich in den vergangenen Jahren grundlegend verändert. Mobilität ist mittlerweile mehr bedarfs- als besitzorientiert. Junge Erwachsene sehen das Auto nicht mehr als ein Statussymbol und immer weniger der unter 30-Jährigen
5 besitzen einen Pkw. [...]

Die Gewinner des Mobilitätswandels? Car-Sharing und die öffentlichen Verkehrsmittel

Sie prägen verstärkt das Stadtbild deutscher Großstädte: Car-Sharing-Stationen. Der Fortschritt in der Technik macht's möglich, es gibt
10 zahlreiche Apps für Smartphone-Besitzer, die es mit ein paar Klicks ermöglichen, verfügbare Pkws in der jeweiligen Umgebung ausfindig zu machen und die Bezahlung auch direkt mit der App abzuwickeln. Das Geschäftsmodell boomt und die Car-Sharing-Branche wird bis Ende 2013 weltweit auf rund drei Millionen Mitglieder und 70.000 Fahr-
15 zeuge anwachsen. Bis 2020 wird der Markt auf rund 26,2 Millionen Car-Sharer anwachsen. Der Markt hat also starkes Wachstumspotenzial.

Wenn Car-Sharing boomt, freuen sich auch die öffentlichen Verkehrsmittel, denn sie ergänzen das Konzept. Der Verband Deutscher Ver-
20 kehrsunternehmen berichtet nach einem Rekordhoch der Fahrgastzahlen im Jahr 2012 für das erste Halbjahr 2013 wieder über einen Anstieg in Höhe von 0,5%. [...] Im Zuge der genannten Umweltveränderungen sowie des Verbraucherverhaltens ist Car-Sharing in Ergänzung mit den öffentlichen Verkehrsmitteln ein Trend mit großem Zukunftspo-
25 tenzial. Autos werden in Zukunft eher geliehen als gekauft. Und das ist auch gut so, denn ein Car-Sharing-Auto kann laut Umweltbundesamt zwischen 5 und 8 private Pkws ersetzen. **Der inoffizielle Gewinner des Trendwandels? Unsere Umwelt.**

Leihwagenversicherung.de ist ein innovativer junger Versicherungs-
30 service, welcher stetig die aktuellen Trends im Bereich Mobilität beobachtet und darüber im Netz berichtet. Die Versicherungsangebote sind transparent, weltweit gültig und eine günstige Alternative zu den Angeboten von Mietwagenfirmen vor Ort.

Ausgangsthese:
grundlegender Wandel bei Mobilität → weniger Autobesitzer

These (als Überschrift):
– Car-Sharing (C.S.) + öffentliche Verkehrsmittel (Öffis) = Gewinner des Wandels
– **Beschreibung** C.S.
– **Erläuterung:** C.S. „boomt"
– **Stützung** durch Zahlen
– **Schlussfolgerung:** C.S. hat Wachstumspotenzial
– **Verknüpfung** mit Öffis, Öffis profitieren von C.S.
– **Erläuterung:** Wachstumszahlen bei Öffis, Faktenargument

Wdh. der Ausgangsthese positive Bewertung
Argumentationsstütze Autoritätsargument

Kernaussage (Fettdruck):
→ C.S. + Öffis dienen der Umwelt

So geht's
Aussage-
absichten in
Sachtexten
erkennen
rk76zt

Fasse die **Kernaussage** knapp zusammen.

Skizziere die **gedankliche Struktur** des Textes.

So kannst du vorgehen:

- Bestimme das **Thema** des Textes.
- Formuliere in einem Satz die **Kernaussage** des Textes.
- Informiere dich über die **Quelle** des Textes und den **Autor/die Autorin**. Leite Aussagen ab über die **Absichten** des Textes und die **Zielgruppe**.
- **Überprüfe** die Ergebnisse, indem du den Text erneut liest.
- Verschaffe dir anhand deiner Randbemerkungen einen Überblick über die **Informationen** und **Argumente** des Textes und die Art, wie diese im Text verwendet werden.
- Schreibe die **Funktion der einzelnen Abschnitte** untereinander und ergänze sie stichpunktartig mit den dazugehörigen Inhalten.
- Formuliere einen Satz, wie der Text **gedanklich aufgebaut** ist.

So geht's

Einleitung:
- *interessanter Einstieg: Trend des Teilens*
- *TATT, Quelle, Funktion des Textes, Kernaussage*
- *Hinführung zur Ausgangsthese: grundlegender Wandel bei Mobilität: weniger Autobesitzer*

Hauptteil:
These (Fettdruck):
Car-Sharing (C.S.) + öffentliche Verkehrsmittel (Öffis) = Gewinner des Wandels
- *Begriffserklärung C.S.*
- *Erläuterung I: C.S. „boomt"*
- *Stützung der Erläuterung I durch Zahlen*
- *Schlussfolgerung: C.S. hat Wachstumspotenzial*
- *Verknüpfung mit Öffis: Öffis profitieren von C.S.*
- *Erläuterung II: Wachstumszahlen bei Öffis*
- *Stützung der Erläuterung II durch Autoritätsargument (Verband Deutscher Verkehrsunternehmen)*
- *Wiederholung der These: C.S. + Öffis haben „Zukunftspotenzial" (Z. 24f.)*

Schluss:
Anknüpfung an Ausgangsthese: „Autos werden in Zukunft eher geliehen als gekauft." (Z. 25)
- *positive Bewertung: „Und das ist auch gut so." (Z. 25f.)*
- *Argumentationsstütze (Bundesumweltamt): C.S. = umweltfreundlich*
Kernaussage (Fettdruck):
C.S. + Öffis → *Umwelt = „inoffizieller Gewinner" (Z. 27f.)*

Thema/Gegenstand:
Car-Sharing

Autor:
Versicherungsfirma

Kernaussage:
Car-Sharing in Verbindung mit öffentlichen Verkehrs-mitteln dient der Umwelt

Zielgruppe:
umweltbewusste Men-schen, die Car-Sharing nutzen

Ziel/Absicht:
Zielgruppe soll Versiche-rungsangebote der Firma im Bereich Mietfahrzeuge nutzen

gedankliche Struktur:
appellativer Text mit argu-mentativer Struktur

Eine Sachtextanalyse schreiben und überarbeiten

So geht's
Äußerungen
anderer
schriftlich
wiedergeben
sh7t8x

Checkliste

1. **Inhalt überprüfen**
2. **Ausdruck überprüfen**
   - ✔ Ist ein roter Faden erkennbar (Überleitungen und Schlussfolgerungen)?
   - ✔ Habe ich unnötige Wiederholungen vermieden?
   - ✔ Habe ich Fachbegriffe richtig verwendet?
   - ✔ Habe ich die Sätze mithilfe von Scharnierwörtern sinnvoll verknüpft?
3. **Rechtschreibung und Zeichensetzung überprüfen**

So geht's

Teilen ist das neue Haben. Dieser Trend ist jung und setzt sich auch beim Autofahren zunehmend durch. Der Text „Mobilität im Wandel: Umweltschonend in die Zukunft", erschienen am (...) auf (...) hat die Funktion, umweltbewusste Autofahrer im Zusammenhang mit dem wachsenden Car-Sharing-Angebot auf das Versicherungsangebot

5 dieser Internet-Firma hinzuweisen.
Der Text beginnt mit der Behauptung (...). „Gewinner" dieser Entwicklung seien Car-Sharing-Anbieter und öffentliche Verkehrsmittel, wie in einer fett gedruckten Zwischenüberschrift behauptet wird. Diese Aussage wird erläutert, nachdem erklärt worden ist, dass unter Car-Sharing (...) zu verstehen ist. Die Car-Sharing-Branche

10 boome, was durch (...) unterstrichen wird. In der Form einer Schlussfolgerung verweist der Autor auf deren „Wachstumspotenzial" (Z. 16 f.). Über dieses würden sich auch die öffentlichen Verkehrsmittel freuen. Ohne diese Behauptung näher zu erläutern, belegt er mit aktuellen Zahlen (...). Der Hinweis, diese Zahlen stammten vom Verband Deutscher Verkehrsunternehmen, verleiht dieser Aussage Gewicht. Der argumentative

15 Teil des Textes endet mit der Wiederholung der schon genannten fett gedruckten These, wobei diesmal auf das große „Zukunftspotenzial" (Z. 24 f.) hingewiesen wird. Allein die Wiederholung des Ausdrucks „Potenzial" verstärkt den Eindruck, dass (...). Ebenso vermitteln Wörter aus den Bereichen „Zukunft", „modern" und „Umweltschutz" ein positives Bild von (...)

Am Ende des Textes   *wieder*   *Diese Entwicklung*

20 ~~Dann~~ wird die Ausgangsbehauptung ~~wider~~ aufgegriffen,[1] ~~Das Verhalten~~

       wobei   *diese Bewertung*

~~der Autofahrer~~ wird positiv bewertet, ~~wo bei~~ sich ~~das~~ auf eine Aussage des Umweltbundesamtes stützt, nach der (...). Im letzten Satz heißt es dann: „Der inoffizielle Gewinner des Trendwandels? Unsere Umwelt." Durch die Wiederholung des Frage-Antwort-Schemas der fett gedruckten Zwischenüberschrift entsteht (...). Dadurch wird

25 die Botschaft vermittelt, dass Menschen, die Car-Sharing-Angebote nutzen, nicht nur im Trend seien, sondern sich auch umweltbewusst zeigten. (...)

Anm. 1: nach der Autos in Zukunft „eher geliehen als gekauft" (Z. 25) würden.

So geht's

Einleitung:
– TATT benannt ✔
– Kernaussage/
  Funktion benannt ✔

Hauptteil:
– alle wichtigen Inhalte
  absatzweise erfasst ✔
– gedanklicher Aufbau
  nachvollziehbar
  wiedergegeben. ✔
– Funktion der einzelnen
  Ansätze aufgezeigt ✔
– sprachliche Mittel
  und ihre Funktion
  genannt ✔
– Aussagen über den
  Text hinreichend
  belegt ✔

Schluss:
– Absicht/Ziel des Textes
  genannt ✔
– Art der Darstellung
  thematisiert und
  bewertet

Argumentierend schreiben

So geht's
eine lineare
Erörterung
schreiben
e54x5u

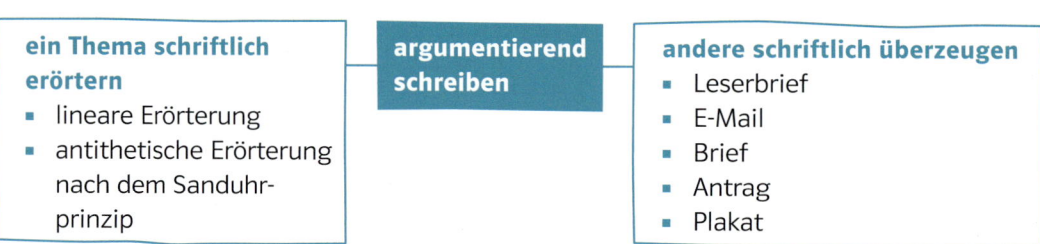

ein Thema schriftlich erörtern	argumentierend schreiben	andere schriftlich überzeugen
▪ lineare Erörterung ▪ antithetische Erörterung nach dem Sanduhr-prinzip		▪ Leserbrief ▪ E-Mail ▪ Brief ▪ Antrag ▪ Plakat

Ein Thema schriftlich erörtern

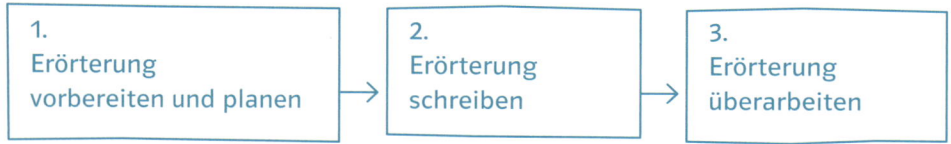

1. Erörterung vorbereiten und planen	→	2. Erörterung schreiben	→	3. Erörterung überarbeiten

Die Erörterung vorbereiten und planen

- Kläre das Thema und die Problemfrage.
- Erstelle die Stoffsammlung.
- Erstelle die Gliederung.

Die Erörterung schreiben und überarbeiten

- Die Erörterung schreiben
  - **Einleitung** schreiben:
    - Führe zum Thema hin und kläre die Problemfrage.
    - Wecke das Interesse des Lesers, zum Beispiel durch einen aktuellen Bezug oder durch die Darstellung eigener Erlebnisse.
    - Leite zum Hauptteil über.
  - **Hauptteil** schreiben:
    - Formuliere deinen Standpunkt. Du kannst den Hauptteil damit beginnen oder ihn damit abschließen.
    - Entfalte die Argumente und stütze sie mit passenden Beispielen, Belegen und Zitaten.
    - Achte auf gedankliche Verknüpfungen.
  - **Schluss** schreiben:
    - Du kannst einen Ausblick auf Künftiges oder auf andere Bereiche des Themas bieten. Außerdem kannst du persönliche Wünsche, Hoffnungen oder Forderungen im Zusammenhang mit dem Thema formulieren.

- Die Erörterung überarbeiten
  - Überprüfe die sprachliche Gestaltung: sachlich, Tempusform Präsens und Verknüpfung der Argumente durch Scharnierwörter.
  - Überprüfe den Zusammenhang und die Überzeugungskraft der Argumente.
  - Überprüfe den Text auf korrekte Rechtschreibung und Zeichensetzung.

Eine antithetische Erörterung vorbereiten

Du setzt dich mit einem strittigen Thema in Pro- und Kontra-Argumenten auseinander und leitest aus der Abwägung der Argumente einen eigenen Standpunkt ab.

1. Thema und Entscheidungsfrage klären	→	2. Stoffsammlung erstellen	→	3. eigenständige Position entwickeln	→	4. Gliederung erstellen

1. **Kläre das Thema und die Entscheidungsfrage.**
   - Formuliere die Frage so um, dass du dich für oder gegen eine Position aussprechen kannst (**Entscheidungsfrage**).
   - Zerlege die Entscheidungsfrage in **Teilfragen**. Verwende die W-Fragen *(Wer? Was? Wann? Wo? Wie? Warum? …)*.
   - **Kläre Begriffe** durch die Beantwortung der Teilfragen.
2. **Erstelle die Stoffsammlung.**
   - Sammle **Pro-** und **Kontra-Argumente**, z. B. in einer Mindmap.
   - Wähle die **überzeugendsten Argumente** aus. Sie sind überzeugend, wenn sie
     · Interessen und Wertvorstellungen vieler (Grundwerte, Grundrechte) berücksichtigen (normatives Argument),
     · sich auf Tatsachen stützen (Tatsachenargument),
     · die Meinung eines Experten wiedergeben (Autoritätsargument),
     · durch Vergleiche mit ähnlichen Sachverhalten nachvollziehbar sind (analoges Argument).
   - Notiere zu den gewählten Argumenten **Argumentationsstützen**.
3. **Entwickle eine eigenständige Position zum Thema.**

So geht's
überzeugend
argumentieren
588n4z

So geht's

Argumentationsstützen

Pro-Argumente	Kontra-Argumente
1. An Herausforderungen kann ich wachsen. · *Schüler aus meiner Schule, die im Ausland waren, wirken selbstständiger.* 2. Ich erweitere meinen Horizont. · *Neue Erfahrungen können mir später im Umgang mit Ausländern helfen.* 3. Ich bekomme in Englisch eine bessere Note. · *Englisch ist in der Oberstufe ein Hauptfach. → besseres Abitur*	1. Ich verliere meine Freunde. · *Freunde machen gemeinsame Erfahrungen, von denen ich nichts mitbekomme.* 2. Ich verliere den Anschluss an meine Klasse. · *ein Jahr länger in der Schule → ein Jahr später Beginn mit der Berufsausbildung* 3. Ein Jahr kostet mindestens 10.000 €. · *Bsp. Kanada: 1000 € Flug + 6000 € Gastfamilie + 6000 € Schulgeld + Taschengeld*

4. **Erstelle die Gliederung.**
   - Schreibe deine Erörterung nach dem **Sanduhrprinzip**.

Eine antithetische Erörterung nach dem Sanduhrprinzip schreiben und überarbeiten

Einleitung schreiben

- Führe zum Thema hin, indem du das Interesse der Leser zum Beispiel durch einen aktuellen Bezug oder ein provokantes Zitat weckst.
- Kläre wichtige Begriffe.

Hauptteil schreiben

Achte dabei auf:

- einen sachlichen Stil
- Vollständigkeit der Argumentation (Argument + Argumentationsstütze)
- sinnvolle gedankliche Verknüpfungen
- eine Überleitung von der Gegenthese zur These (**Drehpunkt**), die eine Zusammenfassung oder Infragestellung der Gegenthese beinhaltet und die eigene Position ankündigt

EINLEITUNG

stärkstes Argument
für die Gegenthese
↓
schwächstes Argument für die Gegenthese

DREHPUNKT

schwächstes
Argument für die These
↓
stärkstes Argument für die These

SCHLUSS

🌐
So geht's
eine antithetische Erörterung nach dem Sanduhrprinzip schreiben
c5dj98

Schluss schreiben

Du hast verschiedene Möglichkeiten:

- Greife die Einleitung auf und entwickle eine neue Perspektive.
- Stelle die jeweils entscheidenden Gründe (pro und kontra) gegenüber und erläutere den wichtigsten Grund für deine Entscheidung.
- Begründe deine Unentschiedenheit und mache einen Kompromissvorschlag.

So geht's

„Willst du etwa auch ein Schuljahr im Ausland verbringen?" Fragen wie diese höre ich derzeit immer wieder: Soll ich nach der 10. Klasse diesen Schritt wagen? Klar ist: (...). Mitschüler, mit denen ich über dieses Thema spreche, fürchten vor allem, dass sie den Kontakt zu ihren Freunden verlieren würden. Ich kann dieses Argument gut verstehen.
5 Gerade im letzten halben Jahr haben sich in unserer Klassenstufe Freundschaften gebildet, die (...). Würde ich für ein Jahr weg sein, könnte ich zum Beispiel nicht (...). Gegen ein Auslandsjahr spricht auch, dass man erst ein Jahr später das Abitur macht. Ich müsste (...). Außerdem ist zu bedenken, dass ein Auslandsjahr mindestens 10.000 Euro kostet. Ein Freund hat für seinen Kanada-Aufenthalt sogar (...) zahlen
10 müssen. Es gibt zwar Stipendien, dennoch (...).

√ starken Kontra-

Was treibt mich nun dazu, trotz dieser Argumente ins Ausland gehen zu wollen?
reizt   Perspektive   Native Speaker
Zunächst ~~reizt~~ mich die ~~Gewissheit~~, nach diesem Jahr wie ein ~~Engländer~~
sprechen zu können. Wenn ich[1] ~~z.B. nach Kanada~~ fliegen sollte, dann (...) ins Abitur einbringen. Für ein Auslandsjahr sprechen auch die Erfahrungen mit fremden Kulturen.
15 Ich würde meinen Horizont erweitern und hätte im Berufsleben (...). Das entscheidende Argument aber für ein Auslandsjahr ist, dass man in dieser Zeit mehr oder weniger auf sich selbst gestellt ist. Diese Herausforderung trägt zur Selbstständigkeit (...)

Anm. 1: zum Beispiel in ein englischsprachiges Gastland wie Kanada

Einleitung:
– Strittigkeit des Themas aufgezeigt ✓

Hauptteil:
– alle wichtigen Argumente erfasst ✓
– Argumente hinreichend gestützt ✓
– Sanduhrprinzip erkennbar ✓

Schluss:
– fehlt noch

Überarbeiten:

Inhalt
Ausdruck
Rechtschreibung/ Zeichensetzung

Materialgestütztes Schreiben eines informierenden Textes

Diese Aufgabenstellung verlangt, mithilfe verschiedener Materialien einen informierenden Text zu verfassen. Dabei soll auch das eigene Vorwissen genutzt werden.

Informierende Texte können z. B. sein:

- Bericht
- Beschreibung
- Portrait
- Lexikoneintrag
- Handout
- Protokoll
- Flyer
- Infobroschüre

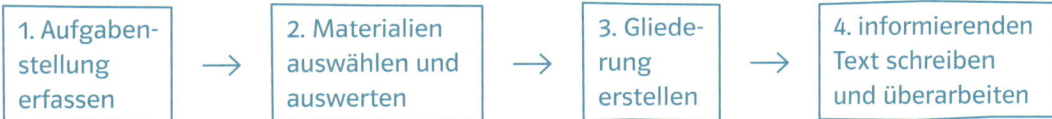

1. Materialien auswählen und auswerten
  - seriöse Informationen von weniger seriösen trennen
  - Materialien chronologisch ordnen
  - Selbstaussagen und Fremdbeschreibungen unterscheiden
  - Widersprüche erkennen

2. Informationen sortieren und mit eigenem Wissen vergleichen
  - zentrale Aussagen hervorheben
  - Wichtiges von Unwichtigem trennen
  - Informationen nach thematischen Gesichtspunkten ordnen
  - offene Fragen notieren

3. Gliederung erstellen
  - Einleitung: interessanten Einstieg finden, Thema benennen, Teilthemen auflisten (Gliederungspunkte)
  - Hauptteil: Reihenfolge der Teilthemen festlegen
  - Schluss: Zusammenfassung mit Bezug zur Einleitung

4. Text schreiben und gestalten
  - Anforderungen der Textsorte und Erwartungen der Adressaten erfüllen
  - Informationen angemessen und übersichtlich darstellen
  - Materialien gezielt einsetzen
  - Achtung: keine Wertung einbringen!
  - auf gedankliche Zusammenhänge und sprachliche Verknüpfungen achten (roter Faden)

5. Text überarbeiten: in drei gesonderten Durchgängen prüfen
  - Einhaltung des roten Fadens
  - sachliche Richtigkeit
  - sprachliche Richtigkeit

Materialgestütztes Schreiben eines argumentierenden Textes

1. Aufgaben-stellung erfassen	→	2. Materialien auswählen und auswerten	→	3. Gliede-rung erstellen	→	4. argumentieren-den Text schreiben und überarbeiten

1. **Thema, Textsorte, Anlass und Adressaten aus der Aufgabenstellung erfassen**
    – Macht euch klar, welche Anforderungen die Textsorte an euch stellt
      (formale Kriterien, sprachliches Niveau).
    – Sammelt Ideen zum Thema (eigene Erfahrungen und eigenes Wissen abrufen,
      eine Tabelle mit Pro- und Kontra-Aspekten zum Thema erstellen).

2. **Materialien auswerten**
    – Lest die Materialien orientierend und verschafft euch einen ersten Überblick darüber,
      welche Informationen die Materialien liefern und welche Positionen in den einzelnen
      Texten vertreten werden.
    – Wertet die Materialien gezielt aus.
    – Sucht aus den Materialien Informationen und Argumente heraus, die ihr
      in eurem Text verwenden wollt.
    – Markiert einige wenige Stellen, die sich zum Zitieren eignen.
    – Ergänzt und erweitert eure eingangs angelegte Tabelle mit Pro- und Kontra-Aspekten.

3. **Einen Schreibplan erstellen**
    – Fertigt eine Gliederung an mit den zentralen Argumentationsschritten
      eures Textes.
    – Notiert unter den einzelnen Gliederungspunkten, welche Argumente, Beispiele,
      Zitate ihr verwenden wollt (These + Argument + Argumentationsstütze).
    – Greift auch Kontra-Argumente auf, um sie gezielt zu widerlegen.

4. **Den geforderten Text schreiben**
    – **Einleitung**:
      · Findet einen interessanten Einstieg, mit dem ihr das Interesse
        des Lesers weckt (These, Zitat, Frage, Provokation).
      · Informiert kurz über das Thema.
    – **Hauptteil**:
      · Orientiert euch dabei an eurer Gliederung.
        – Achtet auf sinnvolle gedankliche Verknüpfungen.
        – Baut wenige Zitate aus den Materialien korrekt ein; versucht vor allem,
          selbstständig zu formulieren.
    – **Schluss**:
      · Findet einen stimmigen Schluss, der eure Position noch einmal unterstreicht
        (auf den Einstieg beziehen, Appell an die Leser verfassen).
    – **sprachliche Gestaltung**:
      · Schreibt adressatengerecht.
      · Vermeidet bei journalistischen Texten einen allzu sachlichen Stil.
      · Verwendet bewusst rhetorische Gestaltungsmittel (z. B. rhetorische Fragen,
        Anaphern, Vergleiche, Appelle).

Einen Kommentar schreiben

Der Kommentar ist eine journalistische Form der Meinungsäußerung, mit der der Autor Stellung zu Ereignissen, Sachverhalten, Ansichten oder strittigen Fragen nimmt.
Er soll die Leser überzeugen oder anregen, einen eigenen Standpunkt zu entwickeln.

1. Einen Kommentar vorbereiten
- Wähle ein interessantes Thema. Achte auf Relevanz und Neuigkeitswert.
- Recherchiere wichtige Informationen und passende Zitate.

2. Einen Kommentar schreiben und überarbeiten
Einstieg: Wecke das Interesse der Leser (z. B. durch Zitat, Provokation, Frage).
Hauptteil:
- Informiere kurz über das Thema.
- Schreibe argumentierend (These + Argument + Argumentationsstütze).
  Greife ggf. auch Kontra-Argumente auf und widerlege sie.
- Nimm eindeutige Wertungen vor. Nutze bewusst sprachliche Mittel.

Schluss:
- Beziehe dich auf den Einstieg.
- Appelliere an die Leser.

So geht's

Schulfach „Glück" wird in Stundenplan aufgenommen (29.06.2012)

An einer Oberschule in Bremen soll „Glück" fester Bestandteil im Stundenplan werden. So soll Lebenskompetenz vermittelt werden.

Bremen. Seit Februar gibt es an einer Bremer Schule das Pilotprojekt „Schulfach
5 Glück". Jetzt soll es weiterentwickelt werden. „Wir wollen es im Schuljahr 2013/2014 in den regulären Stundenplan aufnehmen", sagte die Leiterin der Oberschule Schaumburger Straße, Annette McCallum, am Frei-
10 tag. Bislang werde das Fach als Profilstunde in den 8. Klassen unterrichtet.
Dabei wird den 25 Schülern den Angaben zufolge auf vielschichtige Weise Lebenskompetenz vermittelt. „Es geht uns um Ermu-
15 tigung, Bestätigung und Wertschätzung", sagte McCallum. Wünschenswert für die weitere Entwicklung des Projekts sei eine wissenschaftliche Begleitung. *(dapd)*

Unglücklich? Du hast wohl nicht aufgepasst!

„Mama, ich brauche Nachhilfe in Glück, sonst werde ich nicht versetzt!" Derartige Szenen könnten sich in Bremen immer häufiger abspielen, seitdem an einer Oberschule (…).
5 Man stelle sich vor: Der ewig nölende Oberstudienrat Müller erklärt mir, wie ich glücklich zu sein habe! Dabei wäre schon viel für mein Glücklichsein getan, wenn ich statt „Glück" eine Freistunde hätte! Es soll in diesem Fach
10 „um Ermutigung, Bestätigung und Wertschätzung" gehen. Dieses Anliegen, formuliert von der betreffenden Schulleiterin, ist zwar lobenswert, zeigt es doch, dass (…). Naheliegender wäre es aber, wenn folgender Rat beherzigt
15 würde: Sorgen Sie als Leitung dafür, dass die Müllers Ihrer Schule den Schülern im normalen Unterricht Wertschätzung entgegenbringen. Dann bräuchte auch keiner mehr zur Nachhilfe. Und alle könnten die gewonnene Zeit glücklich
20 mit ihren Freunden verbringen!

Einen offiziellen Brief schreiben

Für offizielle Briefe an Behörden, Firmen oder wichtige Personen gelten im Wesentlichen die folgenden Regeln. Abweichungen davon werden oft negativ wahrgenommen.

So geht's

(Name des Absenders beginnt mit der fünften Zeile)
Mirko Schuster
Walderseestraße 15
30177 Hannover
Tel.: 0511/XXXX
E-Mail: m.schuster@XXX

(drei Zeilen bis zur Anschrift des Empfängers)
An
AFS Interkulturelle Begegnungen e. V.
Postfach 50 01 42
22701 Hamburg

(drei Zeilen bis zur Datumsangabe)   15.09.2014

Bewerbung um ein Auslandsschuljahr 2015/16 in Kanada

Sehr geehrte Damen und Herren,

von einem Freund, der das letzte Jahr an einer Highschool in Alberta/
Kanada verbringen durfte, habe ich nur Gutes von dieser Zeit gehört.
Besonders gelobt hat er die Zusammenarbeit mit Ihrer Organisation. Ins-
5 besondere die drei Vorbereitungswochenenden sowie die Betreuung vor
Ort hat er als sehr hilfreich empfunden. Derart beraten und mit der entsprechenden Lust, mich auf eine andere Kultur einzulassen, bewerbe ich
mich bei Ihnen um ein Auslandsschuljahr 2015/16 in Kanada.
Die entsprechenden Bewerbungsunterlagen habe ich mir von Ihrer In-
10 ternetseite heruntergeladen. Zusammen mit der ausführlichen Selbstbe-
schreibung und dem vertraulichen Schulgutachten liegen sie ausgefüllt
diesem Brief bei. Ebenso finden Sie in der Anlage einen Beleg für die
überwiesene Bearbeitungsgebühr.

Ich freue mich, bald von Ihnen zu hören.
15 Mit freundlichen Grüßen

(drei Zeilen freilassen für die Unterschrift)
Mirko Schuster

PS: Meine Familie ist im Übrigen gern bereit, für diese Zeit einen Gast-
schüler/eine Gastschülerin aufzunehmen.

Anlagen

Briefkopf:
Absenderadresse
(evtl. weitere Kontaktdaten)

Adressfeld:
vollständige Adresse

Datum:
in der ersten Zeile rechts

Betreffzeile (ohne „Betreff"): Kurzinformation über dein Anliegen

Anrede:
respektvoll

Brieftext:
– sachlicher, informierender oder argumentativer Stil,
– Übersichtlichkeit durch Absätze
– Die Höflichkeitsanrede „Sie" sowie die dazugehörigen Pronomen musst du großschreiben.

Grußformel und Unterschrift:
jeweils eine eigene Zeile

PS:
Anmerkungen, die über den Inhalt des Briefes hinausgehen oder einen wichtigen Punkt betonen

Anlage(n):
Hinweis darauf, dass dem Brief etwas beigelegt ist

Einen Leserbrief schreiben

In Zeitungen und Zeitschriften kannst du zu einem Artikel argumentierend Stellung beziehen. Diese Textform dient dazu, Meinungen öffentlich zum Ausdruck zu bringen. Beachte dabei folgende Tipps:

- Wähle die Briefform.
- Sorge für einen erkennbaren Bezug (zum Beispiel Vorfall, Thema, Artikel).
- Mache deinen Standpunkt deutlich.
- Begründe deinen Standpunkt mit Argumenten und stütze diese mit Beispielen.
- Entkräfte eventuell auch die Gegenposition.
- Beachte das Profil der Zeitung (zum Beispiel Länge des Textes, Sprachstil).
- Schreibe den Text möglichst auf dem Computer.
- Überprüfe Rechtschreibung und Zeichensetzung.

So geht's

Justus Hermsen
Rote Straße 17a
22119 Hamburg

03.08.2014

Hamburger Abendblatt
Redaktion
Brieffach 2110
20350 Hamburg

Leserbrief zum Kommentar von B. Geisler (02.08.14, S. 21)

Sehr geehrte Damen und Herren,

in Ihrer gestrigen Ausgabe des Hamburger Abendblatts äußert sich Ihr Autor B. Geisler in seinem Kommentar kritisch zu der Einführung des neuen Tierschutz-Siegels „Für mehr Tierschutz".

5 Im Deutschunterricht haben wir diesen Kommentar diskutiert und sind der Meinung, dass Herr Geisler zwar grundsätzlich Recht hat, wenn er die Vielzahl der vorhandenen Verbraucherschutz-Siegel als verwirrend kritisiert. Wir meinen aber, dass man dies dem Deutschen Tierschutzbund nicht vorwerfen darf.

10 Die schlimmen Bilder aus der Massentierhaltung rechtfertigen jede Maßnahme, die dazu beiträgt, das Leiden der Tiere zu verringern. Auf der Homepage des Deutschen Tierschutzbundes ist zu lesen, dass viele große Ladenketten Produkte mit diesem Label verkaufen. Damit haben sie schon jetzt zu einer Verbesserung der

15 Lebensumstände von zahlreichen Masttieren beigetragen. Insofern begrüßen wir die Initiative des Tierschutzbundes und wünschen uns von Ihrer Zeitung eine positivere Berichterstattung über dieses Engagement.

Mit freundlichen Grüßen

20 Justus Hermsen

Briefkopf:
mit Absenderadresse (evtl. weitere Kontaktdaten)
Datum:
in der ersten Briefzeile rechts
Adressfeld:
vollständige Adresse

Betreffzeile (ohne „Betreff"):
Kurzinformation über dein Anliegen

Anrede:
respektvoll

Brieftext:
- sachlicher, argumentativer Stil
- Absätze zur Übersichtlichkeit
- Die Höflichkeitsanrede „Sie" sowie die dazugehörigen Pronomen musst du großschreiben.

Grußformel und Unterschrift:
jeweils eine eigene Zeile

evtl. Anlage(n):
Hinweis darauf, dass dem Brief etwas beigelegt ist

Eine Rezension schreiben

Rezensionen sind **subjektive** journalistische Texte, die aktuelle Theaterinszenierungen, Filme oder Bücher **vorstellen** und **kritisch beurteilen**. Die dabei entstehenden Texte werden auch **Besprechungen** oder **Kritiken** genannt, was nicht so verstanden werden darf, dass sie ablehnend formuliert sind. Eine ausgesprochen negative Kritik bezeichnet man als einen **Verriss**.

1. Inhalt und Aufbau
Eingegangen werden sollte auf:
- die Urheber (Autor/in, Regisseur/in etc.)
- das Thema, den Stoff, das Genre sowie die inhaltliche Aussage (Handlung, Plot)
- die Aussageabsicht (Botschaft, Bedeutung, Wirkung)
- bei Theaterstücken und Filmen die Umsetzung (Dramaturgie, Regie)
- die speziellen theatralischen, filmischen oder literarischen Mittel
- bei Theaterstücken und Filmen die Darstellung der Schauspieler (Verkörperung und Glaubwürdigkeit der Rolle, Sprechweise, Mimik, Gestik, Bewegung etc.)

2. Sprachliche Gestaltung
- Berücksichtigt die **Adressaten** der Rezension.
- Findet eine treffende **Überschrift** und verwendet Zwischenüberschriften.
- Verfasst eine **interessante Einleitung** (z. B. Zitat, Detail der Bühne).
- Schreibt aus **subjektiver Sicht**, ohne die Ichform zu verwenden.
- Schreibt unterhaltsam, anschaulich und interessant.
- Benutzt bewusst **sprachliche Gestaltungsmittel** (z. B. Vergleiche, Personifikationen, rhetorische Fragen, Neologismen, Antithesen, Ironie).

So geht's

Filmkritik zu „Romeo und Julia" von Baz Luhrmann

<u>Heißes Pflaster Verona Beach</u> (von Urs Jenny)
Der Australier Baz Luhrmann verfilmte Shakespeares „Romeo und Julia" als freches Comic-Märchen – eine brillante Schaumschlägerei.

5 Den Palast, in dem Mr. Capulet hofhält, bewacht ein Trüppchen uniformierter Privatsheriffs. Wenn Mr. Capulet ein kleines Kostümfest gibt, rollen in langer Reihe die Stretch-Limousinen vors Portal, denn bei den Capulets ist auch das Kleine pompös. Der Hausherr empfängt in einer Art Bacchus-Kostüm,
10 seine Frau hat sich als Kleopatra aufrüsten lassen, während ihr Lover Tybalt das straffe Schwarz eines Flamencotänzers zur Schau trägt. […]

ansprechender, origineller Titel

knappe Zusammenfassung der Kritik in subjektiver Sicht

Einleitung:
– Blick auf Details, die den Reichtum der Capulets hervorheben

– Die Fantasiekostüme werden mit Vergleichen beschrieben.

Kein Zweifel, Mr. Capulet ist ein Mann von Bedeutung […],
ein Mächtiger in Verona Beach, und es gibt Grund für Fest samt
15 Prachtfeuerwerk, denn soeben hat er sich den umschwärmten Mr.
Paris (den die Boulevardpresse den „begehrtesten Junggesellen des
Landes" nennt) als Ehemann für sein einziges Töchterchen, sein
Täubchen, sein Engelchen Julia gesichert.

Ein Bildergewühl, ein Exzess, eine Orgie zum Auftakt. Doch wie
20 lange mag zu ertragen sein, was dieser nimmersatte Regisseur auf-
fahren lässt? […] Es klappt über alles Erwarten. Dieser vermeintliche Regie-Berserker weiß in jedem Augenblick erstaunlich genau,
was er will. Immer Hochdruck, immer Volldampf, immer Loo-
ping, immer Kitsch-as-Kitsch-can – doch im Zentrum der ganzen
25 brillanten Schaumschlägerei ein Moment innigsten Gefühls, die
Begegnung zwischen Julia und Romeo, die niemals sein dürfte:
Julia weiß, zart, mit Täubchenflügeln, Romeo in der Rüstung
eines melancholischen Ritters. So stürzen sie engumschlungen ins
leuchtende Traumblau eines Swimmingpools. Dort findet – plan-
30 schend, schmachtend, küssend – statt, was die Weltliteratur als
„Balkonszene" kennt.

Gewiss ist dies der frechste, schickste, schlaueste Shakespeare-Film
der letzten Jahre (in denen der alte Elisabethaner ja als Drehbuch-
autor eine erstaunliche Konjunktur hat), in Mexiko von einem
35 australischen Team mit amerikanischen Darstellern gedreht – und
inzwischen gilt er in den USA auch als der kommerziell erfolg-
reichste seit eh und je. […]

Er präsentiert eine Hochglanz-Gesellschaft, in der alles nur noch
Zitat ist, nur Pose, Stil, nur Reklame für sich selbst; […] und er
40 setzt dieser Talmi-Welt, die alles in allem pure Behauptung ist, als
einzig Wahres ein Stückchen Poesie, ein Gefühl, eine Träne entgegen.

Das kann eigentlich nicht gutgehen und geht doch gut, weil die
Darsteller des Liebespaars, Claire Danes und Leonardo DiCaprio,
45 mit ihrem Überschwang alles Unglaubliche beglaubigen. […] beide
haben noch nie auf einer Bühne gestanden, doch sie siegen durch
die Unwiderstehlichkeit ihrer Jugend.

Natürlich, wie sollte es anders sein, ist dies (unter Verwendung
originaler Bauteile) nur eine Comic-Strip-Version der alten Tragö-
50 die, aber etwas Besseres bringen auch heutige Staatstheater kaum je
zustande.

Übergang zum Hauptteil:
- Ausgangspunkt der Hand-
  lung wird kurz benannt; da
  die Handlung als bekannt
  gelten kann, muss auf sie
  nicht näher eingegangen
  werden.

- Die Vater-Tochter-Beziehung
  wird ironisch kommentiert.

- Beschreibung des Regiestils
- Die Arbeit des Regisseurs
  wird subjektiv bewertet.

**bewusste sprachliche
Gestaltung:**
- Neologismen
- Dreierfigur (sog. Trikolon)
- Anaphern
- Antithese
- Alliteration

Vergleich mit Textvorlage

**Gesamturteil mit subjektiver
Wertung:**
- ironische Benennung des
  Autors der Textvorlage
  (Shakespeare, als bekannt
  vorausgesetzt)

- Produktionsbedingungen
- kommerzieller Erfolg

- Deutung der Aussage-
  absicht

**Würdigung der Leistung der
Schauspieler**

lobende Abschlussbemerkung
für den Umgang mit der Textvorlage

Eine offizielle E-Mail schreiben

Für eine E-Mail an Behörden oder Firmen gilt im Wesentlichen das Gleiche wie für offizielle Briefe. Berücksichtige folgende Tipps:

- keine Massen-E-Mails versenden (dies gilt besonders bei Anfragen für Praktika)
- keine sogenannten Emoticons, wie zum Beispiel Smileys verwenden
- am Ende unter den Namen die vollständige Postadresse setzen

SCHULORDNUNG DER WICHERN-SCHULE (AUSZUG)
Auf dem Schulgelände werden elektronische Geräte, auch Handys, vollständig abgeschaltet und in der Tasche belassen, sofern sie nicht mit Erlaubnis durch eine Lehrerin/einen Lehrer zu Schulzwecken genutzt werden.

So geht's

Verfassen: Hinweis auf Unstimmigkeiten in den Handlungsgrundsätzen der Schule

Senden ✓ Rechtschr. ▾ 📎 Anhang ▾ 🔒 S/MIME ▾ ⬇ Speichern ▾

An:	Schulleitung@wichern-schule.de
Kopie (CC):	Klassenleitung–9d @wichern–schule.de
Blindkopie (BCC):	
Betreff:	Hinweis auf Unstimmigkeiten in der Schulordnung

Normaler Text ▾ Variable Breite ▾ A+ A+ **B** *I* U ▤ ▤ ⬛ ⬛ ▤ ▾ 🗋 ▾ ☺ ▾

Sehr geehrte Frau Dr. Schröter,

ich bin Klassensprecher einer der Klassen, in denen seit Beginn des Schuljahres jeder Schüler einen eigenen Tablet-Computer für unterrichtliche Zwecke erhalten hat. Bei uns kam nun die Frage auf, wie wir in den Pausen mit diesen
5 Geräten umgehen dürfen. Dies hat dazu geführt, dass wir uns im Klassenrat am 07.03.2015 die Schulordnung unserer Schule genauer angeschaut haben, wobei wir auf problematische Formulierungen gestoßen sind. Meine Klasse hat mich beauftragt, Sie in einer offiziellen E-Mail auf diese Probleme hinzuweisen.

Der entsprechende Abschnitt in der Schulordnung sieht vor, dass elektronische
10 Geräte aller Art auf dem Schulgelände „vollständig abgeschaltet" und die Geräte in den Taschen „belassen" werden. Diese Regelung mag sinnvoll sein, um einen unkontrollierten Umgang mit Handys zu verhindern. Im Umgang mit unseren Tablet-Computern ist sie aber wenig hilfreich.

Ein wesentlicher Vorteil von Tablet-Computern im Vergleich zu anderen Compu-
15 tern besteht darin, dass man mit ihnen sofort nach dem Öffnen arbeiten kann. Würden wir vor jeder Pause unsere Geräte vollständig abschalten müssen, ginge sowohl am Anfang als auch am Ende einer Unterrichtsstunde wertvolle Unterrichtszeit verloren.

Wir haben die Hoffnung, dass diese Hinweise mit dazu beitragen können, dass
20 es zu einer entsprechenden Änderung in unserer Schulordnung kommt. Gerne sind wir bereit, Ihnen bei der Umformulierung zu helfen.

Mit freundlichen Grüßen
Philipp Reuter

Mail-Kopf:
An: E-Mail-Adresse des Empfängers
Kopie/CC: E-Mail-Adresse(n) eines oder mehrerer Empfänger
Blindkopie/BCC:
Die hier angegebenen E-Mail-Adressen bleiben dem Empfänger verborgen.
Betreff: Kurzinformation über das Thema der Mail

Mail-Text:
Anrede: meist offizielle Anrede: *Sehr geehrte Frau …;*
Sehr geehrte Damen und Herren, …
den Bezug klären: Anliegen vortragen, Position vertreten
Begründung: Argumente und Argumentationsstützen
Resümee: Bitten, Forderungen, die sich aus der Argumentation ergeben

Mail-Fuß:
Grußformel und Name:
Mit freundlichen Grüßen …
evtl. Anlagen nennen

Ein Protokoll schreiben

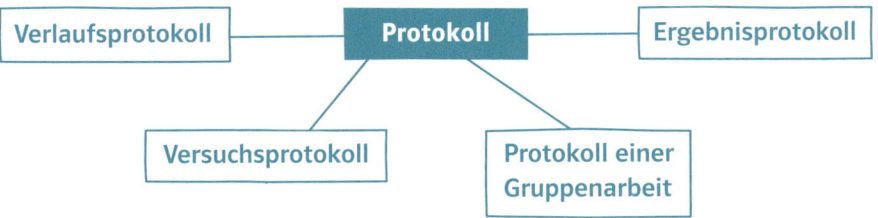

```
Verlaufsprotokoll ── Protokoll ── Ergebnisprotokoll
                    ╱        ╲
       Versuchsprotokoll    Protokoll einer
                            Gruppenarbeit
```

Ein Ergebnisprotokoll schreiben

Über die Ergebnisse einer Sitzung kannst du auch in einem Protokoll berichten.
Es dient als Gedächtnisstütze für die Teilnehmer/innen oder als Information für Abwesende.

So geht's

**Protokoll der Schülerratssitzung
am 11.04.2015**

Zeit/Ort: 12.00–13.25 Uhr (Musikraum)

Anwesende/Fehlende: Vertreter/innen sämtlicher Klassen, Ausnahmen: 7a (Klassenfahrt), 10b (Praktikum)

Gesprächsleitung: Kirsten Schwenk (Schulsprecherin)

Protokollant: Leonard Kahle

TOP 1: Schülerdisco am 09.05.2015
– Corinnas Planung wird einstimmig zugestimmt.
– Kirsten spricht mit der SL, dass noch mindestens ein aufsichtführender Lehrer fehlt.

TOP 2: Beteiligung der SV am Tag der offenen Tür
– Die Klassensprecher besprechen bis zur nächsten SV-Sitzung im Schülerrat, was die einzelnen Klassen am Tag der offenen Tür anbieten wollen.

TOP 3: „Glück" als Wahlpflichtangebot in Klasse 10
– Kirsten bittet die Anwesenden im Namen der SL um ein Votum hinsichtlich der geplanten Einführung des Faches „Glück" als Wahlpflichtangebot in Klasse 10.
– Die Anwesenden begrüßen mit einer Mehrheit von 14 zu 7 (zwei Enthaltungen) den Vorschlag der SL.
– Kirsten wird beauftragt, folgende Anregung/Frage an die SL weiterzugeben:
  • Das Fach sollte nur von glücklichen Lehrern unterrichtet werden.
  • Welche Bewertungskriterien sollen für dieses Fach gelten (z. B. bei Klausuren)?

11.04.2015 *Leonard Kahle*

Protokollkopf:
– Titel der Veranstaltung
– Datum und Uhrzeit (Beginn und Ende der Veranstaltung)
– Ort
– Anwesende/Fehlende
– (ggf.) Thema
– Protokollant/in
– (ggf.) Vorsitzende/r

Protokolltext:
– Gliederung in Punkte (z. B. Tagesordnungspunkte = TOP)
– Tempus: Präsens
– Redewiedergabe: indirekte Rede
– Sprachstil: klar, sachlich, ohne persönliche Wertung

Schluss:
– Datum, an dem das Protokoll erstellt wurde
– Unterschrift des Protokollanten

Ein Bewerbungsschreiben verfassen

Achte darauf, dass du dich gut präsentierst und die formalen Kriterien einhältst.

So geht's

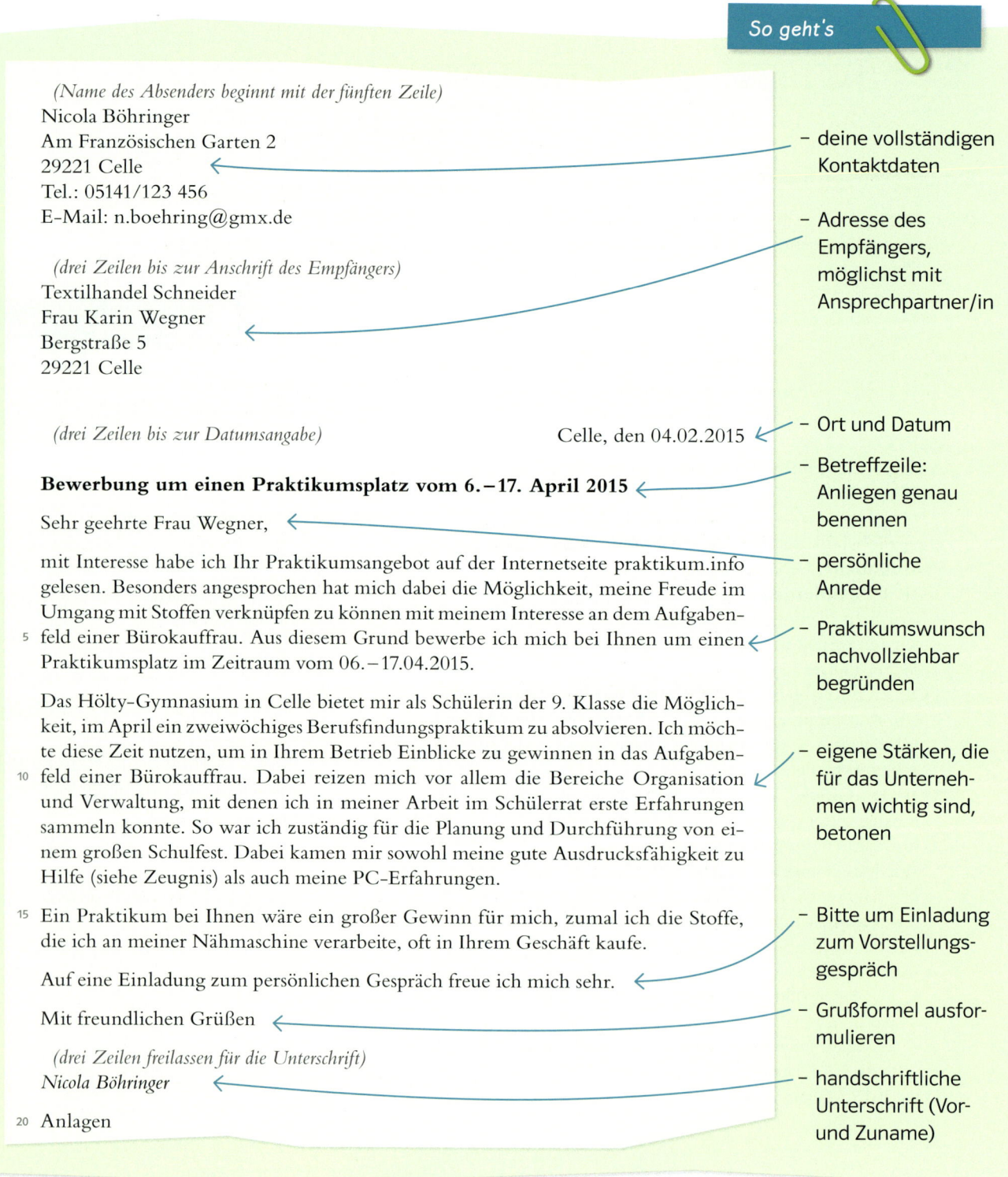

(Name des Absenders beginnt mit der fünften Zeile)
Nicola Böhringer
Am Französischen Garten 2
29221 Celle
Tel.: 05141/123 456
E–Mail: n.boehring@gmx.de

– deine vollständigen Kontaktdaten

(drei Zeilen bis zur Anschrift des Empfängers)
Textilhandel Schneider
Frau Karin Wegner
Bergstraße 5
29221 Celle

– Adresse des Empfängers, möglichst mit Ansprechpartner/in

(drei Zeilen bis zur Datumsangabe)   Celle, den 04.02.2015

– Ort und Datum

Bewerbung um einen Praktikumsplatz vom 6.–17. April 2015

– Betreffzeile: Anliegen genau benennen

Sehr geehrte Frau Wegner,

– persönliche Anrede

mit Interesse habe ich Ihr Praktikumsangebot auf der Internetseite praktikum.info gelesen. Besonders angesprochen hat mich dabei die Möglichkeit, meine Freude im Umgang mit Stoffen verknüpfen zu können mit meinem Interesse an dem Aufgaben-
5 feld einer Bürokauffrau. Aus diesem Grund bewerbe ich mich bei Ihnen um einen Praktikumsplatz im Zeitraum vom 06.–17.04.2015.

– Praktikumswunsch nachvollziehbar begründen

Das Hölty-Gymnasium in Celle bietet mir als Schülerin der 9. Klasse die Möglichkeit, im April ein zweiwöchiges Berufsfindungspraktikum zu absolvieren. Ich möchte diese Zeit nutzen, um in Ihrem Betrieb Einblicke zu gewinnen in das Aufgaben-
10 feld einer Bürokauffrau. Dabei reizen mich vor allem die Bereiche Organisation und Verwaltung, mit denen ich in meiner Arbeit im Schülerrat erste Erfahrungen sammeln konnte. So war ich zuständig für die Planung und Durchführung von einem großen Schulfest. Dabei kamen mir sowohl meine gute Ausdrucksfähigkeit zu Hilfe (siehe Zeugnis) als auch meine PC-Erfahrungen.

– eigene Stärken, die für das Unternehmen wichtig sind, betonen

15 Ein Praktikum bei Ihnen wäre ein großer Gewinn für mich, zumal ich die Stoffe, die ich an meiner Nähmaschine verarbeite, oft in Ihrem Geschäft kaufe.

Auf eine Einladung zum persönlichen Gespräch freue ich mich sehr.

– Bitte um Einladung zum Vorstellungsgespräch

Mit freundlichen Grüßen

– Grußformel ausformulieren

(drei Zeilen freilassen für die Unterschrift)
Nicola Böhringer

– handschriftliche Unterschrift (Vor- und Zuname)

20 Anlagen

Einen Lebenslauf verfassen

Für eine Bewerbung genügt in der Regel ein tabellarischer Lebenslauf. Er sollte auch Hinweise auf Qualifikationen, die für das Praktikum wichtig sind, enthalten.

So geht's

LEBENSLAUF

Persönliche Daten

Name:	Nicola Böhringer
Geburtsdatum/-ort:	07.09.1999/Celle

→ Fotos sind nicht mehr zwingend erforderlich.

Kontaktdaten

Anschrift:	Am Französischen Garten 2
	29221 Celle
Tel.:	05141/123 456
E-Mail:	n.boehring@gmx.de

→ vollständige Kontaktdaten

Schulbildung

2005–2009:	Grundschule Waldweg (Celle)
seit 2009:	Hölty-Gymnasium (Celle)

→ kurzer Abriss deiner bisherigen Schullaufbahn

Praktische Erfahrungen

2014	Mitarbeit im Schülerrat (Planung von Schulveranstaltungen, Verhandlungen mit der Schulleitung u. a.)
2015	Sozialpraktikum in einer Sozialstation (Zu der Arbeit gehörte auch die digitale Erfassung der durchgeführten Pflegeleistungen.)

→ praktische Erfahrungen, die dich für diesen Praktikumsplatz qualifizieren

Besondere Fähigkeiten und Interessen

Computerkenntnisse:	sicherer Umgang mit Microsoft Word, Excel und PowerPoint
Sprachkenntnisse:	gute Englischkenntnisse, Grundkenntnisse in Französisch
Persönliche Stärken:	Kommunikationsfähigkeit (schriftlich und mündlich), Arbeit im Team, Organisationsfähigkeit
Hobbys:	Mannschaftssport (Volleyball), Nähen, Klavierspielen

→ besondere Kenntnisse, die auch für den Praktikumsplatz wichtig sind

→ Hobbys, die deine Vorlieben zeigen

→ auf Übersichtlichkeit und klare Gliederung achten

Celle, 04.02.2015

Nicola Böhringer

→ Ort, Datum, Unterschrift

In Gesprächen kann es auch zu Missverständnissen kommen. Hier erfährst du, wie du die Ursachen von Kommunikationsstörungen erkennen und beheben kannst. Außerdem findest du Tipps, wie du deine Diskussionsbeiträge so aufbaust kannst, dass sie strukturiert und überzeugend sind.

Kommunikationsmodell: Die vier Seiten einer Nachricht

Sachinhalt
Welche Information enthält die Aussage?

Der Rechner ist weg.
Das Verhältnis ist gleichberechtigt.

Appell
Was soll der Angesprochene aufgrund der Aussage denken, fühlen oder tun?

Hilf mir.
Lass mich in Ruhe.

Aussage
Bruder: „Weißt du, wo mein Taschenrechner ist?"
Schwester: „Ich bin nicht deine Angestellte!"

Beziehung
Was sagt die Aussage über die Beziehung zwischen Sprecher und Angesprochenem aus?

Du weißt vielleicht, wo der Rechner ist.
Du kannst mich nicht für deine Aufgaben einspannen.

Selbstoffenbarung
Was sagt der Sprecher damit über sich selbst aus?

Ich kann meinen Rechner nicht finden.
Ich muss mich behaupten.

Einen Standpunkt in fünf Schritten vertreten
S. 265

Ursachen für Kommunikationsstörungen erkennen
S. 266

Einen Standpunkt in fünf Schritten vertreten

Du kannst deiner Position in einer Diskussion oder bei einer Erörterung mehr
Überzeugungskraft geben, wenn du deine Argumentation in fünf Schritten aufbaust.

1. Vom Fazit (Schluss) aus planen
– Achte darauf, dass sich dein Fazit auf das Problem bezieht.
– Sammle Argumente, die deinen Standpunkt begründen.

2. Argumente nach einem der folgenden Modelle ordnen
– **Argumentationskette:** Du reihst Argumente in einer logischen oder zeitlichen Abfolge
  aneinander. Verwende z. B.: *Daraus folgt …, Das führt dazu …, Deshalb …*
– **Ausklammerung:** Du nennst ein Kontra-Argument (2. Schritt), entkräftest dieses
  (3. Schritt) und stärkst anschließend die Pro-Position durch ein weiteres Argument
  (4. Schritt). Verwende z. B.: *Man könnte die Ansicht vertreten, …; Dabei sollte man
  aber berücksichtigen, …*
– **Kompromiss:** Du benennst zwei gegensätzliche Positionen (2. und 3. Schritt) und
  stellst anschließend deren Gemeinsamkeiten (Synthese) als möglichen
  dritten Weg dar (4. Schritt). Verwende z. B.: *Einerseits … andererseits,
  Demgegenüber …, Beiden Positionen gemeinsam ist …*

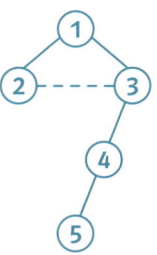
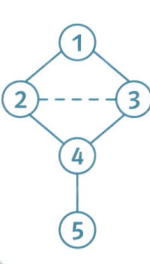

3. Argumentation in Stichpunkten aufschreiben
– Skizziere den Aufbau deiner Argumentation.
– Notiere wichtige Formulierungen, z. B. einen informierenden, präzisen Einleitungssatz,
  die Verbindungen zwischen den argumentativen Schritten.

So geht's

*Der Lärm in der großen Pause vor der Cafe-
teria ist unerträglich. Darüber sind sich alle
Beteiligten einig. Lässt sich, wie die Lehrer
fordern, das Problem dadurch lösen, dass
Mitglieder der Schülervertretung zusammen
mit (…)? Die Lehrer begründen ihren Vorschlag mit der Behauptung, (…). Dabei ist
aber zu berücksichtigen, dass (…). Außerdem
haben auch die Mitglieder der SV ein Recht
auf Pause. Das Problem lässt sich unserer
Meinung nach am besten dadurch lösen, dass
die Lehrerschaft gemeinsam mit der SV in der
Schulkonferenz den Antrag stellt ….*

Ausklammerungsmodell
1. Ausgangssituation: Lärm in der Cafeteria →
   Vorschlag der Lehrer: SV + Lehrer sorgen für Ruhe
2. Kontra-Argument: „Die Lehrer begründen ihren
   Vorschlag mit …": SV hat Autorität bei Schülern
3. Entkräftung: „Dabei ist aber zu berücksichtigen, …"
   → SV wird nicht anerkannt
4. Stärkung: „Außerdem …" → SV hat Recht auf Pause
5. Position: „Das Problem lässt sich … lösen …":
   gemeinsamer Antrag von SV und Lehrerschaft
   auf Schulkonferenz → bauliche Lärmschutz-
   maßnahmen (z. B. Lärmdämmung)

Ursachen für Kommunikationsstörungen erkennen

Die vier Seiten einer Nachricht (Schulz von Thun)

Zu einer Kommunikationsstörung kann es beispielsweise kommen, wenn der Sender seine Frage auf der Sachebene meint, der Empfänger sie aber hauptsächlich auf der Beziehungs- und Selbstausdrucksebene versteht.

Paul sagt zu Tim: „Na, kleiner Bruder, Probleme?"

	Paul sagt	Tim versteht
auf Sachebene	**Hast du Probleme?**	Ich habe Probleme.
auf Beziehungsebene	Ich bin dein großer Bruder.	**Ich bin der kleine Bruder.**
auf Selbstausdrucksebene	Ich kann dir helfen.	**Ich kann das nicht alleine.**
auf Appellebene	Lass dir helfen!	Ich muss mir helfen lassen.

Grundsätze der Kommunikation (Watzlawick)

1. Man kann nicht nicht kommunizieren.
2. Jede Kommunikation hat einen Inhalts- und einen Beziehungsaspekt.
3. Jede Mitteilung ist zugleich Reaktion und Reiz.
4. Kommunikation erfolgt sowohl digital als auch analog.
5. Kommunikation kann symmetrisch und komplementär verlaufen.

So geht's

Tim und Paul

Tim hält einen Fahrradschlauch in der Hand und studiert die Anleitung zum Flicken eines kaputten Schlauches. Er hat sich vorgenommen, diese Aufgabe allein zu meistern. Sein großer Bruder Paul kommt dazu.

5 **Paul:** Na, kleiner Bruder, Probleme?
Tim: Du kannst mir helfen. Halt mal den Schlauch!
Paul sitzt da, wo vorher sein Bruder gesessen hat, und pumpt den kaputten Schlauch auf, um das Loch zu finden. Tim steht daneben und wirkt verärgert.
10 **Paul:** Zunächst muss man das Loch finden.
Tim: He, du solltest nur den Schlauch halten!

- **2. Grundsatz:** Tim reagiert nicht auf den Inhalts-, sondern auf den Beziehungs- aspekt in Pauls Belehrung.
- **3. Grundsatz:** Paul reagiert auf seine Annahme, Tim könne das Problem nicht lösen.
- **4. Grundsatz:** Tims Körpersprache (analog) ist nicht eindeutig.
- **5. Grundsatz:** Tim will ein symmetri- sches Verhältnis zu seinem Bruder. Paul fühlt sich überlegen (komplementär).

Umgang mit erzählenden Texten
Lerninsel: Was du wissen und können musst

Erzählende (auch: epische) Texte kannst du besser verstehen, wenn du diese unter bestimmten Aspekten untersuchst oder produktiv mit ihnen umgehst. Vieles hast du bereits in den Klassen 5 bis 8 gelernt. In dieser Lerninsel erhältst du weiteres Handwerkszeug, um erzählende Texte genauer untersuchen zu können.

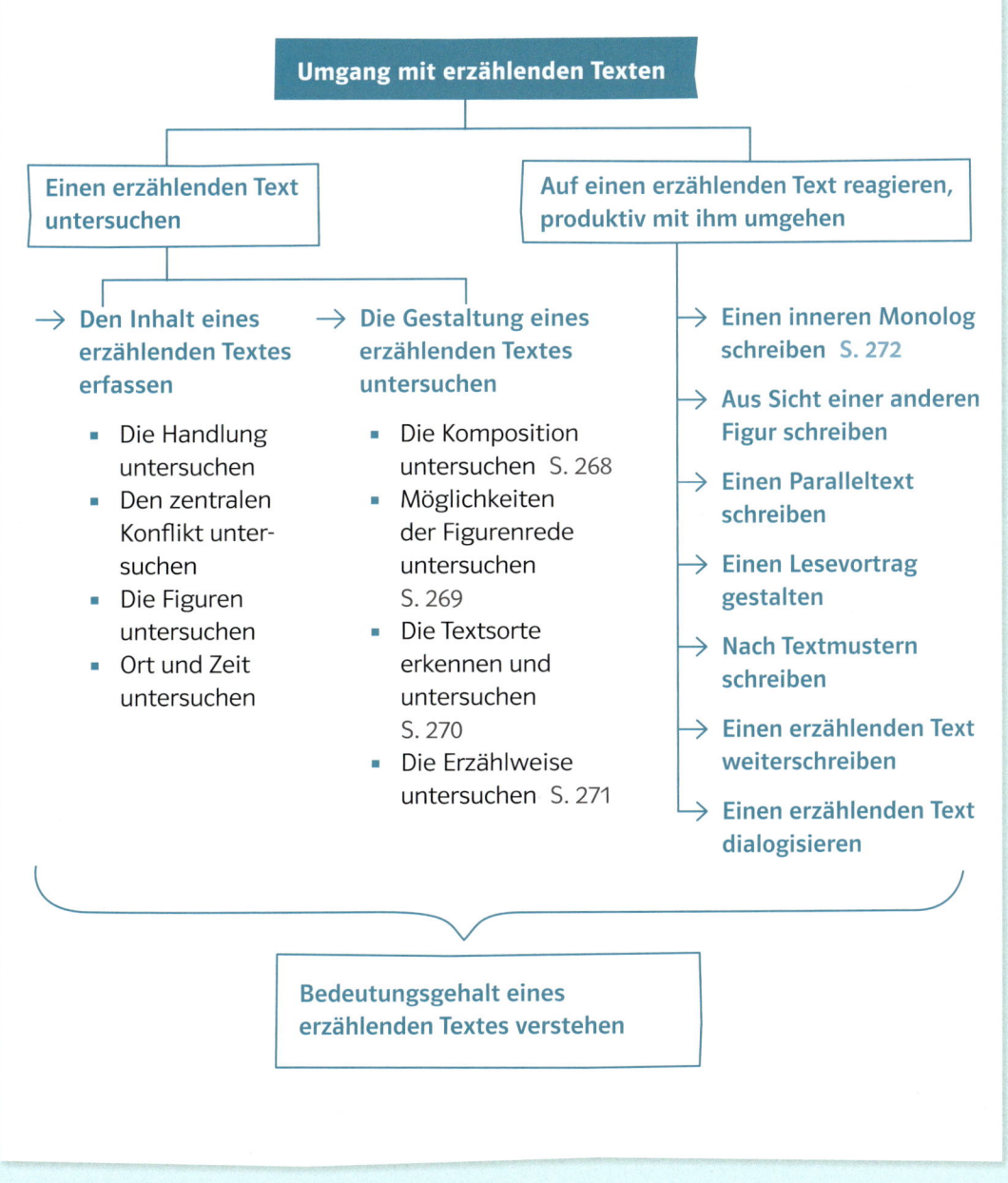

Umgang mit erzählenden Texten

Einen erzählenden Text untersuchen

→ **Den Inhalt eines erzählenden Textes erfassen**
- Die Handlung untersuchen
- Den zentralen Konflikt untersuchen
- Die Figuren untersuchen
- Ort und Zeit untersuchen

→ **Die Gestaltung eines erzählenden Textes untersuchen**
- Die Komposition untersuchen S. 268
- Möglichkeiten der Figurenrede untersuchen S. 269
- Die Textsorte erkennen und untersuchen S. 270
- Die Erzählweise untersuchen S. 271

Auf einen erzählenden Text reagieren, produktiv mit ihm umgehen

→ Einen inneren Monolog schreiben S. 272
→ Aus Sicht einer anderen Figur schreiben
→ Einen Paralleltext schreiben
→ Einen Lesevortrag gestalten
→ Nach Textmustern schreiben
→ Einen erzählenden Text weiterschreiben
→ Einen erzählenden Text dialogisieren

Bedeutungsgehalt eines erzählenden Textes verstehen

So geht's:
Handlung, Handlungsmuster, zentraler Konflikt, Ort, erzählenden Text weiterschreiben, erzählenden Text dialogisieren

zd36kg

Die Gestaltung eines erzählenden Textes untersuchen

Die Komposition untersuchen

Chronologische Darstellung der Handlung

- Die Handlung wird in **zeitlicher Abfolge** des Geschehens (chronologisch) erzählt.
- **Rückblenden** bzw. **Vorausdeutungen** ermöglichen Reflexionen durch den auktorialen Erzähler, unterbrechen aber nicht grundsätzlich die zeitliche Abfolge der Handlung.
- Beispiel: *Annette von Droste-Hülshoff: Die Judenbuche*

Nichtchronologische Darstellung der Handlung

- Die Handlung wird in einer Reihenfolge erzählt, die sich aus der Erzählabsicht ergibt.
- **Rückblenden** bzw. **Vorausdeutungen** werden dazu genutzt, Spannung zu erzeugen, Auflösungen zu bieten oder Hintergründe aufzuzeigen.
- Beispiel: *Wolfgang Herrndorf: Tschick; Anne-Laure Bondoux: Die Zeit der Wunder*

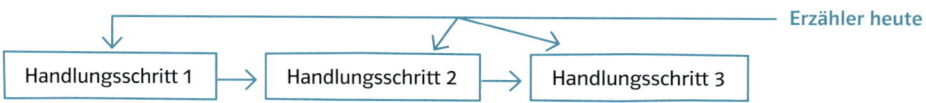

Komposition von zwei oder mehreren Handlungssträngen

- Die Vernetzung der Handlungsstränge geschieht durch wiederkehrende thematische Elemente (**Ort, Figuren, Zeitpunkte, Themen** oder **Leitmotive**).
- Diese Art des Erzählens ermöglicht z. B. die Darstellung unterschiedlicher Standpunkte zu dem Geschehen und fordert den Leser auf, eine eigene Sicht zu entwickeln.
- Beispiel: *Tatiana de Rosnay: Sarahs Schlüssel*

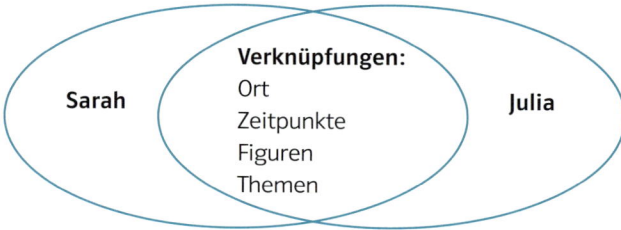

Komposition von Rahmen- und Binnenhandlung

- Die Rahmenhandlung dient oft dazu, den Wahrheitsgehalt der Binnenhandlung(en) zum Ausdruck zu bringen.
- Beispiel: *Yann Martel: Schiffbruch mit Tiger*

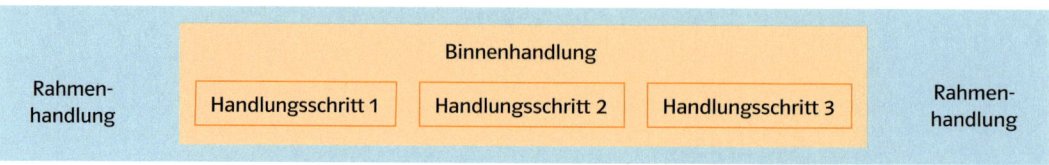

Möglichkeiten der Figurenrede untersuchen

Die Art und Weise, wie die Gedanken und Gefühle einer Figur wiedergegeben werden, beeinflusst dein Verständnis dieser Figur.

- **direkte Rede**: Figur spricht selbst → Leser erlebt das Sprechen direkt mit, ein Abstand des Lesers entsteht nur durch einleitende Formulierungen wie z. B. *Er sagte: „…".*
- **indirekte Rede**: Erzähler gibt die Reden oder Gedanken der Figur wieder (einleitendes Verb, Nebensatz, Konjunktiv) → Für den Leser entsteht ein Abstand zur Figur.
- **innerer Monolog in der direkten Rede**: Wiedergabe der Gedanken einer Figur in der 1. Person Indikativ → Leser erlebt Gedanken direkt mit; durch einleitende Formulierungen wie *Sie dachte: „…"* kann ein Abstand zur Figur entstehen.
- **innerer Monolog als erlebte Rede**: Wiedergabe der Gedanken einer Figur in der 3. Person Indikativ → Leser erlebt die Gedanken mit, der Abstand durch die Verwendung der 3. Person ist kaum zu spüren.

So geht's

Theodor Storm: Der Schimmelreiter (1888, Ausschnitt)

Da warf er seine Augen seitwärts nach dem neuen Koog; um ihn schäumte das Meer; aber in ihm lag es wie nächtlicher Friede. Ein unwillkürliches Jauchzen brach aus des Reiters Brust: „Der Hauke-Haien-Deich, er soll schon halten; er wird es noch nach hundert Jahren tun!"

5 Ein donnerartiges Rauschen zu seinen Füßen weckte ihn aus diesen Träumen; der Schimmel wollte nicht mehr vorwärts. Was war das? – Das Pferd sprang zurück, und er fühlte es, ein Deichstück stürzte vor ihm in die Tiefe. […]
Er sah noch mehr: ein Wagen, nein, eine zweirädrige Karriole kam wie toll gegen den Deich herangefahren; ein Weib, ja auch ein Kind saßen

10 darin. Und jetzt – war das nicht das kreischende Gebell eines kleinen Hundes, das im Sturm vorüberflog? Allmächtiger Gott! Sein Weib, sein Kind waren es; schon kamen sie dicht heran, und die schäumende

15 Wassermasse drängte auf sie zu. Ein Schrei, ein Verzweiflungsschrei brach aus der Brust des Reiters. „Elke!", schrie er, „Elke! Zurück! Zurück!"

In diesem Ausschnitt entwickelt sich ein höchst dramatischer Moment: Der Deichgraf Hauke Haien, glücklich, dass sein neuer Deich der Sturmflut trotzt, sieht plötzlich, wie der alte Deich bricht und seine Familie in große Gefahr gerät. In der Form eines *inneren Monologs in direkter Rede* (Z. 3 f.) erlebt der Leser die anfänglich selbstbewussten Gedanken unmittelbar mit. Mit „Was war das? …" (Z. 6) wechselt der Erzähler plötzlich in die *erlebte Rede*. Der Leser erlebt Haukes innere Unruhe mit, bis diese in einen Schrei ausbricht, der in der *direkten Rede* wiedergegeben ist: „,Elke' […], Elke! Zurück! Zurück!" (Z. 17 f.).

So geht's
epische
Textsorten
382d29

Die Textsorte erkennen und untersuchen

Du kannst Erzähltexte gezielter untersuchen, wenn du auf die typischen Merkmale der Textsorte (z. B. Kurzgeschichte, Märchen) achtest. Beachte aber, dass nicht jeder Text alle Merkmale der Textsorte aufweist.

So geht's

Wolfgang Borchert: Vielleicht hat sie ein rosa Hemd (1947)

Die beiden saßen auf dem Brückengeländer. Ihre Hosen waren dünn und das Brückengeländer war eisig. […] Sie saßen und hielten Parade ab. Und weil sie einen Krieg lang nur Männer gesehen hatten, sahen sie jetzt nur Mädchen. […]

5 Und dann kam sie. Sie war ganz anders. […]
Vielleicht hat sie ein rosa Hemd, meinte Timm dann.
Warum, sagte der andere.
Doch, antwortete Timm, die so sind, die haben meistens ein rosa Hemd. […] Du kennst wohl eine?

10 Timm sagte nichts. Sie saßen da und das Brückengeländer war eisig durch die dünnen Hosen. Da sagte Timm:
Nein, ich nicht. Aber ich kannte mal einen, der hatte eine mitn rosa Hemd. Beim Kommiss. In Russland. In seiner Brieftasche hatte er immer son Stück rosa Zeug. Aber das ließ er nie sehen. Aber einen

15 Tag fiel es auf die Erde. Da haben es alle gesehen. Aber gesagt hat er nichts. Nur angelaufen ist er. Wie das Stück Zeug. Ganz rosa. Abends hat er mir dann erzählt, das hätte er von seiner Braut. Als Talisman, weißt du. Sie hat nämlich lauter rosa Hemden, hat er gesagt. Und davon ist es.

20 Timm hörte auf.
Na und? fragte der andere.
Da sagte Timm ganz leise: Ich hab es ihm weggenommen. Und dann hab ich es hochgehalten. Und wir haben alle gelacht. Mindestens eine halbe Stunde haben wir gelacht. Und was die für Dinger

25 gesagt haben, kannst du dir denken.
Und da? fragte der neben Timm.
Timm sah auf seine Knie. Er hat es weggeworfen, sagte er. Und dann sah Timm den andern an: Ja, sagte er, er hat es weggeworfen, und dann hat es ihn erwischt. Am nächsten Tag hat es ihn schon

30 erwischt.
Sie sagten beide nichts. Saßen da so und sagten nichts. Aber dann sagte der andere: Blödsinn. Und er sagte es noch einmal. Blödsinn, sagte er. Ja, ich weiß, sagte Timm. Natürlich ist es Blödsinn. Das ist ja ganz klar. Das weiß ich auch. Und dann sagte er noch: Aber komisch ist

35 es, weißt du, komisch ist es doch.
Und Timm lachte. Sie lachten alle beide. Und Timm machte eine Faust in der Hosentasche. Dabei zerdrückte er etwas. Ein kleines Stück rosa Stoff. Viel Rosa war da nicht mehr dran, denn er hatte es schon lange in der Tasche. Aber es war noch rosa. Er hatte es aus

40 Russland mitgebracht.

Merkmale einer Kurzgeschichte

unvermittelter Anfang:
→ Leser wird in das Geschehen „geworfen"

sparsame Darstellung von Ort/ Zeit:
öffentlicher Ort, nach Kriegsende

wenige Figuren:
zwei ehemalige Soldaten (wirken jung)

einsträngige Handlung:
Zwei ehemalige Soldaten betrachten vorübergehende Mädchen; einer erzählt ein Erlebnis aus dem Krieg, das ihn belastet.

Erzählweise:
– Er/Sie-Erzähler
– Außenperspektive
– neutrales Erzählverhalten
– szenische Darstellung
– überwiegend neutrale Erzählhaltung
ab Z. 36
– Wechsel von szenischer Darstellung (Dialog) hin zur beschreibenden bzw. berichtenden Darstellung
– Wechsel zu auktorialem Erzählverhalten

überraschende Wende:
Durch Wechsel der Darstellungsweise bzw. des Erzählverhaltens gewinnt man Einsicht in die Vorgeschichte. → Timm glaubt ebenfalls an die Wirkung eines Talismans. → Hinweis auf seine Schuldgefühle

Die Erzählweise untersuchen

Die Erzählweise und ihre Wirkung kannst du anhand folgender Begriffe erfassen:

- **Erzählform:** Ich-Erzähler oder Er-/Sie-Erzähler
- **Erzählperspektive:** Innensicht oder Außensicht
- **Erzählverhalten:** auktoriales, personales oder neutrales Erzählverhalten
- **Erzählhaltung:** Einstellung des Erzählers, mit der er das Geschehen und die Figuren darstellt und bewertet (z. B. *sachlich*, *humorvoll*, *kritisch*). Sie wird fassbar in:
  - der Art der Darstellung des Geschehens
  - der Charakterisierung der Figuren (direkte und indirekte)
  - der Wortwahl und im Satzbau
- **Zeitgestaltung:** erzählte Zeit/Erzählzeit; Zeitdehnung, Zeitraffung
- **Darstellungsweise:**
  - **Bericht:** straffe, geraffte, chronologische Darstellung von Vorgängen
  - **szenische Darstellung:** genaue Darstellung von Situationen, meist mit Figurenrede
  - **Beschreibung:** Veranschaulichung der Vorgänge durch Einzelheiten

So geht's
Erzählperspektive, Erzählverhalten untersuchen
8b79xd

So geht's

Ludwig Fels: Studie eines Mopedfahrers

Er ist noch jung. Die Haare wachsen ihm gerade bis zur Nasenwurzel. Bisher sah ich ihn nur ein einziges Mal laufen. Ansonsten fährt ihn ein Moped mit Gesundheitslenker. Da sitzt er drauf und fährt die ganze Zeit herum, mit Vollgas, damit das Moped nicht stehnbleibt. Er knattert durchs Dorf und meint vielleicht zu brausen. Sieben Häuser weit die Dorfstraße entlang zum Sportgelände hinaus, vom Dorf zur Kirche, zurück zum Dorf und dann zum Friedhof, von dort zum Rathaus und zur Tankstelle und wieder das Berglein zum Elternhaus hoch, noch eine Ehrenrunde, zurück zum Anfang und bis spätnachts am Gemischtwarenladen vorbei aus jeder Richtung. Der Wind ist schneller, schleudert ihm die Frisur um die Ohren. Es passiert einfach nichts, und was geschieht, das findet schon seit Jahren so statt. Von kleinauf durchstreift er das Altbekannte, Längstvertraute. Er nimmt
10 nichts mehr wahr, nur die Bewegung der Räder. Er lockert eine Schraube, fährt, dreht eine andere fester an, fährt, verstellt den Sattel, fährt, […] legt sich auf den Lenker und fährt, fährt, auf den Aus–puff horchend, fährt, aufs Getriebe lauschend, fährt dauernd die gleiche Strecke ab, aber immer so, als sei er nur auf der Durchreise. Er isst auf seinem Moped. Er trinkt keinen Tropfen, dem Führer–schein zuliebe. Er schaut weder links noch rechts und sieht für sich kein Ende ab. Er zieht seine
15 Bahnen, ein scheppernder Satellit zwischen Traktoren und Autos aus der weiteren Umgebung.

Der Ich-Erzähler beschreibt einen Jugendlichen, dessen Hauptbeschäftigung darin besteht, ohne Ziel mit seinem Moped durch ein Dorf zu fahren. Wie in einer „Studie" veranschaulicht er seine Beobachtungen sehr genau, wobei er eine spöttische Haltung gegenüber dem Mopedfahrer einnimmt. Diese drückt sich vor allem in komisch wirkenden Gegensätzen aus. So wird das Wort „fährt" oft wiederholt, gleichzeitig wird aber das Nicht-von-der-Stelle-Kommen betont, die das dauernde Befahren der „gleiche(n) Strecke" (Z. 12) kennzeichnet. Ein weiterer Gegensatz kommt in dem Vergleich mit einem Satelliten (Z. 15) zum Ausdruck. Die Komik wird gesteigert, indem der Erzähler den Jungen als einen charakterisiert, der das Gefühl hat, brausend (Z. 4) unterwegs zu sein. Außerdem vermittelt er den Eindruck, er sei „auf der Durchreise" (Z. 13) und nicht auf seiner immer gleichen Dorftour.

Auf einen erzählenden Text reagieren, produktiv mit ihm umgehen

Einen inneren Monolog schreiben

INHALT
Was
wird erzählt?

⇕

FORM
Wie
wird erzählt?

BEGRÜNDUNG
Warum
schreibe ich so?

1. Auseinandersetzung mit der Figur in ihrer aktuellen Situation
   – Versetze dich in die Lage der Figur (Ich-Form), indem du zum Beispiel leise ihre Gedanken und Gefühle erzählst.
   – Untersuche im Fall eines Konflikts dessen Hintergründe und weiteren Verlauf sowie die innere Haltung der Figur zu dem Konflikt.

2. Den Schreibplan erstellen
   – Notiere Stichpunkte zu folgenden Fragen:
   Welche Gedanken bewegen die Figur? Welche Gefühle herrschen in ihr vor? Was möchte sie tun?

3. Den inneren Monolog verfassen
   – Verwende beim Schreiben: die Ich-Erzählform; das Präsens; Alltagssprache (entsprechend der Figur); kurze, unvollständige, reihende Sätze; Gedankensprünge; Fragen und Ausrufe.

4. Den eigenen Text überarbeiten
   – Berücksichtige den inhaltlichen und sprachlichen Zusammenhang mit der Figur sowie Grammatik und Rechtschreibung.

So geht's

Wolfgang Borchert:
Vielleicht hat sie ein rosa Hemd (1947, Ausschnitt)

[…] Da sagte Timm ganz leise: Ich hab es ihm weg-
genommen.
Und dann hab ich es hochgehalten. Und wir haben alle
gelacht. Mindestens eine halbe Stunde haben wir ge-
5 lacht. Und was die für Dinger gesagt haben, kannst du dir
denken.
Und da? fragte der neben Timm.
Timm sah auf seine Knie. Er hat es weggeworfen, sagte er.
Und dann sah Timm den andern an: Ja, sagte er, er hat es
10 weggeworfen, und dann hat es ihn erwischt. Am nächsten
Tag hat es ihn schon erwischt.
Sie sagten beide nichts. Saßen da so und sagten nichts. […]

Verhalten weist auf Schuldgefühle hin (innerer Konflikt):
– Timm sieht Zusammenhang zwischen seinem Verhalten und dem Tod des Kameraden.
– Der Talisman hat Timm geholfen, nicht dem toten Kameraden! (siehe Schluss der Kurzgeschichte auf S. 271)

Ich bin schuld! Ich hab' ihn dazu gebracht, seinen Glücksbringer wegzuwerfen! Er wirft ihn weg und – tot! ... Quatsch!! Außerdem, nur weil man ein bisschen geärgert wird, schmeißt man dann gleich seinen Glücksbringer weg? Hätte er ihn nicht weggeworfen, dann wäre er jetzt noch am Leben. Selber schuld! Ich sammle ihn auf, also habe ich überlebt! ... Oh Gott, ich lebe noch, weil ... Das habe ich nicht gewollt!

Umgang mit Gedichten
Lerninsel: Was du wissen und können musst

Gedichte sind klingende Kunstwerke, in denen Erlebnisse, Gedanken und Gefühle verdichtet zum Ausdruck kommen. Diese Lerninsel erinnert dich an das Gelernte und enthält weiteres Handwerkszeug, das dir hilft, Gedichte besser zu verstehen.

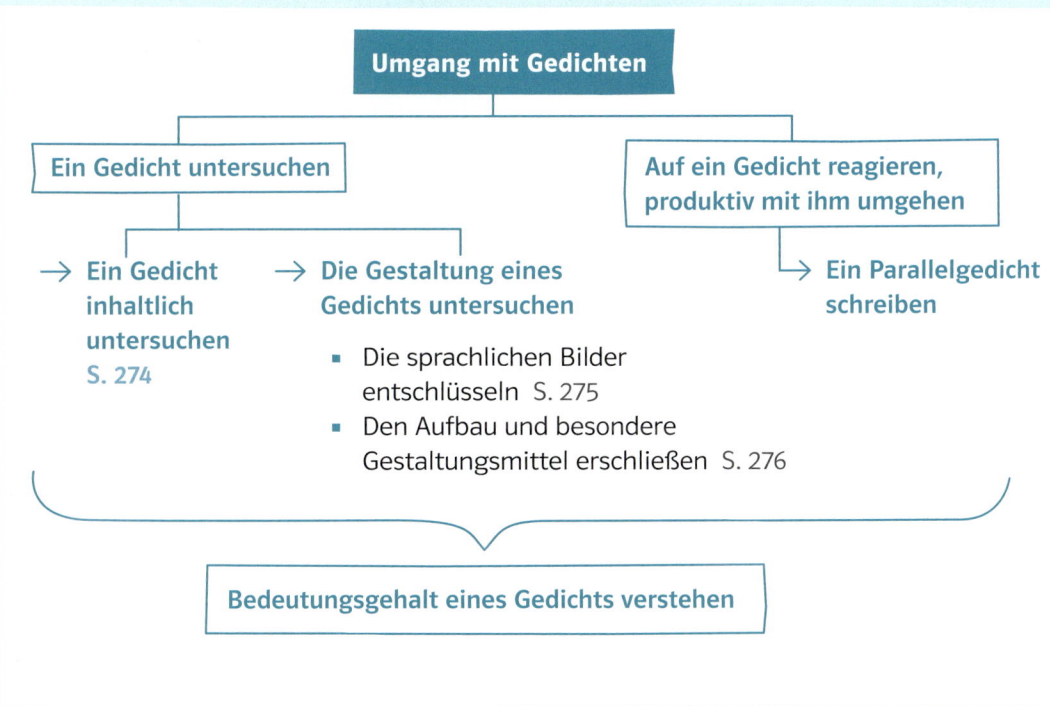

So geht's: lyrischer Sprecher, klangliche Mittel, Metapher und Personifikation
vx5by3

So geht's: Gedicht vortragen, Parallelgedicht schreiben
62j9da

Sprachbilder: Symbol

Thema: Lebendigkeit, Verbundenheit, Geborgenheit

Bertolt Brecht: Der Rauch (1953)

Das kleine Haus unter Bäumen am See.
Vom Dach steigt Rauch.
Fehlte er
Wie trostlos dann wären
Haus, Bäume und See.

Gestaltungsmittel:
Wiederholung in Vers 1 und 5 als Rahmung
Inversion
Enjambement
Reihung

Ein Gedicht inhaltlich untersuchen

Die Liebe erscheint hier wie ein nicht zu erreichender Traum.

So kannst du vorgehen, um das **Thema** und den **Inhalt** eines Gedichts zu verstehen:

- die Überschrift beachten
- W-Fragen beantworten
- die Grundstimmung erschließen
- die zentralen Motive bestimmen
- den lyrischen Sprecher untersuchen
- Informationen über den Autor/die Autorin und die Entstehungszeit einbeziehen

So geht's:
Informationen über Autor und Entstehungszeit einbeziehen
k9946r

In Asien gilt die Lotusblume als Symbol für Reinheit und Treue.

Rose Ausländer (1901–1988)
Deutsch-jüdische Lyrikerin, die 1941 bis 1944 in einem jüdischen Getto leben musste, in die USA auswanderte und von 1965 bis zu ihrem Tod in Düsseldorf verbrachte. Von 1927 bis 1935 lebte sie mit Helios Hecht zusammen, einem Grafologen, den sie nie aufgehört hatte zu lieben. Wiederkehrende Themen ihrer Gedichte sind die Trauer über die verlorene Heimat, Verfolgung und die Erfahrung von Einsamkeit in der Fremde.

So geht's

Rose Ausländer: Liebe VI (1984)

Wir werden uns wiederfinden
im See
du als Wasser
ich als Lotusblume

5 Du wirst mich tragen
ich werde dich trinken

Wir werden uns angehören
vor allen Augen

Sogar die Sterne
10 werden sich wundern:
hier haben sich zwei
zurückverwandelt
in ihren Traum
der sie erwählte

Überschrift → Liebesgedicht

Thema/Inhalt:
- Voraussage der Wiedervereinigung zweier Liebender
- Liebe als gemeinsamer Traum, der Grenzen überwindet

Grundstimmung:
getragen, teilweise schwermütig, aber auch optimistisch
- Parallelismus und Wiederholung in Vers 1 und 7 → zuversichtlich
- „Sterne", „Traum" → sehnsüchtig
- Vokale und Diphthonge → weich

zentrales Bild: Lotusblume im See

lyrischer Sprecher → Liebende/r

mögliche Deutung: *R. Ausländer trauert um ihren ehemaligen Geliebten.*

Die Gestaltung eines Gedichts untersuchen

Die sprachlichen Bilder entschlüsseln

So geht's:
Metapher,
Personifika-
tion, Symbol
bp5rm4

Gedichte wirken vor allem durch ihre sprachlichen Bilder, die Empfindungen wecken und deine Fantasie anregen. Sprachbilder erkennst du daran, dass du sie nicht wörtlich nehmen darfst (zum Beispiel: *Ich werde dich trinken.*).

- **Personifikation:** Dinge oder Erscheinungen werden wie Lebewesen dargestellt (zum Beispiel: *Die Liebe sitzt in der Sonne.*).
- **Vergleich:** Etwas wird durch eine Verknüpfung zweier Bedeutungsbereiche mit „wie", „als ob" oder „so wie" veranschaulicht (zum Beispiel: *Wir gehen wie ein Paar.*).
- **Metapher:** Sprachbild, bei dem eine Vorstellung auf einen anderen Bedeutungsbereich übertragen wird (zum Beispiel: *Wolkenbürgschaft → Identität wird nur durch die Wolken verbürgt*)
- **Symbol:** bildkräftiges Wort oder Zeichen (Wiedererkennungszeichen), das auf etwas Allgemeines verweist (zum Beispiel: *Lotusblume → Reinheit, Treue*)

So geht's

Conrad Ferdinand Meyer: Zwei Segel (1882)

Zwei Segel erhellend
Die tiefblaue Bucht!
Zwei Segel sich schwellend
Zu ruhiger Flucht!

5　Wie eins in den Winden
Sich wölbt und bewegt,
Wird auch das Empfinden
Des andern erregt.

Begehrt eins zu hasten,
10　Das andre geht schnell,
Verlangt eins zu rasten,
Ruht auch sein Gesell.

zwei Segel
→ Segel werden personifiziert und erhalten symbolische Bedeutung; Bild für Harmonie und Verbundenheit

Ein Ding (Segel) begehrt, verlangt zu rasten, wird als „Gesell" (V. 12) bezeichnet.
→ Personifikation

Das Bild aus der ersten Strophe steht zunächst für sich: In einer Bucht mit tiefblauem Wasser und ruhigem Seegang sind zwei Segel zu sehen. Die folgenden beiden Strophen beschreiben, wie harmonisch die Bewegungen dieser Segel aufeinander abgestimmt sind. Durch die Personifikationen ab Vers 7 kommt eine weitere Bedeutungsebene hinzu, in der es um liebende Menschen geht, deren „Empfinden" (V. 7) und Wünsche (V. 9 ff.) miteinander harmonieren. Die Segel werden zu einem symbolischen Bild für eine perfekte Beziehung.

Den Aufbau und besondere Gestaltungsmittel erschließen

Wenn du die Gestaltung eines Gedichts untersuchen sollst, dann kannst du
den **Aufbau** (Aufteilung in Verse und Strophen) und **auffallende Gestaltungsmittel**
betrachten, z. B. Wiederholung von Lauten, Wörtern oder Satzbauformen sowie
die Wahl und Stellung einzelner Wörter.

So geht's
Reimordnung
dh5n6j

- **Aufbau**
  - **Vers:** Gedichtzeile
  - **Strophe:** Sinnabschnitt aus mehreren Versen
  - **Enjambement (Zeilen- oder Verssprung):** Eine Sinneinheit greift auf die folgende Zeile/
    den folgenden Vers über, wodurch der Zusammenhang verdeutlicht werden kann.

So geht's
klangliche
Mittel
hd7x5n

- **besondere Gestaltungsmittel**
  - **Reim und Reimordnung:** Gleichklang zweier Wörter vom letzten betonten Vokal an
  - **Alliteration:** gleiche Anfangslaute von Wörtern in einer Verszeile,
    durch die diese Ausdrücke besonders hervortreten
    (zum Beispiel: *Lust und Leid und Liebesklagen*)
  - **Anapher:** Wiederholung eines Wortes oder einer Wortgruppe am Anfang von
    aufeinanderfolgenden Versen (zum Beispiel: *Wie herrlich leuchtet mir die Natur!*
    Wie glänzt die Sonne! Wie lacht die Flur!)
  - **Parallelismus:** Wiederholung von Wortfolgen oder/und Satzbauformen in zwei oder
    mehreren aufeinanderfolgenden Sätzen (zum Beispiel: *Kling hinaus ins Weite. //*
    Kling hinaus, bis an das Haus.)
  - **Inversion:** Abweichung der Wortfolge im Satz von der üblichen Wortstellung
    (zum Beispiel: *Wie trostlos dann wären …*)

So geht's

Ulla Hahn: Leises Licht (1985)

Ganz leise leise geht das Licht	a
Den ich nicht kenne geht an meiner Seite	b
Wir gehen wie ein Paar auf schöne Art	c
Und scheu schau ich ihm manchmal ins Gesicht	a
5 das neben meinem liegen wird wenn alles Licht	a
gegangen ist wird er an meiner Seite	b
mich lieben wie ein Mann auf schöne Art	c
und treu und bleiben und es gibt ihn nicht	a

Wiederholung von „leise",
Alliteration
Enjambements, Inversion,
Reihung, Parallelismus

identische Reimwörter in
beiden Strophen,
Ausnahme V. 8
→ Betonung des „nicht"

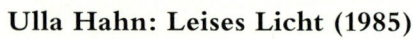

In der ersten Strophe herrscht ein ruhiger Klang vor, der vor allem durch die Wiederholung von „leise" und den
umarmenden Reim hervorgerufen wird. Die zweite Strophe wirkt durch die Enjambements unruhiger. Diese Unruhe
steigert sich bis zur holprig wirkenden Aufzählung im letzten Vers. Alle Reimwörter der ersten Strophe wieder-
holen sich bis auf „nicht", das dadurch besonders betont wird. Im letzten Vers werden die Eigenschaften des
gewünschten Partners aufgezählt. Als Pointe erweist sich dieser jedoch als Illusion: Es gibt ihn nicht.

Dramatische Texte kannst du besser verstehen, wenn du diese unter bestimmten Aspekten untersuchst und produktiv mit ihnen umgehst. Vieles hast du bereits in den Klassen 7 und 8 gelernt. In dieser Lerninsel erhältst du weiteres Handwerkszeug, um dramatische Texte genauer untersuchen zu können.

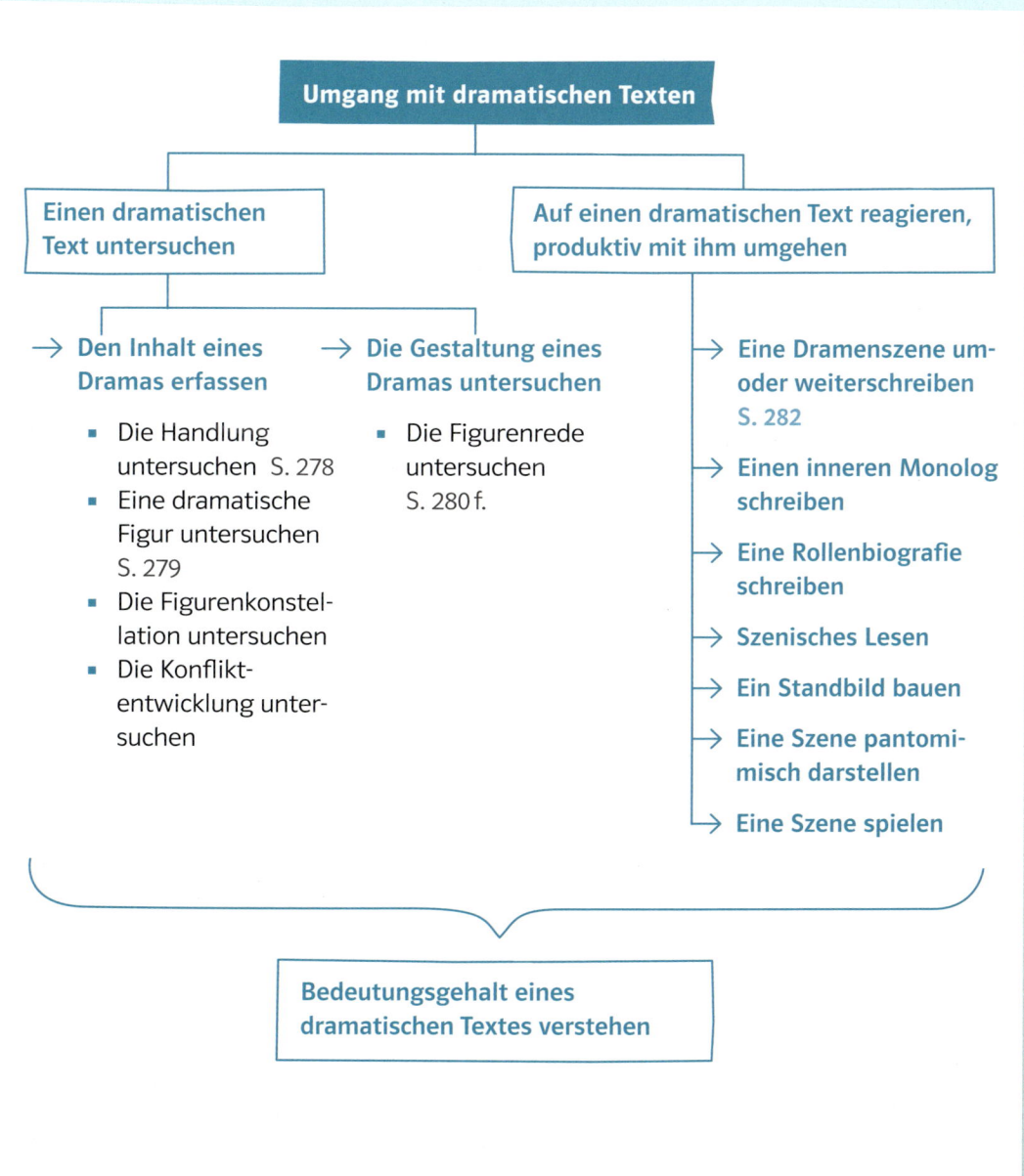

Umgang mit dramatischen Texten

Einen dramatischen Text untersuchen

→ **Den Inhalt eines Dramas erfassen**
- Die Handlung untersuchen S. 278
- Eine dramatische Figur untersuchen S. 279
- Die Figurenkonstellation untersuchen
- Die Konfliktentwicklung untersuchen

→ **Die Gestaltung eines Dramas untersuchen**
- Die Figurenrede untersuchen S. 280 f.

Auf einen dramatischen Text reagieren, produktiv mit ihm umgehen

→ **Eine Dramenszene um- oder weiterschreiben** S. 282
→ **Einen inneren Monolog schreiben**
→ **Eine Rollenbiografie schreiben**
→ **Szenisches Lesen**
→ **Ein Standbild bauen**
→ **Eine Szene pantomimisch darstellen**
→ **Eine Szene spielen**

So geht's:
eine Szene pantomimisch darstellen, ein Standbild bauen, szenisches Lesen, eine Szene spielen, die Figurenkonstellation untersuchen
e33z9x

Bedeutungsgehalt eines dramatischen Textes verstehen

Den Inhalt eines Dramas erfassen

Die Handlung untersuchen

So geht's:
die Handlung
untersuchen
4fg6jm

In einem Drama (griech. *drama:* Handlung) ist die Handlung bestimmt
von einem dramatischen **Konflikt**, der aus dem **Aufeinandertreffen von Figuren**
mit unterschiedlichen Auffassungen und Absichten erwächst (**äußerer Konflikt**).
Der Konflikt kann aber auch in einer Figur angelegt sein (**innerer Konflikt**).

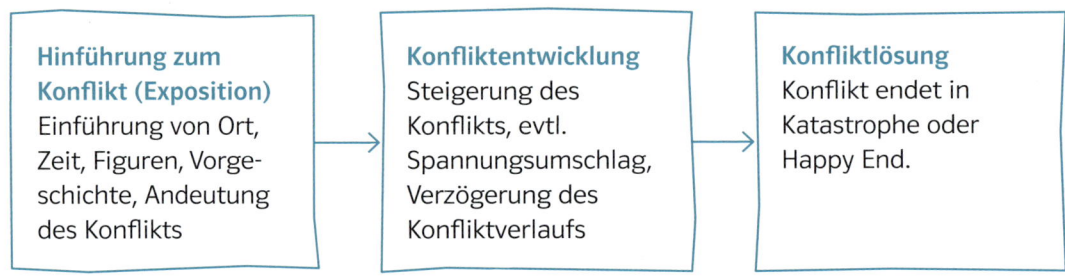

| **Hinführung zum Konflikt (Exposition)** Einführung von Ort, Zeit, Figuren, Vorgeschichte, Andeutung des Konflikts | → | **Konfliktentwicklung** Steigerung des Konflikts, evtl. Spannungsumschlag, Verzögerung des Konfliktverlaufs | → | **Konfliktlösung** Konflikt endet in Katastrophe oder Happy End. |

Achtung: alte Rechtschreibung

Max Frisch: Andorra, Erstes Bild (1961, Ausschnitt)

*Das Drama handelt von Andri, der von dem Lehrer unehelich mit einer
Ausländerin gezeugt wurde und von diesem als jüdischer Pflegesohn
ausgegeben wird. In der folgenden Anfangsszene streicht Barblin, die
Tochter des Lehrers, die Hausmauer.*

5   **BARBLIN:** Vater ist nicht zu Haus.
    PATER: […] Warum trinkt er soviel in letzter Zeit? Und dann be-
      schimpft er alle Welt. Er vergißt, wer er ist. Warum redet er im-
      mer solches Zeug?
    BARBLIN: Ich weiß nicht, was Vater in der Pinte redet.
10   **PATER:** Er sieht Gespenster. Haben sich hierzuland nicht alle entrüs-
      tet über die Schwarzen da drüben, als sie es trieben wie beim Kin-
      dermord zu Bethlehem, und Kleider gesammelt für die Flücht-
      linge damals? Er sagt, wir sind nicht besser als die Schwarzen da
      drüben. Warum sagt er das die ganze Zeit? Die Leute nehmen es
15   ihm übel, das wundert mich nicht. Ein Lehrer sollte nicht so re-
      den. Und warum glaubt er jedes Gerücht, das in die Pinte kommt?
    Pause
    Kein Mensch verfolgt euren Andri –
    Barblin hält inne und horcht.
20   – noch hat man eurem Andri kein Haar gekrümmt.
    Barblin weißelt weiter.

So geht's

Exposition untersuchen

Ort/Zeit:
– vor dem Haus des Lehrers

Figuren:
– Barblin = Tochter des
  Lehrers
– Pater: zeigt sich besorgt
– Lehrer: trinkt, hat einen
  unehelichen Sohn, den er
  als jüdischen Pflegesohn
  ausgibt
– Andri: scheint bedroht

Vorgeschichte:
– Gerüchte, Andri werde verfolgt
– Andorraner standen Flüchtlingen aus dem Nachbar-
  land bei

dramatischer Konflikt:
– Konflikt mit Nachbarstaat
– Andri droht Gefahr
  (Rassismus in Andorra?)

Eine dramatische Figur untersuchen

Untersuche die **indirekten Charakterisierungen** (z. B. Äußerungen der Figur im Gespräch mit anderen) und die **direkten Charakterisierungen** (z. B. Äußerungen anderer über die Figur und das Verhalten der Figur).

⊕ **So geht's:** die Figurenkonstellation untersuchen d5p23f

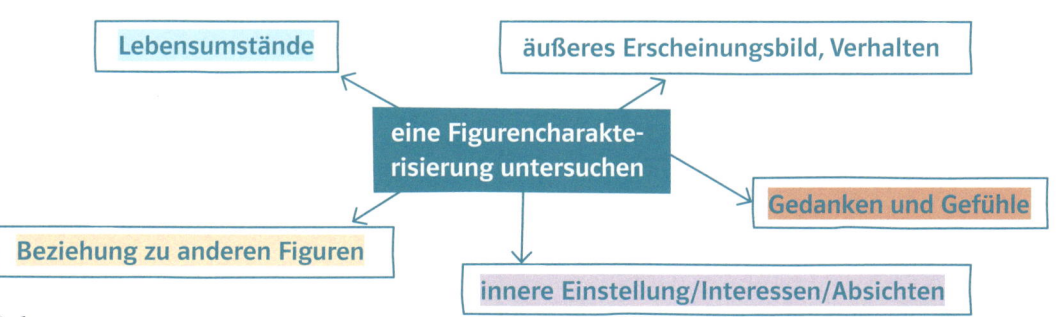

Lebensumstände

äußeres Erscheinungsbild, Verhalten

eine Figurencharakterisierung untersuchen

Gedanken und Gefühle

Beziehung zu anderen Figuren

innere Einstellung/Interessen/Absichten

Andri kann sich gar nicht an der Liebe zu Barblin erfreuen, er erscheint mir sehr verunsichert.

Achtung:
alte Rechtschreibung

So geht's

Max Frisch: Andorra, Zweites Bild (1961, Ausschnitt)

Andri und Barblin auf der Schwelle vor der Kammer der Barblin.

[…]
BARBLIN: Soll ich sie ausziehen? – *Barblin zieht ihre Bluse aus.*
ANDRI: Meinesgleichen, sagen sie, ist geil, aber ohne Gemüt, weißt
5   du –
BARBLIN: Andri, du denkst zuviel!
Barblin legt sich wieder auf seine Knie.
ANDRI: Ich lieb dein Haar, […] ich werde sterben, wenn ich es verliere.
    Andri küsst ihr Haar. […]
10 **ANDRI:** Bist du ganz sicher, Barblin, daß du mich willst?
BARBLIN: Warum fragst du das immer.
ANDRI: Die andern sind lustiger.
BARBLIN: Die andern!
ANDRI: Vielleicht haben sie recht. Vielleicht bin ich feig, sonst würde
15   ich endlich zu deinem Alten gehn und sagen, daß wir verlobt sind.
    Findest du mich feig? […]
BARBLIN: Ich denke nicht an die andern. Andri, wenn du mich hältst
    mit deinen Armen und mich küsst, glaub mir, ich denke nicht an sie.
ANDRI: – aber ich.
20 **BARBLIN:** Du mit deinen andern die ganze Zeit! […]
BARBLIN: Laß uns schlafen!
ANDRI: Ich langweile dich. […]
Das ist kein Aberglaube, o nein, das gibt's, Menschen, die verflucht
sind, und man kann machen mit ihnen, was man will, ihr Blick ge-
25 nügt, plötzlich bist du so, wie sie sagen.

Charakterisierung der Figur Andri

Verhalten: zärtlich, zurückhaltend (nicht „geil", wie die anderen sagen)

Beziehung zu anderen Figuren: verlobt mit Barblin

innere Einstellung:
– unsicher, vergleicht sich mit den anderen
– scheint das Bild, das andere von ihm haben, zu übernehmen

Gedanken/Gefühle:
– Er denkt stets an die anderen (was sie über ihn sagen).
– Es gibt Menschen, die einen dazu bringen, so zu sein, wie sie sagen.

Die Gestaltung eines Dramas untersuchen

Die Figurenrede untersuchen

Durch die Figurenrede erfährst du etwas über die **unterschiedlichen Positionen** in einem **Konflikt** und gewinnst Einblicke in die **Charaktereigenschaften** und **Gedanken der Figuren**. Du musst zwischen **Monolog** und **Dialog** unterscheiden.

Einen Monolog untersuchen

Ein Monolog ist ein **Selbstgespräch einer Figur**, das die äußere Handlung unterbricht.

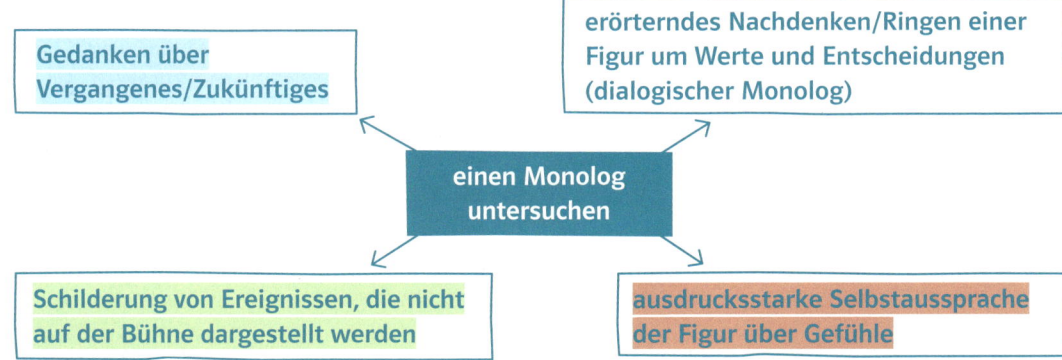

Gedanken über Vergangenes/Zukünftiges

erörterndes Nachdenken/Ringen einer Figur um Werte und Entscheidungen (dialogischer Monolog)

einen Monolog untersuchen

Schilderung von Ereignissen, die nicht auf der Bühne dargestellt werden

ausdrucksstarke Selbstaussprache der Figur über Gefühle

Achtung:
alte Recht-
schreibung

So geht's

Max Frisch: Andorra, Erstes Bild (1961, Ausschnitt)

ANDRI: Hörst du mich nicht?
Barblin erhebt sich.
ANDRI: Barblin?!
BARBLIN: Was ist?
5 **ANDRI:** – Ich werde Tischler!
Barblin folgt als letzte der Prozession, Andri allein.
ANDRI: Die Sonne scheint grün in den Bäumen heut. Heut läuten die Glocken auch für mich.
Er zieht seine Schürze ab.
Später werde ich immer denken, daß ich jetzt gejauchzt habe. Dabei zieh ich bloß meine Schürze
10 ab, ich staune, wie still. Man möchte seinen Namen in die Luft werfen wie eine Mütze, und dabei
steh ich nur da und rolle meine Schürze. So ist Glück. Nie werde ich vergessen, wie ich jetzt hier
stehe …

Andri hat offenbar erfahren, dass er Tischler werden kann. In dem Monolog kommt seine Freude darüber zum Ausdruck. Die anfängliche Schilderung zeigt, wie groß sein Glück ist. In seinen anschließenden Gedanken über die Zukunft wird aber spürbar, dass er sich nur verhalten freuen kann. Die Stille, die er empfindet, sowie der unpersönlich formulierte Wunsch, „seinen Namen in die Luft (zu) werfen" (Z. 10) deuten an, dass er seine Freude nur verhalten ausdrücken kann, obwohl sie für ihn unvergesslich bleibt.

Einen Dialog untersuchen

Ein Dialog bezeichnet die **Wechselrede zwischen zwei** oder **mehreren Figuren**.
Durch ihn wird die Handlung vorangetrieben.

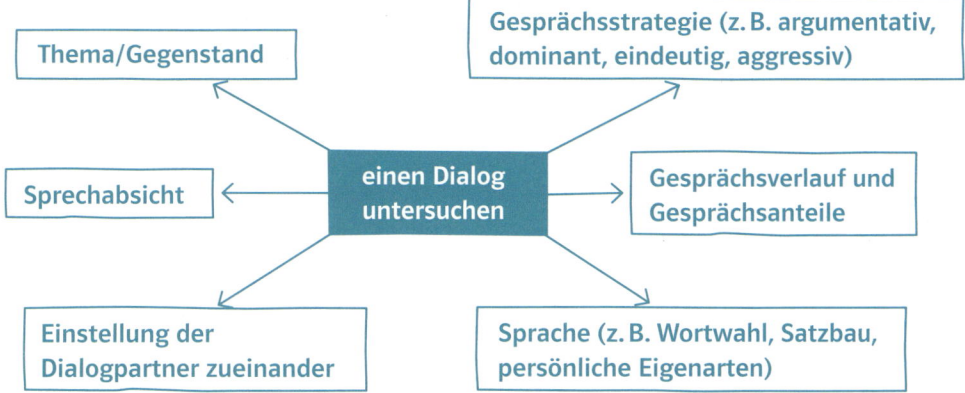

⊕
So geht's:
den Dialog
untersuchen
jn84fg

*Beide Figuren
haben Angst, den
Galgen direkt
anzusprechen.*

Achtung:
alte Recht-
schreibung

Max Frisch: Andorra, Erstes Bild (1961, Ausschnitt)

LEHRER: Wer hat diesen Pfahl hier aufgestellt?

WIRT: Wo?

LEHRER: Ich bin nicht immer betrunken, wie Hochwürden meinen. Ein Pfahl ist ein Pfahl. Je-

5 mand hat ihn aufgestellt. Von gestern auf heut. Das wächst nicht aus dem Boden.

WIRT: Ich weiß es nicht.

LEHRER: Zu welchem Zweck?

WIRT: Vielleicht das Bauamt, ich weiß nicht, das

10 Straßenamt, irgendwo müssen die Steuern ja hin, vielleicht wird gebaut, eine Umleitung vielleicht, das weiß man nie, vielleicht die Kanalisation –

LEHRER: Vielleicht.

WIRT: Oder das Telefon –

15 LEHRER: Vielleicht auch nicht.

WIRT: Ich weiß nicht, was du hast.

LEHRER: Und wozu der Strick dabei?

WIRT: Weiß ich's.

LEHRER: Ich sehe keine Gespenster, ich bin nicht

20 verrückt, ich seh einen Pfahl, der sich eignet für allerlei –

WIRT: Was ist dabei!

Thema/Gegenstand:
Galgen auf dem Marktplatz, der vorher nicht da war

Sprechabsicht:
Der Lehrer will wissen, wozu der Galgen aufgestellt wurde.
Der Wirt will die Fragen nicht beantworten.

Gesprächsstrategie:
Lehrer:
– benennt nicht eindeutig den Gegenstand
– geht auf die Gesprächsangebote ein
Wirt:
– weicht aus
– nutzt die Uneindeutigkeit des Lehrers, über ein anderes Thema zu sprechen (Unberechenbarkeit behördlicher Maß-nahmen)
– verweigert den Dialog

Sprache:
– Lehrer: z.T. unvollständige Sätze → uneindeutig
– Wirt: 4x „vielleicht" → Position bleibt vage

Auf einen dramatischen Text reagieren, produktiv mit ihm umgehen

Eine Dramenszene um- oder weiterschreiben

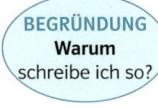

INHALT
Was
wird erzählt?

FORM
Wie
wird erzählt?

BEGRÜNDUNG
Warum
schreibe ich so?

1. Den literarischen Ausgangspunkt untersuchen
– **Inhalt** klären:
· Stelle W-Fragen an den Text (z.B. zu *Thema, Konflikt, Handlung, Figurenkonstellation, Charaktereigenschaften der Figuren, Ort, Zeit*).
· Überprüfe, ob der Text Vorausdeutungen enthält, die du berücksichtigen musst.
– **Gestaltung** untersuchen:
· Untersuche die Figurenrede (z.B. *Gesprächsstrategie*).
· Untersuche den Text auf auffällige sprachliche Merkmale.

2. Den Schreibplan erstellen
– Überprüfe deine Schreibidee am literarischen Ausgangstext.

3. Den eigenen Text verfassen

4. Den eigenen Text überarbeiten
– Überarbeite deinen Text nach folgenden Kriterien: Berücksichtigung von Inhalt und Form des Ausgangstextes, Logik, Grammatik und Rechtschreibung.

Achtung:
alte Recht-
schreibung

So geht's

Max Frisch: Andorra, Drittes Bild (1961, Ausschnitt)

TISCHLER: Tischler werden ist nicht einfach, wenn's einer nicht im Blut hat. Nicht einfach. Woher sollst du's im Blut haben. Das habe ich deinem Vater aber gleich gesagt. Warum gehst du nicht in den Verkauf? Wenn einer nicht aufgewachsen ist
5 mit dem Holz, siehst du, mit unserem Holz – lobpreiset eure Zedern vom Libanon, aber hierzuland wird in andorranischer Eiche gearbeitet, mein Junge.
ANDRI: Das ist Buche.
TISCHLER: Meinst du, du mußt mich belehren?
10 **ANDRI:** Sie wollen mich prüfen, meinte ich.
TISCHLER: *versucht ein Stuhlbein auszureißen.*
ANDRI: Meister, das ist aber nicht meiner!
TISCHLER: Da –
Der Tischler reißt ein erstes Stuhlbein aus.
15 Was hab ich gesagt?
Der Tischler reißt die anderen drei Stuhlbeine aus.
– wie die Froschbeine, wie die Froschbeine. Und so ein Humbug soll in den Verkauf. […] *Der Tischler wirft ihm die Trümmer vor die Füße.* Schau's dir an!
20 **ANDRI:** Sie irren sich.

Schreibplan

Idee: Der Tischler zeigt Andri, dass er angeblich schlecht gearbeitet hat (Machtkarte), und bleibt dabei, dass Andri dies nicht könne (Vorurteil). Andri gibt am Ende auf.

Tischler:
– Sprechabsicht: Er will mit seinen Vorurteilen Recht behalten.
– Strategie:
Er geht nicht auf Einwände ein.
Er spielt die Machtkarte aus.
– Sprache: belehrend, unechte Fragen

Andri:
– Sprechabsicht: Er will Anerkennung.
– Strategie: Er bleibt bei seiner Position, erkennt aber die Autorität an.
– Sprache: kurze Aussagesätze

Medien nutzt du täglich, zum Beispiel, wenn du eine Zeitung liest, fernsiehst, im Internet surfst oder dir Filme anschaust. In dieser Lerninsel erhältst du einen Überblick, wie du Filme analysierst und welche Fachbegriffe dir dabei helfen. Außerdem lernst du, wie du dich in Zeitungen orientieren kannst und worauf du achten musst, wenn du einen Zeitungsartikel untersuchen sollst.

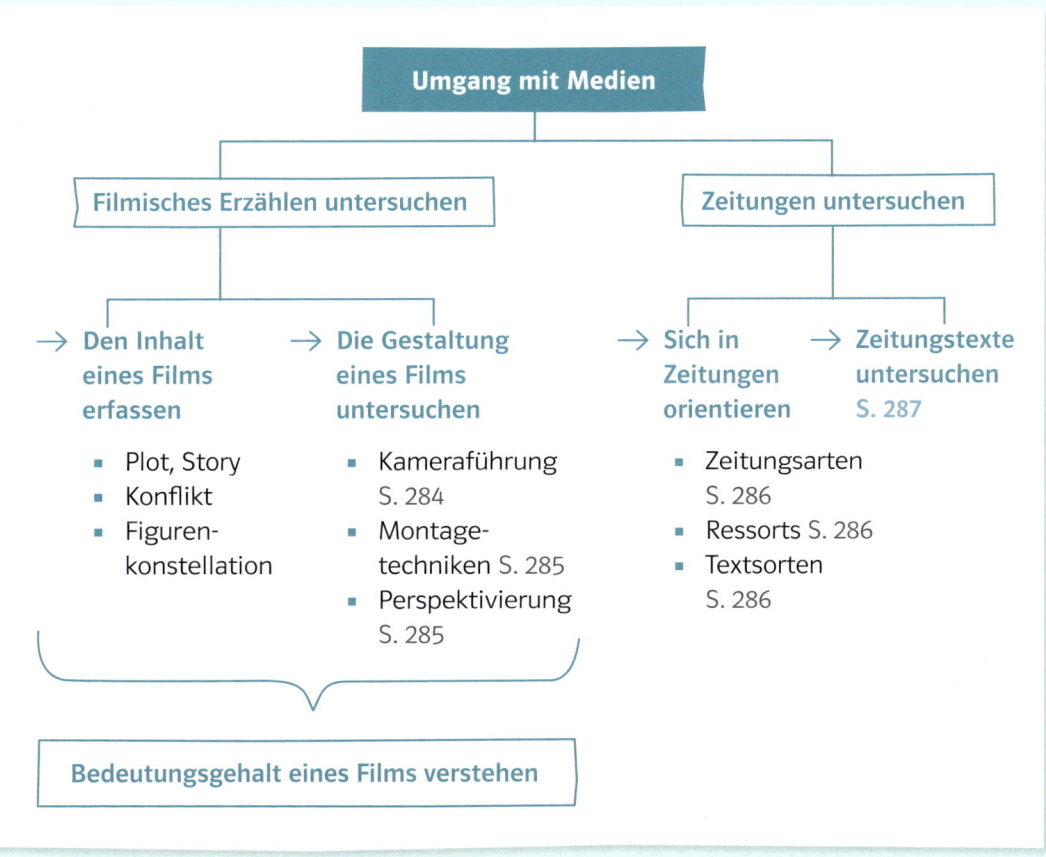

Umgang mit Medien

Filmisches Erzählen untersuchen

→ **Den Inhalt eines Films erfassen**
- Plot, Story
- Konflikt
- Figuren-konstellation

→ **Die Gestaltung eines Films untersuchen**
- Kameraführung S. 284
- Montage-techniken S. 285
- Perspektivierung S. 285

Bedeutungsgehalt eines Films verstehen

Zeitungen untersuchen

→ **Sich in Zeitungen orientieren**
- Zeitungsarten S. 286
- Ressorts S. 286
- Textsorten S. 286

→ **Zeitungstexte untersuchen** S. 287

Die Gestaltung eines Films untersuchen

Kameraführung, Montage und **Perspektivierung** sind die wichtigsten Gestaltungsmittel im Film. Der Zuschauer kann nur das sehen, was die Kamera ihm zeigt. Und er kann nur in den Einstellungen sehen, die ihm die Montage vorgibt.
Für das Verständnis von Filmen ist es wichtig, diese Mittel bewusst wahrzunehmen und in ihren unterschiedlichen Funktionen zu erfassen.

Kameraführung

Bei der Kameraführung sind drei verschiedene Techniken zu unterscheiden:
- Die **Kameraperspektive** bestimmt, aus welcher Position eine Person oder ein Gegenstand zu sehen ist.
  - Die **Aufsicht** („Vogelperspektive") betont die Überlegenheit einer Person.
  - Die **Normalsicht** ermöglicht eine natürliche Wahrnehmung.
  - Die **Untersicht** („Froschperspektive") lässt Personen groß und bedrohlich wirken.
- Die **Kameraeinstellung** bestimmt, wie groß der Ausschnitt ist, den man im Film von einer Person oder einem Gegenstand sieht. Die **Einstellungsgröße** der Kamera bestimmt den Ausschnitt, der gezeigt wird.
  - Die **Totale** gibt den Überblick über den gesamten Handlungsort und vermittelt dem Zuschauer eine erste Orientierung.
  - Bei der **Halbtotalen** sind die Darsteller vollständig zu sehen und werden in ihrer unmittelbaren Umgebung gezeigt. Der Zuschauer fühlt sich einbezogen.
  - **Halbnah** zeigt die Darsteller etwa vom Kopf bis zur Mitte des Oberkörpers. Das entspricht der natürlichen Sehsituation und vermittelt Nähe.
  - Die Einstellung **Nah** zeigt die Darsteller von der Schulter bis zum Kopf. Sie wird oft für Dialoge verwendet, weil die Mimik besonders gut zu erkennen ist.
  - Bei der **Großaufnahme** wird zum Beispiel nur der Kopf gezeigt. Das hebt Reaktionen und Emotionen besonders hervor.
  - Bei der Einstellung **Detail** wird nur ein kleiner Ausschnitt gezeigt, der besonders intensiv wahrgenommen wird.

Die verschiedenen Kameraeinstellungen lassen den Film erst richtig wirken.

     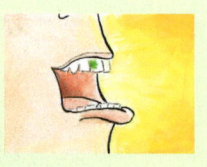

Totale   Halbtotale   Halbnah   Nah   Großaufnahme   Detail

- Bei der **Kamerabewegung** werden die verschiedenen Einstellungen und Perspektiven nicht nacheinander gezeigt, sondern mit einer Bewegung der Kamera.
  - Per **Zoom** kann die Kamera zum Beispiel schnell von der Halbtotalen zur Großaufnahme wechseln.
  - Mittels **Schwenk** kann die Kamera zum Beispiel ein Gebäude oder eine Person von unten nach oben in einer Bewegung zeigen.

Montagetechniken

Ein Film besteht aus einzelnen Einheiten. Die **Einstellung** ist die kleinste Einheit im Film. Am Beginn und am Ende einer solchen Einstellung liegt ein **Schnitt**. Die geschnittenen Einstellungen werden anschließend aneinandergefügt. Diesen Vorgang nennt man **Montage**.

- **Schuss–Gegenschuss:** Hierbei zeigt die Kamera **im Wechsel** verschiedene Personen oder Ereignisse. Obwohl die Kamera ihre Position wechselt, versteht der Zuschauer dennoch den Zusammenhang. Dieses Verfahren wird häufig bei Gesprächen angewendet.
- **Parallelmontage:** Um Ereignisse zu zeigen, die an verschiedenen Orten zur gleichen Zeit geschehen, werden die Situationen **hintereinander** gezeigt. Obwohl Ort und Figuren unterschiedlich sind, bleibt der Zusammenhang für den Zuschauer verständlich. Die Parallelmontage wird häufig genutzt, um Spannung zu erzeugen.

Perspektivierung: Point of View

Welche Wirkungen ein Film beim Zuschauer erzielt, hängt auch von den Entscheidungen des Regisseurs ab, ob die Bilder des Films **objektiv** oder eher **subjektiv** wahrgenommen werden sollen. Man nennt dies **Perspektivierung** oder auch **Point of View**.

- Bei der **objektiven Perspektive** betrachtet der Zuschauer das Geschehen von außen und hat dadurch eine Distanz zum Inhalt und zu den Figuren.
- Bei der **subjektiven Perspektive** nähert sich die Kamera der Handlung und den Figuren, sodass der Zuschauer intensiver empfindet. Die Kamera kann auch einen Standpunkt einnehmen, der dem Zuschauer einen Blick durch die Augen einer Figur ermöglicht oder ihn wie die Figur sehen lässt.

⊕ So geht's
Montage-
techniken
yh3v9p

So geht's

Thema benennen:
Das Filmbild zeigt Pi, der versucht, sich bei stürmischem Seegang auf einem selbst gebauten Floß zu halten.

Kameraführung und Point of View beschreiben:
Durch die **Normalsicht** wird dem Zuschauer eine intensive Wahrnehmung der Spannung ermöglicht. Die Hauptperson ist durch die **Halbtotale** in der unmittelbaren Umgebung der Szene gut zu erkennen. Der Zuschauer nimmt das Geschehen von außen wahr.

Gesamteindruck zusammenfassen und deuten:
Der **Point of View** lenkt die Aufmerksamkeit auf die schwierige Situation der Hauptperson. Man wird als Zuschauer in das Geschehen hineingezogen und fühlt sich in die Situation **subjektiv** ein.

Sich in Zeitungen orientieren

Zeitungsarten

Verschiedene Arten von Zeitungen unterscheiden sich durch bestimmte Merkmale.
Oft erkennst du sie auch schon an der Gestaltung der Titelseite:

- **Boulevardzeitungen** (z. B. *Bild-Zeitung, Morgenpost*): viele Bilder, große Schrift, relativ kurze Artikel über Prominente, sensationsorientierte Schlagzeilen
- **überregionale Tageszeitungen** (z. B. *Süddeutsche Zeitung, Frankfurter Allgemeine Zeitung, Die Welt*): großes Spektrum an Themen, viele Hintergrundinformationen
- **regionale Tageszeitungen** (z. B. *Leipziger Volkszeitung, Thüringer Allgemeine, Sächsische Zeitung*): mittelgroßes Spektrum an Themen und Hintergrundinformationen, in den verschiedenen Ressorts stehen oft Themen und Personen aus der Region im Mittelpunkt
- **Wochenzeitungen** (z. B. *Die Zeit, Frankfurter Allgemeine Sonntagszeitung*): erscheinen nur einmal in der Woche, teilweise sehr lange Texte und viele Hintergrundinformationen

Ressorts

Die Ressorts der Zeitung helfen dir, schnell Artikel zu Themen zu finden, die dich interessieren. Anhand des Umfangs der Ressorts kann man das Profil einer Zeitung erkennen.

- Die fünf **klassischen Zeitungsressorts**: Politik, Wirtschaft, Sport, Feuilleton/Kultur, Lokales
- **zusätzliche Ressorts** (je nach Zeitung und Tagesgeschehen): Medien, Technik, Wissenschaft, Finanzmarkt, Panorama/Gesellschaft, …
- **weitere Elemente:** Rätsel, Wetter, Comics, Horoskop, …

Textsorten

informierende Textsorten	meinungsäußernde Textsorten
Nachricht (Hauptgebiet der journalistischen Arbeit) – Inhalt: allgemein interessierender aktueller Sachverhalt mit Neuigkeitswert – Sprache: sachliche Darstellung – Meldung (Kurzform): nur wenige Sätze, nur die wichtigsten Informationen, oft im Wortlaut von Presseagenturen übernommen – Bericht (Langform): Informationen einer Meldung, zusätzlich: Zitate von Augenzeugen, Hintergrundinformationen zu den Ursachen eines Geschehens, Details zu den Folgen, … **Reportage** – Inhalt: Wahrnehmungen vor Ort, oft Erlebnisse und Erfahrungen einzelner Personen im Vordergrund, eingestreute Hintergrundinformationen – Sprache: anschaulich beschreibend, zum Teil perspektivische Darstellung **Interview:** Abdruck eines Gesprächs in Dialogform	**Kommentar** – Inhalt: Meinung des Autors/der Autorin zu einem Ereignis – Sprache: subjektive Darstellung, oft rhetorische Fragen, Ironie, wertende Adjektive, Appelle, Irreales im Konjunktiv, … **Glosse** – Inhalt: kurze, witzige Meinungsäußerung – Sprache: pointiert-polemisch, satirisch, bildhaft **Rezension/Kritik:** – Inhalt: Besprechung eines kulturellen Gegenstandes (Film, Theaterinszenierung, Kunstausstellung, Computerspiel, Buch …) – Sprache: Informationen und Wertung werden verknüpft. **Essay:** – Inhalt: persönliche Auseinandersetzung mit einem wissenschaftlichen, kulturellen, politischen oder gesellschaftlichen Thema – Sprache: keine verbindlichen Normen, pointiert, individuell, sprachlich originell

Auf dem Mars war Leben möglich

Eine Schaufel Mars-Gesteinsstaub könnte die Lösung für eines der größten Rätsel der Raumfahrt gebracht haben: Auf dem Roten Planeten war nach Angaben der NASA wohl einst mikrobielles Leben möglich. Wann genau, ist allerdings noch völlig unklar.

5 Eine Gesteinsanalyse des Rovers „Curiosity" lässt nach Angaben der amerikanischen Raumfahrtbehörde NASA den Schluss zu, dass auf dem Mars einst mikrobielles Leben möglich war. „Wir haben eine einst bewohnbare Umgebung gefunden", sagte NASA-Manager John Grotzinger
10 am Dienstag bei einer Pressekonferenz. „Wir sind alle begeistert und sehr aufgeregt."

Wann genau der Mars für die mikroskopisch kleinen Lebewesen bewohnbar war und ob es sie tatsächlich gegeben hat, sei allerdings noch völlig unklar. „Ob das zur
15 selben Zeit war, als auch die Erde schon bewohnbar war, können wir noch nicht sagen. Das alles müssen wir jetzt erforschen." Die große Erkenntnis steckte in einer kleinen Schaufel Mars-Gesteinsstaub, die der Rover „Curiosity" Anfang Februar mit einem Bohrer aus einem Stein geholt
20 hatte. In der Probe fand der Forschungsroboter mithilfe seiner Messinstrumente nach NASA-Angaben unter anderem Spuren von Schwefel, Stickstoff, Phosphor und Kohlenstoff – alles chemische Stoffe, die bei der Entstehung von Leben eine wichtige Rolle spielen.

25 „Eine fundamentale Frage dieser Mission war immer, ob auf dem Mars jemals Leben möglich war", sagte NASA-Manager Michael Meyer. „Und soviel wir jetzt wissen, heißt die Antwort ‚Ja'." An der Stelle, wo der Rover gebohrt hat, könnten einst Flüsse oder ein See gewesen sein.
30 [...]

Die Stelle liegt nur wenige hundert Meter von dem Ort entfernt, wo „Curiosity" – der teuerste und technisch ausgefeilteste Mars-Rover überhaupt – im August vergangenen Jahres gelandet war. Die Entdeckung sei „unglaublich",
35 sagte NASA-Manager John Grunsfeld. „Das ist schon so lange eine so große Frage der Wissenschaft und jetzt haben wir eine Antwort – und das so kurz nach Beginn der Mission, das ist einfach großartig."

So geht's

Schreibe die **W-Fragen und Antworten** auf: Was? Wer? Wo? Wann? Wie? Welche Folgen?

Markiere mit drei Farben:
– Stellen, die den Neuigkeitswert des Ereignisses ausmachen
– Stellen, die auf weitere Hintergrundinformationen verweisen
– Stellen, die Augenzeugenberichte enthalten

Notiere kurz, **worüber der Artikel informiert**:
Der Zeitungsartikel informiert über die jüngste Marsmission der NASA und ihre Erkenntnisse. Durch die Analyse von Gesteinsproben wurde festgestellt, dass Leben auf dem Mars einst möglich war.

Untersuche, wie der Text **aufgebaut** ist und welche **Absicht** er hat:
Aufbau nach Prinzip der umgekehrten Pyramide (Wichtiges zuerst, weniger wichtige Einzelheiten am Ende) →
will durch lebendige und authentische Darstellung (Berufung auf Experten) Interesse am Thema wecken

Untersuche im Text auffällige **sprachliche Mittel**:
– *viele Zitate (direkte Rede)*
– *Fachwörter (z. B. mikrobiell, mikroskopisch)*
– *Adjektive, die große Bedeutung verdeutlichen sollen (auch in Steigerungsformen)*
– *Gegensatz: große Erkenntnis – kleine Schaufel (Z. 17 f.)*

Ordne den Text einer **journalistischen Textsorte** zu:
Bei dem Zeitungsartikel handelt es sich um einen Bericht.

Sprache betrachten

Lerninsel: Was du wissen und können musst

Europa bietet eine große Sprachenvielfalt. Viele Sprachen weisen Ähnlichkeiten auf, da sie einen gemeinsamen Ursprung haben. Die Geschichte der deutschen Sprache lässt sich in verschiedene Perioden einteilen, die durch einen Lautwandel von Wörtern gekennzeichnet sind. Neben dem Lautwandel unterliegen die Wörter zugleich einem Bedeutungswandel. Auch heute entwickelt sich unsere Sprache stets weiter.

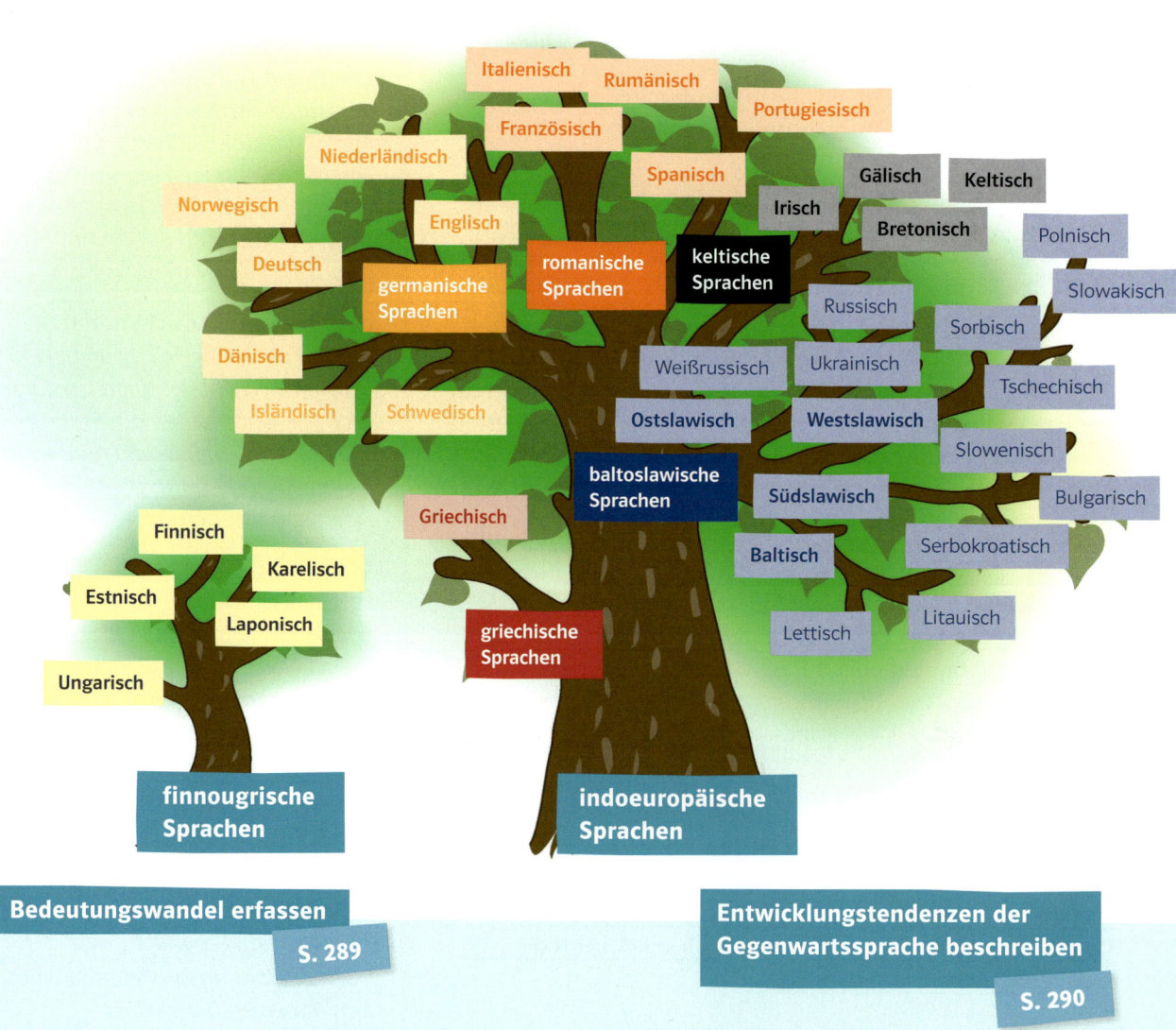

Sprachverwandtschaften in Europa

Italienisch — Rumänisch — Portugiesisch — Französisch — Niederländisch — Spanisch — Gälisch — Keltisch — Irisch — Norwegisch — Englisch — Bretonisch — Polnisch — Deutsch — romanische Sprachen — keltische Sprachen — Slowakisch — germanische Sprachen — Russisch — Sorbisch — Dänisch — Weißrussisch — Ukrainisch — Tschechisch — Isländisch — Schwedisch — Ostslawisch — Westslawisch — Slowenisch — baltoslawische Sprachen — Südslawisch — Bulgarisch — Finnisch — Griechisch — Baltisch — Serbokroatisch — Estnisch — Karelisch — Litauisch — Laponisch — griechische Sprachen — Lettisch — Ungarisch — finnougrische Sprachen — indoeuropäische Sprachen

Bedeutungswandel erfassen
S. 289

Entwicklungstendenzen der Gegenwartssprache beschreiben
S. 290

Bedeutungswandel erfassen

Von Bedeutungswandel spricht man, wenn sich die Bedeutung einzelner Wörter im Lauf der Zeit verändert. Er kann in unterschiedlicher Form auftreten:

- **Bedeutungserweiterung**: der Bedeutungsumfang eines Wortes wird ausgedehnt, z. B. *Cäsar* (eine Person) → *Kaiser* (allgemeiner Titel)
- **Bedeutungsverengung**: der Bedeutungsumfang eines Wortes wird eingeschränkt, z. B. *Hochzeit* (jedes Fest) → *Hochzeit* (Eheschließungszeremonie), *maere* (*mhd.* erzählende Dichtung: Roman, Erzählung, Märchen u. a.) → Märchen (*nhd.* epische Kurzform fantastischen Inhalts)
- **Bedeutungsverschlechterung**: z. B. *gemein* (allgemein) → *gemein* (niederträchtig), *sleht* (*mhd.* aufrichtig, schlicht) → schlecht (*nhd.* negativ, nicht genießbar)
- **Bedeutungsverbesserung**: z. B. *toll* (verrückt) → *toll* (erstaunlich, ausgezeichnet), *arebeit* (*mhd.* Mühe, Plage) → Arbeit (*nhd.* Tätigkeit, Beruf)

So kannst du vorgehen, wenn du den Bedeutungswandel eines Wortes untersuchen willst:

1. Im etymologischen Wörterbuch nachschlagen

- frühere Bedeutung eines Wortes entnehmen (inklusive aller Nebenbedeutungen)

2. Eine Merkmalanalyse durchführen

- die Bedeutung des Wortes in kleinere Bedeutungselemente zerlegen, z. B. *vrouwe: weiblich; erwachsen; verheiratet; sozial höhergestellt (Herrin)*

3. Bedeutungen vergleichen

Frau: *mhd.* vrouwe, *ahd.* frouwe sind (wie der *aisl.* Name der Göttin Freyja) weibliche Bildungen zu einem im Dt. untergegangenen *germ.* Wort für „Herr", das in *got.* frauja, *asächs.* frôio, *aengl.* friega und dem *aisl.* Namen des Gottes Freyr bewahrt ist […]. Dieser Herkunft gemäß ist „Frau" im Dt. lange Zeit vor allem die Bezeichnung der Herrin und der Dame von Stand gewesen […] Als Standesbezeichnung ist „Frau" seit dem 17. Jh. von „Dame" verdrängt worden, andererseits ist es in der Bed. „erwachsene weibliche Person, Ehefrau" an die Stelle von *mhd.* wîp getreten.

- klären, ob eine Bedeutungserweiterung, Bedeutungsverengung, Bedeutungsverschlechterung oder eine Bedeutungsverbesserung vorliegt

So geht's

vrouwe (*mhd.* Herrin, Dame von Stand) → Frau (*nhd.* allg. erwachsene weibliche Person, Ehefrau) Es hat bei dem Wort „Frau" im Vergleich zu mhd. vrouwe eine **Bedeutungserweiterung** stattgefunden, da es nicht mehr nur die adelige Frau bezeichnet.

Entwicklungstendenzen der Gegenwartssprache beschreiben

Neben **Vereinfachung** und **Verkürzung (Ökonomisierung)** als den wesentlichen Motoren des Sprachwandels finden sich noch zwei weitere Faktoren, die die Entwicklung der Gegenwartssprache vorantreiben: Die **Angleichung von Schriftlichkeit und Mündlichkeit (Ausgleich)** sowie die **starke Zunahme von Entlehnungen** aus anderen Sprachen **(Internationalisierung)**.

Diese Entwicklungstendenzen haben Auswirkungen auf die Rechtschreibung, auf die Grammatik, auf den Wortschatz und die Wortbedeutung sowie auf die Aussprache.

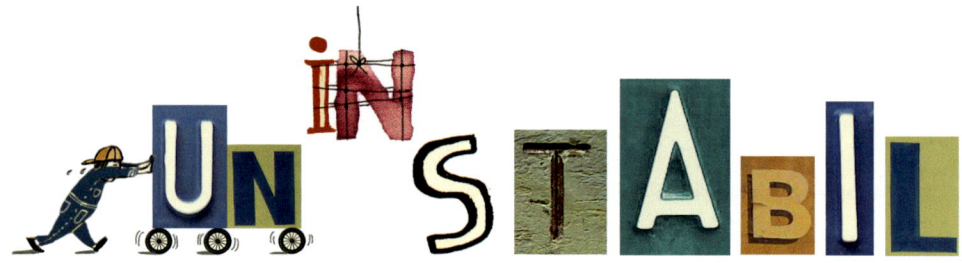

So geht's

Ausgleich:
so ein (wie *dieses*) →
son
Angleichung ans Mündliche

Ökonomisierung:
wegen des … →
wegen dem …
komplizierter Genitiv
→ einfacher Dativ

Internationalisierung:
instabil → unstabil
Fremdwort wird deutscher Wortbildung angepasst (Lehnwort)
Bikefitting
Fremdwort wird unverändert übernommen

Kleines Sattelproblemchen mit Adamo ISM

Mit jedem Sattel hatte ich bisher Einschlafprobleme (gelinde gesagt). Mit dem Adamo ISM war das vorbei. Hier tut sich aber son neues Problem auf. Ich sitze fast nur auf dem rechten Sitzknochen, fühlt sich irgendwie so an, als wär der tiefer oder größer, die Verteilung ist einfach nicht gleichmäßig. Dazu kommt, dass mein linkes Knie immer zu stark vom Oberrohr weg ist. Wenn ich es weiter rein ziehen will, habe ich das Gefühl, das geht wegen dem Sattel oder der Hüfte nicht. Wenn ich aber ganz vorrutsche auf dem ISM, dann geht's super, da ist es aber unbequem und vor allem unstabil, habe das Gefühl, dann keine richtige Auflageposition zu finden. Sitz ich also eher auf Mitte Sattel, ist es etwas bequemer, bekomm aber die Füße nicht zusammen, sitz ich weiter vorn, klappt das super, aber unstabil und anstrengend. Kann mir da jemand weiterhelfen?

Hallo,
ja, da kann dir jemand weiterhelfen! Was wirklich was bringt und was ich selbst auch schon gemacht hab, ist ein „Bikefitting". Ich war bei XXX und der hat meine Sitzposition komplett neu eingestellt, die Pedalplatten neu justiert und mir andere Einlagen in die Schuhe gesteckt. Ich musste mich ca. 300 km an die neue Position gewöhnen, (…) jetzt muss ich sagen: top! (Fahre übrigens auch Adamo.)
Gruß Flo

Grammatik

Lerninsel: Was du wissen und können musst

Mithilfe deines grammatischen Wissens über Wortarten, Satzglieder und Zeichensetzung gelingt es dir, Texte besser zu verstehen und zu verfassen.

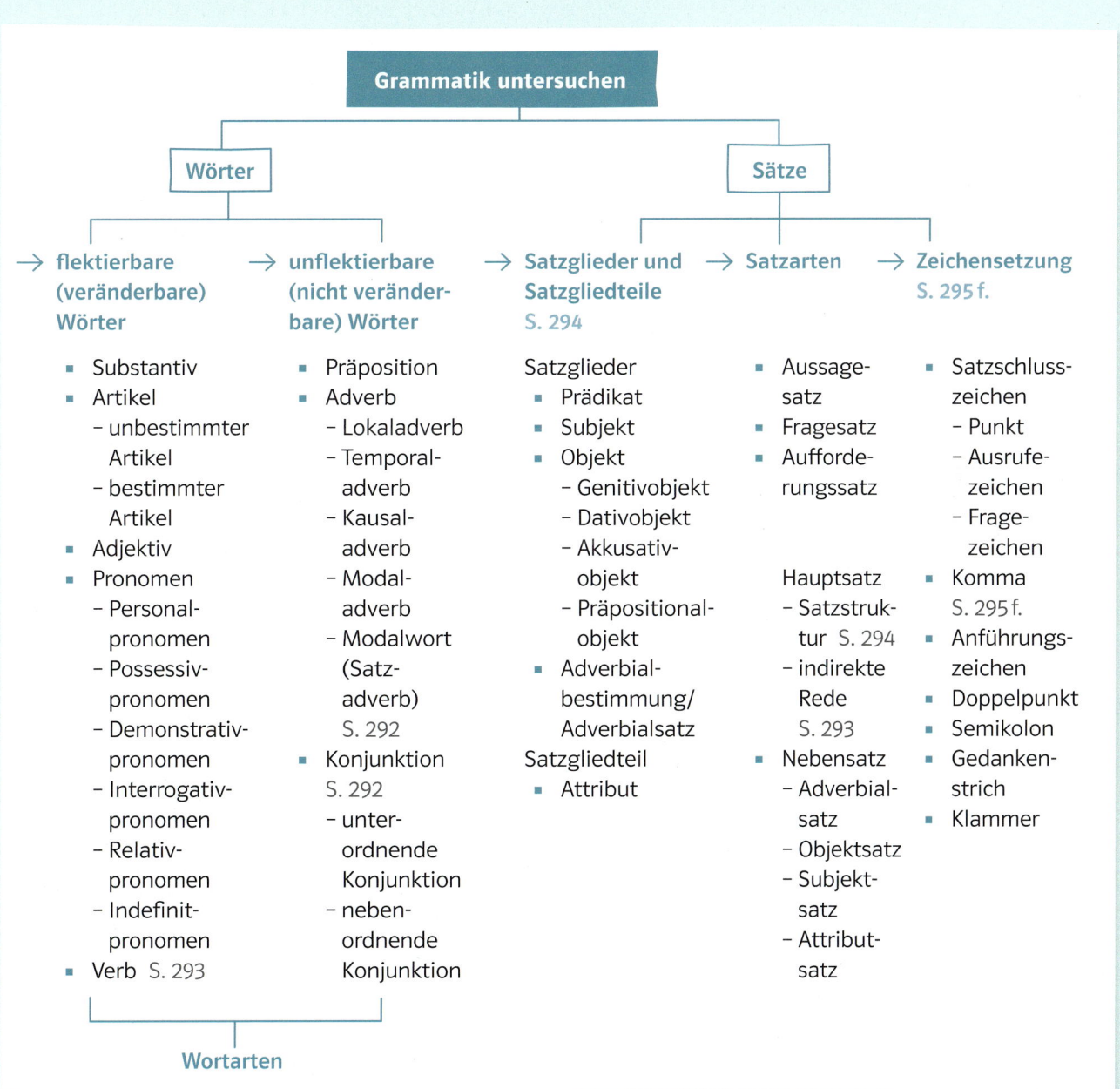

Grammatik untersuchen

Wörter

→ **flektierbare (veränderbare) Wörter**

- Substantiv
- Artikel
  - unbestimmter Artikel
  - bestimmter Artikel
- Adjektiv
- Pronomen
  - Personalpronomen
  - Possessivpronomen
  - Demonstrativpronomen
  - Interrogativpronomen
  - Relativpronomen
  - Indefinitpronomen
- Verb S. 293

→ **unflektierbare (nicht veränderbare) Wörter**

- Präposition
- Adverb
  - Lokaladverb
  - Temporaladverb
  - Kausaladverb
  - Modaladverb
  - Modalwort (Satzadverb) S. 292
- Konjunktion S. 292
  - unterordnende Konjunktion
  - nebenordnende Konjunktion

Wortarten

Sätze

→ **Satzglieder und Satzgliedteile** S. 294

Satzglieder
- Prädikat
- Subjekt
- Objekt
  - Genitivobjekt
  - Dativobjekt
  - Akkusativobjekt
  - Präpositionalobjekt
- Adverbialbestimmung/Adverbialsatz

Satzgliedteil
- Attribut

→ **Satzarten**

- Aussagesatz
- Fragesatz
- Aufforderungssatz

Hauptsatz
- Satzstruktur S. 294
- indirekte Rede S. 293
- Nebensatz
  - Adverbialsatz
  - Objektsatz
  - Subjektsatz
  - Attributsatz

→ **Zeichensetzung** S. 295 f.

- Satzschlusszeichen
  - Punkt
  - Ausrufezeichen
  - Fragezeichen
- Komma S. 295 f.
- Anführungszeichen
- Doppelpunkt
- Semikolon
- Gedankenstrich
- Klammer

Wortarten unterscheiden und bestimmen

Modalwörter erkennen und verwenden

> Modalwörter? Das sind doch Wörter wie bestimmt, leider, natürlich, vielleicht, möglicherweise, glücklicherweise, zweifellos, sicherlich, kaum, hoffentlich, vermutlich, …

Modalwörter (Satzadverbien) bringen die **Einstellung des Sprechers** zum Inhalt der Aussage zum Ausdruck.

- Sie gehören zur Wortart Adverb. Sie sind unflektierbar (nicht veränderbar).
- Sie können im Unterschied zu anderen Adverbien auf eine Entscheidungsfrage antworten. *Führt ihn der Tipp zu einer schnellen und einfachen Lösung? Vermutlich.*

So geht's

Rezension zu „Nachrichten aus einem unbekannten Universum"

Für seinen Bestseller „Der Schwarm" hat Frank Schätzing wahrscheinlich so viel Stoff zusammengetragen, dass daraus auch noch ein Sachbuch geschrieben werden konnte. *„Nachrichten aus einem unbekannten Universum"* ist zweifellos ein Buch für alle, die von Schätzings maritimem Ökothriller neugierig gemacht wurden. Und bestimmt gefällt es allen Lesern, die […]

Das Modalwort *wahrscheinlich* vermittelt die Vermutung des Rezensenten, wie die Stoffbasis für das Buch zustande gekommen ist. Das Modalwort *zweifellos* bringt die Sicherheit des Schreibers hinsichtlich der Leserschaft zum Ausdruck. Das Modalwort *bestimmt* weist darauf hin, dass er von der Richtigkeit seiner Aussage überzeugt ist.

Konjunktionen und andere Mittel der Textverknüpfung nutzen

> Wörter aus einem Wortfeld oder einer Wortfamilie schaffen auch Zusammenhänge.

Um einen **zusammenhängenden (kohärenten) Text** zu schreiben, kannst du folgende sprachliche Mittel zur Textverknüpfung nutzen:

- Konjunktionen bzw. Adverbien, die Sätze bzw. Satzglieder verbinden: *denn, aber, nachdem, deshalb, infolgedessen, damit, …*
- Pronomen, die sich auf Vorangehendes beziehen: *diese, jener, ihre, …*
- klangliche Mittel, die Sätze, Wörter, Satzglieder in einen klanglichen Zusammenhang stellen: *Anapher, Alliteration, Reim, …*
- Wiederholungen

So geht's
Adverbialsätze
gs27fm

So geht's

Praktikumsbericht

Für die Auswahl meiner Praktikumsstelle waren meine Interessen ausschlaggebend: Kunst, Kultur und Bildung. Einen diesen Interessen entsprechenden Praktikumsplatz zu finden, das war jedoch nicht einfach: Leider führte das von mir angefragte Theater zu dem vorgegebenen Termin keine Schülerpraktika durch. Leider verlief auch das Vorstellungsgespräch in der Buchhandlung für mich höchst unbefriedigend, weil Schüler lediglich für Hilfsarbeiten im Lager und keinesfalls im Publikumsverkehr eingesetzt werden. Deshalb entschied ich mich für ein Praktikum in der Vorschulklasse der Kreativitätsgrundschule (…)

Verben richtig verwenden

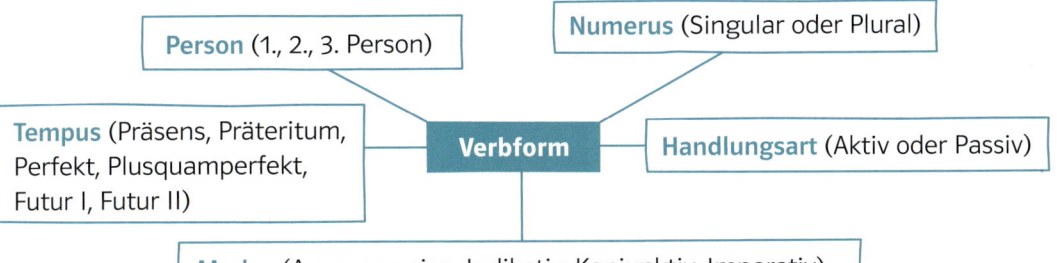

Person (1., 2., 3. Person)

Numerus (Singular oder Plural)

Tempus (Präsens, Präteritum, Perfekt, Plusquamperfekt, Futur I, Futur II)

Verbform

Handlungsart (Aktiv oder Passiv)

Modus (Aussageweise: Indikativ, Konjunktiv, Imperativ)

So geht's:
Verben richtig verwenden
44p6uu

Den Modus beachten

Modus	Gebrauch	Beispiele
Indikativ	– Darstellung tatsächlicher Sachverhalte – zur Darstellung von Vermutungen und Erwartungen	– *Es ist kalt.* – *Ich denke, du hast das Fenster offen gelassen.*
Konjunktiv I	– zur Wiedergabe fremder Aussagen, insbesondere in der indirekten Rede	– *Sie behauptet, sie habe das Fenster geschlossen.*
Konjunktiv II Ersatzform mit „würde"	– als Ersatzform für Konjunktiv I – Darstellung unwirklicher Sachverhalte – als Höflichkeitsform – bei Wünschen, Ratschlägen, Vermutungen – als Ersatzform für Konjunktiv II, wenn dieser mit dem Indikativ übereinstimmt – in der mündlichen Rede	– *Ich sagte, ich hätte nichts.* – *Wenn ich Millionär wäre …* – *Könntest du bitte …* – *Ich hätte gerne … Du solltest … Das könnte stimmen.* – *Er fragte, wann sie den Brief abschicken würden.* – *Ich würde gerne kommen.*
Imperativ	– zum Ausdruck von Aufforderungen	– *Lass das! Freu dich doch!*

So geht's:
Konjunktiv-formen bilden
nq78tq

Direkte Rede (wörtliche Rede) in indirekte Rede umwandeln

Die indirekte Rede beginnt wie die direkte Rede mit einem Einleitungssatz. Die Verben werden in der indirekten Rede im Konjunktiv I wiedergegeben. Ist dieser mit dem Indikativ identisch, kann der Konjunktiv II oder die Umschreibung mit „würde" als Ersatzform gewählt werden. Pronomen sowie Zeit- und Ortsangaben werden der Sprecherperspektive angepasst. Das Tempus richtet sich nach dem Tempus in der direkten Rede.

Zum Glück hat der Konjunktiv I nur das Perfekt als Vergangenheitsform.

So geht's

direkte Rede

Der Schulsprecher berichtete: „Ich konnte gestern in meiner Arbeitsgruppe eure Forderung nach besserem Schulessen deutlich vortragen."

indirekte Rede

Der Schulsprecher berichtete, er habe am Tag zuvor in seiner Arbeitsgruppe ihre Forderung nach besserem Schulessen deutlich vortragen können.

Satzglieder unterscheiden und verwenden

🌐
So geht's
Umstellprobe,
Weglassprobe
sn3b3f

Das **Prädikat** ist Träger der Satzaussage. Es kann im Satz durch die Satzglieder **Subjekt, Objekt** und **Adverbialbestimmung** ergänzt sein. Diese lassen sich mithilfe der **Umstell-** und **Weglassprobe** oder durch die **grammatischen Fragen** (Satzgliedfragen) bestimmen.

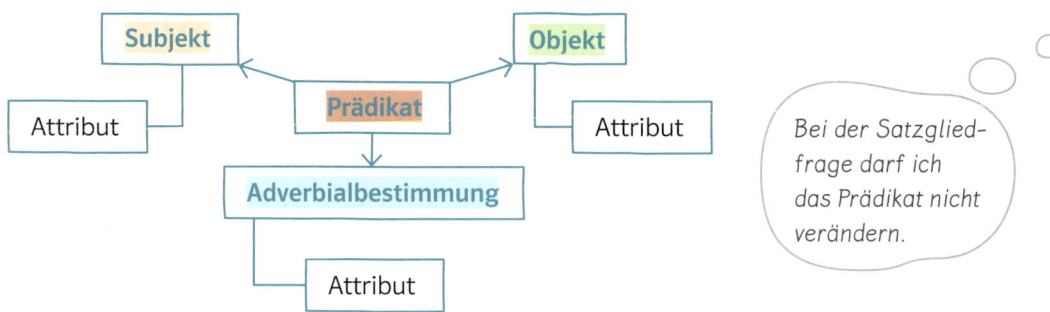

Bei der Satzglied-frage darf ich das Prädikat nicht verändern.

So geht's

Heinrich Böll: Anekdote zur Senkung der Arbeitsmoral (1963, Ausschnitt)

[…] Ein schick angezogener Tourist legt eben einen neuen Farbfilm ein, um das idyllische Bild zu fotografieren. […]

Wer legt eben einen neuen Farbfilm ein?
ein schick angezogener Tourist = Subjekt
Wann legt ein Tourist einen neuen Farbfilm ein?
eben = Adverbialbestimmung der Zeit (Temporalbestimmung)
Wen/Was legt ein Tourist in seinen Fotoapparat ein?
einen neuen Farbfilm = Akkusativobjekt
Zu welchem Zweck legt er ihn ein?
um das idyllische Bild zu fotografieren = Adverbialbestimmung des Zweckes (Finalbestimmung)

Satzstrukturen bewusst gestalten

Durch bewusste Setzung der ergänzenden Satzglieder innerhalb eines Satzes kannst du deine Aussageabsicht verstärken:

Zweifellos müssen wir mit den Ressourcen bewusst umgehen, wenn wir nachhaltig agieren wollen.

Vorfeld   Satzklammer   Nachfeld

So geht's

Plastiktüten, die anschließend im Müll landen, werden immer noch in Läden verschenkt, obwohl dies eine sinnlose Rohstoffverschwendung ist.
Obwohl dies eine sinnlose Rohstoffverschwendung ist, werden in Läden immer noch Plastiktüten verschenkt, die anschließend im Müll landen.

Satzglieder ins Vorfeld setzen:
Durch die Verschiebung des Nebensatzes in das Vorfeld wird die Sinnlosigkeit der genannten Verschwendung betont.
Satzglieder ins Nachfeld setzen:
Der Attributsatz im Nachfeld verkürzt die Satzklammer und macht den Satz verständlicher.

Regeln der Kommasetzung nutzen

Die Kommasetzung hilft dir, den Gedankengang übersichtlich zu gestalten.

Kommasetzung bei gleichrangigen Wörtern und Wortgruppen

- Die Glieder einer Aufzählung trennt man durch Kommas.
- Man setzt **kein Komma**, wenn **gleichrangige Wörter** oder **Wortgruppen** durch folgende Konjunktionen verbunden werden: *und, oder, beziehungsweise (bzw.), entweder – oder, sowie, sowohl – als (auch), weder – noch.*
- Wenn die **vergleichenden Konjunktionen** *als* oder *wie* nur Wörter und Wortgruppen verbinden (also keine Nebensätze einleiten), setzt man **kein Komma**.
- Bei den **entgegensetzenden** oder **einschränkenden Konjunktionen** *aber, sondern, einerseits – andererseits* **muss ein Komma** gesetzt werden.

Für dieses Rezept brauche ich nicht nur vier Eier, im Topf aufgelöste Butter, Mehl sowie Zucker, sondern auch Vanille, den Saft frisch gepresster Zitronen und Backpulver.

Kommasetzung bei Zusätzen oder nachgestellten Erläuterungen

Einschübe oder nachträgliche Erläuterungen trennt man vom restlichen Satz ab.

Seine, Peters, Stimmung war auf dem Tiefpunkt. (Apposition)
Am Mittwoch, es war einer dieser kalten Herbsttage, kam er sehr spät nach Hause. (Parenthese)

Kommasetzung bei Satzgefügen

- Kommas trennen die Hauptaussage (**Hauptsatz**) von einer Nebenaussage (**Nebensatz**) **innerhalb eines Satzgefüges**.
  Während ich noch Hausaufgaben machte, saß Sara schon vor dem Computer.
- Kommas trennen die Nebenaussagen (**Nebensätze**) **innerhalb eines Satzgefüges**.
  Ich weiß, dass alle schon in der Klasse sind, obwohl es noch nicht geklingelt hat.

Kommasetzung bei satzwertigem Infinitiv

Du erkennst einen satzwertigen Infinitiv daran, dass die Aussage mit einem Infinitiv mit *zu* kein Subjekt enthält: *Jonas kam ins Zimmer, um mich zu wecken. –*
…, weil er mich wecken wollte.

- Aussagen mit einem satzwertigen Infinitiv **können** durch Kommasetzung von anderen Aussagen im Satz abgegrenzt werden.
- Aussagen mit einem satzwertigen Infinitiv **müssen** durch Kommasetzung von anderen Aussagen im Satz getrennt werden, wenn die Infinitivgruppe mit *zu*
  - durch **als, anstatt, außer, ohne, statt** oder **um** eingeleitet wird:
    Er kam, um das Problem zu besprechen.
  - durch ein **hinweisendes Wort/eine hinweisende Wortgruppe angekündigt** wird:
    Er dachte nicht daran, seinem Trainer Vorwürfe zu machen.
  - von einem **Substantiv abhängt**:
    Mein Vorschlag, Mathe zu lernen, wurde sofort angenommen.

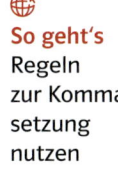

So geht's
Regeln
zur Komma-
setzung
nutzen
2fg9k6

So geht's
Nebensätze
unterscheiden
2st5jh

Wenn der Satz dadurch übersichtlicher wird, setze ich auf jeden Fall ein Komma.

Kommasetzung bei satzwertigem Partizip

Du erkennst ein satzwertiges Partizip daran, dass trotz einer Erweiterung einer Partizipform kein Subjekt genannt wird: *Sie warfen sich(,) vor Müdigkeit gähnend(,) auf das Bett. – Sie gähnten vor Müdigkeit.*

Ich kann also nichts falsch machen, wenn ich ein Komma setze.

- Aussagen mit einem satzwertigen Partizip **können** durch Kommasetzung von anderen Aussagen im Satz abgegrenzt werden.
- Die Aussagen mit einem satzwertigen Partizip **müssen** durch Kommasetzung von anderen Aussagen im Satz getrennt werden, wenn die Partizipialgruppe
  – durch ein **hinweisendes Wort/eine hinweisende Wortgruppe angekündigt** oder wieder **aufgegriffen** wird: *Fröhlich lachend, so kam sie aus der Schule.*
  – als **nachgestellter Zusatz** eines Substantivs oder Pronomens anzusehen ist: *Er, alles so genau nehmend, stand vor einem Rätsel.*

So geht's

Durch verbrauchte Luft wird man müde, lustlos und vor allem unkonzentriert. Beim Lernen, zum Beispiel im Unterricht, ist regelmäßiges Lüften also wichtig. Nur sollte man beim Lüften darauf achten, dass nicht zu viel Wärmeenergie verloren geht. Das sogenannte Dauerlüften, bei dem zum Beispiel ein Oberfenster immer auf Kipp steht, sodass der Raum stets mit frischer Luft versorgt wird, kostet sehr viel Heizenergie. Achtet also darauf, die Fenster nur für kurze Zeit weit zu öffnen. Diese Art des Lüftens, man nennt sie auch Schocklüften, bringt frischen Sauerstoff, ohne dass zu viel Heizenergie verloren geht.

Für ältere elektronische Geräte braucht man häufig noch Batterien, um sie betreiben zu können. Batterien beinhalten giftige Schwermetalle. Deswegen ist nicht zu empfehlen(,) sie in den Müll zu werfen. Aber wer denkt schon daran, aufladbare Akkus statt Einwegbatterien zu benutzen? Sinnvoll kann es auch sein, sich ein Ladegerät für aufladbare Batterien zu kaufen.

Von Umweltverschmutzung spricht man auch im Zusammenhang mit Lärm. Eine Schulklasse, in die Pause entlassen, kann so laut sein wie ein Flugzeug, das die Turbinen hochfährt. Menschen, einem derartigen Lärm ständig ausgesetzt, können gesundheitliche Schäden davontragen.

Missverständnisse durch Kommasetzung vermeiden

In folgenden Fällen **kann** es dem **Verständnis dienen**, ein Komma zu setzen.

- zu + Infinitiv zusammen mit den dazugehörigen Satzgliedern (**satzwertiger Infinitiv**): *Fabian wollte, ohne einen Fehler zu machen, die Prüfung bestehen.*
- Dies gilt auch für ein Partizip (**satzwertiges Partizip**): *Es kam(,) Pauls Vorstellung entsprechend(,) zu einem tollen Wiedersehen.*
- Du **musst** ein **Komma** bei zu + Infinitiv **setzen**, wenn deine Aussage ansonsten missverständlich bleibt: *Luiza träumt jeden Tag, frei zu haben.* **oder** *Luiza träumt, jeden Tag frei zu haben.*

Rechtschreibung
Lerninsel: Was du wissen und können musst

Rechtschreibfehler können jedem passieren. Um einen fehlerfreien Text zu schreiben, musst du die gelernten Strategien anwenden. Überprüfe deine Texte nach dem Schreiben immer auf formale Richtigkeit.
Bei der nachhaltigen Verbesserung deiner Rechtschreibergebnisse können dir auch Techniken helfen, mit denen du deine „persönlichen" Fehler gezielt vermeiden kannst.

 So geht's:
Mitsprechen,
die Schreibung
von verwandten
Wörtern ableiten,
die Großschrei-
bung testen
3tg28f

Wörter mitsprechen

Dadurch kannst du viele Fehler vermeiden:
– Flüchtigkeitsfehler, zum Beispiel
  ausprechen → aus-spre-chen
– Fehler im Silbengelenk, zum Beispiel
  komen → kom-men
– Wörter mit einem *h* am Silbenanfang,
  zum Beispiel *glüen → glü-hen*

Die Schreibung von verwandten Wörtern ableiten

Du suchst nach einem verwandten Wort, bei dem die richtige Schreibung deutlich wird, zum Beispiel:
Ber? g/k → *Berge* → *Berg*
wil? d/t → *wilde* → *wild*
schrei?t b/p → *schreiben* → *schreibt*
tr?men äu/eu → *Traum* → *träumen*

Das Rechtschreibprogramm am Computer nutzen; Im Wörterbuch nachschlagen
S. 299

Die Großschreibung testen

Adjektivprobe durchführen:
Lässt sich vor das Wort ein Adjektiv setzen, das sich dabei verändert, schreibt man groß: *beim Laufen → beim schnellen Laufen*

Regeln zur Getrennt- und Zusammenschreibung anwenden

Individuelle Fehlerschwerpunkte gezielt verbessern
S. 298

– Verbindungen von zwei Verben werden meistens
  getrennt geschrieben *(spazieren gehen)*.
– Verbindungen mit *sein* werden immer getrennt
  geschrieben *(fertig sein)*.
– Verbindungen von Substantiv und Verb sowie von Adjektiv und Verb werden getrennt geschrieben, wenn die
  Wörter in ihrer ursprünglichen Bedeutung gebraucht werden *(Rad fahren, frei sprechen)*. Sie werden zusammengeschrieben, wenn die Zusammensetzungen eine neue
  Gesamtbedeutung haben *(teilnehmen, freisprechen)*.

Bei diesen Wendungen muss ich die Großschreibung beachten: alles Gute, nichts Brauchbares, wenig Neues, etwas Leichtes, im Allgemeinen, im Einzelnen, im Folgenden, auf Deutsch.

Diese Wörter habe ich schon so oft falsch geschrieben: wider̲spiegeln, Verwandt̲schaft, Kri̲se, Maschi̲ne, Repa̲ratur, to̲lerant, Sil̲vester, Stand̲ard.

Individuelle Fehlerschwerpunkte gezielt verbessern

Durch regelmäßiges Üben kannst du häufig auftretende Fehler beseitigen. Außerdem solltest du deine individuellen Fehlerschwerpunkte kennen, damit du gezielt die entsprechenden Rechtschreibstrategien einsetzen kannst.

Mit einer Merkwörterkartei arbeiten

Du kannst eine „persönliche" Merkwörterkartei anlegen. Lass dir die Wörter als Übung diktieren oder bilde mit jedem Wort eine möglichst große Wortfamilie.

So geht's

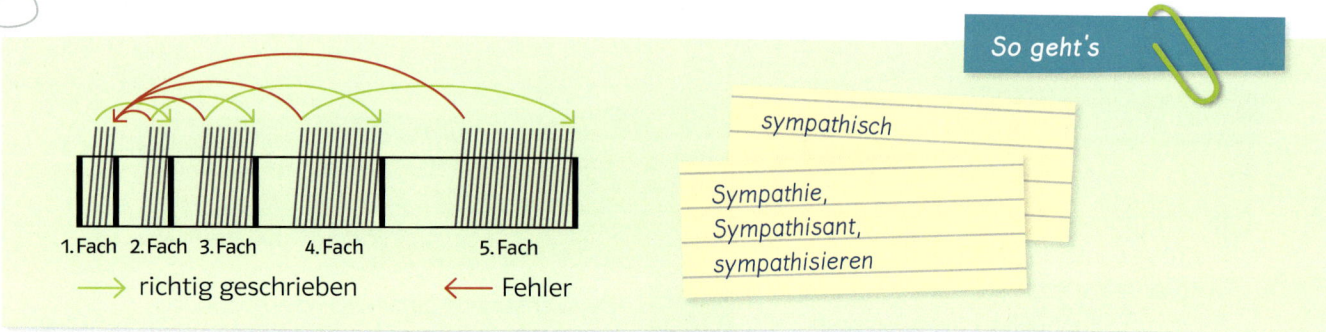

Merkwörter nach Besonderheiten in der Rechtschreibung sortieren

Erstelle eine Tabelle und trage Wörter ein, die du zum Beispiel in Klassenarbeiten falsch geschrieben hast. So erkennst du deine Fehlerschwerpunkte und kannst ermitteln, welche Rechtschreibstrategien du bei der Überarbeitung deiner Texte einsetzen musst.

So geht's

Parabel

Eine P. ist eine kurze <u>lerhafte</u> Geschichte, dem Gleichnis <u>ehnlich</u>, die eine allgemeine sittliche Wahrheit enthält. Im Gegensatz zu dieser anderen <u>ephischen</u> Kurzform wird der Vergleichspunkt (<u>Tertium Comperationis</u>) nicht ausdrücklich genannt. Ein <u>par</u> der bekanntesten P. stehen in der <u>Biebel</u>, wie zum Beispiel die Geschichte „Vom verlorenen Sohn".

→ lehrhafte
→ ähnlich
→ epischen
→ Tertium Comparationis
→ paar (aber: ein Paar Schuhe)
→ Bibel

Fremdwörter	unhörbares h	aa – ee – oo	v	nicht ableit- bares ä	chs	i statt ie	ai statt ei
Situation	lehrhafte	paar	entlarvt	ähnlich	wachsen	Krise	laienhaft
episch	Wahrheit	Himbeere	Kurve	ungefähr	wechseln	Bibel	Kaiser
...	...	...	...	...	...	...	...

Rechtschreibfehler vermeiden und korrigieren

Das Rechtschreibprogramm am Computer nutzen

Rechtschreibprogramme vergleichen die eingegebenen Buchstabenfolgen mit einer gespeicherten Wortliste. In vielen Fällen ergibt sich die richtige Schreibweise aber nur aus dem Satzzusammenhang. Deshalb werden manche Fehler von diesen Programmen nicht angezeigt. Du musst deinen Text also selbst noch einmal überprüfen.

So geht's

Isst ihnen klar, das ein Rechtschreib- programm nur etwa 30 Prozent der Falsch geschriebenen Wörter erkennt? Inn den Bereichen Groß- und Kleinschreibung, Zusammen- und Getrenntschreibung so wie bei der Komma Setzung kommen die Programme schnell an ihre Grenzen. Auch bieten sie bei zu fehlerhaft gcshgribenen Wörtern keinen sinn- vollen Verbesserungsvorschlag.

Nicht gefundene Fehler
- **in der Groß- und Kleinschreibung**
  ~~ihnen~~ → Ihnen (Höflichkeitsanrede)
  ~~Falsch~~ → falsch
- **bei der Getrennt- und Zusammenschreibung**
  ~~Komma Setzung~~ → Kommasetzung
  ~~so wie~~ → sowie (Konjunktion)
- **bei der Kommasetzung**
  Komma hinter Setzung ist falsch
- **sonstige**
  ~~Isst~~ (von essen) → ist (von „sein")
  ~~das~~ (Artikel) → dass (Konjunktion)
  ~~Inn~~ (Flussname) → in (Präposition)

Im Wörterbuch nachschlagen

Damit du ein Wort im Wörterbuch schnell findest, beachte Folgendes:
- Schlage den **Hauptbegriff** nach (z. B. Quelle, nicht Literaturquelle).
- Die **Leit-** und **Kopfwörter** helfen dir, dich beim Suchen zu orientieren.
- Du musst den Suchbegriff **alphabetisieren**, das heißt,
  du schlägst nach Anfangs- und Zweitbuchstaben nach.
- **Ä, ö, ü** findest du zumeist bei den entsprechenden Vokalen a, o, u.
- Wenn du ein Wort im Wörterbuch **nicht findest**, überlege, wie es noch geschrieben werden könnte:
  - f-Laut → ph (Phantom, Physik), v (Vorrichtung), pf (Pfund)
  - i-Laut → y (Lobby), ea (Leader), ee (Jeep)
  - j-Laut → y (Yacht, Yoga)
  - k-Laut → c (Clan), ch (Chrom), ck (hicksen), qu (Claqueur)
  - ks-Laut → x (Hexameter), chs (Wechsel), cks (Kleckse), gs (flugs)
  - o-Laut → eau (Chateau)
  - sch-Laut → ch (Champagner)
  - t-Laut → th (Anthropologie)
  - ü-Laut → y (Lyrik)
  - w-Laut → v (Vitamin)

So geht's:
im Wörterbuch
nachschlagen
k9463w

Wenn ich ein Wort im Wörterbuch nicht finde, dann habe ich es wahr- scheinlich falsch geschrieben.

S. 185/3
Die Zur-Schau-Stellung einfacher Menschen in den Medien wird am Beispiel der Fernsehsendung „TV total" kritisiert. Der Moderator der Sendung macht sich über normale Menschen lustig, indem ihre Handlungen oder Bilder aus dem Zusammenhang gerissen werden. Im Text wird davon gesprochen, dass das Publikum so zu „einem Volk von Voyeuren" (Z. 43) wird. Diese Kritik bezieht sich vor allem auf Menschen, die unfreiwillig zum Opfer dieser Tendenz werden, aber auch auf diejenigen, die sich freiwillig filmen lassen, um ein wenig Bekanntheit zu erlangen. Sie werden als „Heer von Exhibitionisten" (Z. 45 f.) bezeichnet. Der Text verdeutlicht auch die traumatischen Folgen, die die öffentliche Bloßstellung für diese Opfer hat. Diese Folgen halten oft noch lange an, wenn die Bekanntheit schon wieder vorbei ist.

S. 185/4
Freie Schülerarbeit.

S. 185/5
Freie Schülerarbeit. Eine gelungene Erörterung sollte auch darauf eingehen, ob die Freiwilligkeit der Teilnahme ein entscheidender Aspekt ist.

Europa. Sprachliche Vielfalt in der Einheit · Sprache betrachten, S. 198, 199

S. 199/1
Freie Schülerarbeit.

S. 199/2
Der Autor relativiert die Angst vorm Verfall der deutschen Sprache, indem er Vergleiche mit der Vergangenheit und mit anderen Sprachen aufzeigt.

S. 199/3
Freie Schülerarbeit.

S. 199/4–5
Freie Schülerarbeit.

Verbrechen mit „Stil" · Zusammenhänge zwischen Grammatik und Stil erkennen, S. 212, 213

S. 212/1
Schmuck = Teilthema des Textes, Wortfeld (Z. 8, 10), Goldschmied (Z. 7). **Alternatives Covermotiv** durch Wortfeld Verbrechen: Mordserie (Z. 2), Morde (Z. 3), Täter (Z. 4), Opfer (Z. 5), beraubt und ermordet (Z. 10), Verbrechen (Z. 14), Ermittlerin (Z. 15), Kriminalgeschichten (Z. 18).

S. 212/2
Freie Schülerarbeit.

S. 212/3
Sie – Subjekt, Vorfeld ⟶ Textverknüpfung zu Kriminalgeschichte, vermag zu faszinieren – Prädikat, Satzklammer; den Leser – Akkusativobjekt, Mittelfeld, bis zum heutigen Tag – Temporalbestimmung, Nachfeld ⟶ besondere Hervorhebung

S. 213/4
spannend, furchteinflößend, interessant, …; hervorgerufen durch Satzreihen und Satzgefüge, Ausrufe, Figurenrede; **letzter Abschnitt**: komplexer Satzbau, durch Imperativ „Führt" (V. 73) eingeleiteter Aufforderungssatz, Besetzung des Vorfeldes: „Er-schrocken" (V. 74), „So wie sie die Türe kaum geöffnet" (V. 69) ⟶ besondere Hervorhebung

S. 213/5
Vorfeld: besonders Z. 24: „Endlich in steigender Angst" ⟶ Hervorhebung, in übrigen Sätzen Besetzung des Vorfeldes durch Satzglieder, die auf Bekanntes verweisen ⟶ Textzusammenhang, **Nachfeld** ist hier besetzt: „noch in dieser Minute" (Z. 57 f.), „aus drohender Gefahr" (Z. 63) ⟶ Hervorhebung

Aushängeschilder · Regeln und Verfahren der Rechtschreibung anwenden, S. 226, 227

S. 226/1
Freie Schülerarbeit.

S. 226/2
1 Trennung HS und NS; 2 Trennung NS und HS; 3 Trennung HS und NS; 4 Trennung HS und HS; 5 Trennung HS und NS; 6 Infinitiv mit zu; 7 Beginn Apposition, 8 Ende Apposition, 9 Trennung direkte Rede und Redebegleitsatz

S. 226/3
Vor vierzig Jahren, damals studierte er noch, hatte Steinig einen Film mit einer Super-8-Kamera für einen Unterrichtsversuch gedreht. Drei Jungen nehmen einem Mädchen die Puppe weg, werfen sie sich gegenseitig zu, eine Frau mischt sich ein und rügt die „Lümmel". Das ist die Geschichte, etwa zwei Minuten dauert sie.
Dreimal hat Steinig diesen Film Viertklässlern zeigen lassen: 1972, 2002 und 2012. Jedes Mal hatten die Schüler danach eine Schulstunde Zeit, darüber zu schreiben. Inhaltlich sollten die Lehrer keine Vorgaben machen, ob sie sich daran gehalten haben, konnten Steinig und sein Team nicht überprüfen, denn sie selbst haben das Klassenzimmer nie betreten, um die Schüler nicht zu irritieren, sie hätten dann vielleicht die Ergebnisse verfälscht.

S. 227/4
Wenn Ziffern Bestandteil einer Zusammensetzung sind, wird mit Bindestrich geschrieben.

S. 227/5
Da waren drei Jungen, einer von denen hat gesagt: „So ein Mist, heute ist nichts los." Da haben die Jungen ein Mädchen mit einem Puppenwagen gesehen. Die Jungen sind ihr natürlich nachgeschlichen. Das Mädchen hat sich ahnungslos auf eine Bank gesetzt. Ein Junge hat ihr dann die Puppe weggenommen. Die Puppe haben sie dann von einem zum anderen geworfen. Da kam eine Frau des Weges und hat gesagt: „Ihr Lümmels!" Das Mädchen hat ihre Puppe in den Puppenwagen getan und ist wahrscheinlich wieder nach Hause gefahren.

1972

Drei gegen einen
Es war einmal ein Mädchen mit einer gelben Jacke, die mit ihrer Puppe im Park spazieren gegangen ist. Aber es war kein gewöhnlicher Spaziergang. Sie setzte sich auf eine Bank und legte ihre Puppe neben sich. Plötzlich schlichen sich drei Jungen von hinten an die Puppe heran und schnappten sie sich. Das Mädchen sprang sofort auf und versuchte, sie wiederzuholen. Aber sie kam nicht an die Puppe heran, weil sie die Puppe im Dreieck herumwarfen. Dann kam endlich eine Frau. Sie kam an sie heran und bestrafte die bösen Jungen. Dann bekam auch das Mädchen mit der gelben Jacke ihre Puppe wieder.

2002

nanzen: V. 17f., *Enjambements*: V. 1–3, V. 4, **weitere sprachliche/ bildliche Mittel**: *Vergleich*: „Wie Windwatt warten auf Wind" (V. 1–5) → lyrisches Ich nicht länger passiv, will nicht warten, bis jemand zu ihm kommt; *Metapher*: „jeder auf seinem Weg/ und dazwischen wächst Gras" (V. 8f.) → Distanz zwischen lyrischem Ich und der angesprochenen Person; *Wiederholungen*: Weg (V. 8, 15, 23); Verwendung von *Schlüsselbegriffen* mit starker bildlicher Wirkung (z. B. Windwatt, Spurplattenweg) → Assoziationen zu Strandspaziergang

S. 140/2–3
Freie Schülerarbeit.

S. 141/4
Glückliche Fahrt: lyrisches Ich befindet sich auf Boot und durchquert Gewässer, Nebel lösen sich auf, ein leiser Wind weht, Schiffer müht sich, Land in Sicht; Auf Wolkenbürgschaft: lyrisches Ich hat seine Heimat verlassen, irrt herum und kommt nirgendwo an, sehnt sich aber nach einem unbestimmten Land, wo es als Fremder aufgenommen werden muss, ohne einen Pass zu haben

S. 141/5

	Glückliche Fahrt	Auf Wolkenbürgschaft
Wege-motiv	grundlegend, zielführend	Weg unbestimmt, Irrweg
Stim-mung	zuversichtlich, hoffnungs-voll	niedergeschlagen, betrübt
bildliche Mittel	Symbol „Boot" → Auf-bruch, Reise, Ankunft; Metapher: „Land" (V. 10) → Geborgenheit	Symbol „Boot" → Aufbruch, unklare Route, zielos; „...schaft" (Überschrift, V. 26) → Sehnsuchtsort
Klang-liche, Mittel	regelmäßiges Metrum → bewegtes Geschehen	kein festes Metrum → lyri-sches Ich irrt zielos umher
	unregelmäßiger Reim	reimlos → innere Getrieben-heit
sprach-liche Mittel	Alliteration: „Der Himmel ist helle" (V. 2) → Natur wirkt freundlich	Alliteration: „Bäume und Blu-men" (V. 3) → (unerreichbare) Idylle
	kurze parataktische Sätze → Zielgerichtetheit	lange Sätze (1. Strophe = ein Satz) → Orientierungslosigkeit
	helle Vokale, weibliche Kadenzen → positive Ausrufe (V. 7) → ziel-gerichtete Aktivität	Enjambements, unterschied-liche Verslänge → Ungewiss-heit; Verben wie „fahren" (V. 12) → Aktivität ohne wirkli-ches Ankommen

Fazit: in beiden Gedichten Wegemotiv und Symbol des Bootes; Natur unterstützt in „Glückliche Fahrt" die Reise; lyrisches Ich kommt in Goethes Gedicht glücklich an, findet bei Domin hin-gegen kein Zuhause

S. 141/6
Fazit angemessen

Lebensfrust und Lebenslust · Dramatische Texte untersuchen und deuten, S. 162, 163

S. 163/1
Freie Schülerarbeit.

S. 163/2
Julie: Auf den ersten Blick scheint es so, als wollte sie August zwingen, mit ihr zu springen; schaut man genauer hin, erkennt man, dass sie ihn herausfordern will, weil er Widerstand leistet, es ist daher nicht eindeutig auszumachen, ob sie es tatsächlich vorhat, Selbstmord zu begehen; das wird spätestens dann deutlich, als sie es tatsächlich umsetzen könnte, dann aber August um Hilfe bittet; ihre Reaktion am Ende „Du hast einen knall, hast du" (Z. 116) lässt sich vieldeutig interpretieren.
August: Als Julie ernst machen will, ist er entschieden dagegen und versucht sogar, sie mit Gewalt davon abzuhalten; er ist so wütend auf Julie, dass er, als sie seine Hilfe braucht, ihre Ret-tung bis zum letzten Moment aufschiebt; er suggeriert, „völlig übergeschnappt" (Z. 93f.) zu sein und rächt sich auf diese Weise an Julie, der er vorwirft, ihn „umbringen" (Z. 114) zu wollen.

S. 163/3
Julie scheint schon zu Anfang entschlossener als August; aller-dings will sie nicht allein Selbstmord begehen – schon hieraus könnte man schließen, dass ihre Öffentlichmachung des Suizids ein Hilferuf ist, der Sehnsucht nach Vertrauen und ehrlich ge-meinter Freundschaft zum Ausdruck bringt; mit August lernt sie einen jungen Mann kennen, der ihr an Anfang an gefällt und der offenbar ihr zuliebe vorgibt, es auch ernst zu meinen; auch bei ihm kann man dahinter die Sehnsucht nach echter Liebe und echter Partnerschaft erkennen; bei beiden hat man den Eindruck, dass ihre Bereitschaft zum Suizid einerseits eher Inszenierung der eigenen Identität und der Glaubwürdigkeit ihrer Person sowie andererseits Spiel mit der Gefahr ist als tatsächlicher Entschluss; als die beiden sich näher kennenlernen, erfüllt sich ihr Wunsch nach Liebe, ohne dass die beiden sich das eingestehen würden, in der Szene geht Julie noch einmal aufs Ganze und will August zwingen, mit ihr zu springen; die Inszenierung ist auch hier deutlich zu spüren, August, der längst nicht mehr bereit ist, sich zu töten, da er mit seiner Liebe zu Julie endlich Boden unter den Füßen gewonnen hat, greift das Spiel auf und zögert die Situation heraus, bis Julie sich bereit zeigt, ihm alles zu versprechen, was er will; erst als sie über dem Abgrund hängt, gewinnt sie das Le-ben – die letzte Regieanweisung unterstreicht, dass sie das im Leben angekommen ist.

S. 163/4
In dieser Szene erweist sich, dass beide sich letztlich nur et-was beweisen wollten, während August sich bereits gegen den Suizid entschieden hat, will Julie es noch einmal wissen, im Moment der tödlichen Gefahr wird ihr allerdings bewusst, dass sie Angst vor dem Sterben hat, an dieser Stelle setzt der Wendepunkt (=Peripetie) ein vom Spiel mit der Gefahr und dem großen Unbekannten zur Ankunft im tatsächlichen Leben, die beiden gewinnen über die Angst und die Liebe ihr Leben.

S. 163/5
Freie Schülerarbeit.

Meinungsmache? · Medien untersuchen, S. 184, 185

S. 184/1
Genscher: Medien sind in einer Demokratie wichtig; sie können durch ihre Informationen mehr zum Gelingen einer Gesell-schaft beitragen als die Politik
Stern: positiv: Medien machen schwierige Themen verständ-lich, negativ: Medien geben nur einen Teil der Informationen weiter; Erfolg ist manchen Medien wichtiger als die Qualität der Information

S. 184/2
Freie Schülerarbeit. Hinweis: Für eine gelungene Lösung müs-sen verschiedene Aspekte der im Kapitel behandelten Themen eingebracht werden.

Ausdruck; **katholischer Kindergarten:** Religionszugehörigkeit (möglichst katholisch), Umgang mit Kindern; **Anwaltskanzlei:** sprachliche Gewandtheit, gute Orthografie/Grammatik, freundliches Auftreten, gute Umgangsformen

„Ich bin der andere" · Zu literarischen Texten schreiben; S. 94, 95

S. 94/1
Freie Schülerarbeit.

S. 94/2
Freie Schülerarbeit.

S. 94/3–4
Freie Schülerarbeit.

S. 94/5
Mögliche Adjektive zur Wirkung der Strophe 1: harmonisch, idyllisch, malerisch, friedvoll; zu Strophe 2: düster, hoffnungslos, depressiv, leblos

S. 95/6
Mögliche Deutungshypothese: Es geht um die Klage eines Menschen, der sich bei der Betrachtung der harmonischen Natur der Vergänglichkeit alles Schönem in seinem Leben bewusst wird.

S. 95/7
Freie Schülerarbeit.

Spurensuche · Erzählende Texte untersuchen und deuten; S. 110, 111

S. 110/1
Freie Schülerarbeit.

S. 110/2
indirekte Rede: Er fragt, ob dies seine Frau sei. Der Gefangene bejaht dies. Dann fragt er die Frau, ob dies ihr Mann sei. Sie bestätigt es. Dann deutet er ihnen mit der Hand und befiehlt ihnen wegzulaufen. **Wirkung:** redeeinleitende Verben lassen Erzähler als Vermittler des Geschehens deutlich werden → mehr Distanz zum Geschehen

S. 110/3
Darstellungsweise: Kurzgeschichte wird im Rückblick erzählt; Anspruch, über etwas zu berichten, was tatsächlich passiert ist → Authentizität; Abfolge: Bericht (Z. 1–16); szenische Darstellung mit wörtlicher Rede (Z. 17–24); Bericht (Z. 25–31); **Erzählhaltung:** sachlich; Figuren werden mit beschreibenden Adjektiven skizziert („verwahrloste Gefangene"), aber ebenso nicht bewertet wie ihr Verhalten oder das Geschehen insgesamt; **Deutung:** In anonymer Masse der Gefangenen wird bewachendem Soldaten persönliches Schicksal eines Mannes bewusst, zeigt menschliche Gefühle (Freilassen), beugt sich aber auch der Pflicht des unmenschlichen Auftrags (Platztausch); Brutalität und Unmenschlichkeit des Krieges und seiner Folgen wird deutlich: Mensch wird instrumentalisiert und zu Handlungen verpflichtet, die er sonst nicht tun würde; Kurzgeschichte = Anklage gegen Krieg und seine Unmenschlichkeit

S. 111/4–5
Bewertung durch ironische Erzählhaltung und Untertreibung: Zerstörung japanischer Stadt ist keine Verteidigung Amerikas, sondern hohle Propaganda; Name der Bombe ist makabrer Todesgruß; Offizier wird als gefühlskalter Mörder kritisiert, der kein Bewusstsein für Ungeheuerlichkeit seiner Tat besitzt; mit letztem Satz deutet Erzähler an, dass nicht alle Menschen so denken

S. 111/6
Kind kennt nur ein Leben im Lager, war immer eingesperrt und bewacht, möchte nun frei sein und ohne Wächter leben;

Wirkung: erschütternd, macht betroffen; durch die szenische Darstellung wird die Sehnsucht des Mädchens für die Leser lebendig und unmittelbar

S. 111/7
Jugendbuch: durch Sarahs Perspektive Leid der Kinder in verschiedenen Facetten dargestellt; Leser durch Erzähler gelenkt; Kinder als Opfer; Geschichte: durch szenische Darstellung direktes Bild, das wie ein Blitzlicht Situation darstellt; Leser zieht selbst seine Schlussfolgerung

S. 111/8
Freie Schülerarbeit.

Gefährten · Erzählen im Film und Roman untersuchen; S. 128, 129

S. 128/1

	Bild 1	Bild 2	Bild 3
Standort	seitlich, hinter Figur	unmittelbar vor Figuren	vor Figur
Größe	Halbnah bis Nah	Nah	Halbtotale
Perspektive	Normalsicht	Normalsicht	leichte Aufsicht
Point of View	eher objektiv von außen	leicht subjektive Perspektive	subjektive Perspektive (und Kamera)
Wirkung	eher distanziertes Beobachten durch Zuschauer	Interesse des Zuschauers wird geweckt	hohe emotionale Beteiligung, Furcht

S. 128/2
alle Bilder relativ realistisch, aber Bild 2 lässt Fiktionalität erkennen; eher unwahrscheinlich, dass man so nah an wilden Tiger herankommt

S. 128/3
Freie Schülerarbeit. Möglichkeiten: Überblenden für Zeitsprünge, Montagetechniken für Übergänge

S. 128/4
Tiger = gefährliches Raubtier, kräftig und stark, unberechenbar, aber auch Symbol für Macht, Stärke, Kraft im Überlebenskampf

S. 129/5
Fiktionspakt: Pi hält Richard Parker (Tiger) für denkendes und fühlendes Wesen = unrealistisch; Pi vermittelt Leser das Gefühl, dass Richard Parker realistisch auf Boot war; der Leser hält Geschichte trotz der Unwahrscheinlichkeit für wahr; Deutung: mit Rettung verschwindet Tierwesen, Menschsein wird wieder möglich, Bewusstwerden dieser Tatsache erschüttert Pi, evtl. Schuldeinsicht in sein Verhalten

S. 129/6
mögliche Reaktionen: Trost über Rettung, Freude auf Leben; auch: Tiere verhalten sich nicht so, wie Menschen das wünschen; Reaktion auf Ilka: Wunder dieser Art sehr unwahrscheinlich, aber auch andere Möglichkeiten

S. 129/7
Freie Schülerarbeit.

Wege und Umwege · Gedichte untersuchen und deuten; S. 140, 141

S. 140/1
Anhaltspunkte: weniger strenger Aufbau (unregelmäßige Verszahl je Strophe, kein festes Reimschema); erzählend (lyrisches Ich äußert Wünsche und setzt sich mit anderen Auffassungen auseinander); **gehäufte Verwendung sprachlicher Mittel, die Klang einzelner Worte beeinflussen:** *Alliterationen: V. 1; Asso*

Palmen an der Nordsee · Sich und andere informieren; S. 24, 25

S. 24/1

Windenergie ist billig, sauber, erneuerbar, massenhaft vorhanden, verbraucht wenig Fläche, schafft Arbeitsplätze, Unabhängigkeit von Energieimporten.

S. 24/2

erschienen 2011, Quelle: DEWI; Zahl und Leistung der Windkraftanlagen in Deutschland aufgeschlüsselt nach Bundesländern, Angaben zeigt Energiegewinnung durch Wind je Bundesland; **führende Bundesländer:** Niedersachsen, Brandenburg, Nordrhein-Westfalen; **Schlusslichter:** Berlin, Ostsee, Nordsee, Hamburg; **Auffälligkeiten:** wenig Nutzung der Windenergie in Ost- und Nordsee, große Bundesländer wie Bayern und Baden-Württemberg gewinnen viel weniger (< 1/10) Energie aus Wind als z. B. Niedersachsen; **offene Fragen/Recherche nötig:** Entwicklung der Menge an gewonnener Energie im Zeitverlauf; warum so wenig Nutzung in Nord- und Ostsee (Umweltschutzgründe?); Ursachen für unterschiedliche Nutzung in Bundesländern recherchieren

S. 24/3

Freie Schülerarbeit.

S. 24/4

Einleitung: TATI und Quelle nennen, informierend-argumentierender Text mit These, dass Windparks im Meer die Tierwelt stören und somit im Konflikt mit der Umwelt stehen; **Hauptteil: Überschrift:** metaphorisch, vgl. Vertreibung aus Paradies, Handeln gegen die Natur → negative Folgen für Menschen — Autor kritisch eingestellt; **Einleitung** (Z. 1–11): Informationen zu "Butendiek"; **Hauptteil I** (Z. 12–62): rhetorische Fragen; Unrechtmäßigkeit des Bauvorhabens wird durch Zitieren von Autoritäten aus Umweltschutzbereich untermauert, Aufzeigen von Verfahrensfehlern; **Hauptteil II** (Z. 63–74): Wissenslücken → Folgen für die Tierwelt, am Beispiel Schweinswale Verdeutlichung; Kritik durch abwertende Wortwahl (z. B. "Sündenfall", "Altlast", "Prestigeprojekt") → indirekte Beeinflussung des Lesers; **letzter Absatz** (Z. 75–85): Position der Windparkbauer durch Verwendung des Konjunktivs Distanz des Autors zum Projekt; **Schluss:** Text will Leser für mögliche Auswirkungen des Offshore-Parks auf die Umwelt sensibilisieren, kritische Haltung verdeutlicht durch abwertende Wortwahl und durch Aufzeigen von Genehmigungsfehlern, zahlreiche Zitate lassen Autor gut informiert erscheinen, sprachliche Gestaltung: Konjunktiv, Präsens, sachliches Schreiben, abwertende Wortwahl

Kommunikation ist alles · Sprachlicher Umgang mit anderen, S. 36, 37

S. 37/1

Wirkung auf Leser: rätselhaft (Z. 13, 27–30, 57–60), unwirsch, überheblich (Z. 20–23, 33–35, 39–41, 66–68), aber auch verletzlich (Z. 70–72, Z. 78); **Wirkung auf Daniel:** geheimnisvoll (Z. 6–8, 37f.), ungewöhnlich, fremdartig (Z. 39–41), interessant, anziehend (Z. 81f.) verletzlich (Z. 78); **Gründe für die unterschiedlichen Eindrücke:** Verliebtheit Daniels (Z. 9, 81f.) versus Distanz des Lesers, wohlwollende Haltung Daniels versus neutrale(re) Haltung des Lesers

S. 37/2

Gesprächsverlauf: durchweg Dominanz Rachels; Folge: Kommunikationsstörungen, Annäherung (Z. 70, 74), **Beziehung der Gesprächspartner:** Überordnung Rachels, Unterordnung Daniels; Rachel hält Daniel auf Distanz, Daniel ist verliebt und möchte Rachel gefallen; **Gesprächsziele:** Daniel: Harmonie, Annäherung, möglicherweise Liebesgeständnis; Rachel: will allein

darüber bestimmen, wie viel Nähe sie zulässt. **weitere mögliche Untersuchungsaspekte:** vier Seiten einer Nachricht anhand einzelner Gesprächsbeiträge (codieren und decodieren), nonverbale Mittel (z. B. Drohen mit dem Zeigefinger, Z. 67f.).

S. 37/3

durch vorwiegend komplementäre Gesprächssituation Ungleichgewicht in der Beziehung möglich, die unvollständigen und uneindeutigen Äußerungen Rachels können Irritationen, Missverständnisse und Kränkungen auslösen

S. 37/4

Ich-Botschaften, die Daniels Irritation zum Ausdruck bringen oder die jene Äußerungen Rachels, die überheblich oder unangemessen sind, zurückweisen

S. 37/5

Gesprächskreislauf wird zum Teufelskreis; **Ursachen:** Verhalten des Gesprächspartners wird nur als Reaktion auf den anderen interpretiert, einseitige Interpretation, mangelnde Bereitschaft, sich auf eine Gesprächssituation einzulassen

S. 37/6

Freie Schülerarbeit.

Die Jugend von heute…! · Ein Thema erörtern, S. 54, 55

S. 55/1–2

Freie Schülerarbeit.

S. 55/3

Aufruf soll angemessen sein, realistisches Ausmaß, Medium und Form zweckmäßig, adressatengerecht, um viele Schüler zu erreichen, Antwort auf Frage: Warum sollte ich da mitmachen?

S. 55/4

Freie Schülerarbeit. **Pro:** macht Spaß, motiviert, Anerkennung für Alltägliches, Mittel zur Aufgabenverteilung, zielorientiertes Handeln wird gefördert, Strukturierung des Alltags, Selbstständigkeit kann steigen; **Kontra:** nur Erledigen von "spaßigen" Aufgaben, Gesellschaftsproblem: Spaß als Katalysator für Veränderung?, Motivation nur von außen: Was passiert, wenn niemand mehr Aufgaben stellt? (eigenes Leben), Weitergabe sensibler Daten, **durch Recherche größerer Zusammenhang:** gesamter Tagesablauf als Abfolge von Minispielen mit Wettbewerbscharakter: Sport(-Apps); Wege (FourSquare) → weitere *Probleme:* Wettbewerbsmentalität; Daten für Werbung, Überwachung, Macht, neues Phänomen? siehe auch Sternesammeln beim Einkaufen, Flugmeilen usw.

Bewerbung kommt von Werbung · Sich um ein Praktikum bewerben, S. 66, 67

S. 66/1

gleiche Maßstäbe wie für Papierbewerbungen, an konkretes Unternehmen richten (keine Rundmail); Selbstdarstellung zu positiv, Form zu persönlich

S. 66/2

richtig: B (aus Anstand), D (wirkt sonst unruhig), G (Zeit zum Überlegen); **ungünstig:** A (angemessene Kleidung), C (wirkt unruhig), E (nicht ständig trinken), F (wirkt nervös), H (stört Gespräch, Fragen besser am Ende)

S. 67/3

fehlend: Kontaktdaten (Anschrift, Telefon, E-Mail), praktische Erfahrungen, besondere Fähigkeiten und Interessen; **unvollständig:** Schulbildung (Zeiträume), Unterschrift (Ort und Datum), **weglassen:** Staatszugehörigkeit, Religion, Familie

S. 67/4

Werbe- und Designeragentur: besondere Fähigkeiten im Bereich Kunst, Gestaltung, Fotografie, Kreativität, sprachlicher

Sachverzeichnis

Autorenverzeichnis

Textsortenverzeichnis

Textquellen

S. 8: Jan Hambura, 10.03.10, http://www.fu-berlin.de/campus-leben/campus/2010/100311_malediven_vortrag/index.html, eingesehen 01.10.2014; **S. 9:** Markus Becker, 20.11.13, http://www.spiegel.de/wissenschaft/natur/klimakonferenz-in-warschau-streit-um-loss-and-damage-a-934652.html, eingesehen 01.10.2014; **S. 10 f.:** Aus: Nürnberger Nachrichten v. 14.04.2014, S. 3; **S. 11 f.:** Aus: Yann Arthus-Bertrand, Brian Skerry: Der Mensch und die Weltmeere. Aus dem Franz. von Antoinette Gittinger und Ursula Held. München: Knesebeck 2013, S. 97; Ausbau von Häfen (Online-Artikel, zeit.de, 2011), http://www.zeit.de/2011/48/U-Klimawandel-Nordwest/seite-2, Dirk Asendorpf, 29.11.11; Klimaschutz Jetzt! (Positionspapier der Klima-Allianz, 2007), Die Klima-Allianz; Positionspapier vom 24.4.2007 http://www.ekd.de/download/III_2_lesebuch.pdf (S. 35); **S. 18 f.:** Von PROF. WERNER WEBER (TU Dortmund), http://www.bild.de/politik/inland/globale-erwaermung/die-co2-luege-klima-katastrophe-ist-panik-mache-der-politik-22467268.bild.html; **S. 23:** https://www.greenpeace.de/themen/klimawandel/verursacht-der-mensch-die-erderwarmung, 22.2.2014; **S. 24 f.:** http://www.welt.de/wirtschaft/energie/specials/wind/article8795070/Das-sind-die-Nachteile-und-Vorteile-von-Windenergie.html (2014); Sündenfall im Meer (Online-Artikel, spiegel.de, 2014), Von Bethge, Philip (3.2.14), http://www.spiegel.de/spiegel/print/d-124838699.html; **S. 27:** Aus: Paul Watzlawick: Anleitung zum Unglücklichsein. München 2000. S. 37 f.; **S. 30 ff.:** Aus: Sven Regener: Herr Lehmann. Ein Roman. Frankfurt 2003. S. 53/54, S. 169–171; **S. 36 f.:** Aus: Steve Tesich: Ein letzter Sommer. Roman. Berlin: List Verlag 2007. S. 81–83 (Originalausgabe Zürich: Kein und Aber, 2005); **S. 38:** http://www.spiegel.de/schulspiegel/leben/studie-jugend-leben-jugendliche-legen-wert-auf-gute-noten-a-927207.html, eingesehen 01.10.2014; **S. 39:** http://www.aphorismen.de/zitat/12077; Die Jugend von heute: http://www.zitate-online.de/literaturzitate/allgemein/17016/die-jugend-von-heute-liebt-den-luxus-hat.html; **S. 40:** http://www.zeit.de/leben/kinderkram/kinderkram_16, DIE ZEIT Nr. 33/200313. August 2003: **S. 41:** http://www.t-online.de/eltern/jugendliche/id_60279916/gesetz-jugendliche-muessen-bei-der-hausarbeit-helfen.html, 24.09.2014, Simone Blaß, t-online.de; **S. 46:** Julia Mohr: „Hotel Mama" wird beliebter. Unter: http://www.zeit.de/online/2009/19/nesthocker, (Aktualisiert 6. Mai 2009, eingesehen 01.10.2014); **S. 48 f.:** http://www.heinrich-heine-schule.de/index.php?id=280, Serive Learning, © Heinrich-Heine-Schule 2008-2013, erstellt von Daniel Plehn; **S. 049:** Service Learning, http://www.vielfalt-lernen.de/2012/04/17/service-learning-wenn-engagement-zum-schulerfolg-fuhrt-ein-integratives-konzept-mit-erstaunlichem-potential/ 17. April 2012, Von Katharina Korves, **S. 50:** Dirk Jahn, Gerhard Stitz: Risiken beim Service Learning - Über ungewollte Nebeneffekte und Grenzen. Nach: http://service.e-learning.imb-uni-augsburg.de/system/files/06%20Kritik.pdf, Abruf: 30.03.2015; **S. 50 f.:** http://www.tagesspiegel.de/weltspiegel/werbinich/jugend-und-politik-die-leisen-mitmischer/3792032.html, von Hadija Haruna, eingesehen am, 22.10.2014; **S. 51 f.:** J. Otto: „Wer Gutes tut, ist auch gut in der Schule" (2007). Nach: ZEIT Nr. 19/3.5.2007; **S. 54:** Chantal Enners: One Week. No Media. Jugendliche lernen Medienkompetenz. Unter: http://www.erf.de/online/themen/webwelt/one-week-no-media/3411-542-4074 (eingesehen am 22.10.2014); Kinder und Medien: Ein Experiment Thomas Meins: Unter: http://www.absolutfamilie.de/2006/08/02/kinder-und-medien-ein-experiment/ (eingesehen am 22.10.2014); **S. 55:** Thomas Haberkorn: Highscore House Gamification für Familien und ihre Haushaltsaufgaben. Unter: http://gamification.de/2013/02/20/highscore-house-gamification-fur-familien-und-ihre-haushaltsaufgaben/; **S. 057:** https://www.be-lufthansa.com/fileadmin/fm-lufthansabe/PDFs/B4_Praktikum/LH_D_Schuelerpraktikum_Technik.pdf; **S. 66:** nach: Püttjer, Christian; Schnierda, Uwe: Bewerben um ein Praktikum, Frankfurt/Main / New York: Campus Verlag GmbH, 2., erweiterte Aufl. 2011, S. 76; **S. 067:** nach: Hesse, Jürgen; Schrader, Christian: Die perfekte Bewerbungsmappe für Ausbildungsplatzsuchende. Die 50 besten Beispiele erfolgreicher Kandidaten. Mit CD-Rom. Frankfurt/Main: Eichborn AG 2010, S. 6; **S. 68:** Georg Büchner: Lenz (1839), zitiert nach: Büchner, Georg: Lenz. Studienausgabe. Hg. von Hubert Gersch. Stuttgart 1984, S. 5; **S. 69:** Gottfried Keller: Winternacht (1851), zitiert nach: Kleßmann, Eckart: Die vier Jahreszeiten. Gedichte. Stuttgart 1991, S. 221; **S. 70:** Annette von Droste-Hülshoff: Am Turme (1842), zitiert nach: Droste-Hülshoff, Annette von: Gedichte. Hg. von Bodo Plachta und Winfried Woesler. Frankfurt a. M. 1994 (=Sämtliche Werke in zwei Bänden. Band 1), S. 74 f.; **S. 73:** Johann Wolfgang Goethe: Prometheus [nach der handschriftlichen Fassung für Charlotte von Stein 1777, entstanden vermutlich 1773], zitiert nach: Goethe, Johann Wolfgang: Werke. Hamburger Ausgabe. 14 Bände. Hg. von Erich Trunz. 13., durchgesehene Auflage. München 1994. Band 1. Gedichte und Epen I, S. 44–46; **S. 76:** Aus: Marie Luise Kaschnitz: Ein Wort weiter. Gedichte. Hamburg: Claassen 1965; **S. 79:** Joseph von Eichendorff: Das zerbrochene Ringlein (1813), zitiert nach: Conrady, Karl Otto (Hg.): Der neue Conrady. Das große deutsche Gedichtbuch. Von den Anfängen bis zur Gegenwart. Erweiterte und aktualisierte Neuausgabe. Düsseldorf und Zürich 2000, S. 388; **S. 80 f.:** Bertolt Brecht: An die Nachgeborenen (1939), zitiert nach: Killy, Walther (Hg.): Deutsche Lyrik von den Anfängen bis zur Gegenwart in 10 Bänden. München 2001. Band 9. Gedichte 1900–1960. Nach den Erstdrucken in zeitlicher Folge herausgegeben von Gisela Lindemann, S. 304–306; **S. 88:** Aus: Rudolf Günter Langer: Das Narrenschiff schwankt. Gedichte 1978-1986. München: Langer 1987; Andreas Gryphius: Tränen in schwerer Krankheit, zitiert nach: Gryphius, Andreas: Gedichte. Eine Auswahl. Text nach der Ausgabe letzter Hand von 1663. Hg. von Adalbert Elschenbroich. Bibliographisch ergänzte Auflage. Stuttgart 1998, S. 8f.; **S. 89:** Goethes „Maifest": zitiert nach: Goethe, Johann Wolfgang: Werke. Hamburger Ausgabe. 14 Bände. Hg. von Erich Trunz. 13., durchgesehene Auflage. München 1994. Band 1. Gedichte und Epen I, S. 30 f.; Friedrich Hölderlin: Abendfantasie, zitiert nach: Hölderlin, Friedrich: Sämtliche Werke und Briefe. 3 Bände. Hg. von Michael Knaupp. Band 1. Gedichte, Darmstadt 1998, S. 230 f.; **S. 90:** Annette von Droste-Hülshoff: Das Spiegelbild, zitiert nach: Droste-Hülshoff, Annette von: Gedichte. Hg. von Bodo Plachta und Winfried Woesler. Frankfurt a. M. 1994 (=Sämtliche Werke in zwei Bänden. Band 1), S. 147f.; **S. 91:** Hans Magnus Enzensberger: der andere (1964), zitiert nach: Enzensberger, Hans Magnus: Blindenschrift. 4. Auflage. Frankfurt am Main 1971, S. 22; **S. 95:** zitiert nach: Hölderlin, Friedrich: Sämtliche Werke und Briefe. 3 Bände. Hg. von Michael Knaupp. Band 1. Gedichte, Darmstadt 1998, S. 445; **S. 96 f.:** Aus: Tatiana de Rosnay: Sarahs Schlüssel; Originalausgabe auf Französisch 2007, Aus dem Englischen von Angelika Kaps, Bloomsbury Berlin, Berlin 2007, S. 11–12; **S. 98 ff.:** Aus: Tatiana de Rosnay: Sarahs Schlüssel; Originalausgabe auf Französisch 2007, Aus dem Englischen von Angelika Kaps, Bloomsbury Berlin, Berlin 2007, S. 20–21, 71, 105–106, 223–224, 120–121, S. 123, S. 224–225,

S. 177, S.101, 101, S. 388; **S. 106 f.:** Aus: Wolfgang Borchert: Das Gesamtwerk. Rowohlt, Reinbek bei Hamburg 1949, S.191–194; **S. 108 f.:** Aus: Kurt Tucholsky: Gesammelte Werke in 10 Bänden, hrsg. von Mary Gerold-Tucholsky, Fritz J. Raddatz, Rowohlt, Reinbek bei Hamburg 1960, Band 3 1921–1924, S. 35 f.; **S. 110:** Aus: Max Frisch: Tagebuch 1946–1949, Suhrkamp Verlag, Frankfurt/Main, 1950, S. 63; Aus: Wolfdietrich Schnurre: Gelernt ist gelernt. Gesellenstücke. Ullstein, Frankfurt/Main, Berlin, Wien, 1984, S. 130; **S. 111:** Aus: István Örkény: Minutennovellen. Ausgewählt und aus dem Ungarischen übersetzt von Terézia Mora, mit einem Nachwort von György Konrád. Suhrkamp Verlag, Frankfurt/Main 2002, S. 46; **S. 112:** Aus: Yann Martel: Schiffbruch mit Tiger, aus dem Englischen von Manfred Allié und Gabriele Kempf-Allié, Frankfurt am Main: Fischer Taschenbuch Verlag 2003, S. 202–204; **S. 116:** Jean Renoire, zitiert nach: Alain Bergala: Kino als Kunst, Filmvermittlung an der Schule und anderswo, herausgegeben von Bettina Henzler und Winfried Pauleit, aus dem Französischen von Barbara Heber-Schärer, Marburg: Schüren-Verlag 2006, S. 91; **S. 118 ff.:** Aus: Yann Martel: Schiffbruch mit Tiger, aus dem Englischen von Manfred Allié und Gabriele Kempf-Allié, Frankfurt am Main: Fischer Taschenbuch Verlag 2003, S. 7 ff.; **S. 124:** Aus: Umberto Eco: Im Wald der Fiktionen, Sechs Streifzüge durch die Literatur, Harvard-Vorlesungen, aus dem Italienischen von Burkhart Kroeber, München: Carl Hanser Verlag 1994, S. 103, 105, 112; **S. 129:** Von Ilka: http://www.deutschlandradiokultur. de/politisches-tabuthema-als-thriller.950.de.html?dram:article_ id=134961; Interview mit Ang Lee, dem Regisseur von „Life of Pi" http://www.spiegel.de/kultur/kino/ang-lee-im-interview- ueber-seine-bestseller-verfilmung-life-of-pi-a-874348.html, Das Interview führte Jenni Zylka, eingesehen am 22.10.2014; **S. 130:** Aus: Ders.: Gesammelte Gedichte. Herausgegeben von Katja Bächler und Jürgen Hosemann, Frankfurt am Main: S. Fischer 2012, S. 290; Bertolt Brecht: Der Radwechsel (1953): Aus: Ders.: Werke. Bd. 12. Gedichte. Bd. 2. Berlin und Weimar:Aufbau-Verlag /Frankfurt am Main: Suhrkamp 1988. S. 310; S. 131: Aus: Albert Ostermaier: fremdkörper hautnah. Gedichte. Frankfurt/Main: Suhrkamp 1997, S. 15; Reiner Kunze: In: Reiner Kunze, Sensible Wege. 48 Gedichte und ein Zyklus, Reinbek bei Hamburg 1969, S. 51; **S. 132:** Aus: Ders.: Neonomade. Dresden und Leipzig, Voland & Quist 2009. S. 15; **S. 133:** Aus: Anders, Petra: Poetry Slam. Unterricht, Workshops, Texte und Medien (= Deutschdidaktik aktuell, Bd. 34), Schneider Verlag Hohengehren GmbH, 2. Aufl. 2013, S. 169 f.; **S. 136:** Aus: Bertolt Brecht: Gesammelte Werke. Band 9: Gedichte 2. Hg. in Zusammenarbeit mit Elisabeth Hauptmann. Frankfurt a. M.: Suhrkamp Verlag 1967, S. 719 f.; **S. 137:** Aus: Heinrich Heine: Werke und Briefe in zehn Bänden. Band 1, Berlin und Weimar: Aufbau Verlag 1972, S. 339 f.; Macha Kaléko: Emigranten-Monolog, Aus: Verse für Zeitgenossen Erschienen im Rowohlt Verlag, Reinbek bei Hamburg, © 1975 Gisela Zoch-Westphal; **S. 139:** Tryphon Papastamatelos: sprach-barriere (1980); Aus: Franco Biondi, Yuyuf Naoum, Rafik Schami, Suleman Taufiq (Hg.): Im neuen Land. Südwind gastarbeiterdeutsch con 1980, S. 76; **S. 140:** Aus: Clara Nielsen: Windschattengewächs. Berlin: Periplaneta 2012. S. 52; **S. 141:** Aus: Johann Wolfgang Goethe: Sämtliche Gedichte. Frankfurt am Main: Insel Verlag 2007, S. 41; Aus: Hilde Domin: Nur eine Rose als Stütze. Gedichte. Frankfurt/Main: S. Fischer Verlag 2009. S. 67; **S. 142:** Kein zurück, T.: Farin Urlaub, © Edition Fuhuru bei PMS Musikverlag GmbH, Berlin; **S. 143:** Aus: Heinz Rudolf Kunze: Papierkrieg. Lieder und Texte 1983–1985,

Rowohlt 1986, S.173; **S. 144 ff.:** Igor Bauersima: norway.today, S. Fischer Verlag 2000; **S. 150:** Rezensionen zu norway.today, Bettina Fraschke: Lebenlernen statt Sterbenwollen, HNA vom 08.10.2007, auf: http://kalender.goettingen.de/site/1/index. php?tid=18816&member=2, Abruf: 31.03.2015; **S. 151:** Peter Krüger-Lenz: Wenn Liebe und Nordlicht leuchten, im Göttinger Tageblatt vom 06.10.2007, auf: http://kalender.goettingen.de/ site/1/index.php?tid=18816&member=2, Abruf: 31.03.2015; **S. 152:** aus: Alfred Kerr: Theaterkritiken, Reclam Stuttgart 1971, S. 34, 58; **S. 153 ff.:** Frank Wedekind: Frühlings Erwachen. Groß, Zürich 1891; **S. 158 f.:** Berufe am Theater, Quelle: Deutscher Bühnenverein: Berufe am Theater http://www.buehnenverein. de/de/publikationen-und-statistiken/buecher-und-broschueren/ berufe-am-theater.html, Abruf: 20.05.2015; **S. 162 f.:** Igor Bauersima: norway.today, S. Fischer Verlag 2000; **S. 164:** http:// www.spiegel.de/panorama/justiz/love-parade-duisburg-2010- betroffene-klagen-auf-schadenersatz-a-979777.html , gekürzt (Stand 23.03.2015); **S. 165:** http://www.wdr5.de/sendungen/ echodestages/loveparade966.html gekürzt; **S. 166 f.:** http:// www.faz.net/aktuell/gesellschaft/menschen/erste-love- parade-vor-25-jahren-in-berlin-ein-fotograf-erzaehlt-13019032. html - gekürzt (Stand 23.03.2015); **S. 171:** http://www.radio-z. net/de/z-zeitung/zzeitung/86.html (Stand 23.03.2015); Ergebnis der Google-Suche unter dem Stichwort stern.de; Ergebnis der Google-Suche unter dem Stichwort brisant; Ergebnis der Google-Suche unter dem Stichwort wdr.de; Ergebnis der Google-Suche unter dem Stichwort 11 freunde; **S. 173:** Internet vor ..., nach: https://www.bitkom.org/de/ markt_statistik/64026_79711.aspx; **S. 174:** http://www.spiegel. de/fotostrecke/manipulierte-bilder-fotostrecke-107186.html (leicht verändert); **S. 177:** http://de.wikipedia.org/wiki/Noam_ Chomsky, abgerufen am 17.02.2015; **S. 178:** http://www.spiegel. de/netzwelt/web/ice-bucket-challenge-barack-obama-macht- nicht-mit-merkel-schweigt-a-987431.html (Stand 23.03.2015); **S. 180:** http://futurezone.at/meinung/warum-die-ice-bucket- challenge-nervt/82.057.819, gekürzt (Stand 23.03.2015); **S. 181:** Eco, Umberto: Der Verlust der Privatsphäre. In: Im Krebsgang voran. Heiße Kriege und medialler Populismus. Hanser, Münschen 2007, S. 82–84; **S. 181 f.:** Erich Ribolits: Neue Medien und das Bildungsideal (politischer) Mündigkeit, nach: http://www.mediamanual.at/mediamanual/themen/ pdf/kompetenz/36_Ribolits.pdf), Abruf: 18.05.2005; **S. 182 f.:** Kester Schlenz und Hannes Ross: „DSDS", nach http:// www.stern.de/kultur/tv/dsds-die-kandidaten-im-verbalen- nacktscanner-1551688.html , Abruf: 18.05.2015; **S. 184:** Journalismus, http://www.journalismus-handbuch.de/ verkurzung-und-vereinfachung-polemik-und-emotion-zitate- des-journalismus-2-4258.html, abgerufen 22.10.2014; Wenn ich zu: http://www.zitate.de/kategorie/Zeitung; http://www. journalismus-handbuch.de/verkurzung-und-vereinfachung- polemik-und-emotion-zitate-des-journalismus-2-4258.html, abgerufen 22.10.2014; **S. 187:** Aus: Eva Neuland: Jugendsprache, UTB 2397, Tübingen 2008, S. 42 f.; **S. 190 f.:** Danielle Bengsch: Mehrsprachigkeit verschafft geistigen Vorsprung, nach: http:// www.welt.de/wissenschaft/article13621609/Mehrsprachigkeit- verschafft-geistigen-Vorsprung.html, Abruf: 30.03.2015; **S. 192 f.:** Regina Panthos: Mehrsprachigkeit ..., nach: http://www.lesen- in-deutschland.de/html/content.php?object=journal&lid=1046, Abruf: 30.03.2015; **S. 194 f.:** Aus: 365 Briefe eines Jahrhunderts, ausgewählt und eingeleitet von Barbara und Peter Gugisch, Eine Sendereihe des Mitteldeutschen Rundfunks MDR Kultur,

Rhino Verlag, Weimar 1999, S. 196 f.; **S. 197:** Bekloppt, wer online ohne shoppt! (Payback). Unter: http://www.wuv.de/agenturen/neue_payback_kampagne_von_grabarz_partner (Stand 23.06.2015) © PAYBACK GmbH; Design your life (Samsung). Unter: Design your life (Samsung) (Stand 23.06.2015) © 1995-2015 SAMSUNG; Ich seh was Besseres (Sky). Unter: http://www.dwdl.de/nachrichten/30452/ich_seh_was_besseres_neue_skywerbekampagne/ (Stand 23.06.2015) © Sky Deutschland Fernsehen GmbH & Co. KG; Ohne Schnickschnack. Ohne teuer. (real). Unter: http://www.real.de/ (Stand 23.06.2015) © real,-SB-Warenhaus GmbH; Die behalt' ich gleich an. (Reno). Unter: http://www.slogans.de/slogans.php?GInput=behalt&SCheck=1 (Stand 23.06.2015) © 2015 Reno Schuh GmbH; Einmal hin. Alles drin. (real). Unter: http://www.real.de/ (Stand 23.06.2015) © real,- SB-Warenhaus GmbH; Schrei vor Glück! (Zalando). Unter: https://www.zalando.de/schrei-vor-glueck/ © Zalando SE; Simply clever (Skoda). Unter: http://www.skoda-auto.de/news/frisch-modern-simply-clever-skoda-handlernetz-in-neuem-glanz (Stand 23.06.2015) © ŠKODA AUTO Deutschland GmbH; **S. 198 f.** Guy Deutscher: Genug gebellt, nach: http://www.sueddeutsche.de/kultur/sprache-im-wandel-genug-gebellt-1.697479, Abruf 30.03.2015 Copyright: Süddeutsche Zeitung Digitale Medien GmbH / Süddeutsche Zeitung GmbH / Quelle: SZ vom 16.9.2008; **S. 200:** http://www.stuttgarter-zeitung.de/inhalt.ard-fernsehserie-warum-wir-uns-auf-sherlock-freuen.34914924-a3dd-4d85-be5b-7d74367790f8.html (27. 02. 2014); **S. 205 ff.:** Harry Kemelman: Der Neun-Meilen-Marsch aus dem Amerikanischen von Günter Eichel, Copyright der deutschsprachigen Übersetzung © 1963 Diogenes Verlag AG Zürich; **S. 208 f.:** Aus: Mary Hottinger: Noch mehr Morde : Neue Kriminalgeschichten aus England und Amerika von Dorothy Sayers bis Peter Cheyney. Übers. v. Günter Eichel. Zürich: Diogenes 1963; **S. 210 f.:** Katlen Trautmann/holz/dpa: Schnüffler vom Dienst, nach: http://www.sueddeutsche.de/karriere/beruf-privatdetektiv-schnueffler-vom-dienst-1.1047426, Abruf: 18.03.2015; **S. 212 f.:** Aus: E.T.A. Hoffmann: Die Serapions-Brüder. München: Winkler-Verlag. 1963, S. 649 f.; **S. 214:** http://www.spiegel.de/reise/europa/hofnarr-gesucht-ungewoehnliche-stellenanzeige-eines-hotels-a-906080.html, das Interview führte Julia Stanek; **S. 222:** Christopher Schrader: Gasrätsel auf dem Mars, Süddeutsche Zeitung vom 17.12.2014; **S. 224 f.:** http://www.faz.net/aktuell/rhein-main/frankfurt-schreibt/ frankfurt-schreibt-rechtschreib-champions-aus-frankfurt-und-darmstadt-12152941.html , 17.04.2013, von Julia Kern; **S. 226 f.:** Frauke Lüpke-Narberhaus: Rechtschreibung bei Schülern, nach: http://www.spiegel.de/schulspiegel/wissen/rechtschreibung-schueler-machen-mehr-fehler-schreiben-aber-kreativer-a-891202.html, Abruf 30.03.2015; **S. 241:** Aus: Ponal, eine Textsammlung, hrsg. von Martin Hielscher, Edition 406, Hamburg 1993, S. 340 f.; **S. 244:** Aus: Marie Luise Kaschnitz: Gedichte, ausgewählt von Peter Huchel, Frankfurt/Main: Suhrkamp Verlag 1975, S. 44; **S. 247:** http://www.faktorn.de/mobilitat-im-wandel-umweltschonend-in-die-zukunft (eingesehen am 19.03.2014); **S. 255:** http://www.abendblatt.de/region/niedersachsen/article2323542/Schulfach-Glueck-wird-in-Stundenplan-aufgenommen.html, (29.06.2012); **S. 258 f.:** Urs Jenny: Heißes Pflaster Verona Beach. Nach: http://www.spiegel.de/spiegel/print/d-8675182.html, Abruf: 18.05.2015; **S. 269:** Aus: Theodor Storm: Der Schimmelreiter, Frankfurt am Main: Insel Verlag 1978, S. 297; **S. 270:** Aus: Wolfgang Borchert: Das Gesamtwerk. Rowohlt, Reinbek bei Hamburg 1949, S. 204–206; **S. 271:** Aus: Ludwig Fels: Kanakenfauna, Fünfzehn Berichte, Darmstadt, Neuwied: Hermann Luchterhand Verlag 1982, S. 59; **S. 272:** Aus: Wolfgang Borchert: Das Gesamtwerk. Rowohlt, Reinbek bei Hamburg 1949, S. 204, **S. 273:** Aus: Bertolt Brecht: Gedichte. Band VII 1948–1956. Buckower Elegien. Berlin, Weimar: Aufbau Verlag 1969, S. 15; **S. 274:** Aus: Rose Ausländer: Gedichte. Herausgegeben von Helmut Braun. Frankfurt/Main: Fischer Taschenbuch Verlag 2001, S. 255; **S. 275:** Aus: Stimmen im Kanon. Deutsche Gedichte. Auswahl und Nachwort von Ulla Hahn. Stuttgart: Philipp Reclam jun. 2003, S. 225 f.; **S. 276:** Aus: Nichts ist versprochen. Liebesgedichte der Gegenwart. Herausgegeben von Hiltrud Gnüg. Stuttgart: Philipp Reclam jun. 1989, S. 232; **S. 278 ff.:** Aus: Max Frisch: Andorra; Frankfurt am Main: Suhrkamp Verlag 1961, S. 11f.; **S. 287:** http://www.faz.net/aktuell/wissen/weltraum/nasa-analyse-auf-dem-mars-war-leben-moeglich-12112616.html; **S. 289:** aus: Das Herkunftswörterbuch, Etymologie der deutschen Sprache, Duden Band 7, Mannheim 1997, S. 203; **S. 290:** http://www.triathlon-szene.de/forum/showthread.php?t=18897; **S. 294:** Heinrich Böll: Anekdote zur Senkung der Arbeitsmoral (Ausschnitt): Aus: Heinrich Böll: Erzählungen. Herausgegeben von Jochen Schubert. Köln: Kiepenheuer & Witsch. 2006, S. 447.

Bildquellen

Cover.U1 links Filmszene aus: Romeo & Julia, USA 1996, Regie: Baz Luhrman © Interfoto (NG Collection), München; **U1 rechts** akg-images, Berlin; **Cover.U4 links** Picture-Alliance (abaca), Frankfurt; **U4 rechts** shutterstock.com (anev), New York, NY; **2.1** laif (XINHUA/GAMMA), Köln; **2.3** Thinkstock (Juanmonino), München; **3.1** plain picture GmbH & Co. KG (Rui Camilo), Hamburg; **4.2** Life of Pi - Schiffbruch mit Tiger, R: Ang Lee, USA 2012 © Interfoto (MNG Collection), München; **4.3** Seiffert, Anja (Schülerarbeit), Leipzig; **5.1** Van Iersel, Wil, Amsterdam; **5.2** Picture-Alliance (AP/ITSUO INOUYE), Frankfurt; **6.1** Picture-Alliance (Godong/Pascal Deloche), Frankfurt; **6.2** Good Vibrations Theater GmbH/Jan Ditgen, Köln; **7.1** F.A.Z.-Foto/Wolfgang Eilmes; **8.o.** laif (XINHUA/GAMMA), Köln; **8.u.** Germanwatch e.V., Bonn; **9** Picture-Alliance (epa/Stephen Morrison), Frankfurt; **12** Getty Images (Moment Open/Mohamed Shareef), München; **13** Getty Images (Moment Open/Mohamed Shareef), München; **14** Germanwatch e.V., Bonn; **17** Deutsche Energie-Agentur GmbH (dena) www.zukunft-haus.info; **24** Picture-Alliance (dpa-infografik/Frithjof Goetz), Frankfurt; **26.o.** Fieseler, Ralf, Leimen/Baden; **27** Russendisko, R: Oliver Ziegenbalg, BRD 2012 © Interfoto (NG Collection), München; **30** Imago, Berlin;

1. Auflage

1 5 4 3 2 1 | 19 18 17 16 15

Alle Drucke dieser Auflage sind unverändert und können im Unterricht nebeneinander verwendet werden. Die letzte Zahl bezeichnet das Jahr des Druckes.

Herausgeber: Heike Henniger, Jahnsdorf; Maximilian Nutz, München
Unter Beratung von: Michael Höhme, Döbeln
Autoren: Dirk Bossen, Leer; Maja Bitterer, Osnabrück; Martina Blatt, Frankfurt a. M.; Joachim Dreessen, Hamburg; Heike Henniger, Jahnsdorf; Katja Hofmann, Kirchhain; Wiebke Hoheisel, Göttingen; Susanne Jugl-Sperhake, Lippersdorf; Janina Kiehl, Hannover; Thomas Labusch, Münster; Rosemarie Lange, Ruttersdorf; Konrad Notzon, Bramsche; Claus Schlegel, Göttingen; Angelika Schmitt-Kaufhold, Gerlingen; Anja Seiffert, Leipzig; Andreas Zdrallek, Leverkusen
Autoren Online-Material: Tommy Greim, Döbeln; Felicitas Hampel, Döbeln; Christina Lange, Aue; Birgit Lascho, Marburg; Claudia Lübeck, Isny; Juliane Schüler, Magdeburg; Nicole Vollmer, Loffenau; Anja Weisbrich, Hilmersdorf; Petra Zeth, Meiningen

Redaktion: Susanne Altmann-Liebold; Sabine Utheß, Blankenfelde; Ulrike Wünschirs, Leipzig
Redaktionsassistenz: Heike Etzold
Herstellung: Nadine Burghard

Umschlag und Layoutkonzeption: Petra Michel, Gestaltung & Typografie, Essen
Illustrationen: Maja Bohn, Berlin
Satz: tiff.any, Berlin; Petra Michel, Gestaltung & Typografie, Essen
Reproduktion: Meyle+Müller GmbH + Co. KG, Pforzheim
Druck: Passavia Druckservice GmbH & Co. KG, Passau
Produktion Hörfiles: Buchfunk Verlag, Leipzig

Printed in Germany
ISBN 978-3-12-316005-9

Inhalt des Online-Bereichs